沂南文化旅游发展集团有限公司统筹

沂南历史文化

YINAN LISHI WENHUA

阳都诸葛

李遵刚◎著

山东城市出版传媒集团·济南出版社

图书在版编目(CIP)数据

阳都诸葛 / 李遵刚著. -- 济南 : 济南出版社,
2022.12

（沂南历史文化）

ISBN 978-7-5488-3308-6

Ⅰ. ①阳… Ⅱ. ①李… Ⅲ. ①家族 - 史料 - 沂南县
Ⅳ. ①K820.9

中国版本图书馆CIP数据核字（2022）第227581号

沂南历史文化：阳都诸葛

出 版 人 田俊林
责任编辑 张智慧
装帧设计 张 倩
出版发行 济南出版社
地　　址 山东省济南市二环南路 1 号（250002）
印　　刷 天津雅泽印刷有限公司
版　　次 2023 年 4 月第 1 版
印　　次 2024 年 1 月第 2 次印刷
成品尺寸 170 mm × 240 mm 16 开
总 印 张 62
总 字 数 990 千
总 定 价 328.00 元（全三册）

总　序

2016年，我所著《沂南古史钩沉》由中国文联出版社出版，山东省政协副主席、山东师范大学齐鲁文化研究中心主任王志民为拙著作序并予以推介和鼓励。《沂南古史钩沉》分为上下两编，上编为《钟灵毓秀》，专写琅邪、阳都、诸葛亮及其家族；下编《流光溢彩》，主要写历史上沂南县境内的人文历史和望族名流。因为涉及面宽，又受文字数量的限制，有些内容没有收纳进去；因为时间紧迫和能力所限，有些有价值的史实没有来得及挖掘或没有整理收录进去。沂南虽然是一个新县，但沂南大地上先民的历史却十分久远。随着社会的发展和科技的进步，许多闻所未闻的历史文物逐渐被发掘出来。经过几年的努力，笔者又收集到了一些有关山川、人文等方面的历史资料，可以稍稍弥补当年的遗憾了，因此决定将《沂南古史钩沉》上编《钟灵毓秀》分离出来，增加一部分已发表的与阳都和诸葛家族有关的考论文章，单独成册，以《阳都诸葛》为书名付梓；对下编《流光溢彩》的章节进一步梳理，再增加一些新的历史资料，分为《古史撷英》和《古史究真》两册付梓。

《阳都诸葛》《古史撷英》和《古史究真》三本书合称为《沂南历史文化》。

历史是已经发生了的事情。把发生过的事情，通过恰当的文体有系统地记录、研究和诠释，后人可以对此有所了解，这就是史书。本书虽然写的都是历史内容，但仅是“言人未言，言之有据，言之成理”的历史资料集。即便如此，本套丛书在内容和形式上也是尽力按照信史来书写的。

读史，可以让我们知晓曾经发生过什么事情，知道古代沂南有这些应知的大事；可以让我们从中总结事物发展的规律，并更好地促进社会的发展与变革。这就是我挖掘、整理、出版此类著作的初衷。

对沂南县的古代历史，后人从不同的角度、以不同的体裁及不同的理解可以写出不同的文章，但历史是客观存在的，无论作者如何书写，历史都以自己的方式存在着，不可改变。本书挖掘收录的仅是沂南历史的冰山一角，大量的历史事实有待继续深入发掘；在对沂南历史的审视角度、表达方式和理解认知方面，因我自身的能力和特点，自知严谨尚可而文采不足，舛误之处也必定存在。我已忝列古稀，渐感力不从心。恳望有志者不懈努力，后来居上，并不吝指谬与匡正。

李遵刚

2021 年 10 月于芥子书屋

故乡人写诸葛亮（代序）

诸葛亮是一位家喻户晓、妇孺皆知的历史人物。其传记古往今来可谓不胜枚举。在众多记述诸葛亮的传记中，这卷名为《阳都诸葛》的作品可以说是独具特色。

作者李遵刚先生，是山东沂南县人，曾做过该县的宣传部部长、县委办公室主任、县政协副主席。他热心诸葛亮研究，组织了三次全国诸葛亮学术研讨会，现在依然担任沂南县诸葛亮研究会会长、临沂市政协文史工作顾问、沂南县卧龙学校校园文化顾问，是个长期从事文化工作的学者型官员。《三国志》记载，诸葛亮是“琅邪阳都人”，而阳都是秦汉至两晋时期琅邪郡的一个县，境域范围与今山东省沂南县大体相等。可以说，遵刚先生是诸葛亮故乡的人，因此，故乡人写故乡的先贤便成为该书的一大特色。

毫无疑问，该卷的笔墨重点用在中心人物诸葛亮身上，因此记述诸葛亮从阳都出生到豫章避乱，到襄阳隐居，到隆中妙对，到辅佐刘备，到跨有荆益，到临危受命，到南征北伐，到最后病逝，到其历史影响，都是必不可少的内容。然而仅仅如此还不能构成该书故乡人写诸葛亮的特色，构成其特色的是以下几个方面。

追根寻源写阳都。沂南古称阳都，是诸葛亮的故乡。大凡写诸葛亮传记，总要写阳都，不过只是简单地讲讲地理位置、变化沿革。然而，作者笔下的阳都描写却是一部郡县地理发展简史。阳都县所在的琅邪郡，追溯到春秋齐国的琅邪邑、越国的琅邪都、秦朝的琅邪郡、魏晋的琅邪国。“唐宋以来，言州则沂，言郡则号琅邪。虽古邑属青，而因流溯源，一而二，二而一也。”至于阳都，则追溯到远古时期的“阳国”，到商代的阳姓阳国、西周的姬姓阳国、春秋战国的阳都城、秦朝统一后的阳都县。作者还考证了阳都县的四至和边界，指出阳都县南部边境是蒙河，东南部边界在沭河平原上，东北部与莒县接壤，北部与东安县接壤，西北部与虑县接壤，西部与蒙阴县接壤，西南部与华县接壤。这几个方向的边界都和今沂南县与沂水县、蒙阴县、费县的边界大体相类似。

文物古迹话沂南。琅邪国、阳都邑不仅明确地记载在古代文献上，而且有流传下来的文物古迹加以证实，书中一一展示了这些文物古迹。琅邪相印章证实了古琅邪国的存在，阳都邑伺徙盟之玺和阳都丞的印章证实了古阳都邑和阳都县的存在。书中还引用了1986年7月，临沂地区文化局、文管会联合对阳都故城初次考古调查的结果：阳都故城位于东汶河与沂河交汇处南2公里的任家庄与孙家黄疃村之间，其地理坐标为北纬35° 23′，东经118° 28′。城中出土的刻有汉隶“阳”字的古砖更确凿地证明古阳国的位置所在。

源远流长说诸葛。琅邪诸葛家族在三国两晋南北朝是名门望族，作者对这个家族给予了充分的关注。书中不但用大量的篇幅叙述了诸葛亮一生，还以相当的笔墨记述了诸葛瑾、诸葛诞及其后人的事迹。此外，书中还广搜博引，爬梳出一大批活跃在魏晋南北朝政治、经济、军事、文化领域的诸葛家族的历史人物。他们是：魏晋两朝诸葛绪、谒者仆射诸葛璋、魏军副将诸葛虔、占筮高手诸葛原、探求台湾诸葛直、伪叛诱敌诸葛壹、西晋廷尉诸葛冲、司空主簿诸葛厷、太山太守诸葛攸、督护诸葛侃、幕僚诸葛瑶、参军诸葛求、征西将军诸葛骧、骄纵贪侈诸葛长民、博通《五经》诸葛璩、明理穷研诸葛颖、倔强文人诸葛勖、节俭县令诸葛闸、乱世殒命诸葛导、南昌令诸葛智之、前征北行参军诸葛诩、曹郎诸葛雅之、参军诸葛叔度。特别需要指出的是，书中记载的沂南县的诸葛宗祠，建筑面积3600平方米，正面大殿为“全人堂”，主祀诸葛亮，东侧“本源堂”奉祀诸葛氏始祖和诸葛亮的父辈，西侧“冠盖堂”，奉祀诸葛亮的同辈。西偏殿为“萃华堂”，展示诸葛亮的子孙辈及诸葛家族中一些杰出人物。这虽然是建于2005年的现代建筑，但仍不失为诸葛宗族后人认祖归宗、凭吊祖先、宗族聚会以及了解诸葛家族的理想场所。

亦雅亦俗甚相得。雅俗是一对对立统一的概念。就该书来说，所谓“雅”即指学术味道较浓的研究性的论述。如“纵论诸葛”单元里《诸葛城及诸葛武侯先茔辨析》《志书所载阳都诸葛氏人物脉系梳理——兼辨诸葛族谱早期人物的脉系关系》《重德而隆　疏德而衰——诸葛亮、诸葛瑾兄弟家族比较》《阳都诸葛的几次大迁徙及临沂市境内诸葛族人基本状况》《诸葛亮与蜀汉立法治国散论》等十数篇论文均在此列。所谓“俗”，即指易于广泛传播、使大多数读者易懂的内容及表达方式。该书之“俗”表现在几个方面，一个是大段的文献原文都用通俗的现代汉语表达，例如诸葛丰给汉宣帝的辞呈；第二个是具有重大影响的文献，先用原文，然后用白话翻译一遍，例如著名的《隆中对》；第三个是时时插进一些小资料，例如写到诸葛亮去世后谥号“忠武”时，插进了介绍古代谥号的历史知识。这些显然是作者出于使一般读者易于接受考虑的。

图文并茂易传播。这个特点只看一组数字比例便一目了然：全书文字30万，而人物、文物、地图、照片、示意图等各类插图多达80余幅。

上述五个特点，构成了该书故乡人写诸葛亮的一大特色。五个特点、一大特色饱含着作者对家乡、对诸葛亮的挚爱深情。花大功夫查资料翻文献，把琅邪、阳都的来龙去脉详细地展现出来，表现了作者对家乡的热爱。十数篇研究诸葛亮的文章浸透着作者的心血，亦雅亦俗图文并茂体现了作者把诸葛亮的人格、品质、精神、功绩在更大范围内传播的意图，体现了作者对诸葛亮的热爱。

我是在2005年第十四次全国诸葛亮研讨会上与遵刚先生认识的，以后在许多纪念诸葛亮的学术活动中不断互相探讨、互相切磋，可以说是老朋友了。交往中我经常感受到他作为诸葛亮故乡之人的自豪，对诸葛亮的崇拜和景仰。

文如其人，这是我看完书稿产生的第一感受。

是为序。

梁满仓

2021年10月于北京城南寓所

（作者系中国社会科学院古代史研究所研究员，中国魏晋南北朝史学会第九届、十届副会长，十一届、十二届荣誉副会长）

目录

第六章　诸葛支脉

第七章　纵论诸葛

后　记

第一章

琅邪阳都

陈寿《三国志·诸葛亮传》开篇即说："诸葛亮字孔明，琅邪阳都人也。"

琅邪是秦朝开始设置的一个郡的郡名，现在一般写为琅琊。

阳都是秦汉至两晋时期琅邪郡的一个县，境域范围与今山东省沂南县大体相当。

《诸葛亮传》所说的"琅邪阳都"是东汉时期的琅邪郡阳都县。

阳都城坐落在沂河西岸的小平原上，北靠汶河，南眺蒙水，三河环绕，既有舟楫之便，又有灌溉之利，物产丰富，民风淳朴，是难得的安居乐业之地。汉代皇帝巡幸时曾在这里驻跸，召见藩王。两汉及两晋期间，这里曾是众多的公侯贵戚的爵位封邑之地。社会动荡时，权贵巨富曾在这里暂且栖身，躲避战乱。

地灵人杰。这块宝地，孕育出了一代贤相诸葛亮。

人杰地灵。自从诸葛亮出生在这里，阳都就不仅是一个古老的县名，而且是一个有着非凡历史意义和象征意义的地理坐标点了。

琅 邪

“琅邪”是一个古老的地名，在《汉书》《晋书》《资治通鉴》等历史文献资料中都记作“琅邪”。《现代汉语词典》中“邪”作地名用时与“琊”相同，所以今人在表述现在地名时用“琅琊”，在引用历史文献时多用“琅邪”。关于“琅邪”的读音和写法，商务印书馆出版的《古汉语常用字字典》有个说法：“‘琅邪（yá）’，山名，在山东，又写作‘琅琊’。”

在古代，琅邪是一个远比琅琊山外延大得多的地理概念，区域范围大体涵盖今临沂、青岛、诸城、日照一带。冠有“琅邪”名称的行政单位有琅邪邑、琅邪都、琅邪县、琅邪郡、琅邪国等。作为行政单位名，“琅邪”经历了一个由“邑”到“都”，继而为“郡”或“国”的过程。

琅邪郡的治所（古代各级官吏的任职所在地）历经三次迁移，最终在开阳县（今临沂）稳定下来。由于琅邪郡治所在这里的时间最长，所以琅邪又成了临沂一带的代名词，至今还经常出现在一些文章中。

齐国琅邪邑

今山东省青岛市黄岛区琅琊镇滨海处，有一座巨石嶙峋、瑰丽壮观的山，叫琅琊山，又叫琅琊台。行政单位“琅邪”这一名称，就来源于琅琊山。

周朝末期，王室衰微，权威不再，诸侯雄起。一些强大的诸侯国为了争夺地盘，开启了激烈的兼并战争。从公元前770年到前476年这段时间的历史大事件，鲁国的编年史《春秋》记载得最为详细，因此后世史学家将这段时间称为“春秋时期”。春秋五霸之一的齐桓公姜小白，占据了今山东临淄以东的地域。为了发展海上经济，同时也是为了争霸大业，约公元前656年，齐桓公在琅邪山下设置了一座城邑，以山为名，叫“琅邪邑”。琅邪邑逐步发展成了齐国的主要城邑和港口。

从此，琅邪这一名称便开启了新的一页，并且名声越来越大，在壮阔的历史长卷中留下了非同寻常的一笔。

春秋时期琅邪位置（谭其骧《中国历史地图集 · 春秋时期》）

越国琅邪都

春秋后期，地处南方的吴越两国争霸。先是越国战败请降求和，越王勾践夫妇到吴国为吴王夫差养马驾车。在为吴王服役期间，勾践逐渐赢得了吴王的信任，三年后被释放回国。勾践回国后卧薪尝胆，发愤图强，励精图治，最终打败了吴国。

这时，姜姓齐国已经雄风不再。越王勾践灭掉吴国后，为了进一步逐鹿中原，于越王二十五年（前472）①将都城迁到了琅邪。琅玡与越国相距千里，中间隔着楚国和齐国，越国从此称霸北方，发展达到了顶峰。

① 勾践迁都琅邪时间有多种记载。本文采用《吴越春秋 · 勾践伐吴外传》所记。

勾践将国都迁到琅邪后，经历五世，约有百年。在这期间，越国专治东方，曾夺莒国东方之地，灭滕、郯等小国，占有泗水河、沂河流域的大片地区，国势甚盛，与齐、晋、楚四分天下。到越王翳时，实力衰退，众叛亲离，在琅邪待不下去了，只得将国都迁回了吴地。从此，琅邪由都城降为一般城邑。

据考古证实，越国的琅邪城就在今山东省黄岛区琅琊镇驻地范围内。

秦琅邪郡

秦王嬴政统一六国建立了秦朝，自称“始皇帝”。为了巩固政权，秦始皇一改西周以来代代相继的以宗法血缘为基础的分封制，实施以郡统县的两级地方管理行政制度，共设立了三十六郡。原齐国东部设立一个郡，以古老的琅邪为郡名，辖今山东省东南部地域。到秦朝，琅邪城已是秦国最繁华的港口。因此，琅邪郡和琅邪县的治所（旧指地方各级官吏的任职所在地）都设在琅邪城。

秦琅邪阳都位置（谭其骧《中国历史地图集·秦》）

西汉琅邪郡

嬴政本想秦王朝由“始皇帝”“二世皇帝”以至“万世皇帝”，但天不佑暴秦，传至二世，就在陈胜、吴广开启的农民起义大潮中覆灭了。

刘邦战胜项羽后建立了汉朝，史称西汉或前汉。为了稳固统治，刘邦在继承秦朝郡县制的基础上，又重拾分封制，企图以分封刘姓诸王拱卫刘姓王朝，以达到江山不易。这种制度，后世称之为“郡国并行”。

在封王时，当时就有“功高无二，略不世出”之誉的开国功臣韩信，被封为唯一的异姓王。刘邦将秦朝时的齐郡改为齐国，以韩信为齐王。秦时的琅邪郡划归齐国管辖，琅邪郡的治所仍在琅邪城。

西汉第三任皇帝景帝刘启时，因琅邪一带自然灾害频发，琅邪郡治所迁到了东武（今山东诸城境内）。

西汉琅邪郡隶属徐州刺史部，下辖51个县。

王莽执政时期，对郡名进行了大量的更换。天凤元年（14），琅邪郡改名为“填夷郡”。公元23年，王莽被杀，琅邪郡恢复旧名。

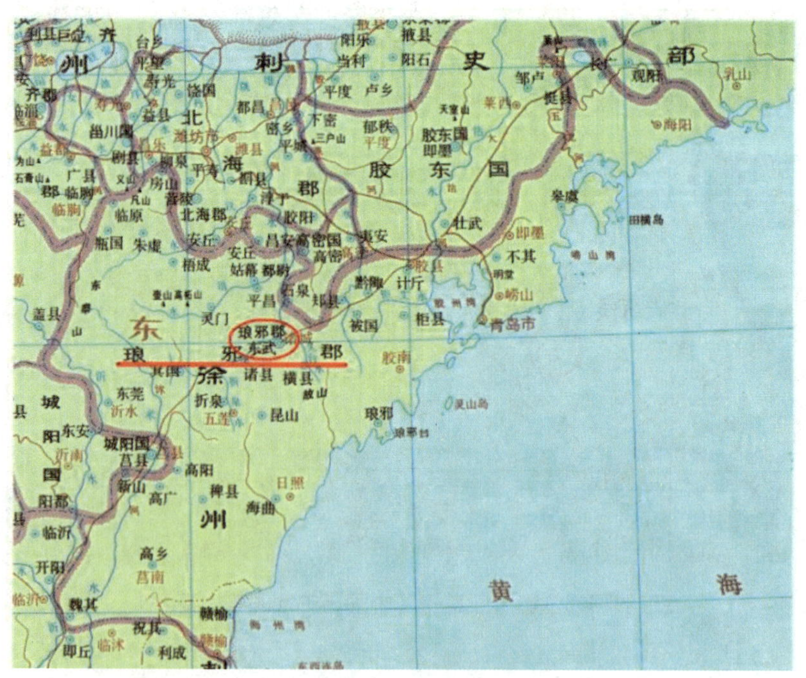

西汉琅邪郡位置（谭其骧《中国历史地图集·西汉》）

东汉琅邪国

刘秀建立东汉后，把自己的十个儿子都分封为王，设立了十个王国。琅邪郡改为琅邪国，国都设在莒（今山东莒县）。刘秀最小的儿子刘京，先封为琅邪公，二年后晋爵为琅邪王。永平五年（62），刘京到王国就位。

刘京是光武帝刘秀和皇后阴丽华最小的儿子。由于阴皇后一直受到刘秀的宠爱，刘京在光武帝时期一直享有优越的地位。例如：刘京就国后的第三年阴皇后死了，刘秀把她所遗留的财物全部赐给了刘京。又如：刘京就国后，不仅穷奢极欲地用金银装饰殿馆，还多次写诗作赋为皇帝歌功颂德，并呈送皇帝御览。刘秀不仅不批评或约束他的行为，反而嘉赏他的文采，要求史官把刘京的诗赋记录下来以永久传诵。

刘秀去世后，刘秀第四子刘庄（阴丽华生长子）继任皇位。由于刘京与新皇帝是同父母兄弟，所以在皇族中的优越地位有增无减，仍无人可比。如：永平二年（59），刘庄将太山[①]郡的盖、南武阳、华三个县和东莱郡的昌阳、卢乡、东牟三个县增益给琅邪郡，以增加琅邪郡的赋税。

刘庄去世后，刘庄第五子刘炟继皇位，刘京的优越地位就开始下降了。首先，刘京骄宕的性格可以为其父刘秀所纵容，也能为其兄刘庄所宽容，就不一定能为他的侄子刘炟所容忍了。其次，琅邪国的国都莒城太坚固了，刘炟不放心。战国时期，燕国名将乐毅曾经连下齐国七十余城，唯独聊城、莒城、即墨三城因城池坚固久攻不下。西汉时，莒城依然是固若金汤的军事重地，刘京在此经营了18年，城池更为坚固。再者，琅邪国地大物博，本来就令其他王国羡慕不已，刘庄把太山、东莱二郡中六个县增益给琅邪国后，琅邪国地域之大、赋税收入之高更令其他王国嫉妒。如此军事重地和赋税大国，只能被皇帝宠信的人据有，否则就会成为皇帝的一块心病。

公元79年4月，皇帝刘炟立刘庆为皇太子，同时对诸王的封地进行了一次调整。刘炟登基后进行的利益重新分配，虽然没有触及刘京，但刘京意识到自己受宠殊异的时代已经过去，并感觉到自己面临的政治危机。同时他也意识到，新王们都眼馋他这座固若金汤的王城，只有让出来才有可能消灾保平安。于是，他果断地采取了以削弱自己的势力而自保的方法。公元80年，刘

①“太”与“泰”古时候通用，“太”表示大的意思时与“泰”同。汉代多记作“太山”。为行文统一，引用古籍文句时皆用“太山”。

京上奏皇帝刘炟，以琅邪国的华、盖、南武阳、厚丘、赣榆五县，换取东海郡的开阳、临沂两县，同时将国都从繁荣、发达、坚固的莒城，迁往当时还比较落后的开阳城。

开阳原名启阳，是秦朝时设置的县，隶属于东海郡，治所在今临沂市区老城。汉代，地名和人名是不能与皇帝的名字重复的，即便是一个字相重也不行。西汉第六位皇帝刘启登基后，为了避讳皇帝名字中的“启”字，改“启”为“开”，启阳县也改名为开阳县，仍隶属于东海郡。

刘京通过迁都保住了王位。在开阳，琅邪王共传七世。汉献帝建安二十一年（216），曹操杀了琅邪王刘熙，废除琅邪国，恢复琅邪郡。从刘京迁都开阳到国除，在此建都共136年。

东汉琅邪国位置（谭其骧《中国历史地图集 · 东汉》）

魏晋琅邪国

三国时期，曹氏魏国建立之初，将东汉设置的郡县进行了调整。琅邪郡先是和东海两郡混合后分置为城阳、利城、昌虑三个郡，后来为了安置曹氏诸王，又撤销了昌虑郡，恢复了琅邪郡，并将东海郡的襄贲、郯两县划归琅邪。曹操的孙子曹敏由句阳王改封为琅邪王。曹敏死后，他的儿子曹焜继承琅邪王位。魏国统治时期，琅邪大部分时间作为“琅邪国”的形式存在着。

公元265年，司马懿的孙子司马炎废黜曹氏皇帝自立为帝，建立了晋朝，史称西晋。当年，司马炎分封他的叔叔司马伦（司马懿的第九子）为琅邪王。后来，司马伦因图谋不轨被徙为赵王，司马懿第五子司马伷继封为琅邪王。两晋期间，先后封了十二个琅邪王，其中司马伷子孙袭封最多，相继时间最长。

南北朝时期，琅邪之地仍为封国。由于社会动荡，改朝换代频繁，琅邪王也像走马灯一样不断变换。从北魏太武帝拓跋焘初年，司马懿四弟司马馗的八世孙司马楚被封为琅邪王开始，到北周时期，司马楚的曾孙司马裔以军功封琅邪王，一百多年间琅邪王不仅有五人之多，而且没有一个是父子相继的。

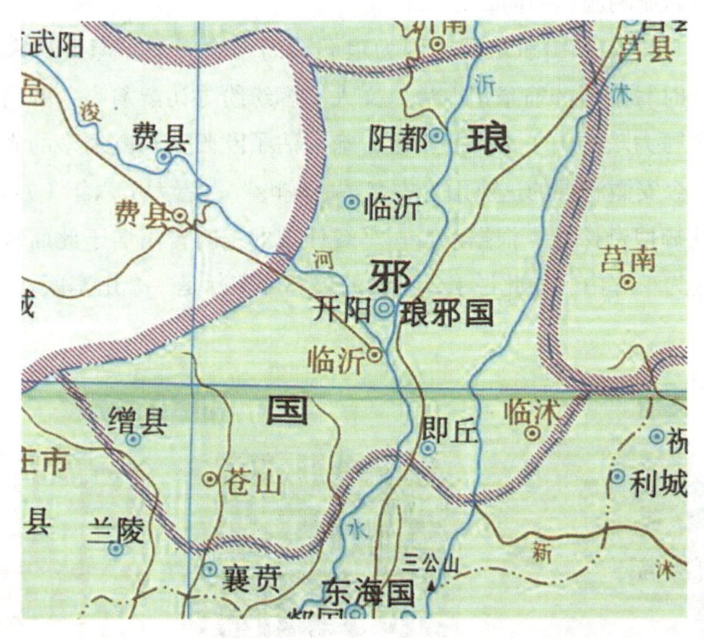

三国琅邪位置（谭其骧《中国历史地图集·三国》）

琅邪——临沂一带的专称

从越王勾践以琅邪为国都开始到南北朝末期，历经千年，琅邪或为都或为郡或为国，其治所由琅邪迁至东武（今山东诸城境内），再迁至莒（今山东莒县），最终落地开阳（今山东临沂），在开阳稳定了五百年。在这五百年间，琅邪成为今临沂一带的专称。

这期间及此后，也有些行政名称的变迁：

公元529年，北魏在此置北徐州，下辖琅邪郡。

公元578年，北周武帝又改北徐州为沂州。

公元607年，隋炀帝杨广又将沂州复改为琅邪郡。

公元621年，唐高祖李渊再置沂州。

公元742年，唐玄宗李隆基又改为琅邪郡。

公元758年，唐肃宗李亨再次复为沂州。

因为历史上琅邪与沂州两个名称多次交替使用，所以民国二十四年（1935）《续修临沂县志》说：“唐宋以来，言州则沂，言郡则号琅邪。虽古邑属青，而因流溯源，一而二，二而一也。”

秦汉三国时期，山东琅邪山因为琅邪郡而名满天下。但自从宋代欧阳修任滁州太守时写了《醉翁亭记》后，文人墨客纷纷寻访醉翁亭，醉翁亭所在的琅邪山（今写为琅琊山）本来不出名，却因沾了欧阳修与醉翁亭的光而名声大振。其实，今安徽滁县的这座山，古名“摩陀岭”，唐大历六年（771）时，滁州刺史李幼卿搜奇探胜，根据东晋司马睿任琅邪王时曾寓居于此而转运称帝的传说，称其为琅邪山。如此说来，滁县的琅邪山实际是一个山寨版。

琅邪相印章

银质，方形，龟纽，印面2.2cm×2.6cm，印台厚1.3cm。印文为汉篆字体，白文，五字三竖行排列，右起自上而下印文为“琅邪相印章”。印台较厚，龟纽覆圆甲，上施环级，龟首前伸，“相”字“目”旁上加一短竖画，为东汉时印文特点。

20世纪70年代，该印在胶南县大珠山下胡家小庄出土。现藏北京故宫博物院。

阳　都

作为地名，阳都既老又新。

言其老，因为“阳”作为地名，起源于公元前1063年左右，至今已有3000多年了。以“阳都”为县名始于秦朝，至今也有2200多年。“阳都”为县名，历经秦、汉、三国及西晋，也存在了近600年。

说其新，阳都县作为县名，原来仅有历史学家明白，平民百姓几乎无人知晓。尽管阳都城遗址在今沂南县境内，但沂南县人熟悉阳都这两个字，也才有30多年的历史。

阳都的源头是“阳”。这个地方从何时开始叫“阳”？因为历史太久远，已经很难考证清楚了。阳都的流脉，因为历史的变迁，史籍对它的记载也有断流。尽管如此，如果溯源考察梳理，还可以大致认定：阳都作为地名，自古至今经历了阳国——阳都——阳都县——并列阳都县——阳都城遗址五个阶段。

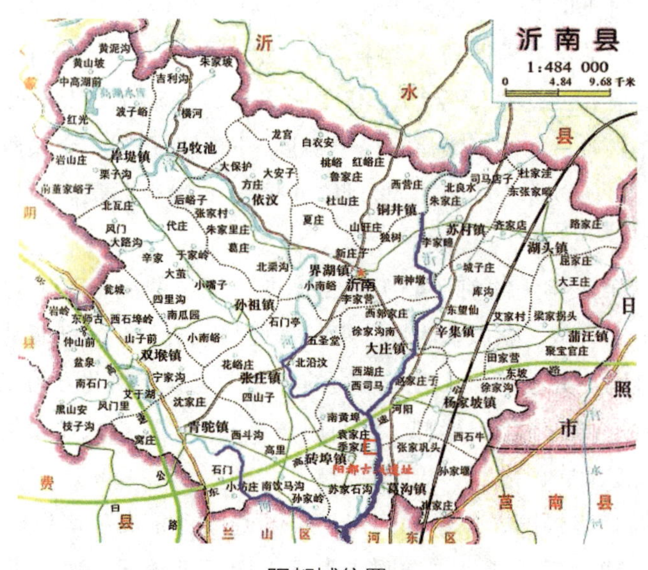

阳都城位置

其中，阳国、阳都和阳都县三个阶段历时约1400多年。

阳都源头——阳国

阳都这一名称是怎么来的？阳和都两个字的含义是什么？

史学家比较一致地认为，在阳都故城这个地方，上古时期有一个小国叫“阳”；但对于阳国的源头及名称的来历，大都语焉不详。

比较系统地论述阳国源头并可为一家之言的，是今人汤锦程（又名汤学良）。2004年1月29日，汤锦程在中央电视台10套《话说百家姓》栏目做客论述汤姓的起源时，涉及了阳国的源头及兴衰。他认为：上古时有个十日国，国人称为“阳氏”，其首领号为“阳帝”。阳帝所居之地叫“阳”，今江西九江一带即是古“阳”之地。商朝末年，阳夷亲附于商，被封为“阳侯”，迁国于陵阳（今河南孟津），镇守河防。商纣王时，周武王会同八百诸侯，由孟津渡河讨伐纣王，阳侯率水师迎战，兵败溺水而亡。阳人怀念阳侯，奉其为“水神”。周武王灭商建周，为防止商朝遗族作乱，将阳侯族裔迁到了今阳都城遗址一带。因此，这个地方开始叫“阳”或“阳国”。汤氏的论断，目前虽然还缺乏直接文献记载及考古文物佐证，有推论之嫌，但这是目前最为系统地论述阳国来历的一说。

西周王朝建立后，对商朝的残余势力实行既控制又笼络的羁縻政策。周武王姬发把商纣王的儿子武庚封在殷地（今河南安阳），利用他统治商朝的遗民，又将原商朝的王畿地区划分为邶、鄘、卫三个封区，分别由周武王的三个弟弟姬鲜（管叔）、姬度（蔡叔）、姬处（霍叔）去统治，以监视武庚。

周王朝是姬姓。周文王姬昌第四子姬旦，因封地在周（今陕西岐山北），爵位为“公”，所以称为周公或周公旦。周代，“公”是最高封号，封公者可为王佐。

周灭商后第三年（约前1043）武王病逝，继位的成王还年幼，周公旦摄政代成王行事。管叔、蔡叔认为周公篡权，便与武庚勾结发动叛乱，东方的淮夷、薄姑和奄国一并反叛。淮夷是东夷的一支，这一支由北方的燕山一带逐步南迁，商末时迁徙到了沂河岸畔。到西周初年时，南迁夷人比较集中地居于沂河下游两岸近海地区，称为淮夷。

薄姑是商朝诸侯国，位于今滨州一带。奄国也是商朝诸侯国，位于今曲阜一带。西周建立后，薄姑与奄国皆附庸于周，后随同武庚、淮夷等反抗周王朝的统治。周公旦兴师东征，历时三年平息了叛乱，又将叛乱之地重新进行了分封。

周公之子伯禽的封地本来在今河南鲁山一带，封国名“鲁”。重新分封时，因为伯禽以鲁国之力协助周公伐淮践奄有功，将其封地由鲁迁到奄（国都在今山东曲阜），辖治商朝奄国遗民，封国之名仍为“鲁”。

早在沂河岸畔立国的阳姓阳国，本是商朝遗族，不肯臣服于姬姓鲁国的辖制，与鲁为敌。当时，伯禽治理的鲁国实力还不强，难以辖御阳国。姬伯禽的儿子姬熙即位后，以武力兼并了阳国。阳国覆灭后，鲁国对阳人采取怀柔政策，允许阳人保留“社”，以供阳人祭祀，但从此阳姓阳国就成为姬姓阳国了。

阳国的源头是阳姓阳国，起点是在西周初年，即公元前1066年至公元前1063年之间。鲁炀公姬熙在位6年，即公元前993年至公元前988年，阳姓阳国成为姬姓阳国就在这个时段内。

“阳”的字形，最早见于甲骨文。胡厚宣主编《甲骨文合集》有“辛亥卜壳贞王勿隹昜白龏从”等字；其次见于出土周鼎的铭文，邹安《周金文存》辑录的《叔姬鼎》铭文有“叔姬作阳伯旅鼎永用”的字句。根据《叔姬鼎》铭文，现代学者杨伯峻对闵公“二年春正月，齐人迁阳”注曰：“阳，国名。据顾东高《大事年表》，阳，姬姓。……《周金文存》有鼎铭曰‘叔姬作阳伯旅鼎，永用’。若此‘叔姬’为‘阳伯’之女，则阳为姬姓。阳都故城在山东省沂水县西南。此盖齐人逼徙其民而取其地也。”杨伯峻先生认定的“姬姓”“阳伯”之国，就是鲁炀公姬熙侵并阳姓阳国后建立的姬姓阳国。

“阳伯”就是阳国“伯”。西周初期，周王室将封国国君的爵位分为“公、侯、伯、子、男”五级。各级的封地是：公、侯均方百里，伯七十里，子、男均方五十里。姬姓阳国属于伯级国，地方七十里，这与后来阳都县的范围基本相吻合。

据上述资料，可以得出这样的结论：沂河西岸的这个地方，因阳侯在此立国而称“阳”，立国在西周初年即公元前1066年至公元前1063年期间；阳姓阳国被姬姓鲁国吞并了，吞并的时间约在公元前988年至公元前993年期间；阳姓阳国从立国到被姬姓鲁国侵并，存在了70年左右。

从阳国到阳都城的转变

周朝后期，王室式微，诸侯雄起，互相吞并，争霸一方。公元前660年春，也就是齐桓公二十六年的春天，齐国将阳国侵并了。这一事件，《春秋》三传（《春秋公羊传》《春秋谷梁传》和《春秋左传》）记载为“齐人迁阳”。

齐国吞并阳国后，阳国自然降为一般的邑城。对于邑城的命名标准，《春秋左传》说：“凡邑，有宗庙先君之主曰都，无曰邑。邑曰筑，都曰城。”也就是说，虽然笼统地叫作城邑，但在级别标识上，曾有宗庙先君之主的城邑，即曾为国都的称为“都”，没有宗庙先君之主的城邑，即原不是国都的称为“邑”。由此可知，“阳”作为“国”不存在了，但城邑还在，并且城邑曾经是阳姓和姬姓的阳国的都城，有过阳姓和姬姓的宗庙，所以降为城邑后叫作“阳都”。在秦朝设立阳都县之前，“阳”地一直以“阳都”的称谓和城邑的级别存在着。

《古玺汇编》著录的0198号印中就有“阳都邑”三字。

0198号印文

这方古印现藏中国国家博物馆。郭裕之《续齐鲁古印攈》收录为压卷首印，并记载清光绪十三年（1887）“沂州出土，村人持至潍县求售，为孙贾海平以八十千得去，转售郭申堂”。故宫博物院《古玺汇编》著录0198号，释文：昜□邑□□皿之鉨（玺）。[①]北京大学刘洪涛《战国古印考释两篇》认定：这“是一枚典型的齐国官印，据传出自山东沂水”。印文为“阳都邑伺徙盟之玺”，“是阳都邑中主管候察选取矿场或矿石之事的职官之印”。虽然目前金石学家对印文中间三字是否释读为“伺徙盟”尚有不同见解，但对“阳都邑”和“之玺”五个字的释读是一致的。不论印文中间三字如何识读，这一方古印都佐证了阳国降为城邑级别后，名为“阳都”是毋庸置疑的。

阳都邑丞印文

另外，还有一枚出土（地点不详）封泥印印

① 故宫博物院：《古玺汇编》，文物出版社，1981 年版。

文为“阳都邑丞”，也是“阳都”曾作为城邑存在的确凿证据。

通过对纷繁历史的梳理，可以清楚得知：姬姓阳国从立国（前993—前988）到被齐国吞并，存在了大约330年。阳都城从“齐人迁阳”（前660）开始，到秦朝设立阳都县（前221）止，存在了439年。

阳都县隶属关系的变化

秦朝建立后，实行郡县制，天下设三十六郡，郡下设县作为最基层的行政单位。就在这一时期，阳都县诞生了。阳都县治所设在阳都城。从此，阳都由城邑之名升格为县名，阳都邑由一般城邑升格为县城。

自秦朝设置阳都县后，历经秦、汉、三国和东晋，阳都县县名未变，位置未变。但由于郡一级行政机构多次调整和王国的设立与废除变化，阳都县的隶属关系也有多次变化。

西汉时期，设置了城阳国，阳都隶属于城阳国。

东汉建立后，城阳国与琅邪郡合并为琅邪国，隶属于徐州刺史部。

西汉阳都城位置（谭其骧《中国历史地图集·西汉》）

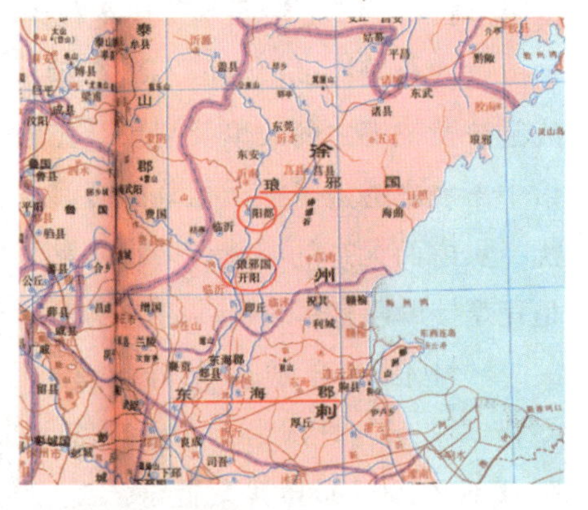

东汉阳都城位置（谭其骧《中国历史地图集·东汉》）

三国鼎立时，琅邪在魏国境内。魏国先是废除了刘姓琅邪王，改国为郡，后又封了曹姓琅邪王，改郡为国。这时期，琅邪不论为郡还是为国，阳都县都隶属于琅邪。

西晋泰始元年（265），从琅邪郡析分出一块领地，新置东莞郡。咸宁三年（277），东莞郡又合并到琅邪郡。太康十年（289）再次设置了东莞郡。司马氏分封王国，琅邪又改郡为国。琅邪无论分合与否或为郡为国，阳都仍一直隶属于琅邪。

阳都城的毁坏与废置

东晋永和七年（351）正月，占据青州的鲜卑族人段龛请求归附东晋。二月十三日，东晋朝廷任命段龛为镇北将军，封齐公，但仍保持一定独立的地位，其势力在山东半岛一带颇为强盛。段龛以阳都公王腾为徐州刺史。

355年，段龛给前燕皇帝慕容俊写信，谴责他称帝的行为。慕容俊见信后大怒，任命太原王慕容恪为大都督、抚军将军，攻打段龛。次年正月三十日，慕容恪在淄水大败段龛的部队，段龛逃脱后返回广固城（今青州市益都镇西北）中固守，慕容恪进军将他包围。二月，段龛所署徐州刺史、阳都公王腾率领民众投降慕容恪。

王腾举众投降慕容恪后，段龛遣使向晋穆帝求救，穆帝派遣荀羡赴广固援助段龛。荀羡到达琅邪后，由于害怕前燕兵力强大而不敢继续前进，便转而攻打屯守阳都的王腾。对于这一历史事件，《晋书》记载：荀羡“攻破阳都，斩王腾以归”。《资治通鉴》还记载说：“会霖雨，城坏，获腾，斩之。”

这次荀羡援助段龛的军事行动，荀羡不仅攻破阳都城，斩杀了王腾，而且战乱波及王羲之的故里及祖坟。王羲之得知信息后，写下了尺牍《丧乱帖》，信中王羲之透露了王氏祖墓因战乱而荒芜，人在异地不能前去整修与祭扫的担忧、焦虑而无奈的心情。《丧乱帖》的书法艺术自不待言，其历史价值还在于是荀羡援助段龛军事行动的佐证。

《中国古今地名大辞典》在释“阳都”时认为，荀羡攻克阳都不久，阳都县就废置了。此后，沂河泛滥，又冲垮了阳都城，阳都城便不复存在了。在阳都故城遗址发现的文化遗存，其时代上至龙山文化，下至秦汉文化，也有唐宋遗存，但以汉代为主。汉代文化遗存的形式是建筑遗迹、墓葬及其文化遗物，而两晋时期的遗物发现较少，几乎空

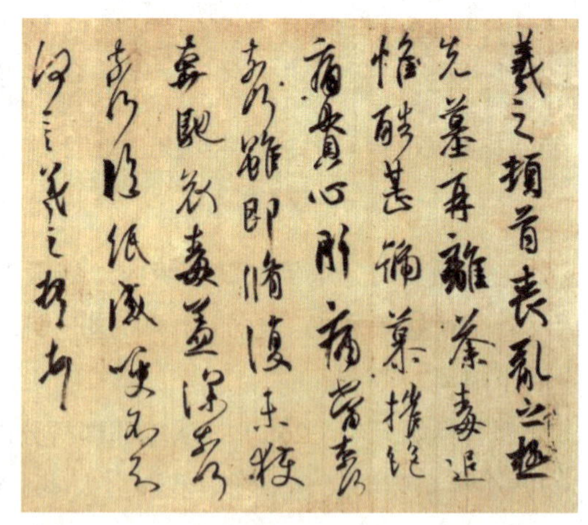

《丧乱帖》

白，这与文献记载的阳都城的兴盛和消失时间是相吻合的。

由以上资料可知，阳都县从公元前221年建置，到公元356年前后废置，存在了577年左右。

阳都县的四至和边界

阳都县所处的地理位置，基本上是山原交会处的半山区半丘陵地形。因此，阳都县的范围虽然历经变迁，但基本上是以山水为界设定的。

阳都县南部边境是蒙河。《水经注·沂水》记载：“（蒙）水出蒙山之阴，东流迳阳都县南，东注沂水。”阳都县与并存的临沂县毗邻，临沂县治所在今临沂市兰山区白沙埠镇诸葛城村，东临沂河，北距蒙河约12公里。蒙水，即今流经沂南县南部的蒙河。阳都县与临沂县以蒙河为界，应当是没有异议的。

东南部边界在沭河平原上。唐代孔颖达在《春秋左传·经》“秋，取根牟”下注曰：“根牟，东夷国也。今琅邪阳都县东有牟乡。”“阳都县东有牟乡”的语义，显然是说牟乡在阳都县境内的东南部。关于牟乡的位置，清初顾祖禹《读史方舆纪要》“牟乡”条说：“在县东南……根牟即牟乡也。”现代历史地理学家谭其骧《中国历史地图集》标记，根牟在今莒县大店镇附近。这表明，汉代阳都县的东南部边境在今莒南县大店镇一带。

东北部与同郡并存的莒县接壤。两县之间横亘着一条南北走向的大山，以山为界是可能的。也就是说，阳都县与莒县的分界线大致是今日称为浮来山的山系。

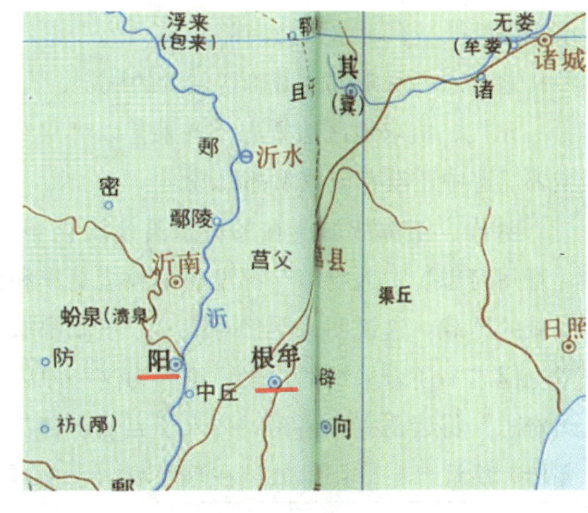

根牟位置

北部与同郡并存的东安县（县城遗址在今沂水县许家湖镇后城子、前城子、黄崖头三村之间）接壤。西北部与同郡并存的虑县（县城遗址在今蒙阴县坦埠镇故县村）接壤。西部与太山郡蒙阴县（县城遗址在今蒙阴县蒙阴镇城子村）接壤。西南部与太山郡华县（县城遗址在今费县方城镇古城村）接壤。[①]具体边界虽然难以确考，但这四个方向的边界都和今沂南县与沂水县、蒙阴县、费县的边界大体相当。

由以上资料可知，阳都县的境域范围和今沂南县的地域范围大体相当，只是东南部的面积比现在更大，还包括了今莒县和莒南县的一些地方。

阳都城遗址位置的认定

阳都县废置后，阳都之名就逐渐湮没在历史的尘埃之中了，很少有人提及。唐朝以前，比较明确记载阳都故城方位的学者仅有二人。

最早记述阳都故城方位的人是北魏地理学家郦道元，他在《水经注》中记载："沂水南迳东安县故城东……又南……桑泉水流入沂……沂水又南，迳阳都县故城东……沂水又南，与蒙山水合。水出蒙山之阴，东流迳阳都县南，东注沂水。"东安是汉代县名，故城遗址在今沂水县城以南沂河西岸。桑泉水即自西北流入今沂南境域的汶河，蒙山水即流经今沂南县南部的蒙河。这几个参照点把阳都故城的方位交代得十分清楚了，这就是沂河西岸、汶河以南、蒙河以北。汶河入沂处和蒙河入沂处南北相距12公里，阳都故城就在沂河西岸南北12公里的狭长小平原上。

唐高宗李治第六子李贤，曾召集文官注释《后汉书》。李贤死后谥号"章怀"，史称所注《后汉书》为"章怀注"。《后汉书》卷二《显宗孝明帝纪第二》记载的明帝"征东平王苍会阳都"下注曰："阳都，县名，属琅邪郡，故城在今沂州沂水县南。"唐代，今沂南县地盘属于沂水县。"章怀注"明确地认定阳都故城在沂水县境南部。

地方志书对阳都故城确切位置的认定，有一个逐渐明晰的过程。

元代，山东地区地方志《齐乘》以"辞约而事核"著称，但列记的古郡邑城郭遗迹中还没有记载阳都故城。

明代，阳都故城所在的沂水县隶属青州府。天顺《大明一统志》和嘉靖《青州府志》"人物篇"都没有记载诸葛丰和诸葛亮，"古迹篇"也没有阳都故城的记载。这说明，明代对诸葛故里阳都城的研究，尚处于虽研究者有明确考论但志书还未采纳的阶段。正因为这一原因，万历二十四年（1596）版《兖州府志》将诸葛亮和诸葛瞻列入了兖州府籍，记入了"人物篇"，并在《诸葛亮传》后注曰："阳都故邑在琅邪境内，不可详其所在，而沂州故即丘城，相

① 以上四县县城遗址所在地，均见于《山东省古地名词典》，山东文艺出版社，1993年版。

传为诸葛旧里，土人号为诸葛城，故系之沂州。”意思是阳都故城在琅邪郡境内无疑，但具体位置尚无明确考论，因为传说故即丘城是诸葛旧里，即丘故城又在沂州境内，沂州又隶属于兖州府，所以就将诸葛亮父子作为沂州人记载在《兖州府志》中了。

鉴于此状，青州府蒙阴县籍学者公鼐写了一篇《阳都辨》，从自然地理环境研究入手，对阳都县进行了比较翔实的考证。他认为阳都故城在青州府沂水县境，否定了《兖州府志》所谓阳都城在兖州府沂州境内的说法。

清雍正十二年（1734），沂州升格为沂州府，沂水县从青州府划到沂州府管辖，对境内阳都故城的研究也随之进入了明确位置和记入志书的阶段。定论的形成也是经历了由学者研究而入志书的过程。

对古阳都故城具体位置的认定者，是清朝初年沂水籍进士刘绍武。他在《阳都城发干城》一文中，对公鼐《阳都辨》关于“阳都在县境内无疑”的观点予以肯定，并明确认定阳都故城在沂水“城南一百一十里沂河之西岸”。

乾隆二十五年（1760）版《沂州府志》对阳都城遗址的方位做了明确认定：“阳都城，县南一百一十里，沂河西岸。”

《嘉庆重修一统志》吸收前人的研究成果，对阳都故城做了结论性的认定：“阳都城在沂水县南，春秋时阳国也。闵公二年，齐人迁阳。汉置县，属城阳国。应劭曰：阳都，故阳国是也。后汉属琅邪国。永平十五年，征东平王苍来阳都。崔鸿《十六国春秋》：永和九年，段龛据青州，置徐州于阳都。十二年，徐州刺史荀羡攻阳都，克之，县寻废。《水经注》：沂水经阳都县故城东。章怀太子曰：阳都故城在沂水县南。《齐乘》：沂水南经诸葛城，盖即故县，以诸葛氏本阳都人，故名。按，公鼐曰：卢水之右有诸葛泉源，后人求阳都而不得，乃以沂州当之，非也。”

道光七年（1827）版《沂水县志》，对阳都故城的方位做了精确的表述：“邑南河阳村（今沂南县大庄镇河阳村）南十余里，沂河西岸半里许，桑泉水（今名汶河）南五里黄疃庄，阳都城故址犹在。”在记述山系时，也旁及阳都城，明确记载为：“铁山，县南百二十五里，东抵沂岸，南为古阳都城。”铁山，即今沂南县砖埠镇铁山子村后的山系，今名仍为“铁山”。

此后，有关专著都明确记载了阳都故城的位置。如清末民初历史学家卢弼《三国志集解》认定：“阳都，今山东沂州府沂水县南。”又如：清末民初地理学家杨守敬《水经注疏》在“沂水又南迳阳都县故城东”文下按曰：阳都“汉属城阳国，后汉属琅邪国，魏晋因，宋废，在今沂水县西南百二十里”。

1986年7月，临沂地区文化局、文管会联合对阳都故城进行了初次考古调查。调查认定：阳都故城位于东汶河与沂河交汇处南2公里的任家庄与孙家黄疃村之间，其地理坐标为北纬35° 23′，东经118° 28′。

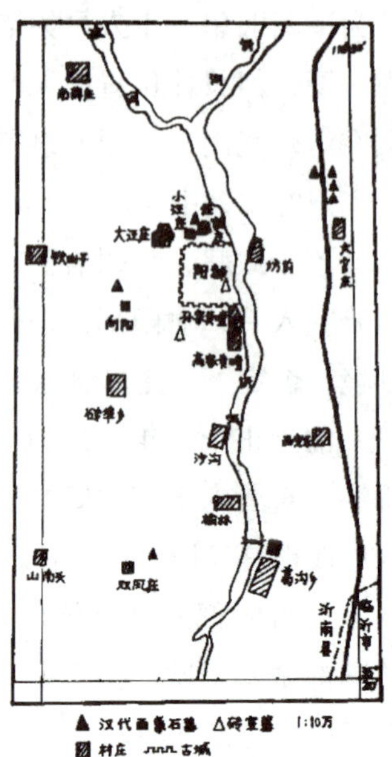

阳都故城位置

20世纪七八十年代，古城墙遗存还高出地面，立面呈斜坡状，厚石砌成。在城墙以西的田地及村庄内，先后发现了许多汉代遗迹、遗物，有汉画像刻石、铜镜、剑、戈、盔甲、汉币和砖瓦、陶器等。20世纪90年代，在阳都城遗址范围内出土了一方刻有汉隶“阳”字的古砖，砖体长40厘米，宽33厘米，厚6.5厘米。这就更确凿地证明了此地就是“阳”的所在地。精确地说，阳都故城的位置在今沂南县砖埠镇孙家黄疃村以北，任家庄、汪家庄村以南，古城遗址东西和南北各长约800米，面积约64万平方米。

“阳”字砖

侨置阳都县

三国时期，三方鼎立。东晋及南北朝时期，南北分裂，战乱频仍。各朝政权如果有州郡沦陷敌手了，则往往暂借别地重置，并且仍用其旧名，史称“侨置”。东晋时期，为了安置江北南迁的世家大族，在京城附近侨置了幽州、兖州、青州、徐州等州。三国、东晋，除了在北方琅邪境内有一个阳都县以外，江南还有侨置阳都县。

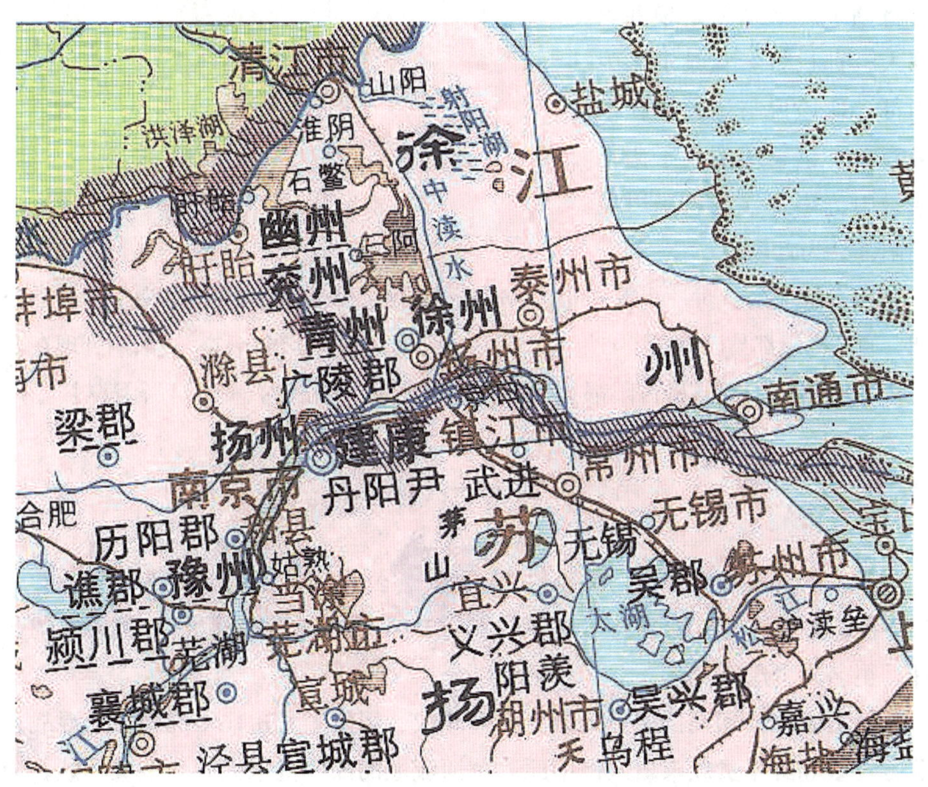

东晋侨置州郡图

三国并置——东吴阳都县

三国鼎立时期，魏国和吴国各自置有阳都县。

吴国嘉禾五年（236），在魏国境内阳都县还存在的情况下，吴国将雩都县东北的陂阳析分出来，新置阳都县，隶属于扬州庐陵郡。

吴国嘉禾年间，诸葛瑾已被任命为大将军、左都护，领豫州牧，成为深受孙权信赖、吴国屈指可数的重要将领了。诸葛瑾是琅邪阳都人，孙权将新置县定名为阳都，应该说与诸葛瑾在东吴有关。诸葛瑾的长子诸葛恪被封为阳都侯，就是以吴国阳都县为食邑。

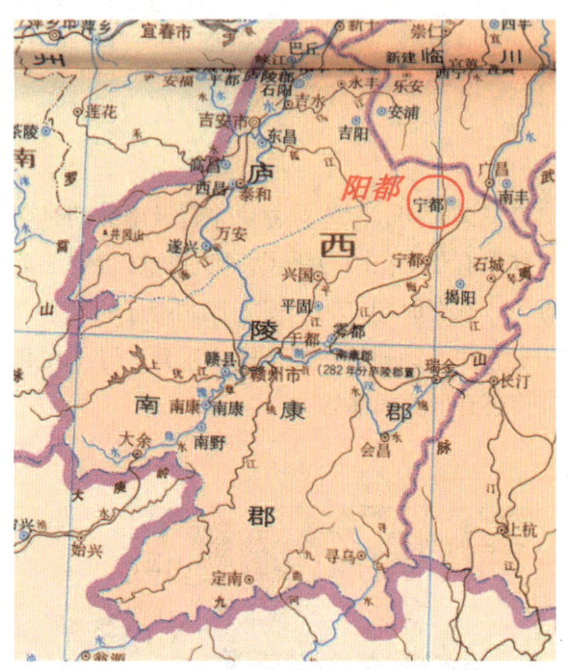

西晋阳都位置

西晋统一后，对一些重复的县名进行了整顿，吴地阳都县改名为宁都县。至此，庐陵郡阳都县已存在了45年。宁都县（今属江西省）的名称一直沿用到现在。

1981年，宁都县将古阳都县治所在的黄石镇“营底村”改名“阳都村”。

东晋侨置——江南阳都县

现在的江苏省南京市，汉代名“秣陵”，公元211年孙权改名为“建业”，282年晋武帝司马炎改名为“建邺”。313年司马邺即皇帝位，为避皇帝的名讳，更名为“建康”。

西晋末年，司马氏诸王为争夺中央政权，爆发了长达16年的同姓王混战，北方匈奴和鲜卑贵族乘机入侵中原。黄河流域的汉民世家大族和平民百姓，为了逃避战乱和民族冲突，纷纷以宗族为单位，移徙到长江中下游两岸地区，南下人数超过百万。司马懿曾孙琅邪王司马睿在建康建立东晋后，江南比较稳定，因此琅邪国人过江投奔司马睿的多达千余户，琅邪望族大户几乎全部迁往江南。

司马睿的东晋王朝是在琅邪王氏家族为首的世家大族拥立下建立起来的。为了维持琅邪世家大族的地望，安定民心，以达到巩固统治的目的，司马睿于太兴三年（320）发布一道诏令："先公武王、先考恭王临君琅邪四十余年，惠泽加于百姓，遗爱结于人情。朕应天符，创基江表，兆庶宅心，襁负子来。琅邪国人在此者近有千户，今立为怀德县，统丹杨郡。"①当时，只是在丹杨郡设置了琅邪相管理怀德县侨民，琅邪郡并没有实际领地。到了成帝咸康元年（335），才析分丹杨郡江乘县部分地盘设置了南琅邪郡，又析分江乘县西域土地设置了临沂县。咸康六年（340），再割江乘县西部分土地设置了阳都、费、即丘三县，与临沂县并列，都隶属于南琅邪郡。

设立阳都县，诸葛氏家族南迁是决定性的因素。

东晋时期，北方的阳都县已处于异族的统治区，南方的阳都县安置的又是阳都人，而且还在南琅邪郡的管辖下，所以说侨置阳都县是西晋时期琅邪阳都县的继续。

南朝宋元嘉八年（431），即丘县并入了阳都县，大明五年（461），阳都县并入临沂县。从咸康六年（340）起至大明五年（461）止，侨置阳都县存在了122年。

①《晋书》卷六《帝纪第六·元帝》。

附文：

阳都封爵

古阳都城，东临沂河，北去五里是汶河与沂河的交汇处，往南十里是蒙河入沂的河口。汉代，阳都城处于莒鲁通道上，水陆交通便捷，土肥水美，物产丰富，是一座远近闻名的城邑。

东汉皇帝刘庄曾巡幸阳都，并在这里召见了东平王刘苍。

历代帝王在春天都要进行象征性的天子亲耕来祭拜天地。皇帝亲耕一般都在国都附近或者五岳的天地祭坛，刘庄却把祭祀天地的天子亲耕安排在巡察所经之地。刘庄继皇位的第十五年春二月，出京向东方巡察，对远离国都洛阳的东部地区进行安抚。到了临淮郡所属的下邳时，他在这里进行了“亲耕”，以宣示对这个地方的重视。三月份，刘庄进入琅邪郡。在琅邪郡，他先是在良成县（治所在今新沂市西南）召见了琅邪王刘京，继而又在阳都县召见了东平王刘苍。

刘苍是刘秀和阴丽华皇后生的第二个儿子，是皇帝刘庄的同母弟弟。建武十五年（39），受封为东平公，十七年（41）晋封为东平王，定都无盐（今山东东平县境内），永平五年（62），正式就国。皇帝巡幸驻跸之地都是事先选定的，也是有一定象征意义的。刘庄巡幸至阳都，在这里召见东平王刘苍，阳都位置之重，可窥一斑。

两汉至魏晋南北朝时期，阳都既是县一级行政单位又是侯国，爵位封在阳都的计有十三人。

两汉时期——封侯食邑地

刘邦建立西汉后，开始大封功臣，刘姓宗人臣子最高封为王，异姓臣子最高封为侯。列侯本来称作“彻侯”，后来因为汉武帝名字叫刘彻，为了避讳，把“彻侯”改成了“通侯”，又改为“列侯”。“列侯”由朝廷授予金印紫绶，有封邑，享受封地的赋税。

列侯封地范围为县，封地称侯国，爵号冠以封地名。侯国设置“相”一人，相当于县令或县长，受所在郡郡守节制。侯国政事由相管理，赋税归列侯所有。列侯食户多少，按照功劳大小确定，大者超过万户，小的不低于五百户。所谓食多少户，就是当地的多少户人家向他缴纳税赋和服劳役等。西汉时期，有五人封地在阳都县，爵号为阳都侯。

丁复、丁宁、丁安城祖孙三代相继为阳都侯。丁复原为战国时期越国的将领，秦二世三年（前207）加入刘邦集团吕泽（吕雉的哥哥）部，曾助刘邦平定三秦。丁复虽有显赫战功，但因为他是外戚系将领，而不是刘邦的嫡系，所以第一批封侯143人没有他的份。刘邦即位第六年，丁复才以大司马的职位封阳都侯，食七千八百户。汉文帝前元十年（前170），丁复之子丁宁嗣封阳都侯。丁宁死后，丁宁之子丁安城袭阳都侯爵位。汉景帝前元二年（前155），丁安城因罪被免职，丁氏封国从此被取消。

张贺、张彭祖父子二人相继为阳都侯。张贺、张彭祖两代封侯与有恩于孝宣帝刘询有关。

汉代，人们认为将被诅咒的人做成木偶埋在地下，以巫术诅咒可以致人死亡，这种做法叫"巫蛊"术。汉武帝晚年多病，就怀疑宫中有人搞"巫蛊"术诅咒他。征和二年（前91），深受武帝宠信的江充因与太子刘据有仇隙，便向武帝诬告太子刘据宫中埋有木人，太子为了自保先下手捕杀了江充。武帝发兵追捕太子，太子领兵抗拒，兵败后自杀，其妻妾子女皆受株连被害，唯有襁褓之中的太子之孙刘询幸免于死，被囚禁于掖庭（宫中旁舍，后宫嫔妃宫女的住处）。时任掖庭令的张贺，因曾经在太子府上当家吏，也受牵连被判处腐刑（阉割）。张贺是个重情谊之人，他不仅悉心照料刘询的生活，而且悉心辅导刘询研修文学经术，又让养子张彭祖与刘询同席研书，以帮助刘询。刘询继承帝位时，张贺与他的亲生儿子都已过世，刘询为报答张贺的恩情，诏封张贺的养子张彭祖为阳都侯，食邑一千六百户[①]；追赐张贺为"阳都哀侯"，安排三十户为其守冢。在谥法中，"蚤孤短折曰哀，恭仁短折曰哀"。张贺虽不是帝王，但因行为"恭仁"而且未得高寿，所以刘询追赐他谥号为"哀"。

东汉时期有三人被封为阳都侯：

伏湛，西汉末琅邪东武（今山东诸城）人，名儒伏理之子。伏湛年轻时传承父业，开馆授徒数百人。汉武帝时设立博士官，称从师学习者为"博士弟子"。博士弟子由郡国选送，免除其本人徭役。每年一次考试，根据成绩任用为官。成帝刘骜时期，伏湛被选送为博士弟子，通过岁考后为官，经五次迁升，到王莽时官至绣衣执法，受命督察大奸，又迁升为后队属正。绣衣执法和后队属正都是官名，本来叫作绣衣御史和河内都尉。王莽建立新朝时，对官名

①按：张彭祖封户数量《汉书》未载。此封户数见于《文献通考》卷二百六十七《封考八·西汉外戚恩泽侯》。

和郡县名进行改革，河内郡改名为后队郡，都尉改名为属正，御史改名为执法，所以才有了“后队属正”和“绣衣执法”这种官名。光武帝刘秀登基后，知道伏湛是旧臣名儒，便任命他为尚书，命他主持修复各项制度。当时，大司徒邓禹西征关中，光武帝任命伏湛为司直，代理大司徒事。建武三年（27），伏湛晋升为大司徒，封阳都侯。

刘番，东汉明帝刘庄的孙子、陈王刘羡的儿子。刘羡受封为陈王，他生有八个儿子，皆封爵，其中刘番封阳都乡侯。东汉将西汉的列侯再分为县侯、乡侯、亭侯三种，统称为“列侯”。刘番封阳都乡侯爵位低于阳都县侯。

刘邈，东汉第六代琅邪王刘容的弟弟。献帝刘协初平元年（190），刘容派遣刘邈到长安向汉献帝进贡。在长安，刘邈赞誉东郡太守曹操忠诚，因此，曹操便奏请献帝以刘邈为九江太守，封阳都侯。刘邈所封阳都侯属于县侯。

三国时期——食邑追封地

魏文帝黄初年间，定爵制为九等：王、公、侯、伯、子、男、县侯、乡侯（最初在乡侯之下还有亭侯，后省）、关内侯。王，为皇室宗亲独有；公、侯、伯、子、男五等，宗室、功臣都有，均有封地；县侯、乡侯、关内侯为功臣及子弟封爵，仅食租税，无封国。蜀、吴两国与魏类似。

三国时期，爵位封在阳都的有三人。

诸葛恪封阳都侯。诸葛恪是诸葛瑾的长子，任丹杨太守时，以政绩显著升任威北将军，封都乡侯。建兴元年（252），因在东兴湖大败曹军，晋封阳都侯。三国时，吴国置有阳都县，诸葛恪封阳都侯，食邑在吴国阳都县。

曹操的岳母周氏追封阳都君。曹操的王后卞氏是琅邪开阳人，东汉桓帝延熹二年（159）生于齐郡白亭一个倡优家庭。20岁前的卞氏以卖艺为生，后漂泊到了谯地（今安徽省亳州）。这时候，曹操为避祸乱称病辞官返乡，正在家韬光养晦。卞氏20岁时，被时年25岁的曹操纳为第三房小妾。卞氏生有四子：曹丕、曹彰、曹植，曹熊，58岁时被正式册封为王后，魏明帝太和四年（230）去世。明帝曹叡（曹丕之子）追封卞氏的祖父卞广为开阳恭侯，卞氏的父亲卞远为开阳敬侯，卞氏的母亲周氏为阳都君，皆赠印绶。

曹竦封阳都乡公。曹竦是曹操与赵姬所生之子乐陵王曹茂的儿子，封阳都乡公。

晋朝——乱世封侯地

两晋时期，王爵非皇子不封，公（郡公、县公）、侯（郡侯、县侯）、伯、子、男五等爵专封宗室；功臣封爵最高为“开国公”，以下逐级递减为乡侯、亭侯、关内侯、关外侯。乡侯至关外侯无封邑。

东晋，王腾封阳都公。东晋穆帝司马聃时期，接受了被冉闵和中原各路汉族义军赶得到处逃命的一些狄夷流窜武装，其中乌丸人王腾被委任为徐州刺史，封阳都公。

南北朝——封爵食税地

南北朝时期，爵位封在阳都的只有一人。

北魏实行公、侯、伯、子、男五等爵制度。北朝魏文成帝拓跋濬（452—465在位）时，尚书左丞贾彝之子贾秀为太子中庶子（太子近臣），赐爵阳都男，正五品上阶。文成帝崩，贾秀还于旧第。拓跋弘（465—471在位）即皇位后，贾秀又晋爵为阳都子，正四品上阶，加振威将军。

南北朝以后，史籍中就没有爵位封在阳都的记载了。

第二章 两汉诸葛

阳都县是诸葛姓氏的发源地，是诸葛家族的繁衍发祥地，也是诸葛亮的出生地和少年生活地。

从西汉诸葛丰始，诸葛氏族人走上了政治舞台。两汉是诸葛家族的初显时期，三国是诸葛家族的辉煌时期，两晋是诸葛家族的中兴时期，南北朝是诸葛家族的余音时期。因为三国时期从阳都走出的诸葛氏族人“一门三方为冠盖，天下荣之”，所以自三国开始到南北朝，诸葛氏族人无不以阳都或琅邪为地望。南北朝以后，诸葛家族一般就不再以阳都或琅邪为地望了。

复姓诸葛的根源

姓氏都有根源。

关于诸葛姓氏的根源，综合古今研究者的论述，可以认定：上古时期的葛天氏衍化为葛姓，汉代葛姓的一支衍化为诸葛。

葛天氏是上古时期的一个部落名，传说是编织衣物的始祖。葛天氏部落生活在葛地（今河南境内）。如同伏羲氏捕鱼狩猎、神农氏种植五谷、有巢氏建造庐舍、燧人氏钻燧取火一样，其部落或首领的名号都与其发明创造有关。这个部落因为发明了用植物纤维织布遮体，才有了“葛天氏”之称。

夏朝末期有小国叫“葛”，就是葛天氏后裔建立的。《孟子·滕文公下》记载：“汤居亳，与葛为邻。”现代著名学者杨伯峻认为：“葛，古国名，嬴姓，故城在今河南宁陵县北十五里。”

春秋时期，葛国还存在着。战国时期，葛国地盘被魏国占有，葛氏后裔四处迁徙，其中一支迁徙到了“诸”地，成为诸县葛姓的源头。

对诸葛这一复姓的起源，历史上有多种说法。最为可信的一说出自吴国韦昭《吴书》：（诸葛瑾）其先葛氏，本琅邪诸县人，后徙阳都。阳都先有姓葛者，时人谓之诸葛，因以为氏。

《吴书》认为，琅邪诸县的葛姓迁徙到阳都后，因当地已有姓葛的，为了表示区别，以地望“诸”加姓“葛”，称为诸葛。

韦昭是以太史令之职纂修国史《吴书》的。当时，诸葛家族在吴国地位显赫，名盛一时。诸葛瑾与韦昭又是同僚，复姓诸葛的来历应该是诸葛瑾提供或得到诸葛谨认可的。因为可信程度高，所以《吴书》关于复姓诸葛的来历为裴松之《三国志》“注”所引用，也为南朝时期文学家刘孝标《世说新语·品藻》“注”所引，并为南朝梁人贾执《姓氏英贤谱》、宋朝孔平仲《杂记》、清朝陈廷炜《姓氏考略》等著名谱学专著所采信。

由于诸葛是由“诸”与“葛”复合而成复姓，因而在一定时期内复姓诸葛也简称单姓葛。如《诸葛亮传》裴松之“注”引《魏略》记载：刘禅说“政由葛氏，祭则寡人”；《诸葛亮传》记载，当时“每朝廷有一善政佳事，虽非瞻所建倡，百姓皆传相告曰：‘葛侯之所为也’”；刘知幾《史通》载：“蜀老犹存，知葛亮之多枉”；唐代李翰《蒙求》有“葛丰刺举，息躬历诋”。现在，临沂市境内有几个诸葛族人聚居的村庄，族谱上是复姓诸葛，而有许多人自行简称姓葛了。

诸葛亮先祖诸葛丰

是谁由诸县迁徙到阳都而演化出诸葛氏的呢？史书虽没有明确记载，但仔细梳理史籍中的零散资料，还是可以大体还原出史实脉络的。

《三国志·诸葛亮传》记载："诸葛亮字孔明，琅邪阳都人也。汉司隶校尉诸葛丰后也。"《三国志·诸葛诞传》也记载："诸葛诞字公休，琅邪阳都人，诸葛丰后也。"裴松之在《三国志·诸葛瑾传》记载的"诸葛瑾字子瑜，琅邪阳都人也"这段话后，援引《吴书》作"注"说："其先葛氏，本琅邪诸县人，后徙阳都。"

另外，在诸葛丰以前，史籍中没有一个复姓诸葛的人物。

这些资料说明，诸葛丰是复姓诸葛第一人，也是阳都籍复姓诸葛者的共同祖先。

是什么原因导致了诸县葛姓人物外迁的呢？

因遭天灾而迁徙阳都

公元前70年6月1日，山东诸城昌乐一带发生了一场大地震。地震专家考证，这次地震的中心是东经36.3°，北纬119.2°，震级达到7.3级[①]，是民国前中国历史上72次特大地震之一。对这次地震，《汉书·五行志》记载："地震河以东四十九郡，北海、琅邪坏祖宗庙城郭，杀六千余人。"这六千余人看似不多，但西汉人口最多时才约6000万（西汉元始二年即公元2年人口），死亡人口占全国人口的万分之一，这就是一个极其惨重的灾难了。

面对突如其来的天灾和由此造成的满目疮痍的家园，诸县诸葛家族部分人外迁是必然的。40岁左右的诸葛丰携家人背井离乡，流落到了阳都县。

① 王华林：《公元前70年诸城—昌乐地震发震构造的初步研究》，《防灾减灾工程学报》，1990年第3期。

现在一般人都说始迁阳都姓葛的是诸城人，这是不准确的。阳都县与诸县并存时，“诸城”作为县名还没出现，同时存在着的是“东武”县。后来，诸县废置合并到了东武县，到了隋代，东武县才改称诸城县。

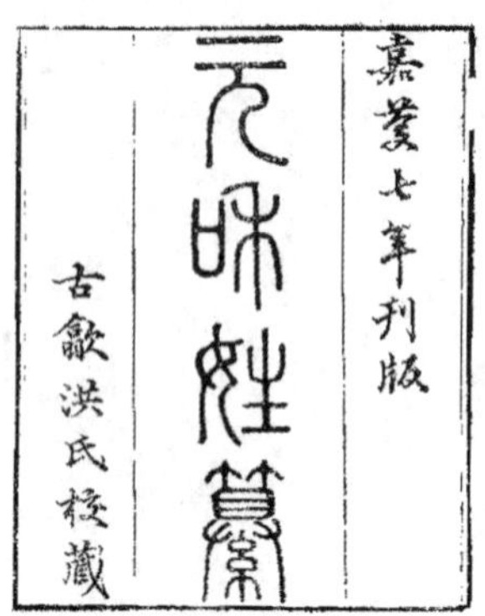
嘉慶七年刊版
元和姓纂
古歙洪氏校藏

諸葛
諸葛氏夏殷侯國葛伯之後英賢傳云舊居瑯琊諸縣後徙陽都先有詹葛時人謂之諸葛氏因氏爲風俗通云葛嬰爲陳涉將軍有功非罪而誅漢文追封子孫爲諸縣侯因以爲氏世本云有熊氏之後爲詹葛氏齊人語訛以詹葛爲諸葛氏案孔平仲雜說諸葛氏以諸縣之葛徙陽都因加諸字以別於陽都葛氏瑯琊陽都縣漢司隸校尉諸葛豐裔孫圭後漢太山郡丞生瑾亮瑾吳大將軍左都護宛陵侯生恪喬恪中書令揚州牧喬生攀翊武將軍生顯徙河東亮蜀丞相武鄉侯生瞻蜀尚書僕射瞻生京晉江

《元和姓纂》截图

严格来说，诸葛丰是阳都人，前半生名为“葛丰”时是诸县人。最早记载诸葛丰是阳都人的史籍是唐代的谱牒姓氏学专著《元和姓纂》。《元和姓纂》卷二“诸葛”条表述：“诸葛氏，夏殷侯国葛伯之后。《英贤传》云：旧居琅琊诸县，后徙阳都……琅琊阳都县汉司隶校尉诸葛丰，裔孙圭后汉泰山郡丞，生瑾、亮。”

诸葛丰是史籍记载的姓诸葛的第一人。《汉书》记载了他的事迹，而且把他列为刚直之臣，专门立传。

因特立刚直而任职司隶校尉

西汉选官，从汉武帝元光元年（前134）开始实施察举制。察举制的主要特征是由地方长官在辖区内随时考察、选取人才，然后推荐给上级或中央，经过试用考核再任命官职。

诸葛丰生于公元前108年前后，而立之年时正值察举制实施初期。《汉书·诸葛丰传》记载，他年轻时“以明经为郡文学”。“明经”就是通晓经学，“郡文学”是学官名，汉代在州郡及王国设置文学，掌管学校教育。诸葛丰因为通晓经学，被察举选拔为琅邪郡掌管学校教育的官员。

汉元帝初元五年（前44），已六十多岁的诸葛丰受到琅邪郡人御史贡禹的青睐，被从郡文学位上选纳为御史的属官。因诸葛丰性格特立刚直，办事认真执着，入京不久就被举荐为侍御史。侍御史的主要职责是接受公卿奏事，举劾非法，有时受命执行办案。诸葛丰虽然年过花甲，但既适于本职，又胜任本职，而且还有潜能，因此又被元帝刘奭擢选为司隶校尉。

汉武帝时，除设置三辅（京兆、左冯翊、右扶风）、三河（河内郡、河东郡、河南郡）和弘农郡七个归中央直属管理的郡级行政区域外，还将全国分为十三个监察区，御史中丞的属下设13个刺史，分片监察各郡国。征和四年（前89）初，汉武帝又专设了司隶校尉。司隶校尉是监督京城及周边地方的监察官，初置时权力很大，不仅掌率一支1200人的武装队伍，而且持有皇帝授予的符节，有权劾奏公卿贵戚。首任司隶校尉是江充，他后来因为煽动"巫蛊案"被汉武帝诛杀了。从此，司隶校尉兵权就被收回了，但仍然持有行使权力的符节。

符节是代表国家的信物，是朝廷传达命令、征调兵将以及用于各项事务的一种凭证。诸葛丰任司隶校尉时，持有符节，但已经没有兵权了。

因嫉恶如仇而威震朝野

诸葛丰为人耿直，尽职尽责，公正无私，对人不论身份贵贱一视同仁。时间不长，京城里就流传开了一句话："间何阔，逢诸葛？"意思是："为何好久没见面，是不是遇上了诸葛丰？"诸葛丰成了"诸葛青天"。

任职之初，他嫉恶如仇的人品和实绩，深受汉元帝赞赏，故加封他为光禄大夫。西汉时期，光禄大夫是皇帝的近臣，掌顾问应对，几种大夫中以光禄大夫最为显要。诸葛丰持节尽职，敢于触及权贵，威震朝野。

尽管司隶校尉有权监察皇亲国戚，但真正涉及具体人时就难以进行了。诸葛丰在查处侍中许章时就受到了挫折。汉初，侍中仅是少府属下宫官群中直接供皇帝指派的散职，后来成为正规官职外的加官之一，文武大臣加上侍中之类名号才可入禁中受事。汉武帝以后，地位渐高，等级超过了侍郎。

许章不仅有着侍中的头衔，而且凭着外戚的身份，奢侈淫逸不守法制，他的门客犯法也多与他有勾连。诸葛丰多方收集证据，准备弹劾他，当正要向元帝奏明时，路遇因私事出行的许章，便出示符节要他接受审查。许章一见符节便惊恐万分，立即驱车逃向皇宫，诸葛丰紧追不舍，一直追到宫门。诸葛丰没抓到许章，便上奏他的劣迹，请求皇帝严惩。由于诸葛丰的行为触犯了元帝的尊严和利益，元帝不但不理诸葛丰的奏章，反而下令收回了他的符节。从诸葛丰起，后来的司隶校尉就不再授予符节了。

诸葛丰对元帝袒护贵戚、收回符节难以平心，遂上书元帝，请求辞职。上书内容如下（《汉书》原文直译）：

我驽钝怯弱，文的一面不能勉励善行，武的一面不能压制恶行。陛下您没有考察我的能力，就让我担任司隶校尉，我没有做出什么贡献，您又加封我为光禄大夫。光禄大夫官位尊贵责任重大，这实在不是我适宜担任的。而且我已接近衰暮之年，常常担心骤然离开人世，无从报答您的大恩大德，使得人们讥笑我对国家没有贡献，永远落一个白吃饭的名声。所以，我常常希望能贡献出残余的生命，随时砍下奸臣的头颅，悬挂在街市上，编写出他们的罪状，让四面八方的人都知道作恶应得的惩罚。这样，即使我自己因此退下来接受严厉的惩处，也是我所心甘情愿的。像平民身份的士人，尚且有可以共生死的朋友，如今您临凭四海，竟没有殉节死义的臣子。那些苟且迎合之人，他们只求勾结党羽胡作非为，只知顾念私家的利益，忘记国家的政事。所以，邪恶污秽浑浊之气触动上天，灾害变故多次出现，百姓困苦穷乏。这是臣下不忠诚的后果，我实在为此感到羞耻不已。大抵人的常情没有不希望好好活着而讨厌危险与死亡的，但是忠义之臣、正直之士不逃避患难与祸害，原因是为了国君。陛下您像上天覆盖万物，如大地承受一切，无论什么事情没有不被包容的。您派遣尚书令给我的诏书说道：司隶侦查检举不守法纪的人，表彰善行惩治恶行，不得任意专行。要努力履行中庸协和的原则，遵循经书的要义来办事。您恩德深厚，我感到无比荣幸。我私下里不能承受忧愤与烦闷，希望您赏赐我清闲的生活，望您裁断。

诸葛丰的上书，既有忠于国家心迹的表白，也有恪尽职守、惩治犯罪的决心，但字里行间也明显地流露出满腹牢骚。元帝看了很不高兴，但也不好处置他，于是不允准他辞官，从此对他所提的建议也不采纳了。

诸葛丰见自己所说的话越来越不被采用，就再次上书说（《汉书》原文直译）：

我听说周代伯奇孝顺却被父母遗弃，吴国伍子胥忠诚却被君王诛杀，鲁隐公仁慈却被弟弟杀害，卫国叔武尊敬兄长却被兄长杀死。这四个人都有屈原那样的才能，仍然不能让自己显明反而遭到杀戮，难道还不够引以为鉴吗？假如我献出生命能够安定国家，遭到杀戮能够显扬国君，我确实愿意这么干。只是恐怕对国家没有益处，却被一些邪恶势力所排挤。让那些一味背地里说人坏话、诬陷别人的家伙得逞，正直之士的道路被堵塞，忠臣寒心，智者闭口，这正是我所害怕的。

诸葛丰在上书中提到的几个人，都是忠诚无私但又没得到好报的著名人物。

伯奇是周宣王时重臣吉甫的长子，与伯封是异母兄弟，两人相亲。后母欲立她的亲生儿子伯封为太子，就向吉甫进谗言，说伯奇的坏话。吉甫偏听偏信，放逐了伯奇。

伍员（字子胥）是春秋末期吴国大夫，有勇有谋，吴王阖闾倚重伍子胥等人，西破强楚，北败徐、鲁、齐，成为诸侯一霸。后来，吴王夫差听信谗言，令其自杀。

鲁隐公名息姑，是鲁惠公的庶出子。按周朝的传统礼法，立嫡不立庶，立长不立贤。鲁惠公死时，因为太子允（即后来的鲁桓公）还在幼年，息姑于是亲自摄政，十一年后，还政于允。允即位后杀死了息姑。

叔武是春秋时期卫国成公姬郑的弟弟。晋文公讨伐曹国向卫国借道，怕依附于楚国的卫成公不同意，就扬言先攻伐卫国。卫成公闻讯，让叔武暂时管理国事，自己跑到陈国躲了起来。晋文公成为霸主后，召集各路诸侯会盟，卫成公因惧怕晋文公，委派叔武前往。由此，叔武名声大振。卫成公疑忌叔武篡权而杀了叔武。

因逆忤权贵而遭贬

诸葛丰的上书虽然表明了自己的忠贞，陈明了奸人的祸害，言辞激烈地表示了宁可辞职也不与奸佞为伍的决心，但很显然在以古喻今的同时，也是以古讽今。他的这一举动，令元帝十分难堪。诸葛丰是一个忠直执法的人，本来当权者中就有一些人诋毁他，这时对他不满的人又趁机攻讦，元帝便顺势将他降职为城门校尉。城门校尉统领京师各城门屯兵，是城门的守备官，将诸葛丰调到这个位置上，在使用上已是明显的贬谪了。

诸葛丰被贬调了职务，但个性不改，又上书检举光禄勋周堪、光禄大夫张猛。《汉书》记载，周堪性情公正方直，按正道行事从不曲迎他人。在此之前，宦官弘恭、石显等人曾向元帝进言，历数周堪、张猛执政的过失，并将当年夏季气候异常归结为周堪、张猛的做法触怒了苍天。元帝内心器重周堪，又苦于众口铄金，无所适从。当时，长安令杨兴因才能受宠，常称赞周堪。元帝便召见杨兴问道："朝臣愤愤不容光禄勋周堪，为什么呢？"杨兴是个狡诈的人，认为皇上怀疑周堪，就进谗言诋毁周堪，并说："周堪不只不容于朝廷，州里也不容他。臣听见众人都说周堪曾谋陷骨肉，认为该杀。臣以前说周堪不可以诛杀，是为国家养恩。"元帝问："现在该怎么办？"杨兴说："臣认为可以赐爵关内侯，食邑三百户，不让他管事，这是最合适的计策。"元帝于是对诋毁周堪的人有了疑心。正巧已被贬调城门校尉的诸葛丰不识时务，又上书说周堪、张猛的坏话，元帝于是将怒气发泄到了诸葛丰身上，下诏给御史（《汉书》原文直译）：

> 城门校尉诸葛丰，从前与光禄勋周堪、光禄大夫张猛在朝廷共事的时候，多次称扬周堪、张猛的优点。担任司隶校尉时，不按季节办事，不遵循法制，而专擅施行苛刻暴虐，以此获得虚假的威望，我不忍心把他交给狱吏，就让他去担任城门校尉。他不但不进行反省，反而怨恨周堪、张猛，以图谋打击报复，定罪之词没有证据，揭露难以验证的罪行，毁谤称誉别人全凭主观愿望，不顾及自己以前说过的话，这是严重的不讲求信用的行为。我可怜诸葛丰已年老，不忍心施加刑罚，着令免去他的官职，让他去当老百姓。

元帝永光元年（前43），诸葛丰被免职。随后，周堪也被贬为河东太守，张猛被贬为槐里县令。诸葛丰以平民身份回到了家乡，再也没有被征用任官，终老于家。

以刚直而载青史

在《汉书》中，诸葛丰与盖宽饶、刘辅、郑崇、孙宝、毋将隆、何并等人共列一传，诸葛丰名列第二。对这七个刚直之臣，作者班固评价说（原文直译）：

> 盖宽饶身为检察之官，一身正气立于朝廷之上，即使是《诗经》中说的"国之司直"也不过如此。如果他能采纳别人的善意的规谏劝诫一直到老，他就接近古代的圣贤了。诸葛丰、刘辅、郑崇虽然有些狂妄懵懂，但却有独特的志向。孔子说"吾未见刚者"，这些人都有刚直的名声和事迹。但毋将隆曾有冀州冤案，孙宝曾屈服于定陵侯，何况是一般人呢？何并的节操，仅次于尹翁归。

对诸葛丰的特立刚直，后世多有评论。如曹操就十分渴求诸葛丰这样“遏奸防谋”的人才。事情的背景是这样的：邺城人魏讽，口才很好，整个邺城为之倾动，钟繇将魏讽举荐给曹操。曹操与刘备相持于汉中的时候，魏讽暗自结党营私，又与长乐卫尉陈祎密谋袭取邺城。还没有到举事日期，陈祎心中恐惧，向曹丕告密，曹丕诛杀了魏讽，负有连带责任的中尉杨俊也被降职。为这件事，曹操叹息说：“魏讽之所以萌生叛乱的心思，是因为作为我的爪牙的大臣们没有能遏制内奸防备阴谋的人。怎样能得到像诸葛丰那样的人，让他们替代杨俊呢？”

对汉元帝处理诸葛丰与周堪、张猛的做法，司马光在《资治通鉴》中评论说：诸葛丰对光禄勋周堪、光禄大夫张猛，先是赞誉后上书弹劾，他这种行为不是真的在为朝廷引见贤才、除去奸邪，而是想结党营私求上进而已，怎么能说他是刚正的人呢？一国之君，要仔细去考察人事的好坏，辨别人事的是非，有所奖赏是为了劝导人们行善，有所惩罚是为了警惕奸邪，这样才能把国家治理好。如果诸葛丰的话是确实的，那么就不应当罢黜他；如果他是诬告诋毁，那堪、猛又有什么罪啊！现在皇上对双方都加以惩治，贬弃了他们，所谓的是非好坏究竟在哪里呢？

汉代政治文化是“王霸杂用”，重儒学之士也重善于法治的能吏。诸葛丰以“明经为郡文学”，说明他具有儒学修养，但在政治实践中，他则表现出重法治的特征。因此，陈寅恪先生将诸葛氏家族文化的传统归之法家：“诸葛亮为诸葛丰的后代，是世家相传的法家。”①

诸葛丰因明经而为郡文学，因才华而得御史贡禹的青睐，因耿直无私而被擢为司隶校尉，也因特立刚直而仕途受挫。他的京官仕途经历是短暂的，也是成功的，成功的标志就是他以特立刚直之名载于史册，垂传千秋。诸葛丰这种成功的仕途经历，成为诸葛家族漫长仕宦之路的最初记忆，也成为这一家族在风习上长期崇法习儒、法为主导的重要历史渊源。

---

① 万绳楠整理：《陈寅恪魏晋南北朝史讲演录》，黄山书社，1987年版。

两汉诸葛族人

一个家族的兴盛都有一个起点。诸葛丰登上了西汉的政治舞台后，整个两汉时期诸葛家族虽然还不显耀，但也算是代不乏人。北宋李昉《太平御览》援引何法盛《晋中兴书》说：

汉司隶校尉诸葛丰以忠强立名，子孙代居两千石。

以孔家和颜家两大家族为例，人口繁衍的基本规律是以30年为一代。按照这一规律计算，自诸葛丰开始到汉末至少也有八九代人了。由诸葛丰本人精通经学并且因此出仕为官看，他的后世家族也应是诗书传家的世家了。

《汉书》中除诸葛丰外，没有其他诸葛氏人物的记载。这并非说明诸葛家族没有人出仕为官，只是说明还没有进入正史档次的人物。《后汉书》中也没有诸葛氏人物的传记，仅在记载其他人物时涉及诸葛稚和诸葛礼，这二人都是秩俸二千石的官员。

南宋初，吴自牧《梦粱录》卷十七《历代人物》记载："汉……诸葛琮、孙钟、孙坚、孙策字伯符……"还记载："吴：诸葛起，字岑任。"诸葛起是三国时期吴国步兵校尉。南宋《临安志》卷二十七记载说："岑山，在县南一十五里……吴步兵校尉诸葛起字岑，世居山旁，宗族蕃盛，皆葬于此，因号岑山。"

《三国志·诸葛亮传》中涉及的诸葛珪和诸葛玄，也都是东汉末年出仕为官的。根据这些零星记载可以认定，两汉时期诸葛家族已经属于地方上有一定实力的家族，是诸葛族人星点式的显贵时期，但整个家族还没有进入辉煌时代。

赤眉军卫尉诸葛稚

《后汉书》记载，新莽时期有卫尉诸葛稚。

西汉自汉成帝刘骜开始，刘氏的皇权逐渐旁落到以孝元皇后王政君为核心的王氏外戚集团手中。公元6年，孝元皇后王政君的侄子王莽废汉自立，改国号为“新”。

王莽统治的末期，天下大乱。民众起义首先发生在北方边郡地区，接着在黄河流域、长江流域也爆发了农民起义。公元18年，琅邪郡人樊崇在莒（今莒县）起义。为便于识别，起义军都把眉毛涂红，因此号称赤眉军。公元25年，樊崇立15岁的刘盆子为帝。刘盆子是刘邦的孙子城阳景王刘章的后裔，心地善良，仁爱宽厚。他虽然是皇族子孙，但从来没有想过做皇帝。面对这种局面，他无法改变，只得做了赤眉军的傀儡，任人摆布。

赤眉军攻下长安后，将领们因为争功，经常出现争吵的局面，甚至于闹到了剑拔弩张的地步。到了腊祭[①]那天，首领樊崇举行盛大宴会，刘盆子被安排坐在大殿正位，公卿列坐两侧。宴会还没有开始，其中一人拿着刀笔向前准备写贺词，其余不会写字的人都站起来请人代写，一堆一堆地聚在一起。大司农杨音出面制止，不但没能控制局面，反而互相争吵打斗起来。外面的兵众趁机闯进宫殿，抢夺酒肉，引发了更大的混乱。这时，卫尉诸葛稚出面以武力制止，上演了一出血腥的闹剧。

《后汉书·刘盆子传》记载：

> 卫尉诸葛稚闻之，勒兵入，格杀百余人，乃定。

《刘盆子传》没有记载诸葛稚的籍贯。当时，诸葛稚官居卫尉，是统率卫士守卫禁宫的重要官员，不可能是原汉廷旧官。樊崇是琅邪人，这场闹剧涉及的大司农杨音是东海人，他是在樊崇的影响下起兵，又加入樊崇赤眉军的。加入樊崇赤眉军的还有同郡人逄安，东海人徐宣、谢禄。莒县与阳都县相邻，由此可推论，诸葛稚是在家乡加入赤眉军，来到长安后任卫尉的。诸葛稚距诸葛丰约百年，认定为阳都人不会有误。

济阴太守诸葛礼

东汉时期，诸葛礼曾任济阴郡太守。

诸葛礼的故事，史书记载极少，只是在记载“戎良剖腹明心”一事时涉

① “腊祭”早在先秦便已存在，那时的人们在一年的最后一个月去野外猎取各种野兽，用于祭祀百神，以祈求来年五谷丰登，家人平安、吉祥。汉代，“腊祭”固定在冬至后第三个戌日。

及。谢承《后汉书·戎良传》记载：

> 济阴戎良，字子恭，年十八，为郡门下干吏。良仪容伟丽，太守诸葛礼使合里写书。从者诬良与婢通，良刳腹，引出肠肝，示礼赤心。

济阴郡人戎良，在太守府起初是个不在品级的办事员。因为他容貌俊美，办事干练，太守诸葛礼很喜欢他，让他做文书工作。其他吏员妒忌戎良，造谣说他和府中的一名婢女私通。戎良感到冤屈，就在诸葛礼面前用刀割开肚子，让太守看看自己的一颗赤心。戎良自己割开肚子并拽出肠肝的事似乎有些夸大其词，但是太守诸葛礼是实际存在的。

东汉的起止时间是公元25年至220年。这期间，济阴多次设为王国，也多次恢复为郡，其中25年至72年、84年至124年和125年至212年这三段时间为郡。诸葛礼是郡守，由此可知他的任职时间就在这三段时间里。因为缺乏资料佐证，难以确认他是哪段时间内的太守。

二十四史中的范晔《后汉书》没有诸葛礼的记载。谢承《后汉书》是周天游《八家后汉书辑注》之一，它虽然已是残本，但早于范晔《后汉书》，因而是可信的。诸葛礼是诸葛丰后裔是毫无疑义的，济阴郡与琅邪郡都在今山东省境内，相隔不远，诸葛礼是阳都诸葛族人也是自然的。

太山郡丞诸葛珪

诸葛珪是诸葛亮的父亲。他的事迹，《三国志·诸葛亮传》中仅记载了一句："父珪，字君贡，汉末为太山郡丞。"清代以前的诸葛亮传记，也都仅记载诸葛珪曾任"太山郡丞"，没有其他履历的记载。

关于诸葛珪任太山郡丞前的履历，地方志也有所涉及，但没有更为详细的资料。

一是清乾隆年间唐仲冕撰《岱览》引《蜀志》记载：诸葛亮"父为梁父尉，寻迁太山郡丞"。

二是嘉庆年间金棨撰《泰山志》记载："（诸葛珪）为梁父尉，寻迁太山郡丞。"

诸葛珪的家庭情况，清人张澍《诸葛忠武侯文集》引证《诸葛氏谱》说，诸葛珪的原配夫人姓章。

诸葛珪生于151年前后。诸葛珪与诸葛丰生年相距260年左右，若平均30年传一代，诸葛珪大约在第八代或第九代上。

古代，帝王当政期间如果出现太平盛世或天降祥瑞，就要“封太山禅梁父”。“封太山”指天子登上泰山筑圆坛祭天，“禅梁父”就是在梁父山上筑方坛祭地。公元前122年汉武帝封禅梁父山，在战国时期就有的梁父邑基础上设置了梁父县（故址在今泰安市天宝镇古城村），隶属太山郡。东汉时改为“梁甫”，三国魏晋时恢复为梁父。

东汉官制，万户以上的县行政长官称“令”，设县丞一人，县尉二人。万户以下的县则称“长”，设县丞、县尉各一人。县丞与县尉都是县令或县长的佐官，县丞掌管文书仓库，县尉掌管治安捕盗。郡丞是太守的辅官，职责是管理郡城守备。诸葛珪最高官位是郡丞，年俸六百石，终生是职不显业不隆的中下层官员。

汉代实行察举制度，但前后两汉察举的内容各有侧重。西汉主要以才能和品德为推荐标准，东汉则重孝廉，高第族望也是察举的依据。察举的人才，可以由太守推荐给朝廷以进一步考察，优秀的授以官职，也可以由太守等地方官自行辟为功曹、幕僚等低级职务。当时的太山太守是应劭，他研究古文经学，又会通百家，博学多识，著有《风俗通义》。诸葛珪生于一个世代以经学传家的官僚家庭，可能是以“孝廉”或“茂才”之名被应劭赏识，被隔郡征辟到太山郡的。

在长子诸葛瑾10多岁时，诸葛珪原配夫人病逝，不久又续房。到诸葛亮8岁时，身任太山郡丞的诸葛珪也撇下续房夫人和未成年的子女撒手人寰了。

诸葛珪有三子二女，长子诸葛瑾，次子诸葛亮，幼子诸葛均。史籍没有记载两个女儿的名字。

豫章太守诸葛玄

诸葛玄是诸葛珪的弟弟，早年曾在外为官，不知什么原因退下官位，又回到老家阳都做了平民。诸葛珪去世时，续房没有生育，前妻生育的长子诸葛瑾已经成家了，但两个女儿和两个儿子（诸葛亮、诸葛均）都还没有成年，诸葛玄便承担起了照料寡嫂和四个孩子的责任。

一人拖带两家虽然日子很艰苦，还算能熬得下去。但是到了诸葛亮14岁那年，曹操攻打徐州牧陶谦的战火波及阳都，人人惶惶不可终日。就在忧心忡忡之时，好事降临到了诸葛玄头上：袁术邀请他出任豫章郡太守。

原来，豫章郡太守周术因病去世了，太守职位出现了空缺。当时正是军阀割据的时候，盘踞淮南的袁术看到了机遇，不等朝廷正式委派太守，就先下手抢下了这个位子，安插上自己的势力，以扩大和巩固自己的地盘。

袁术是汝南郡汝阳（今河南商水西南）人，自其高祖至父辈，四代中每代都有官居三公（司徒、司空、太尉）之人，袁术本人也是汉末朝廷的虎贲中郎将，时称“四世三公”之家。诸葛家族虽然不是名门望族，但也是世代诗书传家，也不乏以经学出仕为官的。诸葛玄熟读经书，早年曾出仕为官，也曾与袁术相识并被赏识；去官回家务农后，也还与朝野许多名人有交往。诸葛玄正在因为战乱而度日如年时，收到了袁术的邀请。

诸葛玄是个曾经做过官的人，他清楚地知道这个太守不是朝廷任命的。他也清楚地知道，朝廷已是名存实亡，军阀割据一方，以后的天下还不一定是谁的。曹操占据了青州，又开始攻打徐州，以后的徐州也不知是谁的。既然家乡不安宁了，接受袁术的邀请出任豫章太守，也许是个改变命运的机遇。于是，诸葛玄立即安排已经成家的诸葛瑾在家侍奉继母，自己带着其他家人赴任。这段历史文献记载得很少，仅《三国志·诸葛亮传》中有所涉及：

> 亮早孤，从父玄为袁术所署豫章太守，玄将亮及亮弟均之官。会汉朝更选朱皓代玄，玄素与荆州牧刘表有旧，往依之。玄卒，亮躬耕垄亩。

这段话译成现代汉语就是：诸葛亮少年丧父，叔父诸葛玄被袁术私自委任为豫章郡太守，诸葛玄带着诸葛亮及亮弟诸葛均前往任职。不久，东汉朝廷正式派朱皓替代诸葛玄，诸葛玄一向与荆州牧刘表交情甚深，就投奔刘表去了。诸葛玄去世后，诸葛亮搬到了隆中，以耕种田地为业。

其实，这时的皇帝已是傀儡，委任朱皓出任豫章太守，也是出于执掌实权者扩大自己实力的意图。这一点，诸葛玄也很清楚。所以，他自然不会轻易放弃这一职位，而朱皓仅凭一纸空文也难以履任。于是，朱皓求助扬州刺史刘繇帮助攻打豫章，夺取太守职位。结果，诸葛玄兵败，弃城而去。

诸葛玄被赶下台后的结果有两种说法。一种说法是上文提到的投奔刘表；另一种说法是退守西城，第三年被反民杀了，这一说法出自《献帝春秋》。

哪种说法是正确的呢？历史上众说纷纭，莫衷一是。近年来，历史学家朱大渭和梁满仓合著的《诸葛亮大传》综合分析两种说法及其背景，得出了一个比较清晰而又合乎道理的结论：

汉献帝初平四年（193），袁术杀死了扬州刺史陈温，自任扬州刺史。陈温被袁术杀死后，朝廷任命刘繇接任扬州刺史。但当时淮南一带已是袁术的势力范围，刘繇只得暂时以曲阿（今江苏丹阳市）为治所遥领扬州，也就是只有个扬州刺史的职务而不能亲身到扬州任职。豫章太守周术死后，袁术为了扩大地盘，趁机私自任命诸葛玄补豫章太守之缺，而朝廷却正式委任朱皓为豫章太守。当时军阀割据基本形成，朝廷如同虚设，诸葛玄自然不会轻易放弃这一地盘。朱皓便求扬州刺史刘繇出兵相助攻打豫章，以武力夺取太守的位置。刘繇本来就想把袁术赶走，便答应了朱皓的请求，领兵攻打豫章。诸葛玄抵挡不住，便退守西城与刘繇相持。诸葛玄知道刘繇与刘表是盟友，便宣布脱离袁术，言称豫章太守是刘表所举荐的，并将诸葛亮兄弟送到荆州托付给好友刘表，企图西依刘表为援，伺机东山再起。朱皓入主豫章后，诸葛玄在西城与刘繇既相持又相安共处，两年以后被西城反民杀死了。

《三国志》裴松之注引《献帝春秋》和《汉纪》中有两处涉及诸葛玄，但史籍都未涉及诸葛玄的子女。

余嘉锡《世说新语笺疏》推论诸葛诞有可能是诸葛玄之子。他根据史籍的有关记载这样分析：诸葛诞的女儿是琅邪王司马伷的妃子。司马伷的长子名“觐”，字“思祖”，觐封东莞王时名“瑾”，可能因为与外祖父的堂兄诸葛瑾之“瑾”同名而改为“觐”；字“思祖”，可能寓意着思念外祖诸葛诞。司马伷三子名“繇”，字“思玄”，“玄”字可能与诸葛玄有关，即有思念外曾祖诸葛玄的寓意。史籍记载，诸葛诞杀文钦，文钦之子文鸯、文虎又杀诸葛诞，并残忍地剖腹吃其心肝。文鸯又名文俶。司马繇欲杀文俶，便捏造事实告发文俶谋逆，文俶终被夷灭三族。司马繇的这一做法，疑似出自母亲诸葛妃的意图，杀文俶以报文鸯杀诸葛诞并剖腹啖肝之仇。由此，余嘉锡赞曰：“不独觐为孝子，即其姊亦孝女也。诸葛氏之世泽，可谓远矣。”①

余嘉锡之说仅为推论而非实证确论，可资研究者参考。

①《世说新语笺疏》之《方正第五》“诸葛靓”条。

嘉锡案：靚姊爲司馬懿子琅邪王伷妃，伷先封東莞王。晉書伷傳：「伷長子恭王覲，字思祖。」考書鈔六十三、御覽二百四十二引晉武起居注均作「東莞王世子瑾」。則覲本名瑾，乃與諸葛子瑜同名。其字思祖，欲令思其外祖也。三子繇字思玄。諸葛亮傳稱「亮從父玄」，本書品藻篇稱「誕爲瑾、亮之從弟」，則誕蓋玄之子。思玄者，欲令思其外曾祖也。御覽三百七十六引魏末傳曰：「諸葛誕殺文欽。及城陷，欽子鴦、虎先入殺誕，噉其肝。」魏志諸葛誕傳注曰：「鴦一名俶。」又引晉諸公贊曰：「東安公繇，諸葛誕外孫。欲殺俶，因誅楊駿，誣俶謀逆，遂夷三族。」按晉書伷傳：「繇誅俶後，始遭母喪。」則繇之此舉，疑出諸葛妃之意，使其子殺俶，以報父雠。然則不獨靚爲孝子，即其姊亦孝女也。諸葛氏之世澤，可謂遠矣。然傅暢沒在胡中，爲石勒之臣，乃著諸公贊，降志辱身，何足以議紹？

余嘉锡按语截图

第三章

千古全人

临沂市五贤祠诸葛亮塑像

三国时期，阳都诸葛氏不少族人活跃在政治舞台上，其中诸葛亮、诸葛瑾及诸葛诞，分别在蜀汉、孙吴、曹魏三国担任要职，各有千秋，皆为一时俊杰。吴国韦昭《吴书》称赞说："瑾为大将军，而弟亮为蜀丞相，二子恪、融皆典戎马，督领将帅。族弟诞又显名于魏，一门三方为冠盖，天下荣之。"南朝时期刘义庆《世说新语》评价说："诸葛瑾，弟亮及从弟诞，并有盛名，各在一国。于时以为蜀得其龙，吴得其虎，魏得其狗。"在一门三方为冠盖的诸葛家族中，诸葛亮被称为"龙"。他既是一个集宏志、伟业、智慧、忠信、勤政、廉洁于一身的全名之人，又是一个由获得师友赞誉而始、赢得朝野以及政敌共钦而终的全身之人。总之，他是一个见识远大、功业显著、人格完美的千古全人。

生逢乱世

汉灵帝光和四年即公元181年，诸葛亮在阳都城出生了。当时东汉王朝朝廷混乱不堪，社会动荡不安。

东汉王朝是刘邦皇族的远支刘秀建立的。刘秀与其他起义军共同推翻了王莽政权后，又依靠豪强地主的支持，击败了其他起义军登上了皇帝宝座。为了表示继承刘邦创立的汉朝基业，国号仍然叫作汉，历史学家称为后汉。因为后汉的都城洛阳在前汉都城长安的东边，所以又称作东汉。

汉代的豪强地主一般都是世代公卿的大族，他们不仅拥有私人的庄园，还拥有人数较多的私家武装。刘秀为了笼络豪强地主，不仅给予他们高官厚禄，而且和他们结成儿女亲家。这些成了外戚的豪强地主，逐渐成为东汉政权统治的支柱。

东汉第四代皇帝刘肇，依靠宦官的力量，从外戚窦氏集团手中夺回了被把持多年的朝政大权。但刘肇年仅27岁就病死了，先后两个继位皇帝一个是婴儿，一个是13岁的儿童。因为皇帝年幼，刘肇的皇后邓绥主持朝政。邓皇后自己不能出皇后所居之所，朝臣也不能进宫议处国家大事，担心外戚参与朝政发展成外戚专权，便依靠宦官处理朝政，从此宦官的权力开始膨胀起来。

宦官俗称太监，是中国古代专供皇帝及其家族役使的官员。前汉时期，充当宦官的并不都是阉割之人。东汉建立后，宦官全用阉人，不再杂用其他士人。阉人宦官是一群既无经学思想熏陶，又从生理到心理都严重扭曲的特殊的社会群体。他们仗着皇帝的宠幸胡作非为，由此导致了纲纪大乱，这就为外戚干预朝政创造了条件。双方争夺权力交替专权，尤以桓帝刘志、灵帝刘宏时期最为激烈。

由于政治黑暗，官场腐败，经济凋零，所以农民起义连年不断。灵帝中平元年（184），终于爆发了全国范围的农民起义——张角领导的黄巾大起义。为了镇压起义军，中平五年（188），灵帝接受太常刘焉的建议，将部分州刺史改为拥有领兵治民权的州牧，由宗室或重臣担任，以加强地方政权的实力。同时，为了对付外戚势力，在中央设置了一支新军，置八校尉，以宦官蹇硕为统领。汉末动乱，州刺史本来就想攫取权力以谋私利或以防不测，灵帝下放权力又为州级官员拥兵自重创造了条件。州牧逐渐变成了大小不等的地方军阀，以至于发展到尾大不掉的局面。结果是灵帝对外控制不了局面，在内成为外戚和宦官的傀儡。

外戚与宦官鹬蚌相争，军阀势力获取渔翁之利。先是宦官张让等人杀死外戚何进，继而袁绍等人尽杀宦官。宦官、外戚两败俱伤，政权落入了以勤王之名进京的并州牧董卓之手。董卓拥兵秉政，废黜了仅登基九个月的少帝刘辩，扶立年仅8岁的陈留王刘协为帝。各地州牧和豪强地主乘机勾结，结成同盟军讨伐董卓。董卓挟持汉献帝迁都长安后，讨董同盟破裂，形成了一股股割据势力。这些割据一方的土皇帝，为了争夺土地和人口，互相杀伐，给士民带来了无穷的灾难。

尽管朝廷风云动荡，但地方上还算按部就班地运转着。诸葛亮出生时，父亲诸葛珪已在太山郡为官，叔叔诸葛玄也是吃朝廷俸禄的官员，日子过得比较安逸。可命运和诸葛亮开了个玩笑：还在幼年时期，母亲病逝了。为了照管几个未成年的孩子，父亲又续了一房。虽然兄弟姊妹多生活有些艰难，因为继母贤惠勤劳，日子过得也很欢乐。但是诸葛亮命运多舛，8岁的时候，父亲又撒手人寰，幸亏弃官回家的叔叔把他们收揽了起来。

对发生在千里之外的朝廷大事，处于懵懂少年时期的诸葛亮，通过父亲和叔父有意或无意的言谈，虽然知道了一些，但还不甚明了。对于曹操攻伐陶谦这一大事件，因为发生在跟前，而且战火波及阳都，乡亲们对曹操的惧怕心态，已在他纯洁的心灵上留下了深刻的烙印。

隆中耕读

诸葛亮14岁那年，叔父诸葛玄收到了袁术的邀请，让他出任豫章（今江西南昌）太守。诸葛玄不忍心抛下失去父母的侄子和侄女，就带着他们一起离开了家乡。诸葛亮先是同叔父到了豫章，之后因战乱又被叔父送到荆州治所襄阳，托付给刘表。

刘表与学业堂

刘表是西汉鲁恭王刘余的后裔。

刘余是西汉第六位皇帝刘启的第五个儿子，传到刘表这一代，尽管还是皇帝裔脉，但刘表家族早已成为兖州山阳郡高平（今山东微山县一带）人了。刘表在洛阳太学（国立最高学府）学习时参加太学生运动，与反对宦官专权的部分官僚士大夫相呼应，是东汉末年士人运动中的政治明星与学生领袖，蜚声学界。

朝廷对这些“非议朝廷”的士大夫和太学生，不仅诏令缉捕，而且诏令终生不准再做官，史称“党锢”事件。刘表被列入了黑名单，因逃亡及时才得以幸免。“党锢”解除后，刘表没有仿效当时流行的隐居山林的清流作风，又委身于大将军何进，继续投身政事。原荆州刺史王睿被孙坚杀死后，何进推荐刘表担任了荆州刺史。刘表任荆州刺史后，把治所从原来的武陵郡汉寿（今湖南汉寿）迁到了襄阳。襄阳交通发达，经济繁荣，又是世家名族、富商巨贾的聚集之地。为了巩固和这些士族的联系，他还娶了襄阳大户蔡瑁的姐姐为继妻。

刘表控制荆州以后，对外采取拥兵自重的策略，尽量避免发生大的冲突，以求自保；对内采取励精图治的政策，爱民养士，以求平安。在他的治理下，农业生产得到了恢复和发展，荆州成了东汉后期一片万里清平的乐土。当时，北方大批民众为躲避中原战乱，选择了前往荆州避难。关中、兖州、豫州、南阳等地的很多文人学士也都纷纷选择到荆州谋求发展，人数达到数千。刘表对这些士人经济上接济、政治上录用，使之成为他治理荆州的社会基础。同时，发挥他们的文化优势，建立了州立官学——学业堂，加强儒家思想的教化以稳定人心。他启用南阳章陵人宋忠主持官学，聘请经学家綦毋闿和荆州名士司马徽等人任教。宋忠是可与郑玄比肩的经学大家，有"北海郑玄，南阳宋忠"之称。他反对今文经学的浮华，主持重新撰写了五经章句，删刬浮辞、芟除繁重，定名为《五经章句后定》，作为学业堂的教材。

汉代官学分中央和地方两种。设在京城的中央官学称为"太学"，设在郡国的称为"学"，设在县的称为"校"，设在乡的称为"庠"。汉代的州是监察区，又称部州，不是一级政府，因此州级不设学校。郡国虽置学，但学校的兴办与否取决于地方长官的意愿，即使兴办了学校，由于师资较差，也多为虚名。东汉末年，战乱频起，朝纲紊乱，太学及各地地方官学也名存实亡了。刘表打破了东汉官学体制，不仅在襄阳设置了州学，而且学校建制模拟太学，是效法洛阳太学而设置的全国唯一的州级官学。襄阳城里名士云集，形成了中国学术史上承前启后的荆州学派，进而使襄阳成为东汉末年的学术中心。

诸葛亮到达襄阳的时间，正是这里政治、经济、文化教育等方面逐步复兴的时候。

名师授业　博学精收

诸葛亮的师长辈中，对他影响最大的是庞德公和司马徽。

在志趣、心态上对诸葛亮影响最大的是庞德公。

庞姓是襄阳土著大族，庞德公居住在襄阳岘山之南，是东汉末年出名的隐士。他才华横溢，低调俭朴，为人友善，闲暇之时，常和司马徽等人把酒言欢，日子过得惬意而舒适。刘表任荆州刺史后，数次派人请他进州府做官，他都坚辞不就。

有一天，刘表亲自前往拜见。庞德公正在耕作，两人就在地头交谈了起来。刘表问：保全一个人能和保全天下人相比吗？庞德公回答说：鸿鹄把巢筑在很高的树上，晚上能够栖息。鼋和鼍在深渊下面做洞穴，夜间能够住在里面。人们的趋向和舍弃、行走和止息也是人的巢穴，都是各自得到暂且栖宿的地方而已，天下也不是我所能够保全的。刘表接着又问：您辛苦地耕种在田间而不肯做官食俸禄，将来拿什么留给子孙呢？庞德公回答说：世人都把危险留给后代，唯独我把平安留给子孙，虽然留下的东西不同，不能说我没留下什么东西吧？刘表听后知道说服不了他，叹息而归。

汉末，不少有气节的士人不愿意置身浊流，往往遁迹山林，躬耕自食，以为全身自保之计。庞德公那种天下大事与己无关的消极心态，不仅是"党锢"事件在士人心中阴影的折射，而且他清楚地知道：乱世之中，所谓的权势与财富也很可能成为祸患之源。但他没有颓废，而是从另一个角度追求着高洁的志趣，保持着平稳的心态，实践着自己的诺言。

庞德公德高望重，北方来襄阳避难或求学的学子都很敬重他。诸葛亮在学业堂学习期间，还拜庞德公为校外老师。他对庞德公十分尊重，每次到庞德公家求教，都跪拜在床榻之下听从教诲，而庞德公并不制止。这不仅说明诸葛亮对待庞德公的敬重心境和虚心求教的态度，也说明庞德公对诸葛亮非常看重，所以像圯上老人黄石公考验张良那样考验诸葛亮。庞德公很赏识诸葛亮，赞誉他为"卧龙"。诸葛亮后来到隆中躬耕自食的行为和淡泊宁静的心态，以及终身清廉自守的为官之道，也显然有着庞德公的影子。

在学业上对诸葛亮最有影响的是司马徽。

两汉时，在儒家经书中，先后出现了古文经学和今文经学两大体系。古文经，指秦始皇统一中国以前的儒家经书。今文经是"焚书坑儒"之后，汉初由老儒根据记忆口耳相传的经文与解释。今文经学认为六经皆孔子所作，视孔子为托古改制的"素王"，注重阐发经文的"微言大义"，主张通经致用。而古文经学崇奉周公，视孔子为"述而不作，信而好古"的先师，偏重训诂，与现实政治问题联系较弱。

汉末及三国时期，在古文经学派上最有影响力的是郑玄、宋忠和司马徽。郑玄活跃在北方，主要影响在黄河流域。宋忠和司马徽二人相聚襄阳，执教于州学，形成了荆州学派。南北两派虽然都崇尚古文经学，但北方经学注重章句训诂，在字里行间挖掘微言大义；而荆州学派则轻枝节而重义理，注重文章整体阐述的基本道理。正如后人评论："南北所为章句，好尚互有不同。""南人约简，得其英华；北学深芜，穷其枝叶。"[①]

诸葛亮在家乡就受"接世"思想的熏陶，在荆州又受到司马徽等人"约简"学风的影响，因而形成了读书不务求精熟，而是"观其大略"的风格。"观其大略"不是读书粗疏，而是善于从总体上把握文章的精神实质。这种学

①《隋书》卷七十五《列传第四十·儒林》"序"。

以致用的学风和结果，正是诸葛亮成为伟大政治家、思想家而没成为经学家的根本原因。

司马徽不仅是经学大家，更以善于识拔人才著称，世有“水镜”之誉，意思是眼光如清水，似明镜，评价公允，如镜之清，如水之平。明代《历代神仙通鉴》记载，司马徽非常看重诸葛亮，曾指点他进一步拜师学艺：“以君才，当访名师，益加学问。汝南灵山酆公玖熟谙韬略，余尝过而请教，如蠡测海，盍往求之。”清代人张澍《诸葛亮集》转引了这一故事。这些记载，虽然缺乏确凿史料佐证，但确实反映了司马徽对诸葛亮的喜爱与期望，也反映了诸葛亮博采百家之长的基本事实。

躬耕陇亩　自食其力

叔父诸葛玄去世后，诸葛亮离开了繁华的襄阳城，避尘而居，过起了躬耕自食的生活。

《三国志》记载：“玄卒，亮躬耕陇亩。”躬耕地在何处？诸葛亮北伐曹魏临行上表中有“臣本布衣，躬耕于南阳”的话，所以后世一般表述为“诸葛亮躬耕南阳”。除诸葛亮《出师表》中的自述外，最早记载躬耕居住地具体地方的是晋人王隐的《蜀记》：

> 晋永兴（304—306）中，镇南将军刘弘至隆中，观亮故宅，立碣表闾。[①]

第一个记述隆中具体位置的是晋人习凿齿《汉晋春秋》：

> 亮家于南阳之邓县，在襄阳西北十里许，号曰隆中。[②]

后世关于诸葛亮躬耕隆中的记述都源于这两条记载。当时，隆中虽然距离襄阳城仅十里许，但属于南阳郡邓县的辖地。所以诸葛亮《出师表》所述的“躬耕南阳”，与魏晋时期史家对躬耕地的表述并不矛盾，只不过诸葛亮本人是概言之，魏晋史家是细述之而已。

隆中是一个半封闭的山谷，主峰隆中山在北，乐山在南，两山隔谷相对。整个山势呈半封闭状，向东开口，平缓而开阔的谷底有沃土可供拓荒耕种，向

---

①《三国志》卷三十五《蜀书五·诸葛亮传》裴“注”。

② 同上。

隆中形胜图（襄樊旅游网）

阳山坡宜于造庐而居。诸葛玄死后，诸葛亮就移居隆中山谷，依山造庐，开始了躬耕自食的生活。

一般认为，诸葛亮是因为叔父去世，才离开城市到山林隐居躬耕的。这种说法有一定道理，但不全面。诸葛亮选择隆中山躬耕自食，起码还有两个方面的原因。一是要承担汉律规定的责任了。西汉初就规定，凡年龄在15岁以上至56岁的成年男女，每年必须向国家交纳算赋即丁口税。诸葛玄被杀时（197），诸葛亮已经18岁，无论其叔父在与否，都应该自立以承担算赋了。二是不愿委质定分于刘表。东汉以来有一种社会风尚，就是长官和下属之间、荐主和被荐者之间的关系，逐渐演变成为君臣的关系。背叛故主，必将受到世人的唾弃。为此，汉晋之际较为正直的士大夫，大都不愿意委身于人。刘表不是他心中的明主，他当然不愿委质定分于刘表，最好的办法是躬耕山林，等待时机，以托身明主。

诸葛亮在隆中耕读期间，度过了加冠之年，由此有了“孔明”这一表字。

古代男子成人，不便直呼其名，便另取一与本名含义相关的别名，称之为“字”。《礼记·檀弓上》说：“幼名、冠字。”孔颖达《疏》云：“‘幼名、冠字’者……始生三月而加名，故云‘幼名’也。‘冠字’者，人年二十，有为父人之道，朋友等类不可复呼其名，故冠而加字。”诸葛亮到隆中躬耕自立时已到十八岁，按礼制虽不到冠“字”的年龄，但为便于朋友称呼也该有个“字”了。“明”与“亮”含义相表里，“孔”与“甚”义项相近似，于是，诸葛亮就以“孔明”为表字，寓意“甚明”，即“非常明亮”。虽然“孔明”这一表字是诸葛亮自己酌定的还是由师长起定的，已难以考证清楚，但是在隆中期间才有了“孔明”这一表字，是毫无疑义的。

深交挚友　砥砺成才

陈寿《三国志》记载：诸葛亮“身长八尺”。三国时期的一尺约相当于现在的24厘米[①]，按照这个数据计算，八尺就是1.92米。实际上“身长八尺”的表述，意在说明诸葛亮身材高大而已，并非精确的身高。正是因为诸葛亮身材高大壮美，才压群伦，志在大放光明，所以当时的人都认为他是个奇才。

诸葛亮躬耕隆中，并不是真正地远离尘世遁入山林，而是在躬耕之余广交朋友和结识社会名流。与这些朋友的交往，尽管在时间上很难确切地分清是在躬耕前还是躬耕后，但这些朋友可以分为三大部分。

一部分是北方学子。

当中原地区战乱时，刘表治理下的荆州相对是一方平安之土，来荆州避难的人，既有满腹经纶的士人大家，也有风华正茂的青年俊杰。诸葛亮与他们彼此辗转相引，结识的挚友越来越多，史籍直接记载的有徐庶、石韬、孟建、崔州平等人。他们都是从北方来到荆州避难的学子，当时风华正茂、意气勃发，诸葛亮与他们情投意合，引为知己，经常相聚切磋学问，畅谈人生理想，纵论天下大事。诸葛亮曾对徐庶、石韬和孟建说：“你们三人官位可到刺史太守。”果如诸葛亮预言，孟建北归后在魏出仕，官至凉州刺史；石涛在魏出仕历任郡守、典农校尉；徐庶本来早于诸葛亮加入刘备集团，有望成为蜀汉栋梁之臣，只是因为寻母而滞留曹营，也仅官至右御史中丞。而当徐庶等人问诸葛亮的志向时，他却笑而不答。他把自己比作管仲、乐毅那样定国安邦的人，当时人们不太相信，只有徐庶和崔州平深信不疑。徐庶和崔州平对诸葛亮也多有指教，多年后诸葛亮仍难以忘怀，如诸葛亮任丞相后就曾对部下说：过去我结

---

①按：考古发现的三国尺共有八支，平均一尺合今24.075厘米。邱光明《中国历代度量衡考》认为：“据文献记载结合实测，这一时期的尺度比东汉略有增长，故厘定每尺长为24厘米。”

交崔州平，他多次指出我的优缺点；后来又结交徐庶，得到很多启发和教诲。

诸葛亮结识的另一部分青年是襄阳名门才俊。襄阳一带的大姓豪族，从政治分野上来讲基本上有两大派：一派是以刘表为代表的当权派，这派势力中最主要的是蔡、蒯两家，代表人物是蔡瑁、蒯越。另一派是庞、黄、马、习、杨诸家，主要代表人物是庞德公、黄承彦、马良、习祯、杨虑等，他们是大族中的在野派。诸葛亮姐弟四人来襄阳时，两个姐姐都已到了婚配的年龄。不久，大姐嫁给了蒯氏家族的蒯祺，二姐嫁给了庞德公的儿子庞山民。由于这些亲戚关系，诸葛亮的信息来源更广了，视野更宽了。但与诸葛亮相友善的襄阳士人，基本是在野派人士。其中，他最敬重的长者是庞德公和黄承彦，最为相知的青年是庞统和马良兄弟。

庞统是庞德公的侄子，字士元，比诸葛亮大两岁。他本性喜爱品评人品高低，潜心研究学问谋略，在当时荆楚一带可以称得上是高士俊杰，有“凤雏”的雅号，与“卧龙”诸葛亮齐名。庞统既是诸葛亮的表兄，更是诸葛亮的挚友，二人切磋问难，互有进益。

马良，字季常，襄阳宜城人。马良兄弟五人都很有才学名气，以马良最为优秀。弟马谡，字幼常，也是马氏兄弟中的佼佼者。马氏兄弟都与诸葛亮有深交，后来也都仕蜀为官。诸葛亮率军入川拔取雒城后，留守荆州的马良写信给诸葛亮祝贺，称诸葛亮为“尊兄”，由此可见关系密切程度非同一般。

与诸葛亮有着特殊关系的一个人是黄承彦。黄承彦的连襟是荆州刺史刘表，内弟是襄阳大族蔡氏家族的蔡瑁，蔡瑁又是刘表政权的第一个辅佐者和支柱。但黄承彦却对以刘表、蔡瑁为代表的当权派敬而远之，而与在野的名流士人情投意合。晋人习凿齿《襄阳记》记载：“黄承彦者，高爽开列，为沔南名士，谓诸葛孔明曰：‘闻君择妇；身有丑女，黄头黑色，而才堪相配。’孔明许，即载送之。时人以为笑乐，乡里为之谚曰：‘莫作孔明择妇，正得阿承丑女。’”黄承彦既然能直接向诸葛亮提亲，诸葛亮又欣然应允，两人的关系必然十分密切。

刘表既是诸葛亮叔父的旧交，又是诸葛亮兄弟姐妹的托付照管人，后来与诸葛亮又有了亲戚关系，按常理说，诸葛亮与刘表家族的关系应该是密切的。但从史籍记载看，诸葛亮与刘表家族的交往，仅见到点拨刘琦避险一件事。

刘琦是刘表的长子，因为相貌与刘表甚为相像，所以起初刘表十分宠爱他。刘表丧妻后娶了蔡瑁的小姐姐为继室，次子刘琮又娶了继室蔡氏的侄女为妻，因而刘琦逐渐失宠。刘琦感到危在旦夕，便向诸葛亮谋求自安之术。诸葛亮本不愿插手刘表家族的内部事务，见刘琦诚恳而无奈地求助于己，便启发说：“您没有看到晋公子申生留在宫内遭受谋害，而重耳逃亡在外却得到安全吗？”刘琦十分清楚这一典故：春秋时期，晋献公年老的时候宠爱一个妃子骊姬，想把骊姬生的小儿子奚齐立为太子，就把原来的太子申生杀了。太子一死，献公另外两个儿子重耳和夷吾都感到危险，逃到别的诸侯国去避难了。诸葛亮的点拨令刘琦茅塞顿开，于是暗地里策划离开襄阳。正巧，刘表的部将江夏太守黄祖死于战事，刘琦便趁机向刘表请求出任江夏太守，远离了是非之地。从这一件事看，诸葛亮与刘琦的交情还是比较深的。

自比管乐　蓄势待发

诸葛亮不与刘表深交，主要是志向不同。这不仅因为刘表心无天下，志在自保，也与刘表政权的支柱蔡瑁有一定的关系。蔡氏家族是东汉末年襄阳一带最为显赫的豪强大族，蔡瑁是这个家族的代表人物。《襄阳耆旧记》记载：刘琮归降曹操后，曹操亲自登门拜访蔡瑁。曹操对蔡瑁的妻子说：“我和蔡德珪是少年好友，今天能再次见面，真的好荣幸啊！”曹操与蔡瑁的亲密关系可窥一斑。

刘表与地方豪强势力蔡瑁的政治联盟和姻亲联盟，是诸葛亮到襄阳以前的事情，诸葛亮必定是明了的。刘琮降曹后，曹操会见蔡瑁以叙故旧，虽是后来发生的事情，但蔡瑁与曹操少年时代的密切关系，诸葛亮想必也是早有耳闻的。正因为诸葛亮的政治志向和政治见解与蔡瑁的政治主张和追求截然不同，又加刘表坐保江汉之间，无四方之志，而且心多疑忌，诸葛亮也就不可能加入刘表政治集团。但是，诸葛亮通过这层姻亲关系，能够经常接触襄阳社会的上层人士，了解天下大事和荆州军政决策人物的政治动向，认识政治集团的内幕，获取全国形势变化的信息，为他在刘备三顾茅庐时拿出对天下形势的正确分析和统一天下的大计，奠定了基础。

诸葛亮在隆中时，常抱膝长啸。人之“啸”，一般是指撮口发出的长而清越的声音，也就是俗话说的吹口哨。他之所以常抱膝长啸，并非悠闲无聊之举，实是以“啸”抒发激荡于胸的豪情之气，抒发成竹在胸的自信之气。他自比管仲、乐毅就是明显的豪情和自信的体现。

管仲是春秋时期齐国著名的政治家、军事家。他少时丧父，生活贫苦，为维持生计，曾与挚友鲍叔牙合伙经商，后又结伴从军。齐襄公时，二人同为齐国公室侍臣，管仲辅助公子纠，鲍叔牙辅助公子小白。齐襄公在内乱中被杀，公子小白继承了王位，史称齐桓公。桓公与公子纠争夺王位时，被管仲射了一箭。由此，桓公记恨着管仲。经过鲍叔牙极力推荐，管仲才被重用为卿，主持国政。管仲向桓公提出修好近邻、先内后外、待时而动的治国求霸之策，当时桓公未听其言，于次年轻率攻鲁，结果在长勺之战中被鲁军击败。战后，齐桓公真正意识到管仲的经纬之才，对管仲器重有加。管仲辅佐桓公励精图治，终于使齐国成为春秋时期的第一霸主。管仲因有殊功于齐，被桓公尊为仲父，被后人称为“春秋第一相”。

乐毅是战国后期杰出的军事家。他先祖是魏国人，因功封在灵寿。后来灵寿归到赵国，到乐毅这一代就是赵国人了。乐毅自幼聪贤，好兵法，赵国人举荐他出来做官。赵武灵王死后，他离开赵国到魏国当了大夫。当时的燕国刚刚被齐国打得大败，燕昭王为雪国耻屈己礼贤，广延贤能之士相佐。乐毅出使燕国时，昭王诚聘乐毅为卿，乐毅被昭王诚意打动，答应委身为臣。燕昭王欲兴兵伐齐，乐毅提出了“联合伐齐”方略。燕昭王以乐毅为上将军，五年间攻下齐国七十多座城邑。燕惠王继位后，齐国将领田单使反间计，乐毅被召回国。乐毅害怕回国后被杀，便拒绝回燕而投奔了赵国。后来，齐国大破燕军，失地尽复，燕国被逼割地求和。燕惠王后悔莫及，写信给乐毅，既表示追悔之情，又寓有对乐毅奔赵的谴责之意。乐毅在复信中，表明了自己对先王的一片忠心和与先王的相知相得，辨析了惠王对自己的种种责难和误解，抒发了功败垂成的愤慨，表明了不为昏主效愚忠、不学冤鬼屈死的抗争精神。齐人蒯通和主父偃读乐毅给燕王的那封信时，都禁不住感慨落泪。这封复信，被记录在《战国策》中，题名为《报燕惠王书》。

显然，管仲和乐毅的少年时代与诸葛亮有着相似的经历，成年时期的管仲和乐毅是诸葛亮心目中得遇明主、出将入相的楷模。事实证明，在诸葛亮后来的创业实践中，的确有着许多管仲和乐毅的影子。

好为《梁父吟》是诸葛亮远大志向的又一表现。《梁父吟》的具体内容，迄今见于史籍的只有唐代《艺文类聚》所录：

步出齐城门，遥望荡阴里。
里中有三坟，累累正相似。
问是谁家墓，田强古冶子。

力能排南山，文能绝地纪。
一朝被谗言，二桃杀三士。
谁能为此谋，国相齐晏子。

这首古歌词的内容，大致是讲晏婴“二桃杀三士”的故事。晏婴是春秋时期齐国人，历任灵公、庄公、景公三世的卿相，辅政长达50余年，是春秋后期一位重要的政治家、思想家、外交家。因传说他用计“二桃杀三士”，后人对他褒贬不一。其实，陈寿将“好为梁父吟”与“自比于管仲乐毅”二事并提，显然不是表现一般隐士的吟诵消遣之举，而是寓意诸葛亮的情操、志向、抱负和才华非同一般。在诸葛亮眼里，晏婴绝不是排除异己、陷害忠良的政客，而是一位善于治国、忍辱负重、品行高尚的贤相。自比管乐以俟良时，好吟《梁父》以明高志，抱膝长啸以抒胸臆，正是互为表里的事，是诸葛亮情与志的集中反映，从中可以窥见诸葛亮隐居隆中时蓄势待发的端倪。

卧龙出山

诸葛亮在隆中躬耕自食时，不仅广泛结交朋友，互相砥砺切磋学问，而且关心天下大势，不断探索“兴复汉室”的道路。经过长期的酝酿，终于形成了一套比较完整的政治主张，一个极具进取精神而且操作性极强的战略规划，这就是他对刘备提出的“隆中对”。

靖王之后　枭雄刘备

刘备字玄德，是西汉第六位皇帝景帝刘启的后裔。

汉景帝刘启有十四个儿子，王皇后所生刘彻继承皇位，是为汉武帝。贾夫人所生刘胜，被封为中山王，死后谥号“靖”，后世尊称为“中山靖王”。刘胜“乐酒好内”，有子一百二十余人，其中有二十个儿子封侯，第五子刘贞于元狩六年（前117）封涿县陆城亭侯。

元鼎五年（前112），武帝为祭宗庙，要列侯交纳贡金，后以所献贡金分量不足或成色不好为由，废掉列侯106人。刘贞与其他十个已封侯的兄弟，因涉案一并被革除了爵位。列侯因贡金事件遭革职，实际是汉武帝削藩政策的结果。刘贞失去了陆城亭侯的爵位，降为普通平民，从此在涿县（今河北涿州）定居，后人也就以涿县为籍。公元161年，刘备出生于平民之家，到了自立之年，便以织席贩履为业。

《三国志·先主传》记载：刘备是“汉景帝子中山靖王胜之后也。胜子贞，元狩六年封涿县陆城亭侯，坐酎金失侯，因家焉。先主祖雄，父弘，世仕州郡”。可见，刘备是刘胜儿子刘贞的后代是不会有错的。他的祖父是刘雄，父亲是刘弘也无疑义。但刘贞与刘备到底经历了几代，因为没有家谱，早已成了一个历史之谜。因此，裴松之在为《三国志·先主传》作“注”时就感慨道：“先主虽云出自孝景，而世数悠远，昭穆难明，既绍汉祚，不知以何帝为元祖以立亲庙。于时英贤作辅，儒生在宫，宗庙制度，必有宪章，而载记阙略，良可恨哉！”

刘备从小就不大喜欢读书，而喜欢交结豪侠。灵帝末年，他带领好友关羽和张飞，跟从官府镇压黄巾起义，因功任安喜县尉（治所在今河北定州市东南），后又投靠了占据辽东的公孙瓒。曹操攻打徐州牧陶谦时，刘备率兵相救，因此陶谦临死时遗命刘备代他为徐州牧。刘备为徐州牧后，被吕布击败，又归附了挟天子以令诸侯的曹操。曹操认为刘备是个人才，上表任命他为豫州牧、左将军。刘备觉察到曹操对他有戒心，便借阻击袁术的机会脱离了曹操。曹操深知刘备是当世人杰，不能为己所用必是后患，便亲自引兵攻打刘备，刘备不得已又投奔了袁绍。官渡之战后，曹操再次亲自领兵攻打刘备，刘备转而投奔荆州刘表。

当袁绍还在鼎盛的时候，曹操就曾对刘备说：“当今天下英雄，唯有你与我。袁绍之流，根本不值一提。”建安年间，还未出仕的陈矫对广陵太守陈登说：“要论雄姿杰出，有王霸的战略眼光，我敬佩刘玄德。”直接称刘备为“枭雄”的是周瑜。刘备赴京口见孙权时，周瑜对孙权说：“刘备以枭雄之姿，而有关羽、张飞熊虎之将，必非久屈为人用者。”枭雄的意思并不是狡诈不可信任的人物，而是指难以被制服的英雄。刘备讨伐黄巾军后，有雄才而不甘居于人下，虽屡战屡败，但屡败屡战，雄心不泯，的确如周瑜所言是个枭雄。周瑜对刘备的评语虽然是后来的事，但也代表了世人对刘备早年的评价。

刘备投奔刘表后，刘表安排他在新野驻兵，镇守北大门。

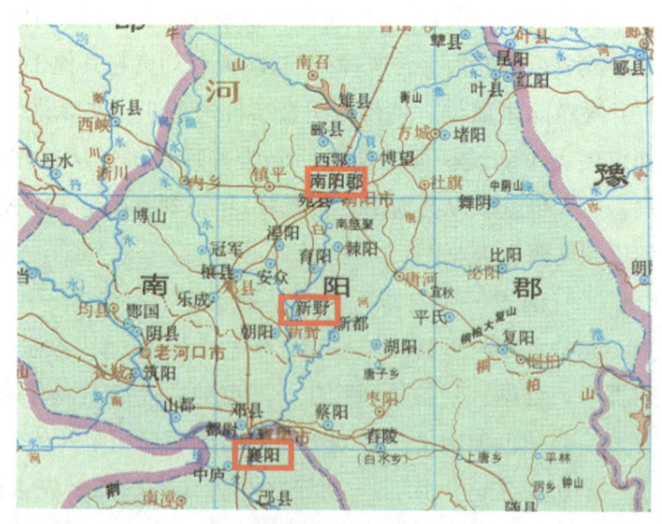

新野位置图

刘备素有中山靖王后裔的光环，还有枭雄的名声，荆州豪杰归附他的日益增多，刘表起了疑心，暗中对刘备有所防备，不予重用。

当时，曹操已击败袁绍，先后占领

了原属袁绍控制的冀、青、幽、并四州，以汉献帝的名义任命自己为冀州牧，才俊归附者日趋众多，兵强马壮，可谓炙手可热。孙氏据江东已历三世，孙权继承父兄基业，逐步控制了长江以南的地区，巩固和扩大了实力，被曹操以汉献帝的名义封为讨虏将军，领会稽太守，也可谓雄霸一方。而当时的刘备，虽经过几十年的厮杀拼斗，但迭遭挫败，始终栖栖惶惶，辗转依人，已届不惑之年，还没有一块可以立足安身的地盘。老之将至，何去何从？刘备知道襄阳人才荟萃，英贤辈出，驻兵新野期间，决定到襄阳拜访享有盛誉的司马徽，以求指点迷津。对这件事，《三国志》裴“注”引《襄阳记》记载：

> 刘备访世事于司马德操。德操曰：“儒生俗士，岂识时务？识时务者在乎俊杰。此间自有伏龙、凤雏。”备问为谁，曰：“诸葛孔明、庞士元也。”

相互考察　三顾出山

司马徽不但指明了刘备所需人才不是“儒生俗士”，应是“识时务”的俊杰，而且高度赞美诸葛亮和庞统，并适度向刘备做了推介。也许是司马徽有意想考验刘备求贤的诚意和认识人才的水平，谈话中没有告诉诸葛亮的具体情况。也许刘备对司马徽推介的两个青年才俊，在亲自面试之前还难以完全相信，也没有立即去拜访，但刘备躬身拜贤、诚信求贤的举动，赢得了士人的青睐。不久，诸葛亮的好友徐庶向刘备自荐，刘备非常器重徐庶的才干和人品，当即把他留在军营中并委以重任，让他参与整顿军事，训练士卒。见刘备真心求贤，徐庶便向刘备全面介绍了诸葛亮的情况，刘备急切地让徐庶请诸葛亮一同前来。徐庶告诉刘备：“这个人你只可以去亲近他，不能够强迫他来见你，你应该屈尊下驾，前去见他。”

司马徽介绍在先，徐庶推荐在后，刘备这才觉察到诸葛亮是大业辅弼良才，于是决定亲自拜见诸葛亮。

当时，刘备已是年近半百、久经沙场的老将了，而诸葛亮还是一个未及而立之年的山野布衣。有司马徽和徐庶的郑重推荐，刘备肯定对诸葛亮的才能不会怀疑，但肯定还想慎重地了解诸葛亮的志向。而诸葛亮虽然对刘备有所了解，但毕竟从未谋面，对刘备是否能理解自己的宏图大略，是否能尽己所能，也必然想进行面对面的考察。经过逐步深入的相互考察，刘备认定了诸葛亮就是心目中渴望已久的辅弼良才，诸葛亮也认定了刘备不仅是刘汉皇室后裔中的一个心怀大志、百折不挠的枭雄，更认定他是一个心存汉室、志在复汉的同仁。建安十二年（207），在隆中再次相会时，刘备支开随从人员，敞开心扉地向诸葛亮谈了恢复汉室的志向，也坦诚地谈了事业未成的迷茫，诚恳地向诸葛亮请求安定天下的大计。诸葛亮感到了刘备求贤的诚意，也感到遇见了知音，便将自己早已成竹在胸的战略规划和盘端给了刘备。

诸葛亮与刘备的这段历史性的对话内容，被陈寿整理记入《三国志》，后人称之为《草庐对》或《隆中对》。陈寿记载：

> 先主遂诣亮，凡三往，乃见。因屏人曰：汉室倾颓，奸臣窃命，主上蒙尘。孤不度德量力，欲信大义于天下，而智术浅短，遂用猖獗，至于今日。然志犹未已，君谓计将安出？亮答曰："自董卓已来，豪杰并起，跨州连郡者不可胜数。曹操比于袁绍，则名微而众寡，然操遂能克绍，以弱为强者，非惟天时，抑亦人谋也。今操已拥百万之众，挟天子而令诸侯，此诚不可与争锋。孙权据有江东，已历三世，国险而民附，贤能为之用，此可以为援而不可图也。荆州北据汉、沔，利尽南海，东连吴会，西通巴、蜀，此用武之国，而其主不能守，此殆天所以资将军，将军岂有意乎？益州险塞，沃野千里，天府之土，高祖因之以成帝业。刘璋暗弱，张鲁在北，民殷国富而不知存恤，智能之士思得明君。将军既帝室之胄，信义著于四海，总揽英雄，思贤如渴，若跨有荆、益，保其岩阻，西和诸戎，南抚夷越，外结好孙权，内修政理；天下有变，则命一上将将荆州之军以向宛、洛，将军身率益州之众出于秦川，百姓孰敢不箪食壶浆以迎将军者乎？诚如是，则霸业可成，汉室可兴矣。"

这段对话直译成现代汉语如下。

刘备说："汉室的统治崩溃，奸邪的臣子盗用政令，皇上蒙受风尘遭难出奔。我不能衡量自己的德行能否服人，估计自己的力量能否胜任，想要为天下人伸张大义，然而我才智与谋略短浅，因此失败，弄到今天这个局面。但是我的志向到现在还没有罢休，您认为该采取怎样的办法呢？"

诸葛亮回答说："自董卓独掌大权以来，各地豪杰同时起兵，占据州、郡的人数不胜数。曹操与袁绍相比，声望少之又少，然而曹操最终之所以能打败袁绍，凭借弱小的力量战胜强大的原因，不仅依靠的是天时好，而且也是人的谋划得当。现在曹操已拥有百万大军，挟持皇帝来号令诸侯，确实不能与他争强。孙权占据江东，已经历三世了，地势险要，民众归附，又任用了有才能的人，孙权这方面只可以把他作为外援，但不可谋取他。荆州北靠汉水、沔水，一直到南海的物资都能得到，东面和吴郡、会稽郡相连，西边和巴郡、蜀郡相通，这是大家都要争夺的地方，但是它的主人却没有能力守住它，这大概是苍天拿它用来资助将军的，将军你可有占领它的意思吗？益州地势险要，有广阔肥沃的土地，自然条件优越，高祖凭借它建立了帝业。刘璋昏庸懦弱，张鲁在北面占据汉中，那里人民殷实富裕，物产丰富，刘璋却不知道爱惜，有才能的人都渴望得到贤明的君主。将军既是皇室的后代，而且声望很高，闻名天下，广泛地罗致英雄，思慕贤才，如饥似渴，如果能占据荆、益两州，守住险要的地方，和西边的各个民族和好，又安抚南边的少数民族，对外联合孙权，对内革新政治；一旦天下形势发生了变化，就派一员上将率领荆州的军队直指中原一带，将军您亲自率领益州的军队从秦川出击，老百姓谁不用竹篮盛着饭食、用壶装着酒来欢迎将军您呢？如果真能这样做，那么称霸的事业就可以成功，汉室天下就可以复兴了。”

刘备三顾茅庐时天下大势图

新野位置图

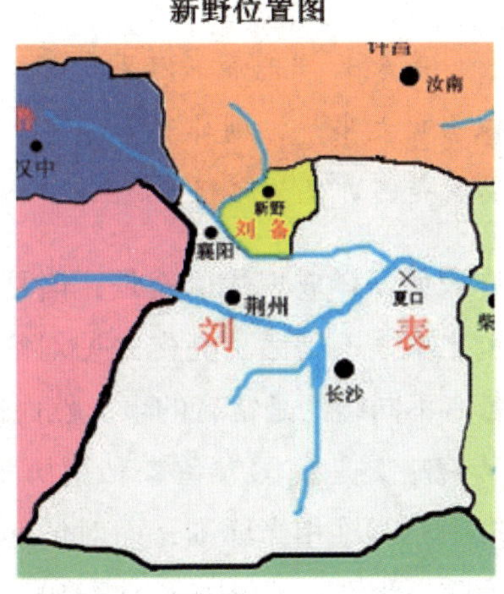

天下大势示意图

诸葛亮通过对袁绍、曹操、孙权、刘表等军阀割据过程的分析，得出了事业的成功不在“天命”而在“人谋”的结论。他通过对割据现状的分析，提出了对外的策略，这就是对曹操“不可与争锋”，对孙权“不可图”只“可援”，要在反对曹操这一共同利益的前提下建立统一战线；指出了建立霸业基地的步骤，这就是先取荆州立脚，后取益州作为鼎立兴汉的基础。在建立可靠根据地的基础上，刘备应采取四项并列措施：一是确保荆、益二州，以之为战略基地；二是和抚夷越，以有稳定的后方；三是内修政理，在政治上安民；四是巩固孙刘联盟，保持睦邻友好。最后确立一个最终目标：寻求机遇，攻取曹操，恢复汉室。

诸葛亮通观全局，洞悉形势，分析中肯，目标远大，措施严密，整套战略和策略，既在横的方面有相连的关系，又在纵的方向有先后的次序，表现出了一个成熟政治家的雄才大略。刘备这位久经沙场的老将军，终于被年仅27岁的布衣青年折服了，诚恳地邀诸葛亮出山共谋大业。诸葛亮也找到了实现远大志向的依托，欣然应允辅佐刘备兴复汉室。

对于刘备与诸葛亮的相见过程，魏人鱼豢《魏略》的记载有异，司马彪《九州春秋》的记述亦如《魏略》：

> 刘备屯于樊城。是时曹公方定河北，亮知荆州次当受敌，而刘表性缓，不晓军事。亮乃北行见备。

此段记载后接有诸葛亮献“令游户自实”计。对诸葛亮“北上见备”之说，裴松之“注”引上文后明确地表明了态度：

> 亮表云“先帝不以臣卑鄙，猥自枉屈，三顾臣于草庐之中，咨臣以当世之事”，则非亮先诣备，明矣。虽闻见异辞，各生彼此，然乖背至是，亦良为可怪。

这段话，译成现代语就是：诸葛亮上表给后主时说，是先帝屈驾三顾，咨询当世之事。不是诸葛亮先去见刘备，这是很明确的事。虽然有些事所见不一样，各有不同结论是常有的事，然而违背事实到了如此地步，就非常奇怪了。

《魏略》是魏国人鱼豢私纂历史著作，后世史学家多认为此书记述魏国与汉末中原群雄相当详细，而对偏远地区的记载较略，甚至与他书记载不大相同。因此，裴松之不仅未采纳《魏略》的记载，而且还提出了异议。

至于《三国演义》中的“元直走马荐诸葛”“司马徽再荐名士”“刘玄德三顾茅庐”和“定三分隆中决策”等情节，只是合情合理地演绎故事罢了，是文学的真实，并非历史的真实。

联孙抗曹

诸葛亮出山辅佐刘备后，二人志同道合，情如鱼水。刘备对关羽和张飞说："孤之有孔明，犹鱼之有水也。"诸葛亮也以自己的聪明才智，倾心回报刘备的知遇之恩。首先，他着手落实隆中规划的第一步——谋取荆州。

刘备南撤　力挽败局

当时，刘备的兵力才几千人，若曹军压境讨伐，绝对不堪一击。从史籍记载看，诸葛亮出山后为刘备所做的第一件事就是扩充军队。对于这件事，《魏略》记载（原文直译）：

> 诸葛亮问："将军认为刘表和曹操谁厉害？"刘备回答说："刘表不及曹操。"诸葛亮又问："将军自己呢？"刘备说："我也不如曹公。"诸葛亮说："现在都不及，将军的军队不过数千人，凭这个来等待敌人，难道就没有办法了吗？"刘备说："我也心烦这个，应该怎么办呢？"诸葛亮说："现在荆州不是总的人口少，而是登记在户的人少，一般的住户都有很苛刻的赋税，于是人们心中不悦；可以和刘表说，让荆州没有登记的住户自己登记，这样的话国州人口多了，就可以征军抵御曹兵了。"刘备听从诸葛亮的计谋，于是军队就强多了。

刘表既是握有领兵治民权的荆州牧，又是朝廷任命的镇南将军，刘备扩充军队必须取得他的同意。此时，刘表深恐曹操南侵荆州而无力抵御，也就顺水推舟同意了刘备的扩军计划。这样，刘备顺利地把军力扩充到几万人，财力也随之扩大了。诸葛亮略施小计就解决了刘备的大难题，因而刘备更加敬重诸葛亮。

献计扩军一事，诸葛亮本传没有记载，出自裴松之“注”引《魏略》。裴松之认为“北上见备”之事“良为可怪”，不足为信，但对献策一事未加评论。可以认定，献策当为事实，只不过是刘备诚请诸葛亮出山后的事情罢了。

刘表的荆州治所襄阳城在汉江南面，樊城在汉江北面。这时，刘表已卧病在床，怕刘备力量太大不好控制，便下令刘备从新野移屯樊城，既便于节制，又利于继续防御从北方来的入侵者。

曹操在稳定了中原的局势后，开始向南方发展。建安十三年（208），曹操亲率大军征伐刘表。大军未到荆州地盘，刘表就病死了。继任荆州牧的刘表次子刘琮，在蔡瑁、蒯越等人的怂恿下，派使节去向曹操求降。当时，刘备正驻扎樊城操练军队，得知刘琮降曹时，曹军已到宛城（今河南南阳）。

刘琮降曹，曹操立即唾手可得荆州的重镇襄阳，诸葛亮向刘备建议先取荆州为立足之地的计划眼看化为泡影。为大业计，诸葛亮劝说刘备趁机攻伐刘琮，占据襄阳，以控制荆州。而刘备认为与刘琮既是同宗，又有刘表临终嘱咐帮助遗孤之托，攻伐刘琮是背信弃义，不能这样做。鉴于刘备与曹操实力悬殊，形势危迫在即，诸葛亮只得建议刘备放弃樊城，向江陵（今荆州市荆州区）方向撤退。江陵的前身是楚国国都“郢”。从西汉起，江陵城长期作为荆州的治所。刘表统治荆州时期，江陵虽不再是荆州治所，但也是刘表的重要军事基地，军需物资充足。若占据江陵，可以坚守以抵御曹操。

襄阳民众得知刘琮降曹而刘备撤向江陵，纷纷随刘备撤离，刘琮手下的很多将领及士卒也背弃刘琮而追随刘备。沿途百姓闻听曹操大军南下，又陆续加入撤离队伍。人多路窄，拥挤不堪，日行仅能十几里。为及早占据江陵，刘备只得派遣关羽率部分军队从水路先行。曹操也知道江陵有大量军需物资，怕刘备抢先占有，便亲率五千精骑昼夜兼程追赶，终于在长坂（今湖北当阳市东北）追上并迅速击垮了刘备的军队。刘备令张飞率二十骑断后，与诸葛亮、赵云等携民众奔向汉水方向，在汉津（位于今湖北荆门市境内的汉江西岸，古时这里设有官渡）与关羽所率领的水军会合。曹操率精骑直扑江陵，刘备与诸葛亮只得放弃占据江陵的计划，改去江夏（今湖北武昌）。江夏太守刘琦得知刘琮降曹和曹军昼夜不停地追赶刘备的消息后，已率兵前来接应。两军会合后，同奔夏口（今湖北汉口），又从夏口退至樊口（今湖北鄂城县西北），暂时休整，筹商应敌之策。

长坂一战，曹操大获全胜，顺利占领了江陵，而刘备兵马辎重损失殆尽。刘备的妻子甘夫人及儿子刘禅掉队，幸有赵云返回找到，并拼死保护，才得以脱出重围。随刘备一起南行的徐庶之母，被曹兵掠去。徐庶是个孝子，惦念母亲的安危，只得辞别刘备奔赴曹营寻母。曹操占领江陵，尽得军需物资，又陆续收编了荆州的散兵游勇，实力增强，军威甚盛。这时，荆州在江北的南阳郡、南章郡、南郡悉数落入曹操之手。荆州在江南的四郡，曹操势力虽然未达，但经派得力人选前往游说招纳，亦成为附曹区。荆州八郡除江夏郡外基本上全归曹操控制。

在曹操看来，刘备已是一败涂地，唯一可以与己抗衡的对手唯有孙权了。曹操也明白，孙权虽然年仅27岁，但有在江东经营三世的基础，又有长江天险可凭的优势，一时难用武力吞并。因此曹操认为，如果临之以兵威，晓之以利害，孙权效刘琮乞降于己也是有可能的。一旦孙权臣服，刘备也就难以为继了。于是，曹操直接写信给孙权进行恫吓。文曰：

> 近者奉辞伐罪，旌麾南指，刘琮束手。今治水军八十万众，方与将军会猎于吴。[①]

这段文字虽然简短，但却有极大的威慑力："奉辞伐罪"，表明是奉了天子的命令，师出有名；"旌麾南指，刘琮束手"，展现了曹军势如破竹的气势；"治水军八十万众"，是说曹军的水军优势已压倒了东吴；"会猎于吴"，则表现出了轻取东吴的决心。

本来曹操进入荆州，刘琮举众投降，曹操得到了荆州的水军、步兵，东吴将士闻知后都十分恐惧，这一封充满恫吓之词的逼降书，在孙权集团中更引起了强烈反响。《三国志·孙权传》记载："权得书以示群臣，莫不响震失色。"孙权征求对策时，议论的人都认为：曹操占据荆州后可以水陆并进，长江天险已经是孙曹双方共有了；双方实力强弱差距明显，难以相提并论；最上策就是迎降曹操，连托孤老臣张昭也主张迎降曹操以保江东生灵。孙权也很明白，若据江坚守，以东吴一方实力恐难以抗衡；若乞降称臣，可保江东生灵，但三世经营的心血将付之东流。东吴群臣中，只有周瑜与鲁肃坚决主张抗曹。但二人的抗曹策略又有不同：周瑜的主张是辖制刘备以抗曹操，而鲁肃则主张联合刘备共同抗曹。

鲁肃联刘抗曹的战略思想早已有之。孙权初次见鲁肃时，就谈得很投机缘，各位宾客告退后，鲁肃也告辞出来，而孙权却单独把他挽留，两人合榻对饮。孙权问鲁肃："当今汉室如大厦即倾，四方纷乱不已，我继承父兄创立的

① 《资治通鉴》卷六十五《汉纪五十七·献帝建安十三年》。

基业，企望建成齐桓公、晋文公那样的功业。既然您惠顾于我，请问有何良策助我成功？”鲁肃见孙权有大志而且真诚地向自己问计，便向孙权表述了自己的战略思想（《三国志》原文直译）：

> 过去汉高祖耿耿忠心想尊崇义帝而最后无成，这是因为项羽加害义帝[①]。如今曹操，犹如过去项羽，将军您怎么可能成为齐桓公、晋文公呢？以鲁肃私见，汉朝廷已不可复兴，曹操也不可一下子就能除掉。为将军考虑，只有鼎足江东，以观天下形势变幻。天下局势如此，据有一方自然也不会招来嫌猜忌恨。为什么呢？因为北方正是多事之秋。您正好趁这种变局，剿除黄祖，进伐刘表，尽力占有长江以南全部地方，然后称帝建号以便进而夺取天下，这如同汉高祖建立大业啊！

孙权与鲁肃的这段对话，被陈寿整理记入《三国志・鲁肃传》，后世称之为《榻上策》。

在曹操还未进入荆州的时候，鲁肃就向孙权建议赶在曹操前面，联络刘琮和刘备，以形成联盟共同抗曹。有当年君臣密议的思想基础，孙权非常赞同鲁肃对当下形势的分析与建议，当即派鲁肃前往荆州。鲁肃溯江而上，到了汉口，听说曹操已兵向襄阳，便昼夜兼程而进。走到南郡界内，听说刘琮已降曹操，刘备向南奔逃，就转而径迎上去。鲁肃代表孙权向刘备致以慰问之意，向刘备详细转述了孙权的意图，并陈述了江东的强盛巩固，劝说刘备与孙权合作抗曹。

刘备在隆中初见诸葛亮时，就同意了诸葛亮联吴抗曹的战略。在仓皇溃逃正茫然不知所向时，忽然鲁肃从江东赶来，代表孙权提出了无任何附加条件的联合建议，刘备自然大喜过望，当即表示同意孙刘联合共同拒曹。

鲁肃的《榻上策》和诸葛亮的《隆中对》都很注重占据荆州，同时双方也都很注重建立联盟。《隆中对》先提到“外结好孙权”，鲁肃在刘表死后则劝孙权与刘备“与结盟好”。此时，诸葛亮的哥哥诸葛瑾已仕东吴，任孙权的长史，鲁肃见到诸葛亮时便介绍了诸葛瑾的情况，并说明与诸葛瑾不仅是同事更是好朋友。诸葛亮也深知鲁肃的人品和政治远见，二人一见如故，当即结交为

---

① 义帝，名熊心，秦末诸侯王之一。项梁起事后，采纳范增的建议，立熊心为楚怀王，以从民望。项梁在定陶败死，熊心以宋义为上将军，项羽为次将，率兵救赵，又令刘邦西向略地入关。与诸将约，先入关中者为王。项羽矫杀宋义，在巨鹿之战中大败章邯，熊心被迫以项羽为上将军。刘邦先入关中，项羽使人还报熊心，熊心答复“照原约办”。项羽因此怨恨熊心，于是佯尊熊心为义帝，徙于长沙郴县，而暗中令英布等人将其弑杀。

友，从此一直保持着深厚的友谊和密切的联系。其后，孙刘联盟的建立以及延续，诸葛亮和鲁肃都尽了最大努力。

与孙权联盟，是诸葛亮基于“孙权据有江东，已历三世，国险而民附，贤能为之用，此可与为援，而不可图”的判断而确立的战略措施。从总体上讲，这一战略措施实施的主动方是刘备。现在，曹操大兵压境，孙权在实力上不能与曹操抗衡，在心理上又不愿按兵束甲臣服于曹操，因此与孙权的联盟又有了对方主动寻求的意向，诸葛亮认定建立联盟的机遇已经来临。但诸葛亮也清楚地知道，孙权有意向与刘备联盟抗曹时，刘琮还未降曹，刘备也未兵败长坂，而此时刘备依靠的力量已不存在，自身的实力已非如昨日，孙权得知这一变化后，肯定会对结盟之事犹豫不决。诸葛亮见危机日迫，便向刘备请命亲见孙权，议定联合抗曹的具体事宜。

临危请命　说吴建盟

当时，孙权正拥兵柴桑，观望成败。

柴桑是西汉时设置的一个县，因县西南有柴桑山而得名，治所在今江西省九江市西南。诸葛亮随鲁肃自汉口顺江而下，到柴桑会见孙权。

诸葛亮与孙权会谈时，针对孙权的复杂心理，进行了鼓舞斗志而且逻辑严密的分析：曹操虽然势众力强，但远途前来，兵马疲弊，已成强弩之末；北方之人，不习惯水战，而这正是孙刘两家的长项；刘琮虽然降曹，但荆州之民依附曹操是迫于兵势，并非心服；东吴国险而民附，贤能为之所用，足以与曹操抗衡；刘备尚有水军精甲万人，刘琦江夏兵力亦不下万人，势力足以加盟抗曹阵营；如果孙刘两家同心协力，破曹军必定成功；曹操军败必定北还，如此则孙刘两家不仅安全了，而且两家势力都会增强，就会形成三方鼎足而立的局面。孙权方面的周瑜也认为，曹操“以疲病之卒，御狐疑之众，众数虽多，甚未足畏”[①]，坚决主张抗曹。在鲁肃与周瑜的支持下，孙权力排众议，最终坚定了抗曹的决心，确立了孙刘联手拒曹的战略，并立即遣周瑜、程普、鲁肃等率领水军三万，随诸葛亮见刘备，并力拒曹。

至此，诸葛亮终于完成了隆中对策中与东吴建立联盟的设想，为抗拒曹操的胜利和建立荆州根据地奠定了基础。这是诸葛亮最好的开山之作，时年诸葛亮28岁，孙权27岁，刘备则已48岁。

①《三国志》卷五十四《吴书九·周瑜》裴“注”引《江表传》。

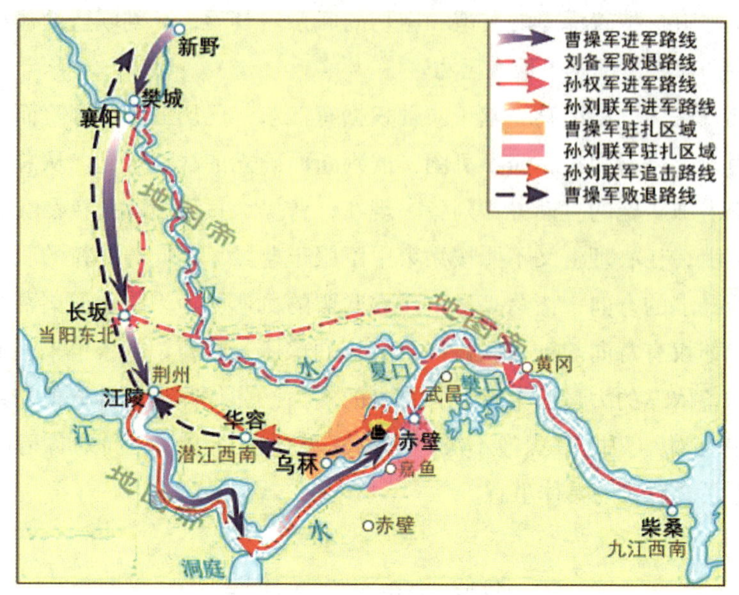

赤壁之战形势图

建安十三年（208），孙刘联军在赤壁以少胜多大败曹军，史称“赤壁之战”。

赤壁之战是三国时期“三大战役”（另有官渡之战、夷陵之战）中最为著名的一场，也是中国历史上以少胜多、以弱胜强的著名战役之一。这场战役的始作俑者是曹操，孙刘联盟的主动促成者是诸葛亮，对垒的联盟方主要指挥者是周瑜。但《三国演义》的作者为了突出诸葛亮的才能，不仅以生花之笔演绎出了“诸葛亮舌战群儒”和“孔明用智激周瑜”两个章回，以移花接木之法塑造出了“用奇谋孔明借箭”的情节，而且以诸葛亮识天文的事实为基础演绎出了“七星坛诸葛祭风”的故事。为了反衬诸葛亮，有勇有谋的周瑜则被塑造成了事事逊于孔明而且气量狭小之人。

《三国演义》中的人物事迹，是文学的真实，不是历史的真实。文学的虚构并不影响诸葛亮和周瑜各自的历史贡献。诸葛亮以大智大勇促成孙刘联盟的历史真实，为《三国演义》中赤壁之战的文学虚构奠定了基础。诸葛亮临危请命说吴抗曹的历史真实，也因《三国演义》的文学虚构而更加精彩，流传千古。

曹操因赤壁之战的失利，失去了在短时间内统一全国的可能性，而孙刘双方则借赤壁之战发展壮大了各自的势力。经过赤壁之战的考验，孙刘联盟基本稳定下来了。

荆州在江南的武陵、长沙、桂阳、零陵四郡，地广人稀，是有“荆蛮”之称的落后地区。刘琮投降之后，曹操只派重兵收取江北各郡，至于江南四郡，仅传檄而定，并没委派将领去镇守。所以，江南四郡名义上虽归附于曹操，但在很大程度上却处于自治观望的状态。赤壁之战后，江南四郡的太守都归降了刘备，长沙太守韩玄的部将黄忠，亦随韩玄归附刘备。

赤壁之战后形势图

赤壁之战后荆州瓜分图

赤壁之战后形势图

刘备任命刘琦为荆州刺史，以辖制江南四郡。任命关羽为襄阳太守、荡寇将军，张飞为宜都太守、征虏将军，封新亭侯。诸葛亮为军师中郎将，驻守临烝（今湖南衡阳县）。临烝是汉末所置县，位于长沙、零陵、桂阳三郡中间。诸葛亮在这里督察零陵、桂阳、长沙三郡，调其赋税，以充军实。

军师中郎将这一官职是刘备首创，权力也是刘备规定的，相当于现在的总参谋长。从这时起，诸葛亮不仅担当起了事关刘备集团命脉的后勤重任，而且被授予了一定的军政权，总督荆州三郡军政。

这时，孙权占据了南郡治所江陵县，曹操仍旧占据着南阳和南郡的大部分地盘（之后从南郡、南阳郡中分置襄阳郡、章陵郡）。

第二年（209）刘琦病死，诸葛亮及文武百官拥戴刘备为荆州牧。这时候，汉献帝的皇权已是名存实亡，除了曹操占据区任命官员还需通过皇帝过目走走过场，孙刘占领区任命官员已无须也无法让皇帝知晓了。但为了表示尊重朝廷的存在，也是为了表明态度，孙权主动对刘备任荆州牧之事上表朝廷予以确认。

刘备任荆州牧后，将驻扎的油江口改名为公安县，作为荆州的治所。从此开始，刘备人气大旺，荆州人士前来依附的越来越多，著名的人士有庞统、马良、陈震、廖立、蒋琬等人。孙权见刘备人气大旺势力渐盛，既怕威胁到自己，更是为了共同对付曹操，就把妹妹嫁给刘备为夫人（刘禅生母甘夫人已亡），以巩固友好关系。

建安十五年（210），南郡太守、大都督周瑜病逝。刘备乘机亲自去江东见孙权，向孙权面求不仅在名义上而且在事实上“都督荆州”，即要求孙权让出南郡被东吴控制的江陵。对刘备的要求，东吴文臣武将多持反对意见，唯有继周瑜为大都督的鲁肃“劝权借之，共拒曹公”。鲁肃的理由有两点：一是曹操对吴地威胁巨大，应该支持刘备共拒曹操；二是孙权虽神武命世，但毕竟初临荆州，恩信未洽，根基不稳，而刘备久在荆州深得人心，把江陵借给刘备，既可以安抚荆州之民，又可以让曹操多一劲敌。

其实，孙权也早意识到，强敌曹操在北方虎视眈眈，应当广揽英雄共拒曹操，只是怕刘备难以节制。听了鲁肃的建议，孙权认为符合当时形势的需要，就答应了刘备的请求。

《三国志·鲁肃传》记载：曹操正准备写字，听到了孙权把江陵借给刘备的消息时，惊得笔掉在了地上。

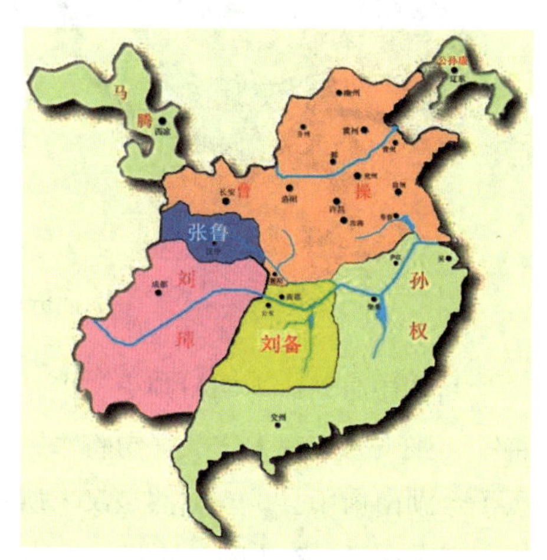

刘备借荆州后形势图

曹操是经历过大风大浪的人，何至于惊得落笔于地？因为此年曹操已56岁，不但自知来日不长，而且很了解刘备的能力，一旦刘备有了发展的空间，在自己的有生之年就难以消灭这个劲敌了。曹操对这一消息的反应，也反证了鲁肃见地的高明。

孙权控制荆州南郡的江陵时，将江陵作为荆州治所。刘备得到江陵后，也以江陵为荆州治所。因此，历史上就有了“分荆州与刘备”的说法，《三国演义》又将这段史实演绎为“借荆州”。刘备得到了全部的南郡，就将大本营由公安移到江陵，并以此为首府。从此，刘备取得了荆州的大部分地盘，基本实现了诸葛亮在隆中战略规划中“跨有荆益”的第一步。于是，西进益州自然也就提上了日程。

辅主定蜀

攻取益州建立霸业，是刘备与诸葛亮的第二个大目标。为了实现西进益州的规划，刘备安排关羽以襄阳太守、荡寇将军身份屯驻荆州江北，张飞以宜都太守、征虏将军身份驻守荆州江南，诸葛亮以军师中郎将身份襄赞军机参与决策，谋划西进益州。刘备入益州后，诸葛亮在奉命入益州共围成都前的四年时间里，以军师中郎将的身份坐镇荆州，全权处理军政事务，稳定荆州局势，全力支援刘备西进益州。

借机行事　刘备入川

不仅诸葛亮早已规划了西取益州的大计，庞统也非常看重益州的战略地位。赤壁大战后，庞统不失时机地向刘备进言：

> 荆州荒残，人物殚尽，东有吴孙，北有曹氏，鼎足之计，难以得志。今益州国富民强，户口百万，四部兵马，所出必具，宝货无求于外，今可权借以定大事。①

益州是汉武帝设置的十三州（十三刺史部）之一。东汉时期，益州下辖汉中、巴郡、广汉、蜀郡、犍为、牂牁、越巂、益州、永昌九郡以及广汉、蜀郡、犍为三个属国，州的治所设在广汉郡雒县（今四川广汉），面积为十三州之最。

益州的辖境相当于今四川省、重庆市全境和陕西省南部，云南、贵州两省的北部地区。境内有四川和汉中两大盆地，自战国时期秦国蜀郡守李冰建设都江堰以后，“水旱从人，不知饥馑，时无荒年，天下谓之天府也”②。特别是

①《三国志》卷三十七《蜀书七·庞统》裴“注”引《九州春秋》。
②《华阳国志校注》卷三《蜀志·蜀郡》。

东汉13州位置图

今四川一带，因地偏西陲，四周层峦叠嶂，出入路远道险，自古就是一个相对独立的区域。对于益州的地理优势，有识之士都看得很清楚。

刘焉首先看到了这一点。

刘焉是汉景帝刘启庶出子鲁恭王刘余的后裔，汉章帝元和年间（84—87），刘余后裔的一支徙封竟陵（今湖北天门）。刘焉年轻时在州郡任职，以汉朝宗室身份任中郎，历任雒阳令、冀州刺史、南阳太守、宗正、太常等官。

汉武帝时设十三州部，每部设一刺史。东汉承袭西汉制度，州设刺史，行使对地方官员的监察之权，其年俸为六百石，比太守（年俸两千石）低得多。汉成帝时，改刺史为州牧，后废置无常。刘焉目睹汉灵帝朝纲混乱、王室衰微，地方官员趁机揽财，民众积怨，导致揭竿造反，便于灵帝中平五年（188）向朝廷建议："刺史、太守行贿买官，盘剥百姓，招致众叛亲离。应该挑选那些清廉的朝中要员去担任地方州郡长官，借以镇守安定天下。"为了加强对地方的控制，汉灵帝刘宏听从了刘焉的建议，再次将州刺史改为州牧，由单一的监察之权扩大为执掌一州军政大权，其年俸也上升到两千石。

灵帝时，外戚与宦官争夺权力，势如水火，最终宦官取胜。宦官实行独裁统治，官员稍有不满，就招致诬告陷害，或流放禁锢，或罢官下狱，或杀身灭族。刘焉为逃离政治旋涡，又向灵帝请求出任远南荒蛮之地的交州牧。交州辖境相当于今广东、广西的大部和越南北部、中部。东汉后期，交州不仅远离政治中心，而且呈半游离状态。据《三国志·刘焉传》记载，请求还未奏准，侍中董扶私下对刘焉说："京师将乱，益州分野有天子气。"当时益州刺史郤俭在益州大事聚敛，贪婪成风，谣言远闻，朝廷正为此事费心。刘焉悟出了董扶话语里的玄机，以整饬吏治为由，改请出任益州牧。朝廷随即任命刘焉为监军使者，领益州牧，封阳城侯，受命逮捕郤俭治罪。

刘焉得到了监军使者、益州牧的要职，立即起身赴任。尚未到达，郤俭已被黄巾军杀死。刘焉入主益州后，将州治移到绵竹（今四川绵竹），一方面任用张鲁为督义司马驻守汉中，切断与中央的交通；一方面对外抚纳离叛，务行宽惠，对内打击地方豪强，巩固自身势力。在刘焉统治下，益州处于半独立的状态。

诸葛亮也看到了这一点。

诸葛亮未出茅庐就看到了"益州险塞，沃野千里，天府之土"的地理优势，更看透了"刘璋暗弱"，"民殷国富而不知存恤，智能之士思得明君"的局面，因天时地利构思出了"跨有荆、益，保其岩阻"，以成就霸业的战略规划。

周瑜也看到了这一点。

周瑜任南郡太守时，曾向孙权献计策，由他和孙权的从兄孙瑜去攻益州。攻取益州之后，留孙瑜驻守，而他自己回来和孙权共镇襄阳，以图北方。孙权认为这个主意比较稳健，至多攻益州无成损失些兵马而已。周瑜得到孙权同意后，就回江陵治兵，结果半路上病死了，因而攻取益州的计划也就搁浅了。

近代史学家梁启超总结说："每当中国乱时，四川就被独立的统治者盘踞；中国治时，四川总是最后才放弃他的独立。"[①]这种情况从王莽新朝开始，就多次发生过。三国以后四川屡次独立的历史，更证明了刘焉、诸葛亮、周瑜等人的非凡眼光。只是由于垂涎益州者的能力、机遇不同，其结果也不相同。

汉献帝兴平元年（194），刘焉病死，刘璋继任益州牧。这时，各种矛盾日益显现出来。首先是汉中张鲁骄纵，不听号令，失去控制。继之益州出现内乱，幸赖随刘焉入益州的东州兵同心并力地为刘璋死战，才将反叛者镇压下去。刘焉之子刘璋生性暗弱，在内外交逼之下，不仅抛弃了父亲的益州天子梦，而且急切寻求强大的势力作倚靠，当闻听曹操南征荆州时，就立马派遣使者向曹操致敬讨好。曹操为了暂时安抚刘璋，便任命刘璋为振威将军，任命刘璋之兄刘瑁为平寇将军。曹操攻占荆州后，刘璋又派遣张肃给曹操送去三百名"叟兵"[②]和一大宗物品。

---

① 转引自李约瑟：《中国科学技术史》，科学出版社、上海古籍出版社，1990 年版。

② 叟，古族名。东汉及三国时叟人被征募为兵者，作战英勇，称"叟兵"。

曹操任命张肃为广汉郡太守。广汉郡隶属于益州，是刘璋的地盘。对曹操的越俎代庖，刘璋不但没有表示出耻辱之感，反而在赤壁之战前夕，再派张肃的弟弟张松向曹操致意。张松身材短小，不拘节操，但很有才干。这次曹操对张松不仅未予充分礼遇，而且处处表现出傲慢冷淡的态度。这也许不仅仅是曹操看不起张松，更是因为刘琮已经投降，刘璋已经臣服，对益州使者已无须特别热情的缘故。张松尽管受到了曹操的冷落，但因为当时曹操与孙权还未交战，最终胜负还难预料，所以他没有立刻返回益州，而是悄悄地待在荆州静观时变。

赤壁一战，孙权大胜，曹操败北，刘备从中渔利，顺利得到了荆州的江南四郡，人气大增，张松便顺势面见刘备。刘备热情接待了张松，并趁机询问蜀中地理、府库、兵力以及交通、关隘等情况。张松早就看出刘璋不是有为之主，又亲见曹操在赤壁失利，便倾其所知实言相告，而且又画出了益州的山川地图送与刘备。回到益州后，张松不仅极力疵毁曹操，劝刘璋与之断绝交往，而且极力赞美刘备，劝刘璋尽快与刘备建立联系，以作为可以借援的力量。

建安十六年（211），曹操遣兵向汉中讨伐张鲁。刘璋得知后恐惧不已，怕曹操得寸进尺，图谋益州。张松见时机成熟，便劝刘璋邀请刘备入川帮助讨伐张鲁，以控制汉中地盘，抵御曹操。刘璋认为可行，遂派遣法正带四千人迎刘备入川。刘备与诸葛亮、庞统喜出望外，对法正礼遇有加。法正字孝直，扶风郡（今陕西西安以西地区）人。建安初年，天下发生饥荒，法正与同郡人孟达一同来到蜀地，投靠刘璋。过了很久，法正才被任命为新都县令，后来被召回成都，担任了代理军议校尉一职。他既不受重用，又遭到侨居蜀地的同乡人诽谤，说他品行不好，因此他郁郁很不得志。法正本来就因为刘璋胸无大志己才难展而常叹息，见刘备胸怀大志而且厚礼贤士，正是益州所需之主，便暗地里向刘备献策："刘璋懦弱无能，而将军您有英才宏志，应该乘机进取益州；张松是益州的股肱之臣，可以作为内应；依靠于益州之殷富，凭借于天府之险阻，成就大业犹如反掌。"

刘璋遣法正迎刘备时，其属下不少人认为不妥，例如刘巴就进谏说："刘备勇力过人，让他进入益州必然会造成祸害，绝不能请他进来。"等到刘备进入益州后，刘巴又向刘璋进言说："如果让刘备去讨伐张鲁，相当于将老虎放归山林，将来更难约束了。"刘璋不听劝谏，刘巴无奈称疾闭门不出。又如刘璋的主簿黄权也陈其利害，刘璋的从事王累自倒悬于益州城门，表示以死劝谏。刘璋对属下的谏言谏行一概不予理睬。

见刘璋将机遇送上门来，刘备便立即着手实施诸葛亮规划的占据益州的战略。荆州是刘备赖以发展的根本之地，他把留守根据地的重任委托给诸葛亮，留下关羽、张飞、赵云等听候调遣，自己亲率大军由水路入益州，以庞统从征，参谋军事。从这一军事部署看，刘备把诸葛亮和军事主力留在荆州，主要是北御曹操，东防孙权，而自己以偏师入川则是相机行事。

刘备入益州后，刘璋亲自出成都迎到涪陵。张松、法正与庞统谋划，劝说刘备在会所袭杀刘璋，但刘备认为这是件大事，不可仓促而行。而刘璋则被蒙在鼓里，先是推举刘备代理大司马，领司隶校尉，继而给刘备增加兵力，又令原驻扎在白水关的军队归刘备督领。刘备兵力达到三万余人，车甲器械等军需物资也得到意想不到的补充。

刘备以偏师入益州，本来就是借抗击张鲁之名另有图谋，所以自然不会急于为了消灭张鲁而自损实力，也不会尽快消灭了张鲁而使自己被动。所以，当年到达葭萌关后，刘备并未急于讨伐张鲁，而是广施恩德，收取民心。

刘备入川后形势图

第二年，曹操征伐孙权，孙权请刘备协同拒曹。刘备便以曹操“其忧有甚于鲁，鲁自守之贼，不足虑”为由，要求回军助孙破曹，确保荆州安全，并请求刘璋再助一万兵马及军需物资。刘璋虽然彻底明白了刘备的意图，但因惧怕刘备一时难以约束，便一方面许诺再给四千兵马，其余物资给予一半，一方面根据张肃的告密暗地里捕杀了张松，并通令各关隘守将不准放刘备过关。刘璋反目，刘备终于有了讨伐刘璋的借口，于是命诸葛

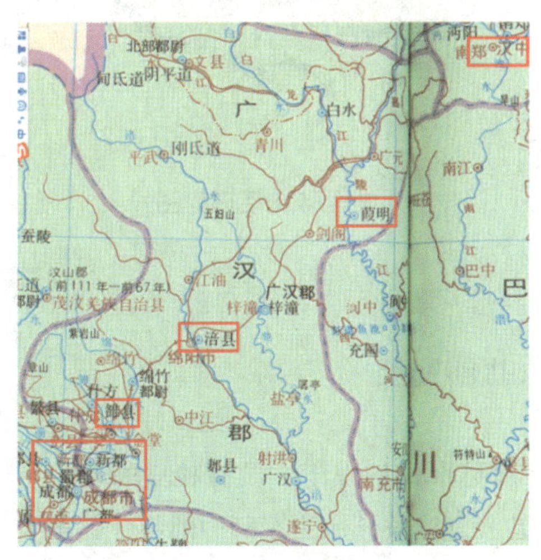

刘备入川行踪图

（谭其骧《中国历史地图集》）

亮起兵入益州共图大业，令黄忠等将领勒兵直奔成都，自己则领军攻打刘璋之子刘循驻守的雒县。

刘备入益州后，曹操在继续巩固北方的基础上，南下与刘璋争夺汉中，东进与孙权争夺合肥，荆州情势相对平静，诸葛亮所要做的工作是巩固刘备集团这个至关重要的根据地。

在奉命入益州之前，诸葛亮除总督荆州三郡军政、征收赋税以作刘备入川经济后盾外，还做了一些争取人才、推荐人才和安定少数民族的工作，如致信零陵名士刘巴，劝说其归附刘备；又如正确对待少数民族，对他们采取“抚绥”政策，起到了安定三郡的作用。接到刘备命其入川的指令后，诸葛亮留下关羽守荆州，与张飞、赵云率兵溯江而上，顺途将益州郡县尽收为刘备政权所有。

经过一年的艰难围打，到建安十九年（214）夏，刘备终于攻破雒城，诸葛亮与刘备会合大军共围成都。《刘璋传》记载：“围成都数十日，城中尚有精兵三万人，谷帛支一年，吏民咸欲死战。璋言：‘父子在州二十余年，无恩德以加百姓。百姓攻战三年，肌膏草野者，以璋故也，何心能安！’遂开城出降。”

刘备收川后形势图

刘备进入成都，自称益州牧、左将军，任命诸葛亮为军师将军，代理左将军府的事权（处理刘备将军府事务）；赐诸葛亮、法正、张飞及关羽金各五百斤，银千斤，钱五千万，锦千匹。

坐镇成都　助创蜀汉

辅佐刘备之初，诸葛亮仅是一个有远见卓识的谋士，没有独立的职权。赤壁之战后，诸葛亮越过都尉和校尉两级，直接被任命为军师中郎将，其职责已带有都督部分军政大事的性质。刘备攻占益州后，诸葛亮晋升为军师将军，兼刘备左将军府总管，不仅负责招兵运粮，支持在前线作战的刘备，而且担当着总管刘备家业的重任。军事中郎将和军师将军都是带有文官性质的军职，并不掌握运筹帷幄、指挥战事的大权，就其官品而言，也与关羽、张飞同列，但因为诸葛亮代理左将军府的事权，带有总揽政务的性质，所以实际地位已在关羽、张飞之上。从此，刘备外出征战，都是诸葛亮镇守成都并主政，君臣分工明确，配合得十分默契。

刘备入主成都以后，就着手制定典律。《三国志·伊籍传》记载，诸葛亮、法正、伊籍、刘巴、李严等人“共造蜀科”。《蜀科》就是刘备政权的法律。

小资料：

蜀·益州·川

商代的甲骨文中有“伐蜀”二字，蜀作。徐中舒《甲骨文字典》认为其像野蚕之形，上作目形，像蚕头；下作卷曲之形，像蚕身。

“伐蜀”就是征伐“蜀”这个地方。古蜀国经历了“蜀山氏”“蚕丛氏”“柏灌氏”“鱼凫氏”“开明氏”等历史阶段。

成都附近原为古蜀国所辖。公元前277年，秦国置蜀郡，设郡守，成都为蜀郡治所。汉初承秦制。汉高祖虽然控制巴、蜀，但南中（今云南、贵州及四川南部一带）在汉朝控制范围之外。汉武帝设立十三刺史部时，不仅设立了益州刺史部，还在南中设立了多个郡，其中就有益州郡，郡治在滇池县（今昆明市晋宁区）。

益州治所，初在雒县（今四川广汉北），刘焉任益州牧时迁至绵竹，后来迁至成都。因为自刘焉开始益州治所迁至成都并延续下来，又因为成都在蜀郡辖地内，《三国志》所称“蜀”一般是指刘备政权，如“蜀将”“蜀兵”，而非整个益州。

《三国志》中出现最多的带有“川”的地名是“颍川”（今河南禹州），其余为汉川、秦川、临川，也都不在益州境内。

以川称呼益州地区（主要是成都平原）是始于唐朝。唐太宗贞观元年（627），废除了秦汉以降的州、郡制，将两晋南北朝时期的益州（大致是今天成都平原）改为“剑南道”。唐玄宗开元二十三年（735），剑南道又被分为“剑南西川节度”和“剑南东川节度”，这是四川地名中“川”字第一次出现。

宋代，先是相继出现了地名“西川路”和“川峡路”，宋真宗咸平四年（1001），将“川峡路”一分为四，即“益州路”“梓州路”“利州路”“夔州路”，合称为“川峡四路”，简称“四川路”，四川之名由此而得。

元朝，建都北京，在各地设置行中书省，川峡四路并称“四川等处行中书省”，简称“四川行省”，“四川省”之名自此问世。

罗贯中《三国演义》又借用了前人的命名，称刘备入蜀或入主益州为入川。因此，今人将刘备入益州称为入蜀或入川也就约定俗成了。

《蜀科》是三国时期蜀汉用以约束蜀地军民、治理蜀汉用的法律。刘备政权制定《蜀科》是有特殊历史背景的。

刘璋统治益州时，地方豪强和官僚专横自恣，侵夺百姓，不仅官民矛盾尖锐，而且统治集团内部也矛盾重重。制定《蜀科》的班子以诸葛亮为首，其中既贯穿着诸葛亮以法治蜀的思想，也体现着诸葛亮严法治蜀的思路。对此，法正认为是“刑法峻急”，会造成“君子小人常怀怨叹”的后果，因此写信劝诸葛亮说：过去汉高祖刘邦入关，废除了许多苛刻的法令制度，宽刑省禁，并与关中父老约法三章，因此深得秦地百姓的拥护。今天我们刚刚得到蜀地，还没给百姓一点好处，便严刑峻法，威权并用，恐怕行之不远，建议缓刑弛禁，以满足蜀地百姓思得明君的愿望。

这一前朝历史，诸葛亮自然很明白，刘邦约法三章的内容是：“杀人者死，伤人及盗抵罪，余悉除去秦法。”其前提条件是关中父老“苦秦苛法久矣”。这三条约法的意义不仅仅在于恢复战乱之后的社会秩序，更重要的是防止东方人与秦人之间的矛盾进一步加剧。而制定《蜀科》严法制蜀的思路，是在益州地方豪强和官僚专权自恣的前提下形成的，二者背景不同。所以，他回信明确回答（原文译文）：

您只知道事物的一方面，而不知道它的另一方面啊！秦王朝昏庸无道，刑罚苛严，导致百姓怨恨，陈胜、吴广揭竿而起。刘邦吸取秦朝的教训，采取了宽大的措施，取得了成功。你因此认为益州今日当缓刑弛禁，这是不对的。因为当今益州已历刘焉、刘璋两代统治，他们只靠一些表面的文书、法令来维持天下，养成了相互吹捧的恶习，导致德政不施，威严不肃。因此益州豪强胡作非为，君臣之道日渐废替。这样，用当官封爵的宽容办法来笼络他们，结果是：官位给高了，他们反而不觉得可贵；恩惠给多了，他们反而不知好歹。如今，我严明赏罚，法令一行，他们就会知道好歹；不滥封官加爵，官位升了，他们就会感到来之不易而珍贵它。这样，赏罚并用，相辅相成，上下就有了秩序。

汉中是秦巴山区中的盆地，四面群山环抱，关隘险固，盆地中河流纵横，沃野广袤，粮多民富，攻守咸宜，历代军事家视之为战略要地。秦朝末年，项羽攻入咸阳，杀秦王子婴，自立为西楚霸王，并以盟军共主楚义帝的名义分封各路诸侯。刘邦为汉王，领当时较为蛮荒的汉中、巴蜀一带；秦降将章邯为雍王、司马欣为塞王、董翳为翟王，分领关中各地，以扼制刘邦。刘邦不愿到汉中为王，谋臣萧何与张良劝说刘邦接受封号，以汉中为根据地，韬光养晦，图谋天下。刘邦听从两位谋臣的建议，入汉中后烧毁秦岭栈道，表示再也无意出兵关中，以麻痹项羽。刘邦在汉中筑台就任汉中王位，汉中从此成为汉王朝的发祥地。汉中，对于曹操、刘备两家来说，都是吞并对方十分重要的基地。曹操占据汉中，对新生的刘备政权是一个极大的威胁。

建安二十三年（218），刘备留诸葛亮坐镇成都，自己以法正从征，参谋军机，率军北伐汉中。诸葛亮一面调集军饷支援前线，一面积极从事恢复和发展社会生产，安定社会秩序，使益州根据地迅速巩固起来。诸葛亮坐镇成都，不仅粮食和兵员都很充足，政权内部也很稳定。

建安二十四年（219），刘备大军击败曹军，夺得汉中。此前，曹操已于建安二十一年（216）晋为魏王。有曹操封王在先，诸葛亮等人便上表汉献帝，请求加封刘备为汉中王。上表虽是一种官样文章，并不需要等到献帝批准任命，但这一举措意在于向世人表明刘备是心存汉室的。当年刘邦凭借着

刘备收汉中后形势图

汉王的名号和汉中的地理优势，明修栈道，暗度陈仓，一举灭三秦，进而完成统一大业，并以“汉”为国号，开启了大汉王朝的百年基业。刘备自称汉中王，一方面避免了称汉王有僭越的嫌疑，另一方面也向天下人宣示自己所处的地位和祖宗刘邦一样，必能统一天下。

刘备自我加封为汉中王后班师回成都，以魏延为都督镇守汉中。至此，诸葛亮按照隆中规划，辅佐刘备已巧取荆州，谋收成都，夺得汉中，实现了“跨有荆、益”这个隆中战略中的第一个重要目标。从此，曹、孙、刘鼎足三分的政治局面正式形成。

刘备惨败　永安承托

孙刘联盟后，曹操不敢轻易南下，曹、孙、刘三家得以鼎足而立。

在东吴方面，鲁肃是孙刘联盟的倡导者和坚定的促进者，他终生不渝地坚持这一战略方针，并为之竭尽全力。阵前只身会关羽这一事例，就足见鲁肃良苦用心。公元215年，刘备取得了益州，孙权令诸葛瑾找刘备索要江陵（《三国演义》称之为“讨还荆州”）。刘备不答应，孙权极为恼火，便派吕蒙率军攻取被刘备占领的长沙、零陵、桂阳三郡。长沙、桂阳将领当即投降。刘备得知后，亲自从成都赶到公安（今湖北公安），派大将军关羽争夺三郡。孙权也随即进驻陆口（今湖北赤壁市陆水湖出长江口），派鲁肃屯兵益阳（今湖南益阳）抵挡关羽。双方剑拔弩张，孙刘联盟面临破裂。在这紧要关头，鲁肃为了维护孙刘联盟，不给曹操可乘之机，决定当面和关羽商谈。鲁肃邀关羽军前相见，双方将军队驻扎在一百步以外，请关羽只带单刀相会。双方经过会谈，缓和了紧张局势。随后，孙权与刘备商定以湘水为界，平分荆州。

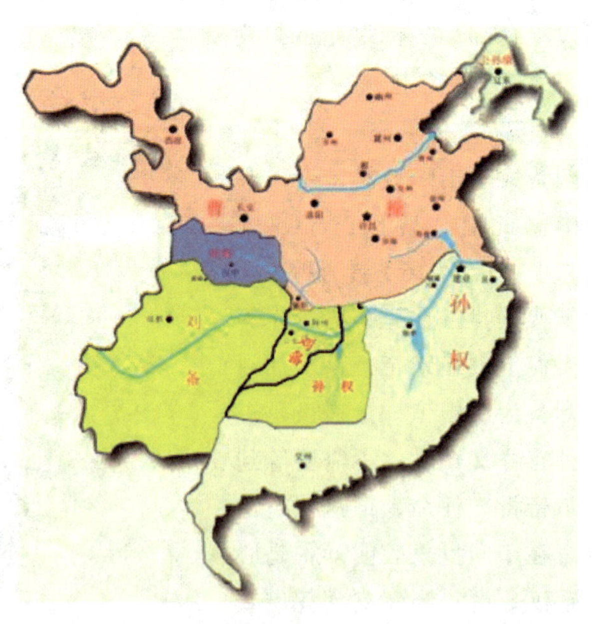

分荆州后孙刘形势图

不幸的是，公元217年，46岁的鲁肃病逝，孙吴方面失去了一个孙刘联盟的坚定促进者和善于操作者。

刘备称王后，晋升镇守荆州的关羽为前将军，假节钺。假为“借”的意思，代表短期代理，非为真假之意。假节钺代表着君主亲临，持节钺的人可行使相应的权力。武将假节钺，在战时状态就不必请示上司，可以直接斩杀自己军中触犯军令的将士。在君王所有的授权方式之中，假节钺的规格是最高的。关羽是蜀国唯一一个假节钺的人。关羽假节钺，既为镇守荆州增加了自主权，也为失荆州埋下了悲剧的种子。

建安二十三年（218）七月，孙权遣兵攻打曹军占领的合肥，曹操急调驻守淮南的兵力防备吴军。关羽既受刘备夺取汉中胜利的鼓舞，又认为有机可乘，更是因为有了假节钺的权力，便不经请示就留南郡太守糜芳守江陵，将军士仁[①]守公安，自率主力攻打曹仁据守的樊城。曹操急遣左将军于禁相助。八月，关羽水淹魏军，生擒主帅于禁，斩杀大将庞德，乘胜围攻败退樊城的征南将军曹仁，曹仁败逃。曹军兵败，陆浑（今河南嵩县东北）人孙狼杀官起兵，响应关羽，各处地方势力遥受关羽印号，附为支党。关羽声势一时威震华夏，曹操手下有些大臣竟然恐慌地建议迁都以避关羽的锋势。于是，关羽骄傲轻敌起来。

赤壁之战后，孙权将同父异母的妹妹（史无其名）许配给刘备，目的是使彼此之间的合作能够进一步巩固。事实证明孙权的策略完全正确，果真在此后较长一段时间之内，吴蜀相处和谐，曹操不敢轻举妄动。关羽挫败曹军威震华夏后，孙权又派使者向关羽求婚，希望关羽将女儿嫁给自己的儿子，孙刘两家继续修好。因为刘备和诸葛亮不在荆州，向来目中无人而且缺少了约束的关羽不仅“不许婚”，而且“骂辱其使”，结果导致“权大怒”。孙权是因为自知既无挟天子以令诸侯的政治条件，又无刘备“中山靖王之后”的政治资本，才采取委曲求全以求自保方略的，为妹妹、为儿子分别先后向刘备、向关羽之女求婚，就是其方略的具体体现。但是，当“委曲”不仅不能“求全”，反而被侮辱时，孙权也会变更具体措施以求自保，更何况在他身边本来就有一批谋士向来倾向曹操或对曹操有恐惧症的。

在曹军受挫后，魏王曹操采纳司马懿、曹椽等人的建议，利用刘备拒不归还所借江陵，孙权求婚不成而大怒，两家联盟出现破裂缝隙的机会，派人劝说孙权偷袭关羽后方，并许诺把江南封给孙权。当时鲁肃已去世，驻军在陆口的

①《三国志》记作“士仁”，《资治通鉴》中记作“傅士仁”。本文从《三国志》。

东吴大将吕蒙认为，关羽素怀兼并江南的野心，是对东吴的很大威胁，建议孙权趁机消灭关羽，以解除后患。孙权采纳了吕蒙的建议及策略，与曹军夹击关羽。在曹孙两军夹击过程中，早就对关羽有怨气的南郡太守糜芳、将军士仁均被孙权诱降投吴，关羽独木难支，最终丢失荆州，兵败被杀。

失荆州后形势图

荆州失守是刘备政权的致命伤，因为诸葛亮隆中战略中两路出兵钳击中原的计划，只剩从益州攻关中的一路，而没有从荆州进攻洛阳的一路了。另一方面，孙权夺占荆州后，以陆逊为镇西将军，屯兵夷陵（今湖北宜昌）守住峡口，刘备政权再想夺取荆州就很难了。这时，曹操尽有黄河流域和相当于今湖北、安徽、江苏三省的汉淮二水流域，孙权占有的地盘相当于今江苏、安徽、湖北三省沿江的地方和湖南、江西、浙江、福建、广东、广西六省区全境，刘备占据相当于今四川、云南、贵州三省全境和山西秦岭以南的汉中地区。从此，曹、孙、刘三方势力范围从地理上固定了下来。

建安二十五年（220）正月，曹操病逝，曹丕继位魏王。十月，曹丕废汉献帝自立为帝，改国号为“魏”，改元黄初。群臣建议刘备登基称帝，刘备没有答应。诸葛亮等人再次劝谏，刘备才于公元221年在成都称帝，定国号为“汉”。对于刘备建立的汉国，为区别前汉与后汉，后世多称之为“蜀汉”。

刘备称帝，改元章武，以诸葛亮为丞相，兼录尚书事，授予符节（张飞死后，兼领司隶校尉）。录尚书事是官职名称，西汉初置时称领尚书事，东汉改称录尚书事。领尚书事或录尚书事不是一个独立职位，需附加在其他重要官职之下，是重臣掌握实权的必要条件。录为总领之意，录尚书事就是总管一切事务。至此，诸葛亮已正式成为蜀汉的头号大臣。

刘备称帝后，执意讨伐东吴，为关羽报仇，众臣劝阻无效。刘备命诸葛亮辅佐太子刘禅守成都，择日起兵御驾亲征。孙权闻讯，遣书请和，刘备盛怒不许。东吴南郡太守诸葛瑾闻讯，亲自修书规劝刘备要以大局为重。

来自吴臣的劝阻，更使刘备反感和愤怒。刘备命令张飞率兵万人，自阆中（今四川阆中）向江州（今重庆市）集结，合兵伐吴。张飞本来就脾气暴躁，时常暴力处罚违反军纪的军官。临发兵，他又因故暴怒，鞭笞帐下将领张达、范强，致使张达、范强趁张飞大醉之时将他杀死，携其头颅投奔了东吴。刘备闻讯，更加移恨于孙权，立即传旨起驾东征。章武二年（222）秋，征吴大军在夷陵遭到东吴镇西将军陆逊的重创，几乎全军覆没，刘备退守鱼复县白帝城，从此一病不起。为求吉利，他改鱼复县为“永安县”。

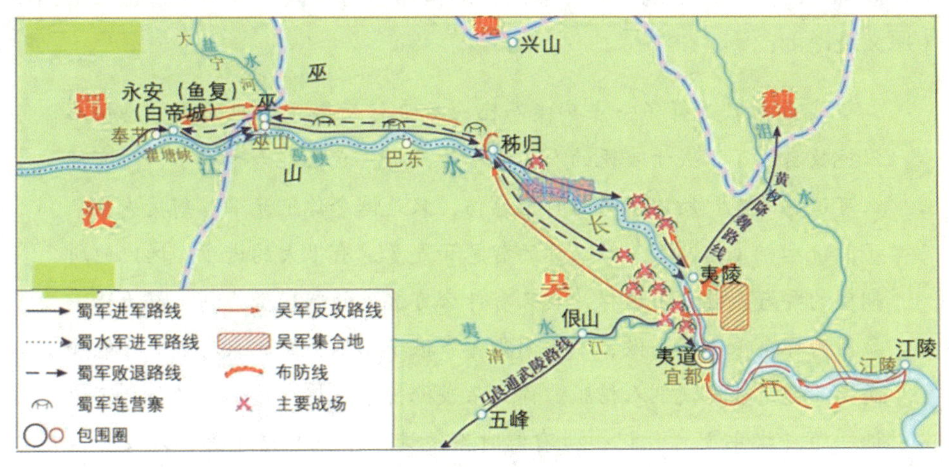

夷陵之战示意图

刘备伐吴看似纯粹感情冲动，实则有他的战略意图。从当时蜀汉的利益看，刘备确有攻打孙权夺回荆州的必要。隆中战略规划中，荆州收复与否是能否完成统一大业的重要条件之一，现在东面失去了伐魏的战略基地荆州，仅靠西面益州这一路，收复中原将是非常艰难的了。而且，就当时孙吴和蜀汉两国形势看，刘备凭借地理优势，如果指挥得当，也不是没有打败东吴军队进而夺回荆州的可能。所以，尽管有许多大臣谏阻，刘备还是没有改变东征的决心。遗憾的是，刘备指挥失当，导致了这次东征失败。

从史籍记载看，找不到诸葛亮劝阻刘备伐吴的言行，也未见诸葛亮支持的言行。刘备东征之时，庞统、法正都已去世，除诸葛亮外，蜀汉文武大臣中已没有经纬大才可随行襄赞军事，而诸葛亮又必须辅佐太子刘禅镇守成都。由此可以推测，诸葛亮在伐吴一事上是左右为难的：伐吴虽有可能夺回荆州，但无经纬大才随军襄赞军事胜算不大，若有失则大伤蜀汉的元气；不伐吴则能保蜀汉平安，但将永远失去荆州这个北伐的根据地。因为法正既能谏言又能谋划，思维敏捷远虑，察事能知微兆，睹事知机，又深得刘备信任，所以当得知刘备兵败的消息时，诸葛亮叹息说："法正如果在世，一定能劝阻主上，使他不进兵东吴。即使进兵东吴，也不会遭到如此惨败！"

蜀汉章武三年（223）二月，刘备病危，为托付后事，诏诸葛亮带皇子鲁王刘永、梁王刘理到永安见驾。刘备把太子托付给诸葛亮，安排尚书令李严为诸葛亮的副手，并嘱托诸葛亮说："君才十倍曹丕，必能安国，终定大事。若嗣子可辅，辅之；如其不才，君可自取。"诸葛亮流着泪回答："臣敢竭股肱之力，效忠贞之节，继之以死！"然后，刘备命内侍宣读"敕后主遗诏"。诏曰（原文直译）：

我最初只是得了一点痢疾而已，后来转而得了其他的病，恐怕难以挽救自己了。五十岁死的人不能称为夭折，我已经六十多了，又有什么可遗憾的呢？所以不再为自己感伤，只是惦念你们兄弟。射援先生来了，说丞相（诸葛亮）惊叹你的智慧和气量，有很大的进步，远比他所期望的要好，要真是这样，我又有什么可忧虑的啊！努力啊，努力！不要因为坏事很小而去做，不要因为善事很小而不去做。只有拥有才能和高尚品德，才能使别人信服。你父亲我德行不深厚，你不要效仿。可以读一下《汉书》《礼记》，有空时系统读一下先秦诸子著作以及《六韬》《商君书》，对人的思想和智慧会有很大帮助。听说丞相已经为你抄写完了《申子》《韩非子》《管子》《六韬》，还没送到你那里，就在路上丢失了，你自己可以再找有学问的人学习这些东西。

临终时，又叮咛鲁王刘永（原文直译）：

我死后，你们兄弟要像对待父亲一样对待丞相，你与丞相只是一同共事罢了。

从遗诏可知，诸葛亮奉诏到永安宫后，亲手抄写了《申子》《韩非子》《管子》《六韬》四部书，并派人专程送往成都给太子刘禅阅读，但在半路遗失了，未能送到。对此事，宋人唐庚评论说：

后主宽厚仁义，襟量有余而权略智调是其所短，当时识者咸以为忧。《六韬》述兵权奇计，《管子》贵轻重权衡，《申子》核名实，《韩子》引绳墨，切事情施之，后主正中其病矣。药无善恶，要以对病为妙，万金良药与病不相值，亦复何有补哉！[①]

正如唐庚所评说，后主刘禅的确宽厚仁义襟量有余，但权略智调不足。诸葛亮深知其长短，为补其短，亲自抄写《申子》《韩非子》《管子》《六韬》，以教后主。诸葛亮辅导刘禅之辛勤，希望之殷切，用心之良苦，可窥一斑。

刘备托孤时对诸葛亮说："若嗣子可辅，辅之；如其不才，君可自取。"对"若嗣子可辅，辅之"表达的意思历来无异议，但对"如其不才，君可自取"表达的意思在理解上略有不同。一般理解为"如果他无才能，您可取而代之"。在这种理解的前提下，就有了刘备"信任诸葛亮"和"刘备考验诸葛亮"两种不同的推测。要知道，刘备深知诸葛亮的志向、能力和为人，自己濒临死亡了，身后只有这一个值得托付后事的重臣了，考验有什么用处呢？所以"考验"一说是没有道理的。

其实，"自取"含义是"自己定夺"，刘备的原意是："如果他无才能，你可以自己定夺让哪个皇子继位。"诸葛亮深知，刘禅是名正言顺天下共知的太子，尽管他天资平平但还是可辅之主，如若自行更换太子必将招来极大的非议。因此，诸葛亮立即痛哭回言表态："臣愿竭尽心力辅佐太子，献出自己的忠诚节操，鞠躬尽瘁，死而后已！"

蜀汉章武三年（223），刘备在羞愤与悔恨中病逝，终年63岁。在此危急存亡之秋，诸葛亮以巨大的勇气和高超的智慧，辅佐后主刘禅，承担起了维系蜀汉国运的历史使命。

①《学海类编》第十三册《史参·三国杂事》。

开府治事

蜀汉章武三年（223）五月，17岁的刘禅继位，改元“建兴”，封诸葛亮为武乡侯，设立丞相府处理政事。后主刘禅对诸葛亮说：“政由葛氏，祭则寡人。”[①]不久，又让诸葛亮兼任益州牧，政事不论大小，都由诸葛亮决断。

果断理政　修盟强国

诸葛亮开府治事后，面临的形势是十分严峻的。

一是吴国与魏国关系亦敌亦友。孙权早在建安二十四年（219）冬发动对荆州的袭击前，就派使者向魏王上书，表示愿意用讨伐关羽的方式向魏王效力。曹丕称帝后，吴国立即向魏国称臣，曹丕封孙权为吴王，授九锡。九锡是中国古代皇帝赐给诸侯、大臣有殊勋者的九种礼器，是最高礼遇的表示。曹丕授予孙权九锡，意味着视孙权为忠于魏帝的属臣。孙权接受九锡意味着向魏称臣。虽然后来因孙权不肯送长子到洛阳当人质而双方闹得很僵，但毕竟吴和魏在形式上是有一定联系的。刘备在世时，即使蜀吴两国时常互派使者往来，但孙权与曹丕仍往来不断，这说明孙权始终脚踩两只船，并且吴魏两国关系还有进一步密切的可能。

二是蜀汉与吴国联盟裂痕严重。诸葛亮始终是主张联吴的，他清楚地知道以弱小的蜀汉与强大的魏国为敌，非先联吴不可。有了吴蜀联盟，东吴纵然不能完全协同伐魏，蜀汉至少也能无东顾之忧，而得以全力对魏，魏国也不得不以相当大的一部分兵力防吴。但刘备伐吴致使两方联盟破裂，刚刚鼎足而立的蜀汉政权，不仅增加了来自东面的威胁，而且来自北面的威胁也将因此更加严重。

三是蜀汉政权经济疲惫。刘璋与刘备进行了将近三年的攻夺战争，益州

①《三国志》卷三十三《蜀书三·后主禅》裴“注”引《魏略》。

府库本来就消耗得近于告罄，而刘备攻打刘璋之初，为了鼓舞士气又向士众许诺攻下成都城后府库百物允许将士随便拿。尽管刘璋向刘备和平移交了成都，但刘备率部进入成都后，为了兑现自己的诺言，仍默许将士掳掠。市面上和仓库的东西都被抢光了，没有了物资供应，难以恢复正常秩序。多亏刘璋属下谋士刘巴建议铸大钱平抑物价，并且由官家管理贸易，以通货膨胀的方式才使府库充盈起来。随后，刘备征伐汉中、讨伐东吴又大量地耗费了蜀汉的人力、物力、财力。由于经济疲惫，百姓困苦，刘备攻打汉中时，还出现了马泰、高胜乘机在郪县聚众数万人发动起义攻占资中县的事件。

四是蜀汉南中诸郡出现叛乱。诸葛亮的隆中战略中，对西部境外诸戎的政策是在平等互利的基础上合作，对南部境内蛮夷的政策是在巩固统治的前提下去安抚。按照隆中战略，刘备取得益州之后任用马超为平西将军、凉州牧，利用马超与西边羌戎的特殊关系，在和戎方面进展得很顺利。南方则不同，刘备伐吴兵败病亡，益州郡大姓耆帅雍闿煽动叛乱，南中地区六郡顿时有四郡呼应。因与吴国联盟破裂，吴国也插手南中地区，谋求领土。“南抚夷越”的政策不仅没有取得理想的效果，而且南中地区还有着脱离蜀汉政权的潜在危险。

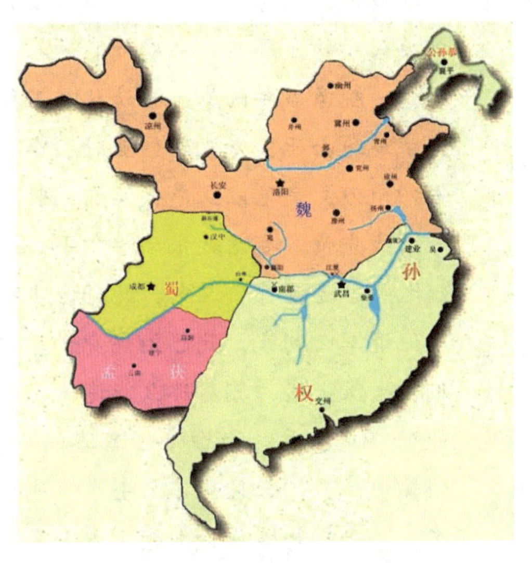

刘备去世后益州形势图

另外，刘备死后，在曹丕的授意下，魏国司徒华歆、司空王朗、尚书令陈群、太史令许芝、谒者仆射诸葛璋等人分别致书诸葛亮，陈述天命人事，劝诸葛亮举国称藩，向魏俯首称臣。华歆是平原郡高唐（今山东禹城西南）人，王朗是东海郡郯（今山东郯城西北）人，两人都与诸葛亮有地缘关系。虽然史籍未明言诸葛璋是何籍人士，但肯定与诸葛亮是同族同宗。许芝原本是东汉太史丞，因向曹丕上符命，陈述曹魏取代刘汉见于谶纬，获得曹丕欢心，被任命为太史令。这些人的书信内容史籍没有记载，但由他们的身份和使命可推知，必定是或晓之以天命之理，或动之以乡土之情，或诱之以官禄之利，威逼规劝诸葛亮取消汉国称号，像孙权一样向魏国称臣。这在主少国疑的时刻，魏国选人各具书信对诸葛亮威逼利诱，即便明知达不到“举国称藩”的目的，也必定期望收到蜀汉君臣骚动不安的效果。

面对复杂的局面，诸葛亮审时度势，统筹安排，显示出了一个成熟政治家的智慧和能力。

在外交方面，他以明快的手法做出了两个重大决策。

一是，针对魏国诸臣的诱降，亲自撰文《正议》公开答复（原文直译）：

> 昔日西楚霸王项羽，不以仁德对待百姓，即使力量强大，有帝王的威势，最终还是身败名裂，成为千古遗恨。如今魏国不吸取项羽灭亡的教训，反而去追求效仿，即使曹操有幸不死，他的后代子孙也必然要灭亡的。那些写书劝降我的人，他们一把年纪了行事却顺从贼子之意，就像当年陈崇、孙竦称赞王莽篡汉一样，讨好盗贼，却还是被盗贼逼迫而死！光武帝创业时，率领几千人就在昆阳郊外一举击溃敌军四十万，足见以正道伐淫邪，胜败不在人数。曹操诡诈，纠集十万人来战先帝，妄图救张郃于阳平，却只落得狼狈逃窜，不但辱没了精锐之师，还丢掉了汉中，此时他才知道，国家是不能随便窃取的，没及他退军回到家，就已染病身亡。曹丕骄奢淫逸，篡夺帝位。即便你们几个像张仪、苏秦那么能诡辩，说得天花乱坠、滔滔不绝，也不可能诋毁尧、舜，白白浪费笔墨而已！正人君子绝不会这么做。《军诫》中说：“如果一万名士卒，抱着必死的决心，那就可以天下无敌了。”昔日轩辕黄帝率领几万士卒，还能击败四位帝王，平定天下，何况我们有几十万兵马，是在替天行道，讨伐有罪的人，那谁还能够与我们匹敌呢?

《正议》既一次性地对诱降的魏国诸臣做了严正的答复，又公开地向国人表明了“据正道而临有罪”的决心。

二是，派邓芝出使吴国，尽快修复联盟裂痕。刘备败退回永安后，孙权请求和解，刘备也先后派遣宋玮、费祎等使吴示意通好。尽管在刘备去世之前，吴蜀双方已经停战讲和，但并未再次结盟。刘备病亡后，诸葛亮担心孙权闻讯而生异计，又于当年十月派遣邓芝出使吴国，重建联盟关系。邓芝不辱使命，促使孙权做出了与魏国断绝关系的决定，而专与蜀汉通好。建兴二年（224）夏，孙权派张温赴蜀汉，以访问的行动宣示友好。诸葛亮又遣邓芝回访吴国，进一步致意修好。经过邓芝卓有成效的工作，孙权彻底结束了同魏国的暧昧往来，两国联盟逐渐巩固。从此以后，两国使者和书信往来不断。有事需要互通消息时，孙权常专门安排陆逊与诸葛亮沟通。据《资治通鉴》记载，孙权还专门镌刻了一枚自己的印章放在陆逊那里，必要时盖以印章以示郑重。孙权修书对诸葛亮说："和合二国，唯有邓芝。"仅此事，足见诸葛亮恢复两国联盟关系的措置之当和用人之准。当然，国与国之间的交往最根本的是利益，吴国是不会为蜀汉的利益而豁出代价伐魏的。诸葛亮也深知这一点，他与吴国的修好乃至承认孙权称帝，目的是北伐时无旁顾之忧，并以此达到对曹魏的一些威慑作用。

在内政方面，暂缓出兵平定南中之乱，集中精力"务农积谷，闭关息民"。东线吴蜀联盟已裂痕很深，北方曹魏虎视眈眈，威逼利诱，时欲吞蜀，如果南中大姓联合各部蛮夷自立，新生的蜀汉政权就岌岌可危了。但伐吴新败，刘备方亡，后主幼弱，国力不足，平叛虽迫在眉睫但条件还不成熟。诸葛亮决定先安定国内民众、吏士，积极发展生产，积蓄力量，暂不出兵征讨。

攻心为上　平定南中

"南中"是一个较大的地理区域，包括今四川省大渡河以南地区（主要是凉山州和攀枝花市所属地区）和云南、贵州两省及广西部分地区，占当时蜀汉国土的一半以上。这一地区本是夷越之地，秦汉以降，有不少朝廷官吏、商人和移民在这里定居下来。经过不断与边疆各民族的融合和分化，这些外来定居者逐渐成为郡邑中的豪族大姓。大姓在经济上不仅通过侵占、开垦等手段拥有大量土地，而且把持着盐、铁等物质资源。由于战乱，内地有些平民避乱来到偏远的南中地区，大姓便乘机将大批流民"庇护"起来，编成"部曲"。"部曲"是大姓的私家军事武装，也是直接生产者，平时为大姓服定期劳役，战时组成军队，为大姓之间扩大统治势力进行争战。大姓仰仗其物质基础和部曲称雄一方，盘踞一地，成为地方的实权统治者。

汉武帝时期，南中地区曾数次出现反叛，每次都是朝廷发兵镇压，才平复下去。汉末社会动荡，朝廷鞭长莫及，南中大姓乘机发展自己的势力。雍闿本是西汉什邡侯雍齿的后裔，在南中地区益州郡（郡治在滇池县）威望很高，早就有不轨之心。吴国交州刺史交阯郡（今越南北部）太守士燮，看透了雍闿的心思，便千方百计诱导雍闿，企图使雍闿率领郡民脱离蜀汉，亲附吴国。

章武三年（223），雍闿得知刘备伐吴失败，便鼓动郡人杀死太守正昂[①]，并四处活动，意欲谋取太守之位，并与孙权沟通，暗示遥附之意。正昂被杀后，诸葛亮立即更派张裔为益州郡太守。张裔饱读史书，办事干练敏捷，接到任命就径直赴郡所上任。雍闿既不甘心，又不便直接再杀朝廷命官，便煽动郡人把张裔劫持到了吴国。（邓芝出使吴国修盟时，遵照诸葛亮的嘱托设法寻到了张裔，并请求孙权将张裔遣还回蜀。张裔回蜀后又得到了诸葛亮的重用，成为股肱之臣）

雍闿煽动郡人把张裔劫持到了吴国后，吴国任命雍闿为永昌郡（今云南保山东北）太守，又令刘璋之子刘阐为益州刺史，遥领益州。越嶲郡（今四川西昌东南）叟帅高定更加嚣张，当刘备攻打汉中时，竟然明目张胆地攻打越嶲郡以外的县城，扩大自己的地盘。刘备伐吴失败后，高定杀死郡中蜀将，控制了整个越嶲地区，自封为王。牂牁郡（今贵州黄平西南）太守朱褒本来心怀异志，得知雍闿反叛、高定自立后，益加暴横、放纵。

南中之乱，有其内部因素和外部因素。内部因素是南中有些大姓借东汉统一政权分崩离析的机会，企图使南中脱离中央政权的控制。外部因素是当时孙吴政权利用夷陵之战胜利的机会，对南中大姓进行拉拢，煽动他们脱离蜀汉政权。诸葛亮深知，大姓是南中不稳定的主要因素。为稳定南中局面，他一方面命龚禄到越嶲郡最大也是最北部的城池安上县驻守，遥领越嶲太守，遣常颀去南中调查叛乱事件；另一方面，命李严给雍闿写信阐明利害，争取事态缓和。常颀到达牂牁后，朱褒将常颀杀死加入叛军，龚禄亦被高定杀害。

当时，益州郡土著民族本不愿意跟随雍闿闹事，雍闿便召来"为夷、汉所服"的孟获，进行威逼利诱和蛊惑教唆，让其鼓动夷人响应雍闿的叛乱。孟氏是逐渐从内地迁居南中的姓氏之一，由于地域和环境的影响，孟氏家族逐渐改变服饰，融合当地习俗成为夷民化的汉人大姓。孟获本人不仅在当地汉人中具有一定的势力，而且在夷人中说话也有一定的分量。孟获按照雍闿教的话语，游说各部夷人酋长，夷人信以为真，遂响应雍闿，加入了他的反叛队伍。对此，诸葛亮还是采取克制和容忍的态度，集中精力稳定内部发展经济，积极修复蜀汉与吴国联盟的裂痕以切断叛乱的外援。

经过两年的休养生息，蜀汉国力大为增强。蜀汉建兴三年（225）春，诸

---

①《三国志》所记正昂之死有二说。《马忠传》："初，建宁郡杀太守正昂。"《张裔传》："先是，益州郡杀太守正昂。"《步骘传》亦记："益州大姓雍闿等杀蜀所署太守正昂。"而《士燮传》载："士燮又诱导益州豪姓雍闿等，率郡人民使遥东附。"由是，本文从后说。

葛亮兵分三路，进军南中。诸葛亮亲率西路主力军，自安上县由水路入越嶲讨伐高定，门下督马忠率东路军入牂牁攻伐朱褒，庲降督李恢率中路军直指益州郡攻打雍闿。西路和东路大军顺利平叛，唯中路大军李恢失利。夏五月，诸葛亮亲率大军渡过泸水，进征益州。当年秋天，反叛全部平息。

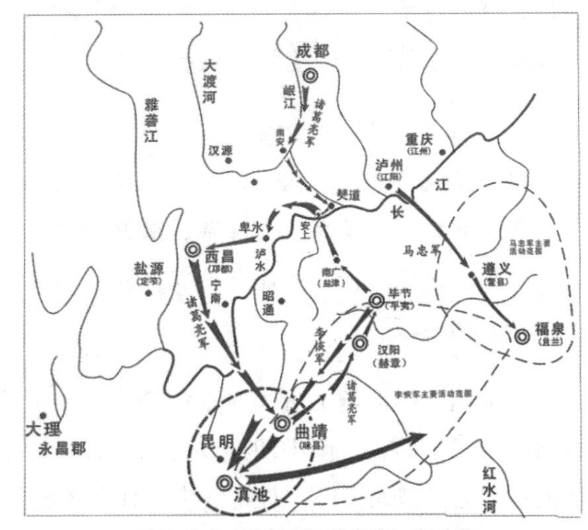

（罗开玉《三国南中与诸葛亮》考证图）

诸葛亮南征略图

“南抚夷越”是诸葛亮为刘备制定的实现统一大业的战略措施之一。南征临行时，参军马谡向诸葛亮建言献策：

> 南中恃其险远，不服久矣。虽今日破之，明日复反耳。今，公方倾国北伐以事强贼，彼知官势内虚，其叛亦速。若殄尽遗类以除后患，既非仁者之情，且又不可仓卒也。夫用兵之道，攻心为上，攻城为下，心战为上，兵战为下，愿公服其心而已。①

马谡的思路与诸葛亮的战略思路是吻合的，这更坚定了诸葛亮“南抚夷越”的决心和信心。在解决南中问题的战略方案上，诸葛亮根据出现反叛的两方面因素对症下药，即以军事力量镇压南中大姓所煽动的叛乱，对夷化了的南中大姓、少数民族渠帅实施心理攻势，进行心理征服。特别是对“为夷、汉所服”的孟获，既临之以兵威将他擒获，以造成其心理上的震撼，又针对不服气的现状将其释放，以造成其心理上的悦服，还针对他“为夷、汉所服”的实际地位晓之以大义，以期望他身心归附蜀汉朝廷。经过几次反复，孟获终于被诸葛亮的器量和智慧折服，表示真心归附。由于诸葛亮在夷化了的大姓和土著夷人当中，以恩德树立了崇高的威信，所以他在世期间夷人没再出现大的叛乱。

这段历史，《三国志·诸葛亮传》中仅简单地记载为：“三年春，亮率众

①《三国志》卷三十九《蜀书九·马谡》裴“注”引《襄阳记》。

南征，其秋悉平。”晋人习凿齿根据史实和传说，在《汉晋春秋》中将诸葛亮征服孟获的这段历史记述得富有戏剧性：

亮至南中，所在战捷。闻孟获者，为夷汉所服，募生致之。既得，使观于营陈之间，问曰：“此军何如？”获对曰：“向者不知虚实，故败。今蒙赐观看营陈，若只如此，即定易胜耳。”亮笑，纵使更战，七纵七禽，而亮犹遣获。获止不去，曰：“公，天威也，南人不复反矣。”

为从制度和体制上巩固对南中的统治，诸葛亮撤销了叛乱中心建宁郡，改益州郡为建宁郡，将南中四郡改为六郡；又大量起用夷人上层人士，县以下的官吏基本上由夷人担任。对此做法，有人疑虑。诸葛亮解释说：

若留外人，则当留兵，兵留则无所食，一不易也；加夷新伤破，父兄死丧，留外人而无兵者，必成祸患，二不易也；又夷累有废杀之罪，自嫌衅重，若留外人，终不相信，三不易也。今吾欲使不留兵，不运粮，而纲纪粗定，夷汉粗安。故耳。

1936年，从今云南省昭通市古墓中发掘出一颗刻有“汉叟邑长”四个字的铜印，旁边还有汉砖出土。这颗颁发给当地叟族酋长的信印，为诸葛亮启用夷人上层人士担任基层官员提供了物证。

“汉叟邑长”铜印

注：印面边长2.3cm×2.3cm，通高2.8cm，铜质铸造，驼纽。故宫博物院藏。

经过诸葛亮的努力，一些忠于蜀汉政权的南中大姓得到了重用，原来心怀异志的夷人首领也表示“不复反矣”，实现了南中地区纲纪粗定、夷汉粗安的目标。

据晋人习凿齿《华阳国志》记载，平定南中叛乱后，诸葛亮还采取了一系列有利于南中稳定的措施。如，根据夷人不宾服大姓强豪的情况，勒令大姓豪强出资，将夷人编为私家部曲。根据部曲规模，给大姓豪强授以官位，官位可以世袭。大姓豪强得到了社会地位，于是安心服从蜀汉统治。无人管束的夷人得到了实惠，也缓和了夷汉矛盾。又如，为了防止夷化了大姓首领生乱而安抚他们，把其中的俊杰迁往成都委以官任，爨氏家族首领爨习官至领军，孟氏家族首领孟获官至御史中丞，孟琰官至辅汉将军。再如，将南中青羌万余家迁到蜀地，分为五部加以管理，平时从事农耕，战时以作兵员。青羌是古代西南地区羌人的一支，服饰崇尚青色，为人崇尚勇士，骁勇善战。这些青羌人迁到蜀地后，就成为蜀汉的军户，世代以当兵为生，成为职业军人。诸葛亮还针对夷人未接受礼教教化，没有自己的文字也不识汉人文字，而且信巫鬼、好诅盟的现实，借用他们的夷经、鬼教方式，做成图谱，用来安抚教化他们。图谱中有天地、日月、君长、城府、神龙、牛、马、羊，有官员主吏巡行安恤，有夷人牵牛负酒拜谒官员主吏。

图谱以图画形式表达的中心思想是：朝廷实施中央集权制统治，蜀汉政权与南中的关系是朝廷与郡县的关系，南中必须服从朝廷。夷人不仅接受了图谱所表达的政治意图，而且对图谱非常崇敬，视为珍宝，一张复制的图谱就能达到赎买一个俘虏的价钱。

图谱是否为诸葛亮所作已难考证清楚，但晋代已在南中出现是毫无疑义的事实。即便是晋代或更早的汉人官员所作，将其附会到诸葛亮身上，但深受夷人崇敬，就足以证明诸葛亮在南中夷人中的崇高威望和巨大影响力。

诸葛亮治理南中的这些措施，不仅削弱了南中大姓及夷帅的势力，使南中成为稳定的后方，而且改变了南中的游离状态，每年向蜀汉交纳一部分金、银、丹、漆、耕牛、战马等军需物资，成为稳定的财源、兵源基地。

诸葛亮以抚夷战略平定南中，也促使诱发南中叛乱的外部因素发生了变化。平定南中的第二年，曾经煽动诱惑雍闿叛乱的吴国交阯太守士燮病逝。士燮本来是汉末朝廷委任的交阯太守，其家族久居边陲，统治交阯四十余年间又接纳了不少中原避难人士，影响和势力越来越大，实际上控制了整个交阯。士燮诱使雍闿叛乱有功于吴国，但孙权也从中看到了士燮存在着脱离控制的危险。因此，孙权乘士燮病逝之机，把交阯郡析分出广州、交州两郡，分别派遣信任的朝臣或将领出任太守，又撇开士燮家族另委派吕岱掌管交州事务。孙权的这些措施引起了士燮家族的不满，士燮之子士徽干脆自任交州刺史，直至发展到起兵反叛。孙权借机出兵剿灭了盘踞交州多年的士氏势力。这种形势使吴国无力顾及南中，南中因此也更加稳定。

平乱后，诸葛亮率军回到成都，闭关息民，重点实施“内修政理”的既定方针，通过选贤任能、制定法规、屯田垦荒、重视蜀锦、盐铁官营等措施，发展经济，增加税收，加强蜀汉政权的自身建设。

其中值得注意的，就是他认识到了都江堰的重要作用。

战国时期，蜀郡太守李冰修筑了都江堰。都江堰控制了流经成都的主要水系，也就是岷江，使岷江这条桀骜不驯的大江在流经成都平原的时候，可以温顺下来，既可以灌溉成都的万亩良田，使成都成为“水旱从人，食无荒年，不知饥馑，天下谓之天府也”的天府之国，又可以使部分支流流经成都城区，使成都成为“门泊东吴万里船”的码头。可以说，是都江堰改造了成都附近的岷江，造就了成都。但是在诸葛亮之前，政府都缺乏对都江堰长期而且有计划的有效管理。诸葛亮意识到都江堰对于成都的重要性，遂派兵1200人守护都江堰，而且签署了维护都江堰的政令，设置专职的堰官进行日常性的管理维护。当时，西蜀豪族经济高度发展，各有武装，争水事件屡有发生。蜀国都江堰的堰官并不是文官，都手握兵权，就是为了对付当地豪族势力，以保护国家的农业经济；另一方面也要预防西边民族势力的骚扰。此事，郦道元《水经注·江水》也有记载：“诸葛亮北征，以此堰为农本，国之所资，以征丁千二百人主护之。有堰官。”诸葛亮开辟了以后历代设专职水利官员管理都江堰的先河。当年诸葛亮用于清淤维护的石标尺，直到20世纪80年代才被原样仿制的不锈钢标尺替换。

都江堰离堆公园内诸葛亮塑像

诸葛亮“内修政理”的措施取得了良好的效果，后人西晋袁准赞曰：“亮之治蜀，田畴辟，仓廪实，器械利，蓄积饶，朝会不哗，野无醉人。”①

蜀汉逐渐富强起来，诸葛亮开始训练军队，讲习武备，待机大举出兵北伐。

①《三国志》卷三十五《蜀书五·诸葛亮》裴“注”引《袁子》。

北伐曹魏

魏黄初七年（226）五月，曹丕病逝，曹叡继承皇位，曹真、曹休、陈群和司马懿四人为辅政大臣。

赤壁之战后，孙权听从鲁肃建议将江陵借给刘备，令江陵太守程普改领江夏太守。但曹操早已任用刘琮的降将文聘为江夏太守了，江夏大部分地盘实际在魏国控制之下，程普的江夏太守有其名而无其实。江夏处于水陆要冲，孙权时时欲全得江夏地盘，闻得曹丕病逝，便于当年七月出兵征江夏并围石阳。孙权出兵虽然不克而还，但诸葛亮认为这时新君登基，魏国政局不稳，正是蜀汉进击中原的良机，于是遣费祎出使东吴，为蜀汉与东吴的联合行动奠定基础。为了确保大本营的稳定和后方接应的方便，又委派长史张裔和参军蒋琬“统留府事”，调李严移屯江州（今重庆），自己亲率大军北伐曹魏。

临行上表　涕泣明心

汉末三国时期，祁山在凉州境内，地处蜀陇过渡地带，是氐人和羌人聚居的地区。这一带氐羌化了的凉州军事集团，是汉末三国政治舞台上不可忽视的一支政治军事势力。

魏、蜀两国都想挟氐羌以自重，使陇右一带成为自己的势力范围，进而吞掉对方。魏国尚书卫觊就曾经对曹操分析说，“西方诸将，皆竖夫屈起，无雄天下意，苟安乐目前而已”，宜对其“厚加爵号，得其所志，非有大故，不忧为变也。宜为后图”。曹魏虽然看到了陇右战略地位的重要性，但对氐、羌军事集团很少采取安抚政策，而常常施用镇压、掠夺、迁徙等手段。而诸葛亮则始终遵循“西和诸戎”的方针，不仅在北伐之前就派善于抚和氐、羌的将领深入戎地，拿蜀锦交易马匹，以贸易增强氐人和羌人生活上对蜀汉物品的需求性，而且与其首领结盟，从心理上抚慰他们；还对与氐人和羌人有密切关系的军事集团首领给予高官厚禄，加强与他们的联盟。北伐时，蜀汉已与氐羌一带的军事集团有了友好且相互信任的关系。

伐魏的外部条件已经具备，这时诸葛亮最为忧虑的是后主刘禅。

关于刘禅的人品和能力，陈寿评价说：刘禅如同一缕白丝，只看用什么颜色去染他。若有贤明的丞相辅佐，就是遵循事理的国君；若被宦官小人迷惑，就成为昏乱不明的帝王。刘禅的这一致命弱点，诸葛亮是十分清楚的。从诸葛亮对刘禅的有限评论来看，给予高度肯定的仅是："天资仁敏，爱德下士。"从刘备《敕后主遗诏》也可以看出，当诸葛亮赞扬刘禅的智量增修很大超过期望值时，刘备则说："要真是这样，我又有什么可忧虑的啊！"话语中流露出对刘禅智量的不如意，对智量增修的无信心，以至于刘备临终时诏敕后主说："你与诸葛丞相共掌国事，一定要像对待父亲那样对待他。"因此，诸葛亮北伐临行前上表，言辞诚恳地开导后主刘禅，不厌其烦地布置朝政，坦诚光明地表明心意。其中广开言路、执法公平、亲贤远佞这三项，就是针对刘禅的所谓"仁敏"的天资提出来的。表曰：

先帝创业未半，而中道崩殂，今天下三分，益州疲弊，此诚危急存亡之秋也。然侍卫之臣不懈于内，忠志之士忘身于外者，盖追先帝之殊遇，欲报之于陛下也。诚宜开张圣听，以光先帝遗德，恢弘志士之气，不宜妄自菲薄，引喻失义，以塞忠谏之路也。宫中府中，俱为一体，陟罚臧否，不宜异同。若有作奸犯科及为忠善者，宜付有司论其刑赏，以昭陛下平明之理，不宜偏私，使内外异法也。侍中、侍郎郭攸之、费祎、董允等，此皆良实，志虑忠纯，是以先帝简拔以遗陛下。愚以为宫中之事，事无大小，悉以咨之，然后施行，必得裨补阙漏，有所广益。将军向宠，性行淑均，晓畅军事，试用之于昔日，先帝称之曰能，是以众议举宠为督。愚以为营中之事，悉以咨之，必能使行阵和睦，优劣得所。亲贤臣，远小人，此先汉所以兴隆也；亲小人，远贤臣，此后汉所以倾颓也。先帝在时，每与臣论此事，未尝不叹息痛恨于桓、灵也。侍中、尚书、长史、参军，此悉贞良死节之臣，愿陛下亲之信之，则汉室之隆，可计日而待也。

臣本布衣，躬耕于南阳，苟全性命于乱世，不求闻达于诸侯。先帝不以臣卑鄙，猥自枉屈，三顾臣于草庐之中，谘臣以当世之事，由是感激，遂许先帝以驱驰。后值倾覆，受任于败军之际，奉命于危难之间，尔来二十有一年矣。先帝知臣谨慎，故临崩寄臣以大事也。受命以来，夙夜忧叹，恐付托不效，以伤先帝之明，故五月渡泸，深入不毛。今南方已定，甲兵已足，当奖率三军，北定中原，庶竭驽钝，攘除奸凶，兴复汉室，还于旧都。此臣所以报先帝而忠陛下之职分也。

至于斟酌损益，进尽忠言，则攸之、祎、允等之任也。愿陛下托臣以讨贼兴复之效；不效，则治臣之罪，以告先帝之灵。若无兴德之言，则责攸之、祎、允等之慢，以彰其咎。陛下亦宜自谋，以谘诹善道，察纳雅言，深追先帝遗诏。臣不胜受恩感激。

今当远离，临表涕零，不知所言。

这篇表文，译成现代汉语就是：

先帝所创帝业尚未完成一半，就中途去世了。现在天下一分为三，而我汉国国力困乏，确实处在生死存亡的危急时刻。然而宫中侍卫近臣勤奋不懈，前方忠诚将士舍生忘死，这是追念先帝在世时对他们的恩荣，想转来报答陛下。

陛下应该广开言路，兼听各方意见，以继承光大先帝的美德，振奋仁人志士的精神，不可妄自菲薄，谈吐不顾原则，以致阻塞臣民忠心劝谏的言路。

宫廷与官府是一个整体，赏罚褒贬，要一视同仁。如果有作恶犯法或行善尽忠的人和事，都应该交给有关主管官员判定对他们的惩处或嘉赏，以显示陛下的公正严明。不可偏见行私，使宫廷内外的法度有所不同。

侍中、侍郎郭攸之、费祎、董允等，都是忠良诚实之人，他们的心志思想忠诚纯洁，所以先帝选拔他们留给陛下任用。臣下认为宫廷中的事情，无论大小，都可以同他们商量，然后施行。这样定能补偏救缺，收到集思广益的成效。

将军向宠，言行公正、性情和善、精晓军事，以前先帝曾予试用，称赞他是有才有能之人，因此大家商议推举他担任中都督。臣下认为军中之事，都可先与他商议。这样定能使军内和睦，进退配合，将卒配备得当。

亲近贤臣、疏远小人，这就是前汉兴盛强大的主要原因；亲近小人，疏远贤臣，这就是后汉衰弱颓败的重要祸根。先帝在世时，常常与臣谈论此事，没有一次不为桓、灵二帝叹息痛心。

侍中郭攸之、费祎，尚书陈震，长史张裔，参军蒋琬，这都是忠诚可靠、誓死守节的贤臣。希望陛下亲近他们、信任他们，这样兴盛汉室就指日可待了。

臣下本是普通百姓，自己耕食于南阳，只求在乱世中苟全性命，不求在诸侯手下做官扬名。先帝不嫌臣下卑贱浅陋，屈驾亲谒，三顾茅庐求访微臣，向臣下询问天下大事，臣因此感激不已，便答允为先帝奔走效劳。后来遇上军事失利，臣受任于败军之际、奉命于危难之间，自那至今已是二十一年了。先帝深知臣为事谨慎，所以在临终前将国家大事托付给臣。

臣自接受遗命以来，日夜愁虑叹息，唯恐所托之事不能收到成效，以至损伤先帝知人之明，因而五月渡过泸水，率军深入不毛之地。如今南方已被平定，兵力战具准备充足，应该鼓励督领全军，北定中原，竭尽自己的平庸才能，铲除凶险奸恶的敌人，兴复汉室，使国都能返迁洛阳，这即是臣下用来报答先帝、效忠陛下的职责。至于权衡国事、进献忠言，此乃郭攸之、费祎、董允的责任。

希望陛下将讨伐奸贼、复兴汉室的任务交付臣下，讨伐无成绩，则治臣之罪，以告先帝在天之灵。如果没有劝勉陛下发扬德行之忠言，则追究郭攸之、费祎、董允等怠慢失职之过。

陛下也应当自我多加深思，向群臣征询治国良策，明鉴和采纳正确的意见，牢记先帝在遗诏中的告诫。这样臣下就受恩匪浅、感激至深。

现在为臣即将远离陛下，起草此表，泪如雨下，不知所言是否得当。

诸葛亮这篇表文，陈寿编辑《诸葛氏集》录入时称之为《北出》篇。南朝梁昭明太子萧统编辑《昭明文选》收录了这篇表文，定名为《出师表》。

五伐曹魏　尽瘁而终

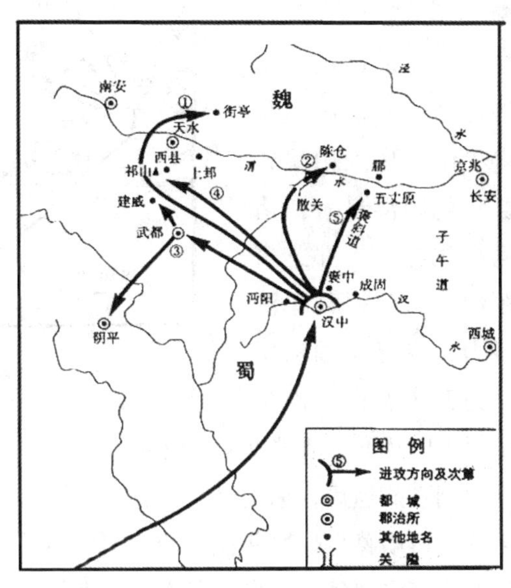

五次北伐路线示意图

蜀汉建兴五年（227）三月，诸葛亮率领大军北驻汉中。自建兴六年（228）春初次北伐，到建兴十二年（234）秋病死于前线五丈原军中，六七年间，诸葛亮前后进行了六次大规模的对魏作战，其中五次进攻一次防御。诸葛亮的对魏军事战争，陈寿《三国志》仅记述了大体过程，而没有定出一个综合名称。南宋时，袁枢《通鉴纪事本末》将其标目为“诸葛亮出师”。今史学界多称“诸葛亮北伐”，而文艺作品多叫“六出祁山”。

魏国与蜀汉之间横亘着秦岭山脉，它的西端在今甘肃省境内，东端到河南省西部，主体位于陕西省南部与四川省交界处。从山势体量看，不仅东西纵距大，绵延1500多公里，而且南北横距宽，最宽处达二三百公里，自古就是南北交通的巨大阻碍。从山势形态看，整个山脉地形高峻，山势陡峭，主脊偏居北侧，北坡陡而短，南坡缓而长。虽然有子午、傥骆、褒斜、陈仓等几条可以穿过的古道，但这些古道不仅曲折蜿蜒，而且栈道连绵，运输粮草十分艰难。唯一可供大军顺利行进的路线，就是秦岭西端的祁山一带。诸葛亮北伐首出祁山的原因和目的，不仅是因为道路相对好些，更是为了利用已奠定的基础，进一步将陇右一带纳入蜀汉实际的控制范围，进而东进中原。

第一次北伐

建兴六年（228）春，诸葛亮扬言由斜谷道进军袭取关中，暗中率领主力西出祁山。斜谷道又名“褒斜道”，位于秦岭中部，汉中正北，因南口名为“褒谷”、北口名“斜谷”而全称褒斜道。子午道等其他通道，皆需翻越几座海拔二三千米的高山，褒斜道全程只需翻越分水界的一座大山梁，且穿越距离最短。诸葛亮派赵云、邓芝进军斜谷，吸引魏军注意力，自己率领蜀军主力西出祁山，准备由西边出其不意地进攻关中地区。

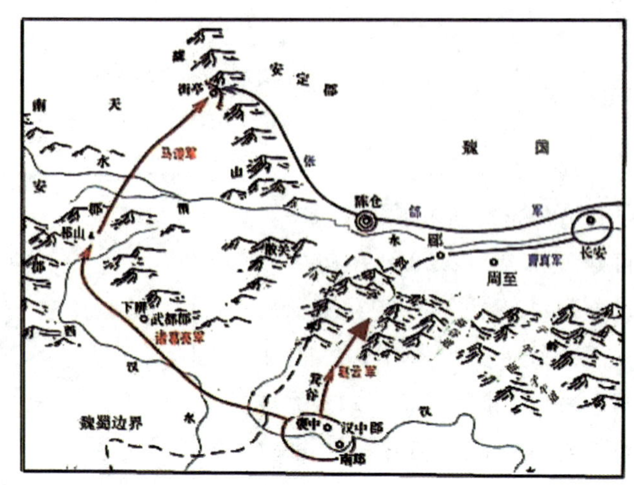

第一次北伐路线示意图

刘备病逝后，诸葛亮闭关息民，蜀中数岁寂然无声，魏国上下稍有大意，突然闻得诸葛亮率军北伐，朝野大惊，关中震动。魏帝曹叡亲自到长安坐镇，派左将军张郃领兵抵御诸葛亮，派大将军曹真督诸军到郿城（今陕西眉县），阻击赵云和邓芝。而蜀汉有先期对西戎和抚的基础，又加诸葛亮大军戎阵整齐，号令严明，南安、天水、安定三郡顿时叛魏应亮。

从关中平原进入陇右五郡，有两条路可走，一条是从陈仓经渭水边的陆路到上邽（今甘肃天水），这条路叫渭水道，再从上邽进入陇右，这条路是小路，不适合大兵团行走，只适合小部队通过；另一条就是从长安到街亭的大道，叫陇山道。街亭位于陇山道谷口（在今甘肃省天水市秦安县城东45公里的陇城镇），有城池扼守道口，城内有水源。守住了街亭，魏军就无法从陇山道进入陇右，诸葛亮就能在陇右收割郡县。而另一条进入陇右的道口上邽，当时已被诸葛亮亲率蜀军控制了。

由于赵云的疑兵在箕谷和斜谷道吸引了魏军曹真的主力，在战争初期，诸葛亮成功地实行了调虎离山计，开始亲率主力进攻祁山，围上邽，取陇右三郡。诸葛亮派马谡为主将，王平为副将镇守街亭，阻挡魏国的援军，同时派出高翔率军驻扎在街亭以左的列柳城、魏延率军驻扎在街亭之右的山谷之中接应马谡，三支蜀军呈掎角之势。

当蜀军主力出现在陇右时，魏国才发现了诸葛亮的意图，魏明帝曹叡立即从荆州前线调张郃赶往街亭。张郃是从荆州南阳郡先赶往洛阳，再从洛阳带领五万大军出发。张郃先率骑兵五千人左右，从洛阳率先到达街亭，其他步兵还远远落在后面。

在街亭，马谡率领的蜀军实际上与张郃军队数量差不多。马谡舍水上山，据山扎营而不据城以守。副将王平极力规谏，但马谡固执己见，结果被张郃断绝了水源，蜀军因缺水自乱，终至大败，令北伐军失掉了进攻的据点和有利形势。街亭一败，诸葛亮在陇右的军队有可能会被魏军断了归路，只得撤退。大势已定，诸葛亮只得迁移西县百姓千余户，率军返回汉中。

蜀汉大军返回后，天水、南安、安定三郡又归附曹魏。诸葛亮按照军令斩杀了马谡，又上书自责用人失察导致街亭失守的错误，“请自贬三等，以督厥咎”。于是后主刘禅任命诸葛亮为右将军，代理丞相职务，统事如前。

诸葛亮无奈退兵的经历，在《三国演义》中被演绎成了《武侯弹琴退仲达》的扣人心弦的精彩故事。

小资料：

空城计

在《三国演义》中，马谡失街亭后，司马懿大军追来，诸葛亮在无兵力抵御的情况下，用了一着险招——空城计。

《三国志》中没有诸葛亮空城退敌的记载。《三国演义》中诸葛亮空城退敌的故事，也并非完全是无中生有。

东晋史学家王隐《蜀记》中记载了西晋人郭冲与他人讨论诸葛亮的事。大意是：晋朝初年，司马懿第七子扶风王司马骏镇守关中。有一天，司马骏与属下刘宝、桓隰、郭冲等人议论诸葛亮的得失。很多人认为诸葛亮“托身非所，劳困蜀民，力小谋大，不能度德量力”。郭冲却不以为然，认为诸葛亮的权智英略超过了管仲、晏婴，并列举出隐没于世的有关诸葛亮的事作为证据，说服众人。大家听了也就不再说什么了，连扶风王也赞同郭冲的观点。

郭冲列举的五件事，史称《郭冲五事》。其中第三个故事说：

诸葛亮第一次出兵伐魏，先屯兵于阳平，并命大将魏延领精锐先行向东进攻，自己只留万人守城。司马懿则率二十万魏军抵御孔明，并在进军途中，与魏延错道。等到了离阳平六十里处，侦察兵告诉司马懿，诸葛亮人在城中但守卫力量薄弱。与此同时，诸葛亮也知道了司马懿大军就在眼前，但魏延主力此时已经去远，远水救不了近火。蜀军将士都大惊失色，无计可施。诸葛亮却神色一如往常，他命军士偃旗息鼓，不得跨出军帐一步。然后，又命四座城门大开，并让少数老弱兵士化装成老百姓在城中扫地除尘。司马懿引兵前来，看到这番光景，不免狐疑，心想诸葛亮一生谨慎持重，两军交战之际，竟这般风平浪静，一定是有伏兵，于是便率军撤往北趣山。第二天中午，诸葛亮笑着对众参谋说："司马懿肯定认为我有伏兵，现在已经循着山路撤退了。"等侦察兵回来报告，果如诸葛亮所料。后来，司马懿知道此事原委，感到十分羞耻。

对郭冲记述的诸葛亮故事，陈寿、孙盛、习凿齿等史家都没有采用。裴松之在为《三国志》作"注"时，附录了这五个故事，并一一做了辨析。其中，对诸葛亮"大开四城门"迎接司马懿一事，辨析说：

阳平在汉中。诸葛亮在阳平屯兵时，司马懿还在以荆州都督的身份镇驻宛城。曹真死后，他才开始与诸葛亮在关中相抗御。魏国曾经派遣司马懿自宛城经西城伐蜀，正巧遭逢霖雨，没有成功。此之前后，没有在阳平与诸葛亮交战的事。司马懿既然率二十万大军，已知亮兵少力弱，若疑其有伏兵，正可对阵扎营，何至于撤走？《魏延传》记载：第一次北伐时，魏延曾请求带精兵万人，走子午道奇袭魏国，与诸葛亮在潼关会师，诸葛亮认为是冒险没有允许。因这件事，魏延还常说诸葛亮用兵过于小心，叹息自己难展才能。诸葛亮曾不允许魏延统率万人冒险行动，岂能如郭冲所说，派遣他带重兵先行，而自己以弱兵自守？况且，郭冲能在扶风王司马骏面前揭露他父亲的短处吗？当着儿子的面说父亲的坏话，这件事情理上说不过去，而且还说"司马骏慨然赞同郭冲的说法"，通过这些就知道《郭冲五事》所记载的事都不可信。

裴松之的反驳，虽然并非句句有理，但这空城计的事，存疑的地方也太多。诸葛亮空城退敌之事，只能当作故事讲，不能当成历史看。但罗贯中以郭冲所讲故事演绎成的"诸葛亮空城退敌"，的确符合诸葛亮和司马懿的性格，是意料之外、情理之中的精彩故事。

第二次北伐

魏国击败了蜀汉军队后，大司马、扬州牧曹休奏议乘势伐吴。魏帝曹叡正志得意满，遂命司马懿配合曹休的攻势从荆州攻吴，派遣张郃督领关中诸军去支援司马懿。吴大都督陆逊命鄱阳太守周鲂假意向魏国投降，以诱敌深入。曹休信以为真，率领骑兵、步兵共计十万往皖县（今安徽潜山）接应周鲂，结果在石亭（今安徽舒城境）遭到吴军伏击，几乎全军覆没，大败而归。司马懿本来训练好了水军，准备顺沔水入长江攻吴，可是到进军时已经进入冬季水浅季节，大型的运输船只无法行驶，只得暂缓进攻。而这时蜀汉军队经过数月的整训，已经从第一次北伐的失败中恢复过来。诸葛亮闻得魏国攻吴出师不利、魏兵东下救援、关中虚弱的消息，于十一月奏请再次北伐。

因为第一次北伐失败，有些大臣对再次出兵北伐有异议，诸葛亮在奏文中剖肝沥胆而又言辞果断地阐明了北伐的理由（原文直译）：

> 先帝考虑到蜀汉和曹贼不能并存，帝王之业不能苟且偷安于一地，所以委任臣下去讨伐曹魏。以先帝那样的明察，他深知臣下的才能，如果去征讨敌人，是能力微弱而敌人强大的。但是，不去讨伐敌人，王业也是要败亡的。是坐而待毙，还是主动去征伐敌人呢？因此他委任臣下，一点也不犹疑。
>
> 臣下接受任命的时候，睡不安稳，食无滋味。想到要去北伐，应该先南征。所以五月里渡过泸水，深入不毛之地，两天才能吃上一餐。臣下不是不爱惜自己啊，而是看到帝王之业不可能局促在蜀地而得以保全，所以冒着危险，来执行先帝的遗愿，可是争议者说这不是上策。敌人恰好在西面疲于对付边县的叛乱，东面又要竭力去应付孙吴的进攻，兵法要求趁敌方劳困时发动进攻，当前正是赶快进军的时机啊！现在谨将这些事陈述如下：
>
> 高祖皇帝的明智，可以和日月相比，他的谋臣见识广博，谋略深远，但还是要经历艰险，身受创伤，遭遇危难，然后才得安定。现在，陛下比不上高祖皇帝，谋臣也不如张良、陈平，而想用长期相持的战略来取胜，安安稳稳地平定天下。这是臣所不能理解的第一点。
>
> 刘繇、王朗，当年各自占据州郡，在议论安守策略时，动辄引用

古代圣贤的话，大家疑虑满腹，胸中充斥着惧难。今年不去打仗，明年不去征讨，结果让孙策安然强大起来，终于并吞了江东。这是臣下所不能理解的第二点。

曹操的智能谋略，远远超过别人，他用兵像孙武、吴起那样，但是在南阳受到窘困，在乌巢遇上危险，在祁山遭到厄难，在黎阳被敌困逼，几乎惨败在北山，差一点死在潼关，然后才得僭称国号于一时。何况臣下才能低下，而大家竟想不冒艰险来平定天下。这是臣下所不能理解的第三点。

曹操五次攻打昌霸而攻不下；四次想跨越巢湖而未成功；任用李服，而李服密谋对付他；委用夏侯渊，而夏侯渊却败死了。先帝常常称赞曹操有能耐，可还是有这些挫败，何况臣下才能低劣，怎能保证一定得胜呢？这是臣下所不能理解的第四点。

自从臣下进驻汉中，不过一周年而已，期间就丧失了赵云、阳群、马玉、阎芝、丁立、白寿、刘郃、邓铜等将领及部曲将官、屯兵将官七十余人；突将、无前、賨叟、青羌、散骑、武骑等士卒一千余人。这些都是几十年内从各处积集起来的精锐力量，不是一州一郡所能拥有的。如果再过几年，就会损失原有兵力的三分之二，那时拿什么去对付敌人呢？这是臣下所不能理解的第五点。

如今百姓贫穷兵士疲乏，但战争不可能停息；战争不能停息，那么耽在那里等待敌人来进攻和出去攻击敌人，其劳力费用正是相等的。不趁此时去出击，却想拿益州一地来和敌人长久相持，这是臣下所不能理解的第六点。

最难于判断的，是战事。当初先帝兵败于楚地，这时候曹操拍手称快，以为天下已经平定了。但是，后来先帝东面与孙吴联合，西面取得了巴蜀之地，出兵北伐，夏侯渊掉了脑袋，这是曹操估计错误，看来复兴汉室的大业快要成功了。但是，后来孙吴又违背盟约，关羽战败被杀，先帝又在秭归遭到挫败，而曹丕就此称帝。所有的事都是这样，很难来预料。臣下只有竭尽全力，到死方休罢了。至于伐魏兴汉究竟是成功是失败，是顺利还是困难，那是臣下的智力所不能预见的。

这篇表文，后世称之为《后出师表》。

小资料：

后出师表

此表，陈寿《三国志》未载，裴松之注《诸葛亮传》时引自《汉晋春秋》，并记曰：“亮集所无，出张俨默记。”

此表既为诸葛亮集所无，又不见于诸葛亮本传，其真伪遂成为后世学者聚讼之点，也有人直接怀疑此表是后人的伪作。但《三国志》之《诸葛恪传》记载，建兴二年（253）诸葛恪作《出军论》陈述伐魏理由及决心，文末有“近见家叔父表陈与贼争竞之计，未尝不喟然叹息也”之句。“家叔父表陈与贼争竞之计”，似指《后出师表》而言。前后两《出师表》言辞、情感非常一致，诸葛恪所作《出军论》立意及表述也有《后出师表》的影子。

由此可以说，后表当不会为伪作。

第二次伐魏，目标是占据陈仓，相机东进。

陈仓（今陕西宝鸡）属于曹魏扶风郡，位于关中平原西端。陈仓虽属于平原上的城市，但濒临渭水，南依秦岭，北接祁山，是凉州与关中通道咽喉。敌对两国都明白，陈仓虽远不及散关（位于秦岭北侧今宝鸡市西南大散岭上）险要，但这里却是西北、西南通向关中的交通要冲。对魏国来说，扼守住陈仓，就能确保关中安全无虞。对蜀国来说，占据了陈仓，就等于扼住了曹魏驰援凉州的脖子，陇西一带脱离了广大的中原后方，就没有了后据之力，便于吞没。因为魏军在陇西加强了守备，子午道、傥骆道与凉州相去甚远，北出秦岭后又易遭魏军三面合围，还因为赵云在第一次北伐撤退时烧毁了褒斜栈道，诸葛亮选择了北出陈仓，抢占进入关中的咽喉之道。

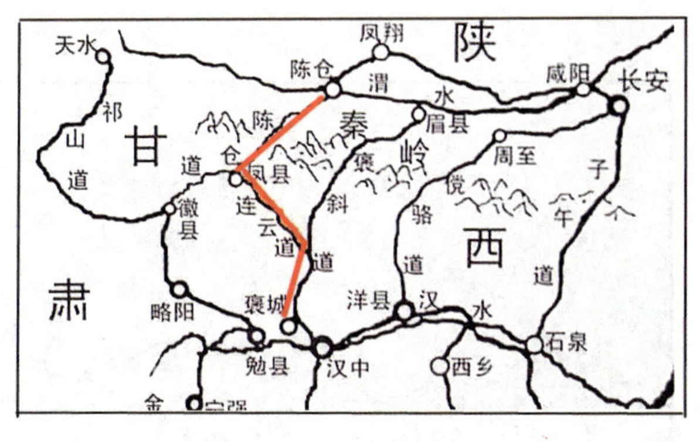

第二次北伐路线图

当时，陈仓城很小，魏军仅有郝昭千余兵力在此防守，蜀国精锐大军临城，必然一攻即破。魏国统帅曹真预料到诸葛亮必出陈仓，早已命陈仓守将郝昭加固城池，秣马厉兵，以迎击蜀军。诸葛亮也料到了曹魏必全力守陈仓，为了牵制曹魏不能全力西顾，第二次北伐之前，就已策反了原系蜀将后来因故叛蜀降魏的孟达。孟达任魏国新城（今安徽合肥西）太守，如果从东边出兵进攻南阳、洛阳，还真能成为一支不可低估的外援。然而，因起事前泄露了机密，孟达尚未动作就遭到司马懿毁灭性的打击。援军已毁，诸葛亮选择了最快捷的路线，出散关直取陈仓，期望在魏国援军赶回来之前，完成对陈仓的包围。郝昭虽兵力不过千人，但陈仓地势险要，本来就易守难攻，加之郝昭又早已加固了城池，双方激战二十余日未有胜负。蜀军粮草将尽，又闻魏国援军将到，只好再退回汉中。魏将王双率骑兵追击蜀军，被诸葛亮设伏击败，王双被斩杀。

第三次北伐

建兴七年（229）春，诸葛亮第三次伐魏。此次的目标是进攻与蜀汉接壤的武都、阴平二郡。

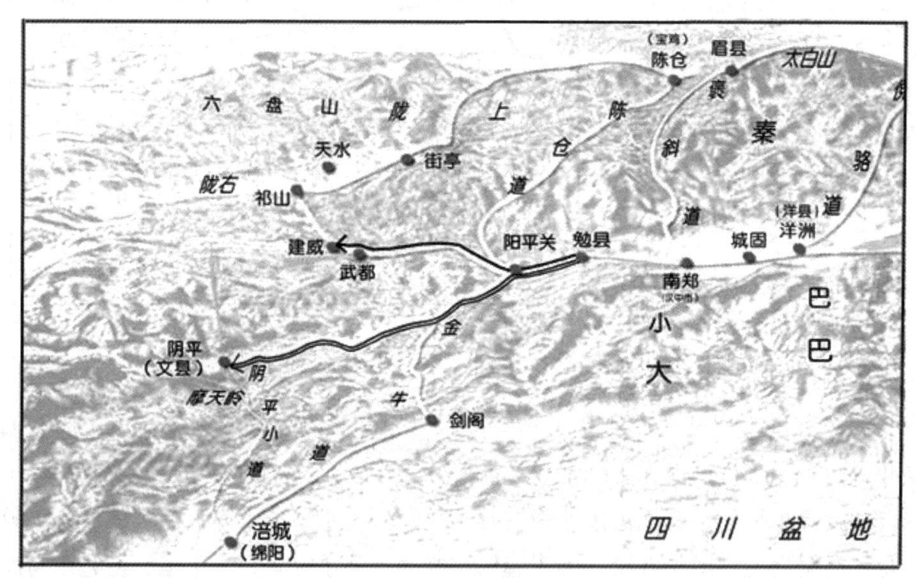

第三次北伐路线图

这两个郡本来属于氐、羌人聚居区，十多年前曹操撤离汉中的时候，已经把武都的氐人部落五万余人迁徙到天水、扶风一带。武都经济地位并不重要，但在军事位置上是魏与蜀汉边境上的一个突出部：对魏国来说，掌控了武都，可以南逼剑阁、东击汉中，而一旦蜀汉得到了该郡，就可以向北威胁陇西、南安、天水、广魏、扶风五郡，让魏国边防军防不胜防，顾此失彼。由于魏国在此无有重兵镇守，魏大将郭淮的援军还未赶到，蜀汉军就已顺利地占领了二郡。郭淮怕后路被截断，连忙退走。诸葛亮占领武都、阴平二郡，不仅扩大了疆土，而且使魏军不能越剑阁以攻蜀之北，也不能轻易绕过二郡以捣蜀汉之西，所以占领武都、阴平二郡有重要的军事意义。诸葛亮利用战争间隙，修筑城防，改进兵器，加强了北伐基地汉中的防务。又派魏延入羌，抚慰羌众，结好诸戎，扰乱魏国后方，取得了预想的效果。在安抚好当地的氐人羌人后，留兵据守，诸葛亮率军返回汉中。

由于第一次北伐因马谡失街亭导致无功而返，诸葛亮上书自责用人失察，请求降三级处分。第三次北伐达到预期目标后，后主刘禅下诏恢复诸葛亮丞相之职。诏书说（原文直译）：

> 街亭一仗，主要罪责在于马谡，而你引罪自责，深深贬抑自己，当时难违你的心愿，只好同意你自贬三级的请求。去年你率兵扬我军威，斩杀王双；今年再次领兵出征，郭淮逃遁，并且招降安抚氐、羌各部，收复武都、阴平二郡。威风震慑凶敌，功勋昭著天下。现在天下尚未平定，元凶首恶仍未铲除，你肩负着重任，主持军国大政，长期贬损自己，极不利于弘扬先帝的伟大事业。现在恢复你的丞相职务，请你不要推辞。

从此，诸葛亮恢复了丞相之职。

防守反击战

在诸葛亮进行了三次北伐之后，蜀汉建兴七年（229）四月十三日，孙权在武昌称帝，改元黄龙，立国号为吴。

孙权是三国时期称帝最晚的一个人，其主要原因，一是自己的资望不足；二是已接受曹丕授予的九锡，名义上已向曹魏称臣纳贡。他深知自己一旦称帝，必然会遭到魏国的反对，甚至会被征讨。因此，在外交上他必须获得蜀国的承认，才能振奋人心安抚内外，集中力量以御魏军。因而他遣使至蜀，要求“并尊二帝”，即吴国承认刘禅为汉帝（在此之前，吴只称蜀汉为“西朝”）。蜀汉承认孙权为吴帝，继续维持同盟关系。

孙权称帝，蜀汉群臣多数认为：曹丕篡汉称帝是国贼，必须讨伐；孙权称帝则为“僭逆”，也是国贼，应与之绝交。这时诸葛亮正在准备第四次北伐，驻兵汉中。后主刘禅难以定夺，便将群臣对孙权称帝的意见送交诸葛亮裁定。

针对朝议所提出的与吴国联盟不仅无益，而且“名体弗顺，宜显明正义，绝其盟好”的意见，诸葛亮经过反复地思考与权衡，最终认为从北伐曹魏兴复汉室的大局出发，必须保持好与吴国的关系，才能免去东顾之忧。为此，他写了《绝盟好议》一文：

> 权，有僭逆之心久矣！国家所以略其衅情者，求犄角之援也。今若加显绝，仇我必深，便当移兵东戍，与之角力，须并其土，乃议中原。彼贤才尚多，将相辑穆，未可一朝定也。顿兵相持，坐而须老，使北贼得计，非策之上者。昔孝文卑辞匈奴，先帝优与吴盟，皆应权通变，弘思远益，非匹夫之为忿者也。今议者咸以权利在鼎足，不能并力，且志望以满，无上岸之情，推此皆似是而非也。何者？其智力不侔，故限江自保；权之不能越江，犹魏贼之不能渡汉，非力有余而利不取也。若大军致讨，彼高当分裂其地，以为后规，下当略民广境，示武于内，非端坐者也。若就其不动而睦于我，我之北伐，无东顾之忧，河南之众不得尽西，此之为利，亦已深矣。权僭之罪，未宜明也。

诸葛亮以其独特而卓越的政治眼光和战略高度对群情激愤的大臣们耐心劝解。

第一层意思：孙权有僭越、叛逆的不臣之心由来已久，我国之所以长期无视他的险恶用心，是因为基于需要东吴作为犄角之援共同抗衡曹魏的现实需要，才坚持与之交好的。

第二层意思：蜀汉与东吴如果突然交恶，其恶劣影响必将是长期存在的。如果这样，蜀汉必定要在对付东吴的情况下白白耗费自身实力，陷入与其两败俱伤的战略困境。况且东吴此时的国力和凝聚力高涨，蜀汉也未必会是东吴的对手（此前蜀汉与东吴的多次交锋均告失败）。而真正的意识形态上的最大敌人曹魏，不仅没有伤及分毫，反而会借此机会进一步壮大，拉大与吴蜀两国的差距，最终使得曹魏占尽上风，将吴、蜀各个击破。与东吴交恶实为不智之举。

第三层意思：大家都认为孙权的意向在于鼎足三分，（主观上）不能做到与我并力抗曹，而且孙权完全满足于现状，已经没有了积极抗曹的念头。你们所认为的这些看起来正确，实则不然。因为他的志向与实力不匹配，所以只能做到割据长江以自保其身，孙权难以越过长江进取，就如同曹魏无法越过汉水深入一般，除了实力不够充足以外，客观条件也不支持他们这样做。

第四层意思：如果我们派遣大军讨伐曹魏，对吴国而言，最有利的做法是趁机进取分裂曹魏的地盘，为以后必将到来的两家对决的局面做打算，最坏也会是掠夺民物，拓宽生存空间，对内宣示要为战争做准备。而无论他们采取何种对策，都不会甘心毫无作为。而就算他们按兵不动，只要与我们交好，使我们在北伐的过程中没有后顾之忧，同时由于东吴的庞大体量必定会牵制曹魏在东线所部署的力量，使之有所顾忌而不敢全部调到西线。就算是这样的情况，为我们带来的有利形势也是梦寐以求的。因此孙权僭逆称帝的罪名，此时还不宜声张。

诸葛亮最后强调，蜀汉应在夷陵之后蜀、吴邦交逐渐稳定和回暖的当口，坚持刘备临终前所定下的结好东吴的国策，并且在这样一个敏感的时期，更应以自己的现实需求为重，分清主次，通过分析自己北伐后东吴可能做出的选择来争取其中对自己有利的条件，而这些也正好符合《孙子兵法》中对于庙算的阐述内容。

诸葛亮《绝盟好议》所贯穿的思想，与《隆中对》中的思想是一脉相承、一以贯之的。在《隆中对》中，诸葛亮为刘备分析天下大势以及提出进取方案的时候，诸葛亮就明确提出了对吴外交的两大原则：可以为援而不可图和结好孙权。换句话说，也就是在打败曹操之前，对于孙权要采取的政策是始终坚持与之交好，不可图谋，横生枝节。

在蜀汉朝廷内部群疑顿息后，诸葛亮决定派遣陈震（字孝起）以卫尉的官衔出使吴国，庆贺孙权登基，并给兄长诸葛瑾带去了一封信介绍陈震（原文直译）：

> 孝起的性情忠义淳厚，老而弥坚，他能够有助于两国关系的推进，使双方欢和相处，在这方面有他可贵的长处。

陈震到达武昌后，向孙权致以贺忱，并希望汉、吴两国永结盟好，“同心讨贼”。孙权因为自己的帝位获得蜀汉的承认而感到无限兴奋，于是与陈震“升坛盟”，对天盟誓，约定两国在灭魏之后，平分天下：以徐、豫、幽、青四州属吴，并、凉、冀、兖四州归属蜀汉。洛阳周边司隶州的土地，以函谷关为界分属两国。陈震出使吴国缔结盟约之事，在《后主传》中被记载为：“孙权称帝，与蜀约盟，共交分天下。”

虽然这一个“交分天下”的计划是无法实现的，但它却起了一种望梅止渴的作用，使蜀、吴两国在精神上产生一种慰藉感，在思想上出现共鸣点，无形的影响是极大的。

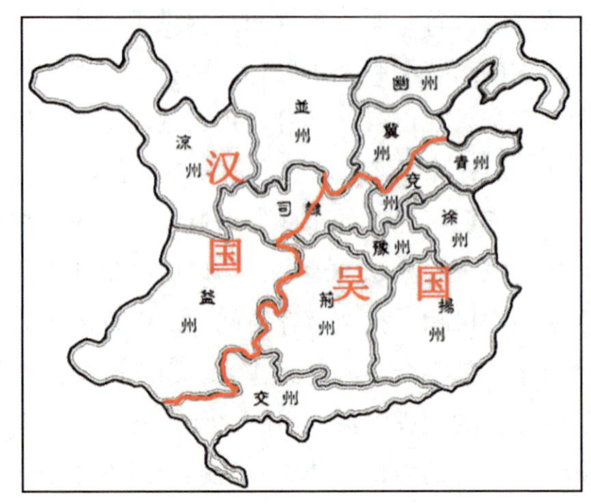

吴蜀交分天下示意图

不久，孙权即由武昌迁都于建邺（今南京），这也表明他对蜀汉的信赖，不再有西顾之忧。此后，孙权还数次出兵攻击曹魏，在一定程度上配合诸葛亮的北伐战略。因为有了这次盟约，直至诸葛亮去世，两国之间也未发生大的冲突。而且由于双方关系密切，民间的商业往来也必然十分频繁，这对于蜀、吴两国的经济发展自然是非常有利的。

孙权称帝第二年（230），魏国曹真接替曹休为大司马。有了两次抵御蜀汉的胜利，曹真踌躇满志，上奏魏明帝曹叡，建议三路大军伐蜀。同年八月，魏明帝遣曹真率主力军由子午道进兵，郭淮、费曜从褒斜道进兵，司马懿率军逆汉水而上，三路大军夹攻汉中。

诸葛亮防御路线示意图

因为与吴国有了新的联盟，诸葛亮已无须分心防吴。得知魏国三路大军夹击汉中的消息后，诸葛亮立即派魏延、吴壹分别阻击郭淮、费曜，遣李严率二万人赶赴汉中，加强城固、赤阪等要地的防守。适逢雨季，子午谷栈道遭雨水冲刷断绝，曹真用了一个月，才走了一半路程。魏国大臣华歆、杨阜、王肃等都上疏劝魏明帝下诏撤军。九月，曹真受诏撤退。与此同时，魏延攻破郭淮，吴壹攻破费曜，防守反击结束。

第四次北伐

蜀建兴九年（231）春，诸葛亮第四次伐魏，再次兵进祁山。

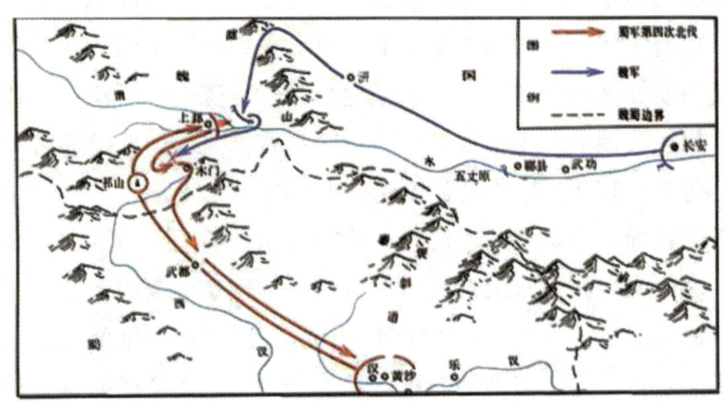

第四次北伐路线图

这次北伐，诸葛亮下了决战的决心，调集了江州兵在内的蜀汉军队主力参战，兵力超过此前任何一次北伐。祁山在武都郡西北方向，东西绵延约50里，是经秦岭西端入陇西的必经之路，也是蜀陇咽喉之地。武都本身地广人稀，不产粮食，大军补给全都要靠汉中运送。由汉中到祁山的运输距离，从汉中边界的沮县算起也有五百里。如果用人工挑粮，一个民夫顶多挑一百斤粮食，挑这么重的东西，一天也就走几十里，这样能运到前线的粮食很有限，效率极低。汉代已有牛车，如果用牛车运粮，蜀汉既没那么多牲畜，更何况牲畜也需要吃草料。为解决军粮运输困难，“长于巧思”的诸葛亮发明了木牛做运输工具。

木牛实际是双轮运粮车，一次能装载一个士兵一年的口粮。根据《居延汉简》记载的士卒每人每月“三石三斗三升少（少即小石）粟”的标准，一岁粮为四十小石粟。四十小石粟即二十四大石米。二十四大石米折合今制634千克，即木牛的载重量是634千克。双轮运粮车载重量大而行动缓慢，被称为木牛。因为汉中到祁山比较平坦，用双轮大车运粮是最佳运输方案。

这时，曹真病逝，魏明帝急调正在镇守荆州的司马懿为督军抵抗蜀汉军队。当时魏国有人认为诸葛亮肯定与前几次一样，因军粮不济而不击自破，不必劳师动众地出兵；也有人建议将上邽（在今甘肃天水市境）一带屯田未熟的麦子全部毁掉，以防蜀汉军抢收了做军粮。魏明帝没有采纳这些建议，又给司马懿增派兵力，并敕令保护将熟的麦子，以作为与诸葛亮相持的军粮。诸葛亮留下王平继续领军攻打祁山，自己率主力迎战司马懿。郭淮及费曜等部袭击蜀汉军，被诸葛亮击破，蜀汉军乘势抢先收割上邽屯田的麦子，补充了军粮。司马懿深知蜀军远道而来，军粮供应受限，便凭险坚守，拒不出战。相持至六月，诸葛亮收到撤军的诏命，只好遵旨引军退回。司马懿闻讯立即派张郃领兵追击。张郃追至木门道，与蜀汉军交战，被流矢射中，不治而死。张郃戎马一生，以用兵巧变、善列营阵、长于利用地形著称。陈寿评价说："郃识变量，善处营阵，料战势地形，无不如计，自诸葛亮皆惮之。"张郃追击撤退的蜀军时，被诸葛亮设伏射杀，对曹魏无疑是一个重创。

第四次北伐前，诸葛亮命李严以中都护身份代管丞相府事务。此后李严改名"李平"。诸葛亮兵驻祁山，让李平负责督运粮草。夏秋之季，正逢阴雨连绵，粮草运输供应不上，李平派参军狐忠、督军成藩说明他的意思，叫诸葛亮退兵回来。诸葛亮接受了李平的撤军意见。李平听说军队已撤退，却又假装很惊讶，说："军粮还很充裕，怎么就匆匆撤军回来呢？"想以此解脱自己督办粮草不力的责任，显出诸葛亮延误战机的错误。他又上奏后主说"军队伪装撤退，其实是用来引诱敌人，好与其决战"，欺骗刘禅说这是策略。诸葛亮便将李平的前后亲笔书信呈给后主刘禅，李平前后矛盾的言行一下子暴露无遗。诸葛亮查明事实真相，将李平贬为庶人。

诸葛亮回到汉中，利用两年的时间休整军队，发展生产，改进木牛，制作流马。待流马制造完毕，开始集中训练兵士，讲授军事。建兴十一年（233）冬，诸葛亮指示各军运送粮食，屯集在斜谷口，建造斜谷粮囤。

第五次北伐

建兴十二年（234）春，诸葛亮再率十万大军经斜谷口出兵北伐，用流马从斜谷口向前线运送军事物资。

中国在战国时代就出现了四轮车，但在三国以前四轮车还没有成为物资运输工具。诸葛亮第五次北伐经过的褒斜道全程470里，栈道很多。这样的道路，载重量达一岁粮的木牛就不适用了。诸葛亮就将具有潜在运输功能的四轮车，改造成适合于褒斜道行进的人力四轮车。改造后的四轮车，车架上装载两个有顶盖的"板房囊"，每个"板房囊"可以盛二斛三斗米。按照今制，两个"板房囊"能盛米66千克。因为这种运输车辆载重量小，行进速度快，所以被形象

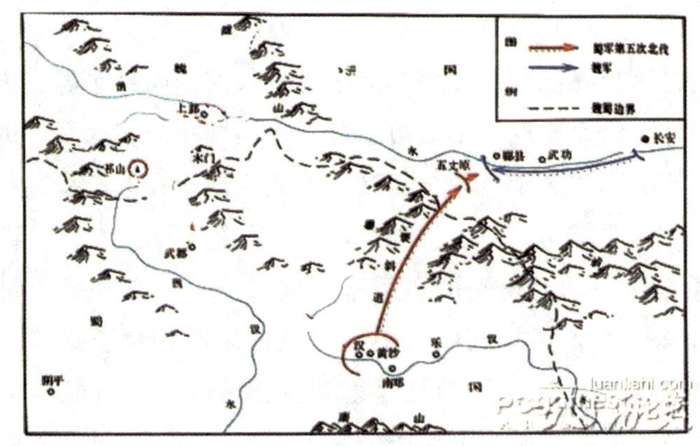

第五次北伐路线图

地命名为“流马”。（具体论证见第七章《纵论诸葛》之《诸葛亮与木牛流马》）

为了分散魏国注意力，诸葛亮派使臣到吴国，联络孙权同时攻魏。四月，蜀军经褒斜道越过秦岭到达郿县，在渭水南岸的五丈原扎下营寨。但吴国却迟迟没有行动，到了五月孙权才率军围合肥新城，派陆逊、诸葛瑾率兵进攻襄阳。魏明帝一方面诏令西守的司马懿坚守不战，以逸待劳，让蜀军粮尽自退，待退兵时再追击，另一方面亲率水军东征。孙权得知魏明帝的意图后，随即全线撤军。

诸葛亮鉴于以往军粮不济的教训，对垒之初，就分兵屯田，作为长期驻守的基础。司马懿则率领魏军背水筑营，坚守不战。据《晋书》记载，诸葛亮多次挑战，司马懿均不出战，于是诸葛亮派人给司马懿送去了衣裙首饰，意思说司马懿是缩头缩脚的妇人。司马懿大怒，上表请求决战，魏明帝不同意。魏明帝恐怕禁止不了，又派素有正直之名的卫尉辛毗，手持符节来节制司马懿。诸葛亮又来挑战，司马懿准备出兵应战，辛毗手持符节立于营门阻止，司马懿才罢休。当初，姜维听说辛毗来到曹营，担心地对诸葛亮说：辛毗杖节监军，司马懿肯定不再出战了。诸葛亮深知司马懿之谋，对姜维说：司马懿本来就没有出战的意思，所以坚持请求出战，是为了做样子以激励士气。将在外，君令有所不受。如果他真能够战胜我，何必要不远千里去请示呢？

八月，诸葛亮因积劳成疾，病情日益恶化。消息传到成都，刘禅派李福前往军营探望诸葛亮，并询问此后国家大计。诸葛亮也对各将领交代后事，要杨仪和费祎统领各军撤退，由魏延、姜维负责断后。不久，诸葛亮在五丈原军营中病逝，时年五十四岁。杨仪、姜维按照诸葛亮临终的部署，秘不发丧，整顿军马撤退。

司马懿听说诸葛亮已死，便率军追击。杨仪回军向魏军做出进击的样子，司马懿恐怕中计，赶紧撤退，不敢再追赶。于是蜀军从容撤军，进入斜谷后，才讣告发丧。等到军队撤走，司马懿到诸葛亮生前所在的营垒巡视，见一切井然有序，不禁由衷赞道：“天下奇才也！”据《汉晋春秋》记载，杨仪等从五丈原悄悄撤军，司马懿得到消息后率军追击，姜维指挥军队向后转，摇旗击鼓，做出冲锋阵势，司马懿以为中计，急忙撤退。对于此事，老百姓作谚语说：“死诸葛走生仲达。”司马懿得知真相后说：“吾能料生，不便料死也。”这一情节，被罗贯中在《三国演义》中加工成了“死诸葛吓走活仲达”的故事。

五丈原位置图

名垂千秋

杜甫赞美说："诸葛大名垂宇宙。"

诸葛亮逝去1800多年了，他的思想、方略、德操乃至装束，已沉淀为中华民族优秀传统文化的有机组成部分，他本人已成为中华民族优秀传统文化素质具象化的典范，他的名字已成为智慧的代名词。他以洞观潮流的深邃远见、安邦治国的卓著能力、载于史册的显著政绩、为人称道的优秀品格，赢得伟大的政治家、杰出的军事家和思想家的桂冠是当之无愧的。

碑载民心　朝野同祭

诸葛亮临终留下遗言，安葬在汉中定军山（今陕西勉县境内），依着山势造筑坟墓，丧葬要从简，坟穴大小只要够容纳棺木即可，葬服用当时所穿的衣服，不需任何陪葬的器物。后主刘禅专派左中郎将杜琼前往吊唁，诏策曰：

> 惟君体资文武，明睿笃诚，受遗托孤，匡辅朕躬，继绝兴微，志存靖乱；爰整六师，无岁不征，神武赫然，威镇八荒，将建殊功于季汉，参伊、周之巨勋。如何不吊，事临垂克，遘疾陨丧！朕用伤悼，肝心若裂。夫崇德序功，纪行命谥，所以光昭将来，刊载不朽。今使使持节左中郎将杜琼，赠君丞相武乡侯印绶，谥君为忠武侯。魂而有灵，嘉兹宠荣。呜呼哀哉！呜呼哀哉！

其译文如下：

> 您天生兼备文、武的才干，英明睿智忠厚诚实，受先帝托孤遗命，尽心力辅佐我，使衰微待绝的汉室复兴。立志平定天下战乱，整治六军，岁岁出战，英武盖世，威镇天下，将为蜀汉建成伟大功业，

所取勋绩犹如伊尹、周公。为何有此不幸，大业即将功成，您却染疾归天！朕痛悼您的逝世，心肝欲裂。推崇您的德行，论评您的功勋，根据您生前事迹追封谥号，让您的精神传扬天下，英名永垂史册。现在特派持使节左中郎将杜琼，赠给您丞相武乡侯印绶，追谥您为忠武侯。英魂有知，对此亦感宠荣。悲痛至极！悲痛至极！

按照诸葛亮遗嘱，刘禅在定军山选择了墓地，在墓冢周边栽植了54株（现存22株）柏树，以纪念诸葛亮54岁的人生经历。坟冢情形，北魏地理学家郦道元《水经注》记载："诸葛亮之死也，遗令葬于其山。因即地势，不起坟垄。惟深松茂柏，攒蔚川阜，莫知墓茔所在。"[1]如此说来，现存墓冢应是北魏以后起封的。

三人（左一为作者）为古柏培土

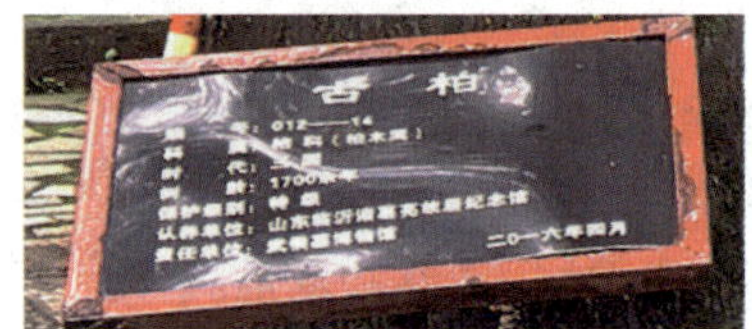

诸葛亮故里认养武侯墓古柏

诸葛亮去世后，蜀国上下沉浸在哀悼之中，不少地方请求为他立庙祭祀。据晋人习凿齿《襄阳记》记载，尽管朝廷认为不符合礼法未予立庙，但蜀国的百姓却不管礼秩，利用岁时节令，在街头道陌进行祭祀，以表达对他的追思和怀念。被他征伐过的南中地区，也出现了"戎夷野祀"的场面。这种未经统治者引导而自发的原生态的祭祀活动，充分表达了蜀汉民众对他的爱戴，充分表明了他在蜀汉民间乃至边陲地区的崇高威望和影响力。

蜀汉景耀六年（263）初，步兵校尉习隆及中书郎向充等人上表，奏请在诸葛亮墓地附近立庙，理由是既便于亲属和旧臣故吏依时祭祀，又利于断其私祀，以崇正礼。后主刘禅当即"从之"，并于当年春"诏为亮立庙于沔阳"。

后主刘禅"昭为亮立庙"的时候，诸葛亮已去世29年了。对于为诸葛亮立庙之事，后主刘禅开始"不听""不从"，根本原因是不符合"礼秩"，即臣子不能独立立庙崇祀。最终他不再拘泥于"礼秩"而"从之"，并迅速发出立庙的诏令，究其原因是国难当头，蜀汉处于生死存亡的严峻时刻，需要以诸葛

---

①《水经注》卷二十七《沔水》。

亮“鞠躬尽瘁，死而后已”的精神，凝聚蜀汉军民的力量，以确保“王室之不坏”。景耀六年春诏令为亮立庙，八月魏征西将军邓艾、镇西将军钟会、雍州刺史诸葛绪分兵数路攻打蜀国，当年刘禅开城纳降，蜀汉灭亡。

为诸葛亮立庙虽然没有起到挽救蜀汉灭亡的作用，但立庙祭祀却标示着诸葛亮的确具有巨大的感召力和深远的影响力。后主刘禅诏令为诸葛亮立庙的这一行动，也标志着早在三国末期诸葛亮就已步上了先祖、帝王的灵台，而且可以说几乎同时，诸葛亮已被人们奉为神灵的化身。

三国归晋后，蜀地对诸葛亮的爱戴祖辈传承，经久不衰。诸葛亮死后40年，陈寿在《进〈诸葛亮集〉表》中说：“至今梁、益之民，咨述亮者，言犹在耳，虽《甘棠》之咏召公，郑人之歌子产，无以远譬也。”这足见诸葛亮的功绩是有口皆碑，不然也不会在他去世几十年后，梁、益二州的人民依然对他那么念念不忘，对他那么由衷地崇敬。久而久之，这些地方对他的纪念逐渐沉淀为一种风俗。唐代孙樵《刻武侯碑阴》记载：“武侯死殆五百载[①]，迄今梁、汉之民歌道遗烈，庙而祭者如在，其爱于民如此而久也。”元代陆友仁《砚北杂志》记载：“汉中之民，当春月，男女行哭，首戴白楮巾上诸葛公墓，其哭甚哀。”清人俞樾《茶香室续钞》“苗人祀孔明天子”条引陆次云《峒溪纤志》说：“苗祀神，多书孔明天子之位。”不少地方的武侯祠已形成庙会风俗，每年定时举办祭祀活动。如勉县清明庙会，自宋代就已形成规模，延续至今，连续六天，日达万人。五丈原庙会，自二月二十一至三月初一历时十天。祁山堡武侯祠庙会，每年农历四月初一为约定俗成的节日。不仅诸葛亮足迹所至之处有祭祀祠庙，他足迹未到的台湾也有庙宇供奉。台湾南投县鱼池乡孔明庙，以七月二十三日为诸葛亮诞辰日，每年举行三天的祭祀活动，前往祭拜者达数万人。异国他乡的韩国首尔南山，也有供奉诸葛亮的卧龙庙。

诸葛亮去世后，不仅地方、民间设立祠庙祭祀纪念他，在封建帝王设庙享祭的三种殿堂中，“配享”殿里也有他的位置：一是祭祀历代帝王之庙，明洪武二十一年（1388），钦定从祀名臣37人，诸葛亮名列其中，在东庑从祀大臣中居第十七位；二是孔庙，清雍正二年（1724）诸葛亮以先儒之名从祀，在东庑从祀的先儒中居第六位；三是成武王庙，唐高宗上元元年（674）追谥姜尚为“成武王”，置“十哲”等，诸葛亮为“十哲”之一，宋太祖建隆三年（962）皇帝下诏修成武王庙，诸葛亮以“十哲”之一从祀。

诸葛亮去世后，刘禅下诏赐谥号“忠武”。在“忠武”的基础上，后世

① 按：“五百载”当为作者误。孙樵系唐宣宗大中九年（855）进士，诸葛亮卒于234年，应作“六百载”。

又有多次追封：晋代封其为“武兴王”，唐代改封为“武灵王”，宋代加封为“威烈武灵仁济王”，元代追加改封为“威烈忠武显灵仁济王”。难能可贵的是，三国人物中仅有诸葛亮一人享此隆遇。这种配祀和追封，固然有历代统治者现实政治的需要，显然也是由于诸葛亮自身有良好的历史影响而赢得的。

敌友同钦　古今共仰

诸葛亮不仅深受蜀国朝野的敬重，也受到了结盟邻国君臣的称赞，即便是敌国大臣中也不乏叹服之人。

三国后期，吴国的大鸿胪（主管宫廷礼仪的官员）张俨在他的《默记·述佐篇》中，对诸葛亮和司马懿进行了比较和品评。张俨认为：诸葛亮的才能优于司马懿，他治理蜀国的情况和当年郑国的大夫子产很相似，他执政时蜀国赏罚严明、执法公正，这种良好的风气一直延续到诸葛亮去世以后。张俨由衷地赞叹说：“观彼治国之体……虽古之管（仲）、晏（婴），何以加之乎！”

敌国大臣对诸葛亮也是称赞、礼敬有加。刘备占领巴蜀以后，魏国谋士刘晔对曹操说：“诸葛亮明于治而为相。”曹丕即位后，太尉贾诩也称赞说：“诸葛亮善治国。”他去世三十年后，魏将钟会率领大军灭蜀经汉中定军山时，出于对诸葛亮的钦佩，亲自到诸葛亮庙里祭祀，还下令军士不得在诸葛亮墓所左右放牧打柴。

西晋建立之初，诸葛亮的治国之术、军事才能就受到了最高统治者的重视。在灭掉蜀汉以后，司马昭就立即派将军陈勰向蜀汉降将学习诸葛亮的兵法。晋代魏后，新登帝位的司马炎向蜀汉旧臣樊建咨询诸葛亮治国的情况，当樊建赞扬诸葛亮“闻恶必改而不矜过，赏罚之信足感神明”时，司马炎感叹说：“善哉！使我得此人以自辅，岂有今日之劳乎！”司马炎还下诏称赞：“诸葛亮在蜀，尽其心力，其子瞻临难而死义，天下之善一也。”司马懿是诸葛亮第五次北伐时的直接敌人，曾经被诸葛亮嘲笑为“妇人”。司马懿的孙子司马炎，不仅没有贬低诸葛亮，反而由衷地赞赏诸葛亮，这也证明了诸葛亮的确具有非凡才华、良好形象和巨大影响力。

由于司马炎开启了对诸葛亮研究的先河，晋朝大臣们纷纷研究前朝名臣以为今用，其中张辅的《名士优劣论》及袁准的《诸葛公论》，对诸葛亮的分析研究最为深入，并且评价也很高。

陈寿奉晋武帝司马炎之命编订诸葛亮故事，编成之后呈献给晋武帝，并附上了一篇“表”。陈寿在这一篇“表”里，畅论诸葛亮的一生如何多姿多彩，也强调了他死后梁、益二州的人民“至今”仍对他十分怀念，“虽甘棠之咏召公，郑人之歌子产，无以远譬也”。“表”中的“至今”二字，指的是上表的那一年，即晋武帝泰始十年（274），距离诸葛亮去世时的后主建兴十二年（234），已经有了四十个年头。陈寿充分吸收前人的研究成果，在《诸葛亮传》中，对诸葛亮做出了全面的高度的评价：

诸葛亮之为相国也，抚百姓，示仪轨，约官职，从权制，开诚心，布公道；尽忠益时者虽仇必赏，犯法怠慢者虽亲必罚，服罪输情者虽重必释，游辞巧饰者虽轻必戮；善无微而不赏，恶无纤而不贬；庶事精练，物理其本，循名责实，虚伪不齿；终于邦域之内，咸畏而爱之，刑政虽峻而无怨者，以其用心平而劝戒明也。可谓识治之良才，管、萧之亚匹矣。

这段文字译成现代汉语就是：

诸葛亮担任丞相，抚恤百姓，明示法规，规定官吏的职责，制定合乎时宜的制度，诚心待人，公正无私；凡是尽忠职守、有益时世的人，即使是仇人也必定会奖赏；凡是触犯法令、懈怠傲慢的人，即使是亲人也必定会处罚；对以真情认罪的人，即使犯了重罪也必定会酌情减释；对说话浮夸、巧辩文过的人，即使只是犯了轻罪也必定会重责；对无论多么小的善行，没有不奖赏的；对无论多么小的恶行，没有不贬斥的；处理事务非常精明干练，管理事情能抓住它的根本，根据人的言论而观察他的行为，从不与虚伪的人为伍；在蜀国境内，大家都敬畏他，爱戴他。刑法政令虽然严厉，却没有人怨恨他，因为他用心公平而且劝诫分明。他真可以称得上是明白治世之道的杰出人才，是与管仲、萧何相媲美的人物。

小资料：

陈寿

陈寿字承祚，本蜀国巴西安汉（今四川南充）人，魏国灭蜀后归顺晋朝。少时好学，师事同郡学者谯周，在蜀汉时曾任卫将军主簿、东观秘书郎、观阁令史、散骑黄门侍郎等职。当时，宦官黄皓专权，大臣都曲意附从。陈寿因为不肯屈从黄皓，所以屡遭遣黜。归晋后，与诸葛京等人一起被起用，历任著作郎、长广太守、治书侍御史、太子中庶子等职。元康七年（297）病逝，享年六十五岁。

被启用后，陈寿历经十年的艰辛，完成了纪传体史学巨著《三国志》。此书完整地记叙了自汉末至晋初近百年间中国由分裂走向统一的历史全貌，与《史记》《汉书》《后汉书》并称“前四史”。

陈寿的评价是当时一般人的公论，并未言过其实。陈寿的父亲曾经是马谡的参军，因为马谡失街亭而担连带责任，被诸葛亮处以髡刑。髡刑就是将人头发全部或部分剃掉的刑罚，是一种耻辱刑，为中国上古五刑之一。陈寿本人，也曾经为了某一件事受到诸葛亮儿子诸葛瞻的轻视。对诸葛亮极为褒誉的评价出于陈寿之口，更为客观。

陈寿也公允地评价了诸葛亮的不足：

连年动众，未能成功，盖应变将略，非其所长欤！

陈寿认为，诸葛亮是识治之良才，治国治军是其所长，而应变将略则非其所长。

自晋开始，不少朝代的帝王把诸葛亮作为范臣推崇备至。

唐代，唐太宗对诸葛亮非常推崇，他多次向臣下称道诸葛亮治国的忠勤。《贞观政要》记载，唐太宗认为：昔年蜀汉后主“昏弱”是事实，“然国称治者”是因任用了诸葛亮。唐太宗这么说，不光是为了激励臣下学习诸葛亮的忠勤，同时也是勉励自己要杜谗任贤。唐太宗认为诸葛亮是“贤相”，为政“至公”。他在举出诸葛亮当年处罚了廖立、李严，而廖立、李严得知诸葛亮死讯“皆悲泣”这件史实之后，叹息说：“非至公能如是乎！”他称赞诸葛亮为相“平直”，要房玄龄、杜如晦这班大臣“企慕及之”，“慕宰相之贤者”以为政。

明代，宣宗朱瞻基将诸葛亮列为“善可法为”的贤臣，编入自纂的《历代臣鉴》，“用赐群臣，俾时览省”，期望群臣以诸葛亮等人为鉴，“存诸心，力诸力，将建之事功，光明俊伟，有裨于国家，有耀于后来，而与古贤臣同一不泯于无穷”。

清代，有所作为的皇帝都高度评价诸葛亮。《清实录·圣祖实录》记载，康熙帝非常推崇诸葛亮。有一次，大学士对他亲自撰写的《告祭天地文》中“鞠躬尽瘁死而后已”句有所变通，他告诫说：“朕每谓诸葛亮乃纯臣。亮之此语非特人臣当如此，而人君益当如此。”《清实录·圣祖实录》还记载，康熙帝在《遗诏》中说："诸葛亮云：'鞠躬尽瘁，死而后已。'为人臣者，惟诸葛亮能如此耳。"乾隆帝亲自撰写《蜀汉兴亡论》，探讨蜀汉兴亡的原因，指出"人君之用贤与不用贤，关系国家存亡"，认为像诸葛亮这样的贤人，"为国家之宝"。

小资料：

蜀汉兴亡论

爱新觉罗·弘历

汉自桓、灵以来．王道中绝，奸权乘衅，曹操、孙权、公孙瓒、袁绍迭起，窥伺名器。而昭烈以王室之胄，怀忠义之志，抱雄杰之才，欲恢复天下，扫除大憝。然归于陶谦，依于公孙瓒，寄居于袁绍，为客于荆州，其间遭危困，被祸乱，不可枚举，而英雄不得用其武，狼狈奔走几二十年。既得孔明，于是待以股肱，寄以心膂，用其计谋，而得荆州诸郡之地，有涪城、成都之险，以成鼎足之势。然终不能克复天下，仅得一州者，固缘曹孙盛强，立国既固，不能卒灭，亦以不专于图魏、忿兵伐吴之所致也。使如赵云所言，居河、渭上流，以伐逆寇，汉事未必无成。卒大败于猇亭，威挫势蹙，是亦昭烈之失矣。延及后主，信用孔明，成都大治。守父之余烈，保土安疆，七纵之威，六出之锐，敌国畏之如虎。迨孔明殁，黄皓、陈祗用事，殄民误国，而汉祚告终。嗟夫，治乱之理，岂非系于人君之用贤与不用贤哉！当昭烈之狼狈奔走，以未得孔明故也；后主之克守前烈，为敌国所畏者，以孔明在相位故也；其用黄皓、陈祗而丧国败家者，以孔明既殁故也；贤人为国家之宝，岂不信哉。

乾隆十六年（1751），皇帝弘历在《题琅邪五贤祠》诗中，对琅邪之地的王祥、王览、颜杲卿、颜真卿和诸葛亮，分别做了概括性的评价，其中"端推诸葛是全人"。

千百年来，诗文、小说、戏曲、说唱等文艺作品，都把诸葛亮取之为重要题材。唐宋以来，以历史名人为题言志抒怀的诗赋汗牛充栋，其中咏怀诸葛亮的作者队伍最大，作品数量最多。据周剑云主编《菊部丛刊》所载马二先生《〈三国演义〉之京戏考》和陶君起《京剧剧目初探》统计，仅明代以前咏怀或评赞诸葛亮的知名诗人就达267人，而清代作者又倍于明代。取材于诸葛亮故事的戏曲更是蔚为大观。清末，以《三国演义》人物故事为内容的京剧，“须生戏凡十八”，其中以诸葛亮为主体人物的就有7个。近代，“三国故事戏”139个剧目中，以诸葛亮为主体人物的戏就有24个，涉及诸葛亮的戏占三分之一还多。

自陈寿《诸葛亮传》问世至今，他的传记已多达五十余种。对他《八陈图》[①]、木牛流马、连弩等科技成果及政治、军事、外交才能的研究历代不衰，研究专论数不胜数。在国外，他的影响远及亚洲的朝鲜、日本、越南、泰国、柬埔寨、缅甸、印尼、马来西亚、新加坡等国和欧洲的英、法、德、俄等国。欧洲各国翻译的《三国演义》除全译本外，节译的大都是诸葛亮的故事。日本学者撰写的诸葛亮传记及故事，今仍在出版、流传者即达十余种。

当今，对诸葛亮的研究之势空前兴盛，对诸葛亮本人的评价也不绝于书，这又为诸葛亮的深远影响做了一个新的注脚。

缅怀贤相　庙祀神化

诸葛亮去世后，举国哀思。刘禅素服发哀三日，并下诏：“赠君丞相武乡侯印绶，谥君为忠武侯。”诸葛亮生前封“武乡侯”，死后谥号“忠武”，合称“忠武侯”，简称“武侯”。诸葛亮谥号“忠武”，准确地褒扬了他“危身奉上”“克定祸乱”的品德和历史功绩，是为“上谥”。

小资料：

谥号

古代帝王、皇后以及诸侯大臣等社会地位高的人物去世后，朝廷会依据其生平事迹与品德修养，评定褒贬，给出一个具有评价意义的称号，用来高度概括他的生平，这就是谥号。谥号是依照《逸周书谥法解》来选取相应的词（《逸周书》，先秦史籍，本名《周书》，隋唐以后亦称《汲冢周书》）。谥号分为上谥、中谥、下谥等，如：

---

① 八陈图，书名，言兵法兵阵事，诸葛亮著。《三国志·诸葛亮传》记载：亮“推演兵法，作八陈图，咸得其要。”陈，义项之一为“战阵，行列”。故诸葛亮“八陈图”今人多写为“八阵图”。

“经纬天地曰文”“克定祸乱曰武”为上谥，“在国遭忧曰愍”“慈仁短折曰怀”为中谥，“好内远礼曰炀”“杀戮无辜曰厉”为下谥。

谥法从先秦就开始流传使用。秦始皇统一中国后，认为谥号是“子议父、臣议君”，故而废除谥法。谥法虽被秦始皇废除了，但后世仍继续沿用下来。帝王的谥号一般由礼官议上，臣子的谥号由朝廷赐予，一般文人学士或隐士的谥号，则由其亲友、门生或故吏所加，称为私谥，与朝廷颁赐的不同。

在“忠武”的基础上，后世又有多次追封：晋代封其为“武兴王”，唐代改封为“武灵王”，宋代加封为“威烈武灵仁济王”，元代追加改封为“威烈忠武显灵仁济王”。难能可贵的是，三国人物中仅有诸葛亮一人享此隆遇。这种配祀和追封，固然有历代统治者现实政治的需要，显然也是由于诸葛亮自身有良好的历史影响而赢得的。

中国是礼仪之邦，平辈之间直呼他人的姓或名都是不礼貌、不尊敬的行为，对尊者、长者更不可以，只能称字、称号、称职务。而后世称呼当时人，常将爵位与谥号结合以示尊敬。诸葛亮的封爵和谥号都带“武”和“侯”字，人们为了表示敬仰，尊称他为“武侯”，所以纪念他的祠堂一般都称为“武侯祠”。历史上到底有过多少武侯祠，已无从考究，仅据史籍记载，山东、湖北、湖南、河南、四川、云南、贵州、浙江、陕西、甘肃等省在历史上都曾兴建过武侯祠，其中以四川、云南、贵州三省修建的武侯祠最多。蜀国腹地四川省，清代有武侯祠40座，分布在20多个市、县；仅成都一地，历史上就先后有过8座武侯祠。被他征伐过的云南一省，明代有武侯祠28座，清代有34座，分布在32个市、县。贵州省清代有武侯祠18座。现在，全国保存下来的较大规模的武侯祠还有十几座。这些祠庙都有着丰富的文化内涵，其中四川成都武侯祠、陕西勉县武侯墓、湖北襄阳古隆中武侯祠、河南南阳武侯祠都是全国重点文物保护单位。明清时期，山东临沂境内既有官方建设的纪念诸葛亮的祠庙，也有诸葛族人建设的家族祭祀祠庙。浙江兰溪市的诸葛镇，有三千多诸葛子孙聚居于此，是全国最大的诸葛后裔聚居地，明代即建有大公堂和武侯祠，至今保存完好。诸葛亮从未涉足过的广东、台湾等地甚至缅甸、韩国等国，也建有武侯祠或诸葛庙。

与祭祀活动相映衬的，是有关诸葛亮的民间传说逐渐盛行。

《晋书·五行志》记载，诸葛亮去世前一年，江阳到江州一带有鸟从江南飞渡江北，坠水而死的有上千只，民间认为这是孔明身死五丈原的预兆。南朝刘敬叔撰《异苑》记载，蜀郡临邛县有一口火井，汉室兴盛时火焰旺盛，到后汉桓、灵之际，国运渐衰，火势也渐微。后来诸葛亮到这个地方看过一眼，火势立即恢复了旺盛。诸葛亮死后，这口火井随之渐弱。到蜀汉灭亡的那一年，人们把火投进去，火井反而灭了。

在大量民间传说中，诸葛亮都是智慧的化身，他能预知数百上千年后的事，比如隋唐时期流行在滇、黔一带的故事，说诸葛亮预知隋朝大将史万岁远征云南的事。《蜀古迹记》中记载了诸葛亮准确预见了800年后北宋曹彬入蜀欲毁武侯祠等离奇传说。《蜀破镜》中记载诸葛亮竟能预知明末清初张献忠拆毁成都东门锁江桥塔而后殒命。这些传说折射出一种心理倾向，表现出历代百姓对诸葛亮的尊重和神往。

大名永垂　颂唱不衰

诸葛亮之所以能赢得朝野咸敬、古今同钦、中外共研、颂唱不衰，因为他是一个德才兼备、功业显著、鞠躬尽瘁的理想“完人”。

他以卓越的智慧和能力影响了历史的进程。诸葛亮在隆中躬耕自食之时，汉室衰微，军阀混战，曹操“拥有百万之众，挟天子以令诸侯”，孙权“据有江东，已历三世，国险而民附”，刘表“地方数千里，带甲十余万”，而戎马半生的刘备，所部只有数千士兵，且尺土皆无。他以洞观潮流的深邃远见，为刘备分析天下大势，勾画了政治蓝图，确立了战略步骤，使刘备集团迅速摆脱了困境，崛起成为一支独立的政治力量。他以卓越的智慧和能力，东修联盟，南抚夷越，西和诸戎，井然治蜀，形成了与孙、曹相抗衡的鼎立局面。他为实现“兴复汉室”的蓝图五次主动伐魏，虽然总体上未取得多大进展，“兴复汉室”战略规划最终也随着他的去世而停滞，但历史发展的轨迹却是基本上沿着他的战略思路进行的。他的主观努力在客观上推动了中国历史发展的进程，即由混乱走向局部的统一，为大统一奠定了基础。

他的智慧、才能和功业建立在“德”的基础上。封建社会最重要的品德就是正统观念与忠君思想。正统观念，长期以来是封建社会中官民衡量人物道德品质的重要尺度，是封建气节的重要内容。这一方面，诸葛亮是做得最为自觉的。他有超常的才能，更有忠于汉室、立志恢复汉室的理想信念。所以，当尘世纷乱、群雄争霸的时候，他未选“国险而民附，贤能为之用”的孙权，也未选“拥百万之众，挟天子而令诸侯”的曹操，更未选与其叔父有旧交而且“地方数千里，带甲十余万”的皇亲刘表。他认定了“帝胄”刘备能有一番作为，辅佐刘备能实现他“兴复汉室”的抱负。因而在刘备“三顾”后，他和盘托出了自己深思熟虑的战略构想，并忠心辅佐刘备父子两代，为之奋斗终身。封建社会中，老百姓最看重的官德是“公正清廉”，诸葛亮在这方面更是堪为楷模。刘禅继位后，诸葛亮“夙夜忧叹，恐托付不效，以伤先帝之明”，虽巨细政事都由他决断，但专权而不失礼，既无篡位之意，又无谋财之心。病重时，他自表后主刘禅，比较详细地公开了自己的家庭经济状况并做了安排，在中国历史上这样做是空前绝后的。临终之时，遗命安葬在汉中定军山而不归葬成都，要求“因山为坟，冢足容棺，殓以时服，不须器物”。在他的表率和影响下，蜀国官员大多廉洁，蜀国社会“吏不容奸，人怀自励，道不拾遗，强不侵弱，风化肃然”（陈寿评语）。诸葛亮的能力和功业并非无人可比，但他以德立身以德立业却少有人能达到。南宋大学者朱熹说：“论三代而下，以义为之，只有一个诸葛孔明。”南宋大儒戴溪也认为：“有仁人君子之心者，未必有英雄豪杰之才；有英雄豪杰之才者，未必有忠臣义士之节；三者，世人之所难全也。全之者，其惟诸葛亮乎！宜其擅美当年，仰高后代，古今一词，称为王佐之才而不可加也。”①

中国传统的道德审美评价，需要一个真实的完人形象作为典型。诸葛亮有洞观潮流的远见卓识，鼎立一方的显著政绩，鞠躬尽瘁的崇高精神，清正廉洁的高尚品格，以严教子的良好家风，具备了一个完人形象的基础。不论是帝王、士大夫还是人民群众，都能从他身上找到所佩服的光辉点。所以，当社会矛盾相对缓和时，他是平民理想的执法公允、清廉纯正的清官典范，是统治者理想的忠君勤政、克己奉公的循吏楷模，是士大夫理想的君臣鱼水、王佐帝师的标杆；当民族矛盾上升为社会主要矛盾的时候，他“知其不可为而为之”的悲壮形象，是平民期盼的运筹帷幄、扭转乾坤的英雄，是帝王期望的出将入相、安邦定国的砥柱，是士大夫们赖以慷慨赴敌、死而后已的精神支柱。因此，诸葛亮能长期以来作为一个“完人”的典型矗立着。千百年来，尽管每代都有史学者中肯地指出了他的不足及失误，甚至有人对他的能力、人品全盘否定，但多数人对他功业中不尽如人意的地方避而不谈，或通过美化、道化乃至神化的手段，使他的形象更加完美和高大。这，正说明了他是世人敬重尊崇的人物，是人们心目中理想的“完人”。

① 诸葛羲、诸葛倬：《诸葛孔明全集》，中国书店出版社，1986年版。

祠庙崇祀　千秋敬仰

诸葛亮一生功勋卓著，生前被封为“武乡侯”，死后被追谥为“忠武”。自从刘禅诏令在定军山下为诸葛亮建立第一座武侯祠开始，千百年来，全国各地的人们自发为他修祠建庙。这些纪念诸葛亮的祠庙多数称为“武侯祠”，少数有称“孔明庙”“丞相祠”“诸葛亮庙”等。

随着时代的变迁，清代以前建造的武侯祠多数已消失了。全国现存具有一定规模的武侯祠大约不超过20座，其中襄阳古隆中武侯祠、南阳卧龙岗武侯祠、成都武侯祠、奉节白帝城武侯祠、保山武侯祠、祁山堡武侯祠、五丈原诸葛亮庙、勉县武侯祠和兰溪诸葛八卦村丞相祠最具有代表性。

从地域分布上看，这九座纪念性祠庙都分布在诸葛亮活动过或影响深远的地域。

南阳是汉末诸葛亮隐居躬耕所在郡，卧龙岗武侯祠始自黄权驻兵南阳之时；隆中是诸葛亮青少年隐居蛰伏、躬耕苦读之地，汉末隆中隶属南阳郡之邓县，故而有湖北襄阳隆中武侯祠；诸葛亮辅佐刘备定都成都，在成都施政治国、开济两朝，成都武侯祠的规模和影响在全国屈指可数；刘备伐吴兵败，忧郁成疾，临终前召诸葛亮等在永安宫托孤，位于瞿塘峡口的奉节白帝城武侯祠记录了这一段为世人称颂的历史；诸葛亮用“攻心”战术平复南中叛乱，对南中地区的影响历史上无人能比，诸葛亮足迹并及滇西，现存的保山武侯祠是少数民族地区对诸葛亮尊敬爱戴的见证；甘肃祁山堡武侯祠是诸葛亮八年北伐悲壮人生一个闪光的标志点；诸葛亮矢志北伐，鞠躬尽瘁，病逝于五丈原军中，五丈原是丞相星陨之地；诸葛亮薄葬于陕西勉县定军山下，三十年后，后主刘禅下诏，在武侯墓旁建立了第一座武侯祠；诸葛八卦村丞相祠是浙南金华一带诸葛氏的宗祠。

朝代更迭，战乱频仍，各地建筑、民生都在战争动乱中遭到了空前的破坏。各地武侯祠也未能幸免，基本被损毁殆尽。现存武侯祠基本都重建于明清时期，其格局的确定也大致在这一时期。如成都武侯祠重建于康熙十一年（1672），卧龙岗武侯祠重建于清康熙五十年（1711），隆中武侯祠重建于清康熙五十九年（1720），勉县武侯祠重建于清嘉庆二十年（1815），五丈原诸葛亮庙重建于清光绪四年至十年（1878—1884），白帝城武侯祠与保山武侯祠的主要建筑亦是清代重建。诸葛八卦村丞相祠始建于明代万历年间，是迄今保存最为完整的诸葛亮纪念祠堂。

清代统治者非常尊崇汉文化，正视汉民风俗，以挽揽百姓尤其是士子们的向心力。诸葛亮忠贞不二，辅佐刘备成就帝业，正是儒家文化中君臣观念、忠义思想的最好诠释。因此，清代成为全国各地武侯祠大发展、大繁荣的时期。

每座武侯祠都在正殿塑有诸葛亮像，多数诸葛亮像两旁有其子诸葛瞻其孙诸葛尚陪祀，以体现诸葛亮祖孙三代忠贞辅汉的精神。虽同样是纪念诸葛亮的祠庙，不同武侯祠又有不同的特点。隆中武侯祠、南阳武侯祠多围绕诸葛亮青少年时期的学习生活及刘备、诸葛亮风云际会的历史内容而建，祠内有躬耕亭、抱膝石、茅庐、三顾堂等建筑。白帝城武侯祠主体建筑有明良殿和武侯祠，着重突出了刘备病重托孤于诸葛亮的历史事件。保山地处边陲，蜀汉时属于南中地区，因而保山武侯祠以忠于蜀汉、抵制南中叛乱、保境安民的功臣吕凯和王伉陪祀。勉县武侯祠、祁山武侯祠和五丈原诸葛亮庙，则更多地体现诸葛亮治蜀特别是北伐时期的主要功业。如五丈原诸葛亮庙正殿诸葛亮坐像两侧有王平、关兴、张苞、廖化侍立，东西耳房中分塑杨仪、姜维像；又如勉县武侯祠诸葛亮像两旁站立关兴、张苞，东西厢房所塑文臣武将也多数是参与了北伐的重要军政要员，琴楼的设计来源于诸葛亮设空城计弹琴退仲达的故事。以上八座武侯祠虽在文化内涵上各具特色，但它们都是诸葛亮专祠，诸葛亮是其最重要的主角，所有的文化内容均是围绕他展开。而成都武侯祠是纪念刘备、诸葛亮的君臣合庙，这在全国独一无二。

诸葛亮故里沂南县，于2005年在卧龙山东麓的卧龙源风景区内创建了诸葛宗祠。宗祠建筑面积3600平方米，是一处以纪念诸葛亮为主兼及诸葛亮先人和后人的汉式四合院建筑。宗祠大门两侧分别镶嵌“忠”“武”两字，刻石高2米，宽1.6米，为武侯祠石刻文字之最。宗祠正面大殿为“全人堂”，主祀诸葛亮，东侧“本源堂”奉祀诸葛氏始祖和诸葛亮的父辈，西侧“冠盖堂”，奉祀诸葛亮的同辈。西偏殿为“萃华堂”，四堂内有十二尊塑像，十一尊浮雕像，十八尊绣像，主要展示诸葛亮的子孙辈及诸葛家族中一些杰出人物。诸葛宗祠是诸葛宗族后人认祖归宗、凭吊祖先、宗族聚会的场所。

附文1：

武乡侯之武乡

包含蜀汉在内的三国均承东汉之制，侯爵有县侯、乡侯、亭侯、关内侯等。其中，乡侯、亭侯封号中明确有“乡”“亭”字样，例如夏侯惇为“高安乡侯”，程昱为“安国乡侯”，关羽为“汉寿亭侯”，赵云为“永昌亭侯”。而县侯封号中却没有“县”字，例如曹仁为“陈侯”，钟繇为“定陵侯”。

如果县侯的封地恰恰是个叫“X乡县”的县，就很容易混淆。例如诸葛亮的“武乡侯”就容易引起歧义。清代以前，就有人以陕西汉中有地名“武乡”而认定为诸葛亮是“乡级侯”。

清代学者卢弼在《三国志集解》中已经注意到这一问题。他在《三国志集解·诸葛亮传》“武乡侯”下“注”引多条资料，以论证诸葛亮是“县级侯”：

> 《十道记》以南郑之武乡谷为诸葛武侯受封地。眉按：诸葛功在魏延上，延尚封南郑邑侯，不应诸葛仅封南郑之乡侯。考武乡乃县名，前汉属琅邪郡，中兴省（省：废置）。至建安中，严干已封武乡侯，可知武乡虽省改于中兴，而实复置于汉末矣。三国时封爵之制，皆以本郡邑为封土，如魏张郃鄚人，封鄚侯；徐晃杨人，封杨侯；吴文钦谯郡人，封谯侯（注：文钦是魏臣，叛逃吴，这里指的是到吴之后的情况）；濮阳兴，陈留人，封外黄侯。时谯郡、陈留不属吴，亦遥领之。诸葛琅邪郡人，因以琅邪之武乡封之。犹张桓侯涿郡人，封西乡侯。西乡，涿郡县名。皆邑侯，非乡侯也。潘说极是。

卢弼的结论认为诸葛亮之“武乡侯”应为县侯，理由是：东汉三国时期的“武乡县”为琅琊郡治下之县，“武乡”位于汉中郡南郑县，而魏延在建兴八年封“南郑侯”。魏延既已得封县侯，作为魏延顶头上司的诸葛亮反而是乡侯，而且其封地又在魏延的封地之内，这无论如何是说不过去的。因此，“武乡侯”是乡侯的可能性可以排除，结论只能是县侯。

卢弼的观点很有见地，但还可以补充两点：

一、东汉三国时期，在封侯时常有以受封者的籍贯地为封地的做法，这当然是一种带有荣誉性的做法，能以籍贯地为封地的受封者，其地位较一般的受封者为高。但这里的籍贯地仅到郡一级为止，亦即“同郡异县”。除了卢弼列举的以籍贯封侯的文臣武将外，蜀汉所封的县侯虽然数量极少，但也多为此类。例如，吴壹是陈留郡人，封“济阳侯”（陈留郡济阳县），姜维是天水郡冀县人，封“平襄侯”（天水郡平襄县），马岱是扶风郡茂陵县人，封“陈仓侯”（扶风郡陈仓县）。诸葛亮是琅邪郡阳都县人，封“武乡侯”（琅邪郡武乡县），正符合这一惯例。

二、蜀汉虽然实际管辖的地方极小，但其以东汉王朝的继承者自居，仍将全国郡县视为其版图。因此，其王、侯的封地经常在其实际管辖范围之外。例如后主之子刘谌，封北地王，而北地郡位于凉州，时属魏国，上述吴壹“济阳侯”的济阳县、姜维“平襄侯”的平襄县、马岱“陈仓侯”的陈仓县，也都是在魏国境内。因此，诸葛亮“武乡侯”的封地武乡县远在山东琅邪，亦不足为怪。

关于琅邪有武乡县一事，《汉书·地理志》记载得很清楚：“琅邪郡……县五十一……武乡，侯国。莽曰顺理。”卢弼考证得更细致：“武乡乃县名，前汉属琅邪郡，中兴省。至建安中，严干已封武乡侯，可知武乡县虽省改于中兴，而实复置于汉末矣。”历史上持“武乡”在汉中说的人，也许忽视了汉代琅邪有个武乡县的历史，或者仅据《汉书》认为东汉已没有“武乡县”了，而不知建安年间“严干已封武乡侯”之事，可以证明武乡县“复置于汉末矣”。

现在也有人说，历史上汉中一带也有“武乡县”，诸葛亮的县级“武乡侯”就源于“武乡县”。持这一观点的人忽视了一个历史知识：“武乡县”是延昌元年（512）分南郑北部新置的一个县，因为此地有“武乡谷”而定名“武乡县”。

显然，汉中地区的“武乡”或“武乡谷”，都是因为诸葛亮以武乡侯的身份长期驻扎在汉中而形成的。如果是认为因为汉中有武乡，诸葛亮才被封为武乡侯，那就是本末倒置了。

更要明晰的是，诸葛亮封武乡侯的时候，还坐镇成都，没有到达汉中。即便假设当时汉中恰巧有地名叫“武乡”或“武乡谷”，诸葛亮封侯时怎么会置故乡琅琊的“武乡县”于不顾，而以没有知名度的县以下地名定侯名为“武乡侯”呢？

附文2：

诸葛亮与“龙盘虎踞”

南京是中国四大古都之一，有“六朝古都”“十朝都会”之誉，在“风水”上有“龙盘虎踞”之说。

关于“龙盘虎踞”之说的来历，晋人张勃《吴录》记载说源自诸葛亮：“刘备曾使诸葛亮至京，因睹秣陵山阜，叹曰：‘钟山龙盘，石头虎踞，此帝王之宅。’”

周振甫《毛泽东诗词欣赏》（上海书店，1993年版），对七律《人民解放军占领南京》中的“虎踞龙盘”，就引用了晋人张勃之说，做出如下解释：“三国时诸葛亮看到吴国都城建康（今南京市南）的地势，曾说：‘钟山龙盘，石头虎踞，此帝王之宅。’”

周振甫解释中的“吴国都城建康”，表述不严谨：此地汉代名为秣陵；孙权时改为建业；晋武帝司马炎为避续前朝“业”之嫌，改为建邺；司马邺即皇帝位后，为避皇帝的名讳，更名建康。

驻马坡在清凉山东麓乌龙潭公园内，此处立有刘海粟题写的“驻马坡”刻石。东大门外建有“武侯驻马浮雕”，全图长约70米，高4米。画面用麦芽绿青石雕刻而成，再现了诸葛亮和孙权驻马观察金陵山川形胜的历史典故。

尽管《三国志》没有记载诸葛亮曾受刘备派遣到过建康一事，但晋人张勃距离诸葛亮时代的时间还不久远，《吴录》所记大概是可信的。

驻马坡还有武侯祠、驻马亭、诸葛饮马处等。清薛桑根于此建武侯祠，江宁知府赵公任在祠右立一石碑，上刻“诸葛武侯驻马处”。

驻马坡浮雕墙

附文3：

台湾南投县启示玄机院孔明庙

启示玄机院孔明庙简称孔明庙，位于台湾中部的南投县鱼池乡，创建于清光绪二十七年（1901），初名“明德堂”，奉祀道教的玉清、上清、太清三位天尊。民国十一年（1922），改以诸葛亮为主祀，并祀北极玄天上帝、关公等神。庙宇主体大殿为一楼一底重檐仿古式建筑。殿前有平台，曰“卧龙台”，塑有刘、关、张三顾诸葛亮的雕塑。殿右建有卧龙亭，内有身着八卦道袍的诸葛亮彩塑雕像，像高10米。

启示玄机院孔明庙

每年农历七月二十三日诸葛孔明圣诞，孔明庙举行庙会祭典，信徒众多，活动时间自七月二十一日至二十三日。

附文4：

韩国首尔卧龙庙

卧龙庙重修纪念碑

诸葛亮的形象进入韩国的时间非常早，从现存的资料看，大概是在公元6世纪的高句丽政权时期。高句丽是东北亚地区的一个强大帝国，范围涵盖了如今我国东北的部分地区和朝鲜半岛北部，从公元1世纪建国到7世纪灭亡，历时七百多年。高句丽的国君重视教育，在全境普及的教育机构中，中国经典古籍就成了官方的指定教材。据《中国高句丽史》中的记载可以得知，在高句丽作为教材的中国经典古籍当中，就包含有《三国志》和《昭明文选》（其中收录了诸葛亮《出师表》）两部著作。宋朝元祐三年（1088），高丽王朝大臣李齐贤奉王命前往峨眉山祭香，并参拜了成都武侯祠。朝鲜王朝（1392—1910）壬辰倭乱时，第14代君主宣祖李昖（1567—1608年在位）曾把平安道永柔作为暂居地，为了消除国难，祈求能有像诸葛亮这样的人物出现，在永柔卧龙山上建了武侯祠。之后，历代的国王都派官员前去卧龙山致祭。第18代君主显宗李棩（1659—1674年在位）期间，儒士们为了赞扬诸葛亮，在京畿南阳（俗称卧龙岗）上建了龙柏祠。随着诸葛亮影响的扩大，又建起了汉城（今首尔）木觅山卧龙庙。

木觅山卧龙庙内建有本殿和檀君圣殿、三圣阁、帝释殿、药师殿、文臣阁等。

卧龙庙本殿主祀诸葛亮，陪祀关羽。诸葛亮头戴白色卧龙冠，身着淡绿色长袍，右手持羽扇，左手放在膝盖上面，神像高2.5米左右。神像两边分别放着文房四宝、《诸葛武侯全书》和弦琴。

木觅山卧龙庙

第四章

一代人杰

诸葛亮家族中，不仅诸葛亮名动一时并功垂千秋，其兄诸葛瑾、族弟诸葛诞也是各有千秋，青史留名。

东汉时期，琅邪郡隶属于徐州刺史部。在军阀混战激烈进行之际，徐州牧陶谦志在保地安民，徐州地区相对比较安宁。这时曹操占据青州（治所在今山东金乡县西北），成为割据一方的强大势力。曹操觊觎徐州已久，便借老父曹嵩被陶谦部将劫财杀死的事件，于初平四年（193）秋、兴平元年（194）夏，两次兵进徐州讨伐陶谦，兵祸及于阳都。因社会动荡，战乱频仍，阳都诸葛家族子弟开始了第一次异乡求生之路。诸葛瑾兄弟及族弟诸葛诞也因此相继走出家门，后来分属三国，各为其主，各放异彩，皆成为青史留名的一代人杰。

弘缓雍雅诸葛瑾

诸葛瑾字子瑜，是诸葛珪的长子，生于公元174年。他年少时母亲病故，约15岁时，父亲也病故了。两个弟弟和两个尚未出嫁的妹妹全部由叔父诸葛玄抚养，诸葛瑾承担起了抚养继母的义务。仕吴后，深得孙权信赖。孙权称帝后，官至大将军，领豫州牧。

沂南县诸葛宗祠诸葛瑾塑像

避乱南下　以才仕吴

诸葛家族经学传家，诸葛瑾幼承家学，有很好的儒学基础，而且刻苦求进，十三四岁时就被父亲送到京师洛阳求学。汉献帝兴平元年（194）夏天，曹操再次攻打徐州，琅邪一带遭受战火，民不聊生，阳都也不安宁了。诸葛瑾只好携带妻女及继母离别阳都，奔赴豫章投靠叔父诸葛玄。走到曲阿（今江苏丹阳）时，他才知道叔父诸葛玄已被朱皓赶下台，去向不明，生死未知。豫章去不成了，他们只得在曲阿住下来。诸葛瑾经学根基牢固而且待人诚恳忠厚，在曲阿很快结识了一批到江东避乱的学子，其中与张承、步骘等人特别友好，结为知己。在吴中一带，诸葛瑾与张承、步骘等人并有盛名，被誉为当世英杰。

小资料：

张承·步骘

张承（178—244），字仲嗣。徐州彭城县（今江苏徐州）人。三国时孙吴大臣，辅吴将军张昭长子，其妻为诸葛瑾之女。张承年少时以才学知名，与诸葛瑾、步骘、严畯交好。历任骠骑将军西曹掾、长沙西部都尉等职，后任濡须都督、奋威将军，封都乡侯，故又称张奋威。赤乌七年（244）卒，享年六十七岁，谥号“定”。张承为人勇壮刚毅、忠诚正直，能甄识人物，勤于提携后进之士。周昭将其与顾邵、诸葛瑾、步骘、严畯并称为“五君”。

步骘（？—247），字子山，临淮郡淮阴县（今江苏省淮安市淮阴区）人。三国时期吴国重臣。早年避难，进入江东，担任讨虏将军（孙权）主记。历任海盐县长、车骑东曹掾、徐州治中、鄱阳太守。建安十五年（210），出任使持节、征南中郎将、交州刺史。平定交州有功，加位平戎将军，册封广信侯，迁右将军、左护军，册封临湘县侯。孙权称帝后，拜骠骑将军、冀州牧、都督西陵诸军事。性情宽宏，驻守西陵二十年，深得人心。赤乌九年（246），担任丞相。

建安五年（200），继承父业割据江东的孙策遇刺身亡，19岁的孙权继承兄业。孙权虽然年轻，但他胸怀豁达，既善于团结部下，又诚意招延俊秀聘求名士，在张昭、周瑜等人的协助支持下，不仅很快稳定了内部，而且很快稳固了外部。孙权的姐夫弘咨是曲阿人，他深知诸葛瑾的才能和为人，就把诸葛瑾推荐给孙权。孙权很看重诸葛瑾，把他同鲁肃等人一起视为贵客，作为未来国家的储备人才。不久，诸葛瑾被任命为长史。长史是幕僚性质的官位，专门负责处理孙权官署的日常事务。因处理烦冗琐事圆满干练，孙权又委任他责任较重的中司马之职。吴国车骑将军的属官中，有中、左、右三司马，中司马位列左、右司马之前，由长史转中司马是一个比较大的台阶和转折。

深得信赖　稳步升迁

建安十九年（214），刘备进入成都，取代刘璋，自称“益州牧”。孙权以刘备已据有益州为由，派诸葛瑾求还江陵。刘备不从，双方陈兵相待。次年，孙权派诸葛瑾为特使入蜀，与刘备通好，再次求还江陵。诸葛瑾与诸葛亮流寓两国，虽然难得一见，但兄弟俩只是在商议国事时才相会，私下从不交往。因此，孙权更加器重诸葛瑾。

建安二十四年（219），诸葛瑾以中司马身份随大都督吕蒙讨伐关羽，以军功被封为宣城侯（县侯）。吕蒙死后，诸葛瑾以绥南将军身份接任吕蒙的南郡太守。

魏黄初二年（221），曹丕封孙权为吴王。当年，刘备为替关羽报仇而举兵伐吴，吴王孙权遣使求和。诸葛瑾也写信给刘备，劝刘备从吴蜀联盟共同抗曹的利益出发，不计私仇，进行和解（原文直译）：

> 陡然听说您的大军从白帝城开发，有人担心您的议事大臣会认为吴王侵夺此州，杀害关羽，怨深祸大，不当答应和解，这种思想认识只是从小处用心，没有从大局考虑。我试为陛下分析此事的轻重大小。陛下如能抑制威势，消减愤怒，姑且审查一下我的意见，主意就可立即确定，不需再咨询各位大臣。陛下同关羽之亲能比得上同汉朝先皇之亲吗？荆州的大小能比得上整个国家吗？对曹操和孙权都应仇恨，谁应放在第一位？如果审察权衡这些，做出决定就易如反掌。

刘备拒不接受吴王主动提出的和议，也不听诸葛瑾的劝说，执意伐吴。双方交战，诸葛瑾以绥南将军领南郡太守的身份，领军配合大都督陆逊，在夷陵（在今湖北宜昌东南）大败刘备。

夷陵之战后，诸葛瑾以军功升为左将军，督公安，假节，封宛陵侯。三国时，左将军位列第三品，有属官。从此，诸葛瑾开始独立领军。这时，孙权虽已接受魏国的吴王封号和曹丕赐给的九锡，对外假托归服曹魏，但并非真心。魏文帝曹丕对孙权的心态也看得很清楚，便遣使到东吴与之立誓结盟，并征召孙权的儿子到魏国做人质。曹丕的这一要求遭到了孙权的拒绝，于是两国翻脸，魏国调兵遣将大举伐吴，东吴南郡、江陵同时吃紧。诸葛瑾先是奉命与潘璋等救南郡，后又解江陵之围。诸葛瑾赶到江陵后，与魏将夏侯尚隔江对峙。诸葛瑾先是遭夏侯尚突袭而失利，后率军进攻魏军浮桥，致使魏军慌乱不堪。对这一解围之战，裴松之引《吴书》记载："（诸葛瑾）虽无大勋，亦以全师保境为功。"

吴黄武五年（226），魏帝曹丕去世。孙权闻得消息，由两路出兵伐魏，欲全得江夏地盘。孙权亲率一路进攻江夏，另一路由诸葛瑾率领进攻襄阳。孙权一路遭遇魏军顽强抵抗，先行败退而归。魏明帝曹叡又命司马懿进攻诸葛瑾，诸葛瑾一路亦失利，只好引军而还。

黄武八年（229）四月，孙权称帝，改元黄龙，国号吴。诸葛瑾被任命为大将军、左都护，领豫州牧。至此，诸葛瑾已成为吴国的重要将领了。

嘉禾三年（234），诸葛亮第五次北伐，孙权应诸葛亮之约分兵三路由东线伐魏。孙权亲率主力围攻合肥新城，遣陆逊与诸葛瑾再攻襄阳。孙权原以为魏国会全力以赴对付西线的蜀军，没料到曹叡率领魏军主力前来迎战，又加吴军中疾病流行，曹叡主力未到，孙权便先行撤军了。随后，孙绍一路也撤回了。三路伐魏之军，两路不战而退，魏军士气倍增。陆逊与诸葛瑾一路兵屯两处，力量分散，形势十分严峻。陆逊沉着谋划退军策略，两处屯军相互配合，不但将军队安全撤回，而且在退却途中斩获魏军千余人。

赤乌四年（241）四月，吴军分四路伐魏。其中诸葛瑾奉命与步骘攻取柤中（今湖北襄阳市境内），已晋升为威北将军的诸葛恪攻六安，车骑将军朱然围樊城。魏国告急，魏国太傅司马懿请缨亲自南征。朱然得知司马懿督兵南征，急速撤退。诸葛瑾与步骘闻讯，遂于六月撤退返回。闰六月，诸葛瑾病逝于军中，时年68岁。

谨慎稳健　全身而终

诸葛瑾由一介书生出仕，在吴国先任职长史，继为中司马，涉足军事。他先后率军参加重大战役六七次，但都无一全胜，有两次是勉强安全撤退，还有两次则是不折不扣的败仗。按理说，以这样的战绩不被追责治罪就很不错了，但他不但安然无恙，而且还屡屡升迁，直至进入东吴军队的最高层。当时大司马吕范已死，东吴军队中只有上大将军、右都护陆逊的地位在他之上。可以说，在重武轻文的东吴政权里，诸葛瑾是除了孙权之外排名数一数二的人物。

诸葛瑾稳健升迁，既有客观因素，又有自身因素。

孙权接手东吴时，政权的主体有两部分人。一是以周瑜为代表的孙坚和孙策的旧部将领。二是以张昭为代表的从北方流亡到吴地的士人。在孙吴政权逐渐本土化的过程中，以顾雍、陆逊为代表的江东士族逐渐登上政治舞台，先后成为当轴主政人物。后来，以周瑜为代表的旧部将领逐步出局；流亡北士的代表张昭虽然是两朝元老、名满天下，而最终失去在东吴的谋主地位，郁郁而退；而流亡北士的另一个代表诸葛瑾则一直稳步晋升，全身而终，并且孙权爱屋及乌，对诸葛瑾之子诸葛恪喜爱有加，刻意培养，甄拔重用。在三股势力的角逐及平衡中，诸葛瑾为什么能被孙权倚重并顺利晋升，成为全身而终者呢？

一是良好的机遇。孙权需要培植以流亡北士为代表的外部势力，打破父兄旧部和江东士族左右天下的局面。张昭是汉末彭城（今江苏徐州市）人，中原动乱时南渡到了扬州，受到孙策的重用，为孙策打平江东做出了很大贡献，因此张昭在孙策心中的地位犹如齐桓公心中的管仲。孙策临终前嘱咐张昭说："若仲谋不任事者，君便自取之。正复不克捷，缓步西归，亦无所虑。"①孙权接管江东时年仅19岁，面对战功赫赫的父兄旧部军人集团、盘根错节的江东士族土著集团和功勋卓著而且常正色谏争的托孤重臣张昭，为长久计，便暗暗地笼络培植自己的政治势力。寄人篱下而毫无根基但不可忽视的流亡北士势力，便成为孙权的首选。诸葛瑾、步骘等一批青年士人就是这一机遇的受益者。诸葛瑾既德行纯正，办事稳健，与孙权又几乎是同龄，自然成为流亡北士中的最大受益者。后来，孙权特别青睐诸葛瑾之子诸葛恪，不仅是爱屋及乌，更是寄予着对新生代的期望，期望他将来成为辅佐新主的中坚力量。从当时情况看，在孙吴侨寓家族中，诸葛氏的门望仅次于彭城张昭家族。

二是深谙君臣之道。《三国志·孙权传》记载："（孙权）性多嫌忌，果于杀戮。"张昭虽然对孙策所托忠心耿耿，但对孙权的一些做法，要么正色不言以示不满，要么变色谏争直言逆旨，甚至到了被"土塞其门""火烧其门"的地步，因此给孙权种下了"此公性刚，所言不从，怨咎将兴"的印象，对他由敬而远之到弃之不用。

小资料：

土塞与火烧

《三国志·张昭传》记载：公孙渊在辽东反魏，向孙吴称臣以为外应，张昭认为公孙渊必败，反对孙吴对公孙渊的支持，孙权不听张昭的劝阻。结果公孙渊出卖东吴，杀了孙吴派到辽东去的使者。张昭因此退居不朝，孙权盛怒下，命令用土封住张昭的家门，来表示不必出门了。张昭也用土从门内将门堵住，以表示永远不出门了。孙权虽然后悔自己的做法，但又不愿道歉示弱，便下令用火烧张昭的家门，

①《三国志》卷五十二《吴书七·张昭》裴"注"引《吴历》。按：对于孙策临终遗言中"正复不克捷，缓步西归，亦无所虑"句的本意，史学界有争议。一种理解为："假如江东内部政治不顺利，那么就慢慢地向西撤退，回到他们原先的地方（淮汜），这样就没什么危险了。"另一种理解为："假如战事不顺利，那么就慢慢地、从容地归顺曹操所把持的朝廷，也不必有什么顾虑。"张昭在赤壁之战时主降的原因，也许是源于此。

以此逼张昭出门。但张昭仍居家不出，孙权只好又下令将火扑熄。最后孙权在张昭家门前久站不去，张昭才在儿子的搀扶下，出门与孙权和解。

而诸葛瑾既能为大局及时陈明自己的意见，又能顾及孙权的面子，非常注意把握时机和分寸。即使劝谏，也从不只为明心迹而不计结果。例如：吴郡太守朱治受孙策遗命与张昭等共同辅佐孙权，孙权对他有怨恨的地方，只是因对他很敬重，难于启齿责备他，故而心内愤怨无法排解。诸葛瑾揣摩透了孙权的心思，又怕直接说出来使孙权难堪，就以阐述自己对事物常理的看法为由，写成文章请孙权指教，委婉地分析孙权的内心活动。孙权看后解开了思想疙瘩，高兴地赞扬诸葛瑾有“颜氏之德，使人加亲”。诸葛瑾谨慎处事、不慕虚名，深得孙权赏识。

三是平衡关系的能力。诸葛瑾不仅与吴主孙权的关系良好，和其他皇室成员的关系也很密切。《三国志·孙皎传》中就提到：“（孙皎）轻财能施，善于交结，与诸葛瑾至厚。”这些关系，为诸葛瑾地位的稳固打下了良好的基础。诸葛瑾同吴国草创时期的主要势力关系也很和谐。他未出仕时，就与张昭之子张承相友善，后来经孙权撮合又和张昭结成了儿女亲家。张昭和鲁肃都是吴国早期的重臣，二人的关系有一定隔阂，而诸葛瑾同他们都能和睦相处。诸葛瑾与江东士族关系也很融洽，在很多政治观点上，与陆逊等江东大族是一致的。在同事之中，诸葛瑾也受到敬重，例如虞翻因为狂放直率而被流放，别人没有为他求情的，只有诸葛瑾多次为他说情。因为这件事，虞翻给他亲近的人写信，赞扬诸葛瑾敦厚仁慈，有悯天怜人之心。

四是特殊的纽带作用。蜀吴关系唇齿相依，互为依存。诸葛亮是蜀汉重臣，举足轻重。孙权把诸葛瑾放在一个比较重要的位置上，以作为协调沟通的纽带，也是理所当然的。虽然没有诸葛瑾也会有孙刘联盟，但可以说，有了诸葛瑾就有了更便利的协调沟通渠道。诸葛瑾成为协调沟通的不二人选，也为他自身地位的巩固提供了一个特殊条件。诸葛瑾由于有诸葛亮的这层关系而获益，但也因这层关系带来了一定的麻烦。如：建安二十年（215），孙权遣诸葛瑾使蜀通好刘备，诸葛瑾与其弟诸葛亮只得“俱公会相见，退无私面”。又如：多次有人向孙权谗言诸葛瑾私通蜀国，只是由于诸葛瑾的小心谨慎，才化难于无形。

诸葛瑾能与孙权政权共始终，成为政坛上的常青树，这与他性格上的小心谨慎、官场上的左右逢源、处事的深谋远虑，都是密不可分的。

诸葛瑾最为时人和后世所称道的不是他的政绩而是德行。晋代人张勃《吴录》评价他：性格弘缓，干军事工作时还像劝谏孙权那样推演道理，制订计划，而无实际用兵战术。《吴书》评价他：才略虽不及弟弟诸葛亮，但德行尤纯。陈寿《诸葛瑾传》也评价说：诸葛瑾性格弘缓雍雅，是以德望见重于世的人物。

《三国志·诸葛瑾传》记载：诸葛瑾临终前“遗命令素棺，敛以时服，事从省约”，具体葬于何处，没有记载。北宋《太平御览》引东晋伏滔《北征记》说：“姑熟九井山北十里，有吴大将诸葛瑾墓，墓墙犹存。”今《武进县志》也记载：常州新闸连江桥下塘东半里许，大运河南50米处一土墩，占地约6亩，高约4.5米，传为三国时东吴长史诸葛瑾墓。地方志书所记位置即《北征记》所载诸葛瑾墓的位置。据有关史料记载，墓前原有左右两墩，一为印墩，一为剑墩，在明朝时已发现被盗。清道光年间，曾在墩下发现一个小玉碑，有篆文“诸葛子瑜之墓”字样。在此处，1958年、1980年先后出土汉代文物玉锁、玉猪各一，铜镜、铜瓶、陶瓷器皿等文物。

史籍记载诸葛瑾有四子一女。

长子诸葛恪，吴国后期重臣，官至太傅，后因陷于皇权之争的旋涡而遭诛杀。次子诸葛乔，过继给诸葛亮为嗣子，官至翊武将军，早逝。三子诸葛融，官至奋威将军。诸葛恪被诛后，饮药自尽。

女，无名，生于阳都。随父离家到吴地后，嫁于张承为继妻。张承是开国重臣张昭之子，中年丧妻。张昭欲为张承求诸葛瑾女为继室，张承因为比诸葛瑾仅小四岁，而且与诸葛瑾相友善，感到难为情。孙权闻知后出面撮合，成就了这门婚事。

心大志迂诸葛诞

《三国志·诸葛诞传》记载："诸葛诞字公休，琅邪阳都人，诸葛丰后也。"他的生年和入魏为官的时间，史籍无明确记载。根据旁证可推知，他是汉末"避乱"从琅邪阳都进入中原，魏文帝黄初年间（220—226）出仕。

沂南县诸葛宗祠诸葛诞塑像

时誉得失　宦海沉浮

曹嘉之《晋纪》记载："诸葛诞以气迈称，常倚柱读书。霹雳震其柱，诞自若。"这件事没有具体言其发生于何时，从中可略见诸葛诞遇险而镇静自若的心理状态。

《三国志·诸葛诞传》记载的另一件事，又显示出诸葛诞具有侠士义气的人格品质：魏黄初六年（225），曹丕训练水师准备伐吴，尚书郎诸葛诞随同尚书仆射杜畿在陶河上试船，突然遭遇风浪，船上的人全部落水。卫士游来相救，诸葛诞大呼"先救杜侯"，自己则被水卷走，后漂流到岸边，绝而复苏。还有一件事，则显示出了诸葛诞坦诚直率的性格：诸葛诞在任吏部郎期间，凡是别人向他推荐人才，他都把推荐者的评价公开出来，然后才任用被推荐之人。至于任用之人的得失，则依照众人的意见，给予褒奖或贬损。正因为如此，群僚向他推荐人才都很谨慎。

诸葛诞既有时誉，又有办事能力，升迁很快。《诸葛诞传》记载："初以尚书郎为荥阳令，入为吏部郎……累迁御史中丞、尚书。"魏晋时期设尚书省，分设五曹治事，即吏部曹（掌官员迁调）、左民曹（掌户籍、税赋）、客曹（掌属国事务以及外交事务）、五兵曹（掌军官选任与军队训练）、度支曹（掌国库）。吏部曹的主官称吏部郎，又通称为尚书郎。御史中丞是御史台长官，掌皇帝机要秘书和中央监察工作。诸葛诞由举孝廉入仕，初授为中央机关实权部门的工作人员，继而到最基层任大县的长官，再进入中央机关任中级实权官员，从所任职务和升迁轨迹看，不仅升迁速度比较快，而且都是重要的位置。

当时，京都崇尚"收名"之风，即朋友之间相互题表，互相推举，以求名播于野，引起世人的关注。诸葛诞与散骑常侍夏侯玄、尚书郎邓飏等人相友善，也都崇尚时风，互相标榜，夏侯玄等人被称为"四聪"，诸葛诞等人被称为"八达"。他们本来在朝廷就很有名气，京都人尽皆知。由于"收名"搞得过分，引起了监官和谏官的注意，报告给了魏明帝曹叡。曹叡认为这些人崇尚浮华，喜欢虚名，此风不可助长，于太和六年（232）将夏侯玄、邓飏、诸葛诞等十五人全部免官。曹芳继皇位后，已先复位的夏侯玄等人向新帝曹芳推举诸葛诞。正始年（240—249）初，诸葛诞恢复了御史中丞的职位，不久又被委任为扬州刺史，加昭武将军。从此，诸葛诞由中央机关中层文职转入地方，开始了地方要员兼武装将领的军事生涯。

忠于曹魏　因功升迁

正始十年（249）后，魏国大权已落到司马懿的儿子司马师和司马昭兄弟两人手里，司马氏篡权野心暴露无遗。忠于曹魏而又掌重兵于淮南的太尉王凌与外甥令狐愚，暗中策划废司马氏拥立的曹芳，立楚王曹彪为帝。嘉平三年（251），王凌以讨伐东吴为名上表请求发兵，又派遣杨弘劝说兖州刺史黄华共同举事。杨弘、黄华向司马氏告发了王凌的图谋，太傅司马懿率军往淮南讨伐王凌，以诸葛诞为镇东将军[①]，持节，督扬州军事。

① 魏国设立四征将军（征东、征南、征西、征北）和四镇将军（镇东、镇南、镇西、镇北）。四镇将军属第二品，位次四征将军，领兵如四征将军。在四征将军和四镇将军中，征东将军和镇东将军位置最要，地位最显。

嘉平四年（252），东吴大将军诸葛恪领兵聚众，在吴魏边境重新筑建东兴湖大堤，以遏制巢湖水患，并筑东、西二城，每城驻守千兵，以防魏国犯境毁堤。魏国认为吴国之举是侵疆行为，命胡遵与诸葛诞督军进攻东兴，意在毁坏湖堤。诸葛恪闻讯，立即率军前来救援。于是，叔侄俩在东兴开战，结果族叔诸葛诞失利。诸葛诞还师后，朝廷将诸葛诞与毌丘俭对调，诸葛诞由镇东将军调为镇南将军，统领荆、豫二州，屯驻新野。他被调为镇南将军，显然是战役失利的结果。

尽管曹芳是司马氏拥立的，但实际上是司马氏的傀儡。司马师以抚军大将军的身份辅政，独揽朝政大权，曹芳因此恨透了司马师，想除掉他。但还没有等曹芳动手，司马师就逼着皇太后废了曹芳，另立曹髦为帝。正元二年（255）正月，扬州刺史文钦和镇东将军毌丘俭，假冒太后诏书，列举司马师罪状，起兵讨伐司马师，并派使者游说诸葛诞，劝其一同举事。诸葛诞出于对曹魏的忠诚，当即斩了来使，并昭布天下，以明心迹。司马师认为诸葛诞还是可用之将，讨伐毌丘俭时便再次征调诸葛诞督豫州诸军，兵向寿春围剿叛军。毌丘俭兵败被杀，文钦投奔了吴国。这一次战役，诸葛诞首先攻下寿春，因战功卓著，又转任镇东将军、仪同三司（官名，始于东汉。含义：虽不是太尉、司徒、司空三公，但给予与三公同等的待遇）。

吴国大将孙峻、吕据、留赞等闻得魏地淮南内乱，正准备有所行动，适逢文钦投奔吴国求援，便率众与文钦奔袭寿春。这时，诸葛诞已攻下寿春，吴军见城不可攻便挥军回撤。诸葛诞遣将军蒋班追击吴军，斩杀了留赞。诸葛诞因军功晋升为征东大将军，封高平侯，食邑三千五百户。魏制，征东将军资深者为大将军，称征东大将军意味着属一品武官，位在三公之上，仅次于大司马。

驻守寿春　拒城自保

当时，司马师已死，司马昭彻底控制了曹魏政权。司马昭清楚地知道，诸葛诞是忠于曹魏的。但他还认为，诸葛、司马两家有联姻关系（诸葛诞的女儿嫁给了司马师和司马昭的同父异母弟司马伷），要取代曹魏就不可忽视诸葛诞。因此，司马昭对诸葛诞既有防范又有笼络。而诸葛诞已察觉到了司马昭的篡位意图，也意识到了司马昭对付自己的策略，又见王凌、毌丘俭因忠于曹魏而相继败亡，为自身安全考虑，便普施财物以笼络人心，厚养心腹以及扬州侠义之士几千人为自己效命。后来，又趁吴军欲攻占魏地徐堨的机遇，先是调集所统兵马驻扎淮南，再向朝廷求得十万兵马驻守寿春（今属安徽寿县），又临淮筑城，名为拒敌，实为占据淮南以自保。

有人向司马昭举报，说诸葛诞收养勇士，建造新城，似有反叛意图。长史贾充向司马昭献计：以慰劳军队的名义派人去寿春，伺机窥探实情。司马昭接受了贾充的建议，并派他前去寿春。贾充到了寿春后，一边同诸葛诞套近乎，一边装作很随意的样子问："洛阳各阶层人士都愿意皇帝禅让，你意下如何？"诸葛诞闻言大怒，厉声斥责："你父亲贾逵，历仕三世（曹操、曹丕、曹叡），文武兼备，躬勤于职，深受重用。你们父子饱受魏国恩德，你居然动起这样的歪脑筋，你还是贾逵的儿子吗？"接着严正表态："如果洛阳有变，我当以死相拼！"他直率地表示了对曹魏的忠贞。

贾充返回洛阳后，向司马昭建议："诸葛诞在扬州名望很大，威信也很高，很多人愿为他效死。不如设法将他调到京师来任职，借机剥夺他的兵权，以防备他谋反。"司马昭担心诸葛诞势力大，不听调遣，搞不好反而逼得他造反。贾充遂又建议："早反是反，迟反也是反，早反祸小，迟反祸大，不如尽早了断。"司马昭听从了贾充的建议，让皇帝曹髦下诏，任诸葛诞为司空，令其将所掌兵权交给扬州刺史乐綝，速回京师上任。

诸葛诞深知，司空虽然与太尉（军事）、司徒（政务）并列为三公，官为第一品，但实际是个虚衔，没有实际职权，仅在每月初一、十五奉诏入殿讲议朝政，任司空实际是明升暗降，脱离了自己的地盘，到了京城只能受人摆布。为了自保，诸葛诞一方面攻杀扬州刺史乐綝，将扬州兵甲及一年军粮集于寿春，据城自守；另一方面以儿子诸葛靓为人质，派长史吴纲到吴国求救。

兵败被杀　株连三族

吴国大喜，立即决定：任命诸葛诞为左都护、假节、大司徒、骠骑将军、青州牧、寿春侯，遣将军全怿、全端、唐咨、王祚等率军3万兵，会同降将文钦等往淮南救援。

公元257年，司马昭亲督26万大军征剿诸葛诞。全怿等驰行至寿春，适值魏兵合围尚未形成，便突入城内。司马昭又增派二十万大军加固对寿春城的包围。吴国则命朱异率军三万驻屯安丰，作为救援大军的外援。司马昭遂派监军石苞、兖州刺史州泰率精锐部队为机动，以便防备东吴外援部队进攻。司马昭为了剿灭诸葛诞，吴国为了救援诸葛诞，双方形成了对寿春的三层包围圈。

魏军主将王基是位富有作战经验的将军，他部署四面合围，包围阵地层层叠叠，文钦率军几次出城攻击都被打回。前来救援的吴将朱异，两次进攻都被兖州刺史州泰率军击退。

司马昭一方面命令部队加固包围，一方面放风说军中粮食匮乏，吴国救兵将至，故意表现出速战速决的样子。诸葛诞果然被魏军的假象迷惑，以为敌人即将退去，寿春之围指日可解，为鼓舞士气，让士兵们放开吃喝。然而，城中粮食渐尽，围城魏军未退，城外援军也未到来。守城将领们有的主张拼死突围，有的主张继续固守，几乎闹到剑拔弩张的地步。不久，诸葛诞的亲信部下蒋班、焦彝偷偷出城向司马昭投降。司马昭又以离间计诱使援军吴将全怿、全端等率领部众数千人出城投降，城中防守力量更加薄弱。

258年正月，诸葛诞、文钦、唐咨等强行突围。司马昭以投石车及火箭等器具固守阵地，突围大军死伤惨重，只得退回城中。此时城中粮草将尽，文钦想把北方人全都驱赶出去，以便节省粮食，坚守待援。诸葛诞与文钦本来就有矛盾，只是因为特殊环境才聚合在一起，事情越是紧急就越不相信对方。诸葛诞担心文钦对自己不利，就找碴杀掉了文钦。文钦的儿子文鸯、文虎本在副城中领兵，听说父亲被杀，随即逃出副城投奔了司马昭。

司马昭为了拉拢人心，表奏文鸯、文虎为将军，赐关内侯，同时派遣二人以百骑巡城，向城内喊话攻心。城中守军听到呼喊，军心动摇，加之粮食已尽，饥饿难耐，多数人已无心守城。司马昭见时机成熟，亲自临围指挥四面进兵，鼓噪登城，城内无人敢抵抗。诸葛诞见守城无望，率其麾下从小城门突围。魏司马胡奋率兵迎击，杀死诸葛诞，吴将唐咨、王祚等皆自绑出降。诸葛诞首级被传到洛阳，遭夷灭三族。

功狗之才　不贰之臣

纵观诸葛诞的一生，大体可分为前后两个时期，即前期昙花一现的文官历程和后期保曹魏与叛司马的武将生涯。

诸葛诞由尚书郎升迁为御史中丞的历程，既是顺利的也是短暂的。顺利的原因在于诸葛诞自身良好的人格素质和人缘关系，短暂的缘由看似简单却不单纯：

一是沾祸于夏侯玄。夏侯玄是夏侯渊的侄孙，又与曹家沾亲带故，少年得志，二十岁即任散骑黄门侍郎。有一次他谒见皇上，侍卫官将他安排在皇后的弟弟毛曾的身旁。夏侯玄看不起毛曾，并在行动、语言中表露出来。明帝曹叡对此很气愤，将夏侯玄贬为羽林监。诸葛诞既与夏侯玄交往过密，又相互吹捧题表，所以被明帝免官永不叙用，而非纸面上所谓“尚浮华”的原因。

二是沾嫌于诸葛亮。诸葛诞任文职的期间（220—232），与诸葛亮伐魏（228—234）时间大体相当。诸葛诞是诸葛亮的族弟，诸葛诞即使是忠心耿耿，受到猜忌乃至借故被免职也可以理解。

诸葛诞复出后，从出任扬州刺史加昭武将军就开始了军事生涯。其接二连三地被委以军事重任，看似重用，实际是委任而不信任，用其身又防其心。讨伐王凌时，诸葛诞由扬州刺史加昭武将军，晋升为镇东将军，都督扬州军事，显然比毌丘俭的镇南将军、都督豫州更为重要。但是，当他与族侄诸葛恪正面对抗而不能取得预期战果时，立即就被降为镇南将军，并且与毌丘俭对调防区。当镇东将军毌丘俭和扬州刺史文钦反叛时，诸葛诞因表现出了与毌丘俭的不合作态度，才再次被征调参与平叛，复任镇东将军，因为有军功，又越级升任征东大将军。诸葛诞复出后的升迁、对调、复任、越级升任，名义上是曹魏朝廷所任，实际上是司马氏意志的结果。淮南出现的两次反叛，都是针对司马氏专权的，而诸葛诞参与平叛，都是出于维护曹魏朝廷的。因此，司马氏对诸葛诞的任用，始终是为使用而任用。所以当诸葛诞有戒备之心而自保时，司马氏便果断地对他采取了铲除的措施。正如南宋史学家胡三省所说：“王凌死而用诸葛诞，诞亦终于为魏。以司马懿之明达，岂不知诞乃心魏氏哉！大敌在境，帅难其才也。”①

诸葛诞出仕之初就显现出“士为知己者死”的人格倾向，生死关头“先救杜侯”之举就是这一人格的显现；复出而转入军事生涯后，两次参与军事平叛，都是以忠于曹魏为基点的；直接与司马氏的军事对立，也是以忠于曹魏为动力的。两次参与平叛，间接显现出了诸葛诞“士为知己者死”的人格倾向；被逼反叛而与司马氏对立，更是直接凸显出了“士为知己者死”的人格本质。

诸葛诞是曹魏时期一代名将，也是曹魏忠心之臣，在与司马氏的较量中，兵败被杀，祸及三族，以悲剧告终。除因司马氏排除异己而诸葛诞必定覆灭这一主要因素外，诸葛诞自身的弱点也是导致他快速覆灭的另一重要原因。他的弱点最起码有二：其一，有忠于曹魏之心，却看不清形势的发展，不能深谋远虑，没有虑及自身的祸难；其二，志大才疏，缺乏实现政治理想的能力和有效行动。

---

①《资治通鉴》卷七十五《魏纪七》胡三省“注”。

诸葛诞既是威震一方的帅才，又是忠于曹魏的不贰之臣，也是深得民心的官僚，但最终落得了被夷灭三族的下场。陈寿评论说，诸葛诞“严毅威重”，“以显名致兹荣任”，但终其一生，又有“心大志迂，不虑祸难”的自身弱点，以致“变入机发，宗族涂地”。

对于人的才能和功劳，刘邦有一个形象的比喻：“夫猎，追杀兽兔者，狗也；而发踪指示兽处者，人也。今诸君徒能走得兽耳，功狗也；至如萧何发踪指示，功人也。”在刘邦眼里，萧何犹如发现猎物踪迹指示猎狗攻击者，是“功人”，而冲锋陷阵获得猎物者皆是“功狗”。南朝宋刘义庆《世说新语》中，世人评价说，诸葛亮、诸葛瑾和诸葛诞三兄弟可比为龙、虎、狗三杰，“魏得其狗”。诸葛诞的才能和功劳不及诸葛亮和诸葛瑾，可称为铁心忠于曹魏的“功狗”。

第五章

三杰后裔

诸葛一门三杰，其后人也各有千秋。三杰之子，最为显赫者当属诸葛瑾之子诸葛恪，最为忠烈者当属诸葛亮之子诸葛瞻，最为杰出者当属诸葛诞之孙诸葛恢。

也许历史与诸葛一门三杰开了个“转圈”的玩笑：诸葛瑾一系靠出嗣之子诸葛乔在蜀国留下了根；诸葛亮一系因诸葛京流落到魏国，然后仕晋而家族再生；诸葛诞一系依赖在吴国为人质的诸葛靓而后世中兴。

诸葛瑾子孙：惨遭灭族

诸葛恪为诸葛瑾长子，字元逊，生于203年，是吴国后期重臣、托孤大臣、显赫权臣，也因显赫而祸及三族。

少年聪慧　以才显名

孙权出自寒门，在文化上受儒家礼法的约束较小，表现出轻脱佚荡的特征，造成了当时盛行的嘲弄戏笑的风尚。诸葛恪出生在吴地，少年时就以“辩论应机，莫与为对”而出名，平日辩难析疑，少有人及。因此，他深受孙权喜爱。

陈寿《三国志》及裴松之“注”引了多条诸葛恪“辩论应机”的故事。

诸葛瑾脸很长，人皆戏称“驴脸”。某日，孙权宴请群臣，诸葛恪也随父在场。孙权让人牵来一头驴，驴脸上挂着一块牌子，上面写着“诸葛子瑜”四字。众人大笑，等着看诸葛恪父子的窘态。诸葛恪见状，立即跪下请求说：“请给我一支笔，我增加两个字。”孙权让人拿笔墨给他，诸葛恪便在“诸葛子瑜”句下添上了“之驴”两个字，“诸葛子瑜”便成了“诸葛子瑜之驴”。群臣称赞诸葛恪化解窘困的敏捷思路，孙权也高兴地把这头驴赐给了诸葛恪。

几天后，孙权见到诸葛恪时又问他：“你父亲和你叔父哪个贤能？”诸葛恪回答说：“我父亲贤能。”孙权问：“为什么？”答：“父亲了解他所侍奉的主公，而叔父不了解。所以父亲贤能。”孙权听了很高兴。

一次酒宴上，孙权让诸葛恪给百官斟酒。斟到张昭面前时，张昭已有了几分酒意，不肯再饮。诸葛恪极力劝酒，张昭说：“这样劝酒，恐怕不符合尊敬老人的礼节吧。”孙权对诸葛恪说：“你要是能说得张公无法推辞，他就把酒喝了。”于是诸葛恪对张昭说：“当年姜尚九十岁，依然秉旄执钺，都没说自己老。如今军队上的事，将军您跟在后边，聚会饮宴的事，将军您总被请到前面，这还不够尊敬老人吗？”张昭无法辩驳，只得把酒喝了。

蜀国的使者来到吴国，群臣都来会见。孙权对蜀使说：“诸葛恪向来喜欢骑马，请回去告诉你家丞相，给他侄子送一匹好马来。”诸葛恪马上跪拜致谢。孙权说：“马还没有送来，谢什么呢？”诸葛恪回答说：“蜀国是陛下的马厩。既然陛下都发话了，马就一定能送到，我如何敢不谢呢？”孙权觉得很长脸。

孙权宴请蜀国使者费祎，事先对群臣说：“费祎来了，大家装作没看见，只管低头吃饭，不用站起来迎接。”费祎来了后，只有孙权一个人停下来，其他人没有一人起身迎接他。费祎看到这种情形，知有奥妙，便立即嘲讽地说：“凤凰飞临时，麒麟也有礼貌地停止吃食，只有愚蠢无知的驴骡，低着头不停地咀嚼。”费祎的几句话不仅立刻化解了自己的困窘，而且顿时呛得吴臣们个个面面相觑，孙权也颇觉尴尬。诸葛恪马上回答说：“种植梧桐树，为了等待凤凰。何方飞来燕雀，自称凤凰飞翔？何不弹射一弓，叫它乖乖地飞还故乡！”众臣起身叫好。费祎见大家正在吃麦饼，便转移话题，索笔墨作了一篇《麦赋》，既是赞美小麦，也是显示才华。诸葛恪立即请笔作了一篇《磨赋》，表面是说小麦需用石磨来磨碎，言外之意是《磨赋》可以击败《麦赋》。

孙权问诸葛恪：“你拿什么消遣时间，怎么这么博学多才？”诸葛恪说：“我听说财富装点房屋，品德滋润身心。我没什么消遣娱乐，就是加强自己的修养而已。”孙权又问：“你比滕胤如何？”滕胤是吴国大臣，为人谨慎，谦卑待下，仪表不凡，相貌堂堂，受到当时很多人赏识，也深得孙权器重。诸葛恪深知滕胤的为人和才华，但又不甘心居于下风，便回答：“登堂时慎言慎行，我不如滕胤。运筹帷幄，滕胤不如我。”孙权听了很高兴。

诸葛恪送马给孙权，在马的耳朵上打了标记。范慎因此嘲笑诸葛恪说：“马的气血采自上天，现在残害它的耳朵，是不仁吧？”诸葛恪连忙辩解说：“母亲爱女儿，极尽恩爱，却要耳朵穿孔，挂上耳环，这难道是不仁吗？”范慎无言以对。

太子孙登因故嘲笑诸葛恪说：“你应该去吃马屎！”诸葛恪回言说：“太子应该吃鸡蛋！”孙权不解，问诸葛恪：“别人骂你吃马屎，你怎么却让他吃鸡蛋？”诸葛恪辩解说：“同一个地方出来的嘛。”

有一群头上长着白毛的鸟飞到宫殿上，孙权问：“这是什么鸟？”诸葛恪答：“白头翁。”张昭诘难说：“我从没有听说过有什么白头翁，应该让诸葛恪再去找个白头母来。”诸葛恪立即反击说：“有一种鸟叫鹦母（就是鹦鹉），那么请张公去找一个鹦父来！”张昭词穷。

《太平御览》还记载：诸葛恪一次失口，在韩文晃面前直接叫了他父亲的名字。韩文晃不高兴，责问：“当着儿子的面叫他父亲的名字，您认为这样做有礼貌吗？”诸葛恪辩解说：“七月七日，妇女们向天穿针，并不是轻视天，天也不发怒，因为天知道另有寓意啊。”韩文晃一时语塞。

出手不凡　顺利升迁

诸葛恪以论说辩难为荣，常有盛气凌人之态、强词夺理之言，与他自己表字“元逊”的意蕴很不吻合，与父亲诸葛瑾笃慎、恭敬的处世之道大相径庭。但孙权却不以为意，不仅厚爱有加，而且刻意栽培。诸葛恪20岁时，即被委任为骑都尉，选入东宫陪侍王太子孙登。东宫的士人很多，但太子仅与诸葛恪、张休、顾谭、陈表四人最为亲密，出则同车，入则同眠。

黄龙元年（229）孙权登基称帝，立孙登为皇太子。太傅张温向孙权建议：中庶子这个官职与太子最为亲密，太子随时提问他要能随时解答，应当选用优秀德行的人担任这一职务。于是孙权任用诸葛恪、张休等人为中庶子（太子的侍从官）。不久诸葛恪又从中庶子转为皇太子的左辅都尉，成为太子“四友”之首。

孙权认为诸葛恪有异才，为了进一步试用和锻炼他，又让他代理节度。节度掌管军队的粮食供应，是孙权为吴王时开始设置的。诸葛恪性格轻佻、粗疏，有华而不实的缺陷，而这一职务文书繁猥，既非其所长又非其所好。诸葛亮得知后，认为孙权所用非其所长，便修书给陆逊，说明自己的担心和请求：“家兄（指诸葛瑾）年纪大了，而诸葛恪性格疏漏，现在他主管粮食供应，粮谷是军中最要紧的东西，我虽然在远处，也深深地感到不安。请足下特别为我转告至尊（指孙权）。”陆逊将诸葛亮的意思转告了孙权，孙权遂转让诸葛恪领兵，从事军事。

汉末，江南吴地有一个以古越族等土著后裔为核心，逐步融入汉人移民而形成的族群混合体，其中居住于山地的一支被称为“山越”。山越族群中有越人，也有汉人，所以也称为“山民”。山越的生产方式以农业为主，种植谷物。又因山中出铜铁，山越人常常自铸兵甲。他们大分散、小聚居，好习武，以山险为依托，组成武装集团，其首领有“帅”“大帅”“宗帅”等诸多层次的称谓，常处于半独立的状态。山越人比较集中的丹杨[①]郡，与曹魏统治的江淮地区毗邻。山越人彪悍能战，既经常出山骚扰山外平民，又与曹魏人相互交通，对孙吴政权构成严重的潜在性威胁。

孙吴立国后，虽长期开展对山越的征服战争，用武力胁迫山越民众出山，强者补为兵员，弱者迁为郡县农户，几乎所有的将领都参与过对山越的战争，但山越问题迟迟没能根治。孙权视山越为祸患，必欲尽快平之而后快，文臣武将则视丹杨为危途，人人欲避之而不及。唯诸葛恪屡次请求出任丹杨地区的长官，并承诺只要三年，就可平定山越，并征得悍勇甲士四万人。朝中官员议论纷纷，认为诸葛恪夸口，难以实现。诸葛瑾也觉得此举难以成功，叹息说："恪儿不能使我们家庭兴旺，将使我们遭灭族之祸啊！"但诸葛恪胸有成竹，志在必得。嘉禾三年（234）八月，孙权力排众议，任命诸葛恪为抚越将军，兼丹杨太守，授予他执戟仪仗骑兵三百。授官仪式完毕，命令诸葛恪擂鼓吹号，仪仗骑兵列队开道回家。时年，诸葛恪32岁。以如此隆重的仪式对待出任太守的诸葛恪，是其他官员从未得到过的殊荣。

诸葛恪到任后，采用武力围困与招抚并用的策略：一方面，他致书邻郡所属地方长官，不仅要求他们各自守好自己辖区的疆界，而且要求他们做好准备，随时接受归服教化的山越人并安排他们定居。另一方面，他派兵据守险要峪口，明令只许修筑好防御工事，不许与山越人交锋，等待庄稼成熟时，再开出部队抢收，连种子也不给留下。秋天到了，山越人旧粮吃尽，新粮又收不到，山外平民的粮食也不准进山，饥饿穷困的山越人只得从放行的山口逐渐出山投降。见围困的计策奏效，诸葛恪又下令：山民出山接受教化的，都应当安抚慰问，迁到外县定居，不得嫌弃怀疑，不得对他们执留拘捕。有个名叫周遗的山民，过去横暴为恶，山外平民深受其害，被迫出山后仍心存异志，伺机为乱。接受周遗的臼阳县长胡伉早就知道他的劣迹，得知他仍心存不轨，就把他绑送到郡府，历数他的罪行，请求发落。诸葛恪认为胡伉违反了不得拘禁山民的命令，就把胡伉杀了，并公示于众。原来还有不少山民惧怕出山后受虐待而拒不出山，见诸葛恪言而有信，遂扶老携幼自动出山归顺。仅一年时间，丹杨就如数征集了所承诺的兵员，诸葛恪自己督领一万人，其余三万分发给各位将领。

孙权嘉赏诸葛恪的功劳，派尚书仆射薛综前往慰劳军队。薛综先致书诸葛恪等人说（《三国志》原文直译）：

---

① 《后汉书》作"丹阳"。《三国志》《晋书》作"丹杨"。本书从《三国志》。

山越部族倚仗险要地势，不肯归服已有几代人，放松他们则扰乱不止，逼急他们则狼狈而窜。皇上震怒，命令将军西往进讨，朝内授以神奇计谋，军队威风震动四方。兵器未染血迹，铠甲不沾汗水，元凶受刑枭首，党徒归服道义，扫荡涤除深山寇穴，进献俘虏补充军队十万之众。山野没有留下一个匪寇，城邑再无残余奸徒。既扫除了凶寇，又充实了兵员。杂草稗莠，化变为有益的草禾；魑魅魍魉，转变成猛虎般的勇士。虽说实为朝廷威德施加于他们所致，也肯定为元帅亲自督率指挥所成。《诗经》赞美俘获敌人只审讯祸首，《易经》嘉赏处置降敌只杀掉罪魁。周朝的方叔、召伯虎，汉朝的卫青、霍去病，岂能同将军的功劳相提并论？您的功绩超越古人，勋劳盖过前代。

主上欢欣喜悦，遥遥地赞叹您的功绩。他有感于《四牡》（《诗经》中的一首诗，内容是写受到慰劳后返回家乡时的感受。四牡：四匹公马）表述的慰劳胜利归来的遗典，思慕凯旋祭告祖庙庆贺的礼制，故此派遣尚书台近侍官员，迎接犒赏将军全军将士，以表彰您的大功，慰问辛劳的将士。

嘉禾六年（237），诸葛恪征讨丹杨山越之事基本结束，不仅从根本上清除了隐患，而且为吴国增加了大量的兵士和劳力。

平定山越的胜利，孙权的嘉奖，使得诸葛恪更加踌躇满志。他先是请命率众在庐江郡皖口屯田。期间，趁机以轻兵袭击魏国的舒县（今安徽庐江县西），掠得大批民众；继而又派遣人员前往远处，察看道路和险要之地，企图打算再接再厉去攻打魏国东线第一重镇寿春。孙权认为不可行，没有批准。

镇守要塞　踌躇满志

尽管诸葛恪暴露出了激进的弱点，但平定山越是孙权后半生唯一欣慰的事情了。东吴的国之栋梁，周瑜之后有鲁肃，鲁肃之后有吕蒙，吕蒙之后有陆逊，但陆逊之后呢？人才凋零是困扰孙权的大难题。诸葛恪根正苗红，年纪轻轻就表现出如此卓越的军事才华，使孙权看到了希望。他加封诸葛恪为威北将军、晋爵都乡侯。从此，诸葛恪成为吴国的栋梁。

《诸葛恪传》记载，诸葛恪轻袭魏国舒县不久，魏国司马懿准备攻打诸葛恪。孙权方派诸葛恪出兵应战，观星象气数的人认为出兵不利，于是孙权让诸葛恪迅速撤兵，将军队转移到柴桑驻扎。

诸葛恪离京驻扎柴桑，心情不畅。他认为是丞相陆逊对他不信而影响了孙权的决策。于是，他写信给陆逊说（根据原文直译）：

吴国当朝杨敬叔认为，当今的人才所剩无几，坚守道德和事业的人已经没有几人了，应当相互配合，互相依存，以对上兴隆国家大事，对下互相珍重爱惜。现时，嫉恨世俗之人互相毁谤，使已有所成就的人才受到压抑损伤，使将要受进用的人才小心翼翼情绪不振。这些做法，实在让人愤怒。

君子对一个人不应求全责备。即使孔子门徒三千，其中特别突出的也只七十二人。像子张、子路、子贡等七十余人，虽有亚圣之德，但犹各有其短，如子张偏激、子路鲁莽、子贡不安分守己，更何况他们之下者呢？当时，孔子不因这几位有缺点而不把他们当作朋友，不因人所短而弃其所长，何况当今选拔人才应比古人要宽。为什么呢？现在社会形势变化复杂，德才兼备者少，国家各部门官员，常常苦于无合适者担任。如果他本性不奸邪，志在奉献才力，便可奖拔任用，让他在职任上尽量发挥自己的才干。如果在大体上适合称职，即便个人私生活有不足之处，也应当宽容，不应当事事计较责备。况且对有才能的人，实在不能在一些细小事情上苛刻要求。如果太苛刻了，圣贤也将难为全人，何况与他们相差甚远的常人呢？故此说，用道德条文来看人则难，用人比人来看人则易。这样做，是贤是愚就可知了。

自汉末以来，中原士大夫如许劭之类，之所以不断互相毁谤讥议，有时甚至引起祸端，究其原因，并非为了什么深仇，只不过因为自己本身不能用礼教标准相约束，反而专以公正道义指责别人。自己不遵从礼制，别人就不服。以公正道义不公正地指责别人，则别人就不会接受。内心不佩服对方的行为，又不愿忍受对方的责备，则必定产生相互怨忿。相互怨愤一产生，则小人就会乘机在中间钻空子。小人钻了空子，则多道转传的谣言，日积月累的谮毁，纷乱交杂一起到来，即使让非常了解非常亲近的人听到这些话，也难于辨真定假，何况已有隔阂，而且本就不明事理的人呢？所以，楚汉之争时的张耳、陈余，本来是刎颈之交，最终绝交到了互相残杀的地步。前汉萧育、朱博友好不能坚持到头，其原因就在这里。不放过别人的过失，在细微的事情上相互指责，久而久之就会造成家家户户互相埋怨，整个国家也不会有德行操守完善无缺的人才了。

这封信洋洋洒洒多达四百五十多字，这在私人信件中是少有的。诸葛恪引经据典，不仅论述了人才难以完美的道理，而且历数了求全责备的弊端，还以层层递进的推导得出了“夫不舍小过，纤微相责，久乃至于家户为怨，一国无复全行之士”的严肃结论。当时，陆逊因为总提意见，已惹得孙权不高兴。当孙权得知诸葛恪写信给陆逊请求不要求全责备时，认为是陆逊摆老资格对诸葛恪责备在先，才引起了诸葛恪的不满，因此对陆逊进行了指责。陆逊也因此忧愤而死。

诸葛恪讲的道理是对的，但他因为过于自负而容不得任何不同意见，即便是出自友善的劝诫也听不进去。孙权对陆逊指责而对诸葛恪默许的态度，更强化了诸葛恪的自负，这实际上是为诸葛恪悲剧种子的萌发提供了更适宜的气候。

三国战乱，庐江郡领地被魏吴两国瓜分：魏国庐江郡，郡治设在六安；吴国庐江郡，郡治在皖城。魏吴两国边境常有小规模战争，目的不在于占领土地，而往往是掳掠民众，充当生产劳力。吴赤乌六年（243），诸葛恪奉命征六安，大破魏军，尽收其民而归。诸葛恪的一系列军事行动，引起了魏国的注意和不安。为此，司马懿亲率大军进驻舒县（在魏庐江郡境），以防不测。

吴赤乌八年（245），大将军陆逊病逝。次年，诸葛恪升为大将军，假节，驻武昌，接替陆逊兼任荆州刺史。

入朝抚孤　险中得胜

孙权晚年，太子孙和失宠，鲁王孙霸乘机培育党羽，觊觎太子之位，朝中官僚各附一方。赤乌十三年（250），孙权将孙和废为庶人并迁徙到故鄣（时属丹阳郡，治所在今浙江安吉县西北），将孙霸赐死，改立幼子孙亮为太子。太元元年（251）十一月，孙权得风疾，多方治疗不愈。这时，孙权选的太子孙亮却只有10岁，而早年跟着他一起征战天下开创吴国的老臣，仅剩下上大将军吕岱。上大将军之职并非汉制，是孙权为了表彰陆逊的功绩并进一步提高他的官职而设的。上大将军位在三公之上，吕岱是继陆逊后的第二个上大将军。孙权对吕岱是放心的，但吕岱已经年逾90，无力承担辅佐太子的重任了。这时，孙权想到了年过50、驻于武昌的大将军诸葛恪。孙权在病中升诸葛恪以大将军兼任太子太傅，中书令孙弘兼任少傅。

诸葛恪升为太傅之初，废太子孙和的张妃（诸葛恪的姐姐与张承生的女儿）就派黄门陈迁前往建业向舅舅诸葛恪致以问候和祝贺。陈迁离开建业时，诸葛恪对他说："替我转告张妃，到时候我一定让她超过别人。"这句话虽然仅说一定让张妃胜过他人，但明显地含有暗中帮助孙和东山再起的意思。孙亮继位的第二年（256）正月，被孙权废为庶人的孙和又被封为南阳王，迁至战略要地长沙，这显然是首席辅政大臣诸葛恪运作的结果。诸葛恪还计划迁都，派人到武昌修整宫殿，因此民间有人传言他想迎立孙和为帝。

次年四月，孙权病危，众臣议论付托一事。诸葛恪不仅平时盛气凌人，而且是废太子孙和的张妃的舅舅。因这两条原因，当时朝臣都对诸葛恪不看好。而孙峻（孙坚弟弟孙静的曾孙）则表示，诸葛恪虽然不完美，但放眼朝廷已经找不到比他更合适的人了，劝谏孙权将大事托付于他。无奈之下，孙权做出了最终决定。

诸葛恪被召入朝临行时，吕岱与诸葛恪有一番对话，显示出了吕岱对诸葛恪的不放心，也显示出了诸葛恪的自负。吕岱说："您遇到事情，一定要多想，要'十思'"！诸葛恪回言："当年季文子三思而行，孔子听了后评论说，思两次就可以了。如今您劝我'十思'，是知道在下的不足啊！"吕岱被抢白得无言以对，再也不说话了。

孙权临终前，诏令诸葛恪、孙弘、孙峻到病榻前，嘱托三人共同辅佐太子孙亮。又诏令有关主事机构，一般事情由诸葛恪做主，无须奏请太子定夺，只有涉及杀人之事，须事后奏闻。第二天孙权去世。

孙弘是鲁王孙霸的党羽，而诸葛恪是孙和的外戚，二人本来就是暗中的政敌。孙弘害怕以后受制于诸葛恪，便封锁孙权去世的消息，想假托皇帝诏书除掉诸葛恪。孙峻则暗中向诸葛恪通报了信息。诸葛恪得到消息后，抢先下手杀死了孙弘，然后才发布孙权死讯，为之治丧。

孙权去世后第三天，太子孙亮继位登基，改元建兴，遵孙权遗命，授诸葛恪为太傅。太傅是辅弼国君之官，作为重臣参与朝政，掌管全国的军政大权。由于太傅直接参与军国大事的拟定和决策，在皇帝幼小或皇室暗弱时常成为真正的统治者。

首辅大臣　兴利除弊

孙亮继任皇帝位后，诸葛恪给弟弟公安督诸葛融写了一封长信（《三国志》原文直译）：

> 本月十六日，皇帝去世了，全国臣民莫不悲伤哀悼。至于我们父子兄弟，都受过他赐予的特殊恩典，不同于一般的下属，故悲恸异常，心肝碎裂。
>
> 皇太子于十八日继位登基，我悲哀和喜悦交错，不知所措。我身受临终遗命，辅佐幼主。我私下考虑，自己才力不及博陆侯霍光，而受周公辅佐成王这样的托付，担心不能取得霍光辅助汉昭帝的成就，恐怕有损先帝委以重任的英明，故而忧虑惭愧，惶惶不安，思虑万端。况且，如今官府并不被百姓们所喜欢，这是经常遭到他们冷眼的缘故，这种情况何时才能得到改变呢？现在，我以有限的能力处于保育、教导太子的太傅高位，艰难繁多而智谋不足，任务沉重而谋略短浅，此时又有谁能与我一起患难与共呢？前汉时期，燕王与盖长公主互相勾结，于是上官桀等人谋乱。现在我处境与其时差不多，怎敢安逸犹豫呢？
>
> 你所驻守的地方，与敌寇地界犬牙交错，现在应当整顿军用器械，激励将士，警戒防备要比平时更要加强。要以不辞万死、不顾生命的精神和行动来报效朝廷，不要辱没了自己祖先的名声。另外，诸将防守各自的地界，尤应担心贼寇听到皇帝逝去的消息，放肆入侵。边境各级官署，已经另下约束文书，所属各部带兵将官，不得任意放弃自己防守军务，径直赶回奔丧。虽说都怀有悲痛难已的心情，但公义夺私情，伯禽（注：周公长子）丧服未除即率军出征。如果违犯，就绝非小错了。以亲近的人作榜样以便纠察他人，这是古人的明确告诫。

从诸葛恪给弟弟诸葛融的长信看，诸葛恪是想效法叔父诸葛亮为吴国鞠躬尽瘁、死而后已的。他辅政之初一系列的行动及效果，也的确得到了朝野一致的赞誉。

孙权病逝前，第五子孙奋封齐王，居武昌；第六子孙休封琅邪王，居虎林。孙奋是庶出子，生母身份卑微，未能受到孙权宠爱，更无缘于太子之位，因此郁郁不得志。诸葛恪不希望孙奋住在长江边的战略要地，于是要求孙奋迁到豫章（今南昌）。孙奋怒而不肯从命，不遵奉朝廷制度，擅自调动驻军为他保卫宫室，还越权私刑擅杀手下有罪之人。诸葛恪借机致书孙奋，警告他要有所节制，守法行事，尽忠朝廷，以免日后与兄长鲁王孙霸一样遭到杀身之祸。收到诸葛恪致书，孙奋甚为恐惧，乖乖地移居到豫章。

诸葛恪在摆平诸王格局的同时，着手改革孙权遗留下来的弊政。孙权执政中后期，猜忌心理严重，为了监视文武大臣，专门设置了“校事”和“察战”二职，专门负责监视、调查百官。这使很多的大臣无辜受到陷害，连诸葛瑾、步骘等人都因受到诬告而受到孙权的谴责。诸葛恪顺应人心，“罢视听，息校官，原逋责，除关税”。所谓“罢视听，息校官”，就是废除监视他人行为的做法，取消主管监察侦查的校官。“原逋责，除关税”，就是赦免逃亡的罪人，撤销繁杂的关税。诸葛恪这一改革措施，深得官员和民众的拥护与赞誉，他每次外出，都有好多人引颈相望，想一睹他的风采。

孙权迁都建业次年（230），曾筑东兴堤（在今安徽含山县西南）遏制巢湖水，后来征伐淮南，反被湖内敌兵船只打败，于是堤废再不修治。孙亮建兴元年（252）十月，诸葛恪征调民众重新修筑大堤，左右两端连接山岭各筑城一座，安排两名将领各率千人分别驻守，他自己率大军返归建业。魏国认为这是越疆侵土行为，遂命胡遵、诸葛诞率兵七万，围攻那两座城堡，企图毁坏阻遏湖水的大堤。

诸葛恪闻讯，立即派兵救援。这次拒敌之战，不仅使魏军死者数万，大败而逃，还缴获车乘、牛、马、驴、骡各数千，而且斩杀了早先叛吴投魏的前军督韩综，吴军可谓大获全胜。诸葛恪战胜叔父诸葛诞，斩杀叛将韩综，一时成为美谈。

当时，诸葛恪已处最高官位，无官可升，只能加封爵并多给个兼职。为此，诸葛恪进封阳都侯，以太傅都督中外军事，另加任荆州和扬州二州州牧，并赐金一百斤，马二百匹，绸缎及麻布各一万匹。

苟任盛意　伐魏败北

这场大战带给诸葛恪的最大影响绝非仅是荣誉，而是让他多出了轻敌之心。次年（253）春，诸葛恪决定出兵伐魏，并派使者前往蜀国劝说姜维同时出兵。而吴国多数朝臣认为，重筑东兴湖大堤坝，本已国疲民困，东兴湖大堤保卫战刚刚结束，军队也需要休整，短时内不宜再有大的军事行动。于是，朝臣同辞进言，劝谏诸葛恪暂缓出兵。诸葛恪对朝臣劝谏不仅一概不听，而且对诤言劝谏的大臣进行了强势的压制。例如，中散大夫蒋延因据理力争，就被他命人架出宫去。丹杨太守聂友，因与诸葛恪素有交情，也写信劝谏他要“案兵养锐，观衅而动”，“天时未可”，切莫“苟任盛意”。见多数朝臣对出兵不满，诸葛恪又特地著文晓谕众人（《三国志》原文直译）：

天上没有两个太阳，地上难容两个皇帝，做皇帝者不致力于兼并天下而只想把帝位传给后世，古今都未曾有过。

战国时期，诸侯各自倚恃兵强地广，互有救援，认为这样可以将政权传于后世，他人不能危害。由是放松自己占据天下的情怀，害怕劳苦，致使秦国日益强大，终于将他们吞并，这都是史实。

近代刘景升（刘表）拥有荆州，兵众十万，财粮如山，但他不趁曹操力量尚很微弱时与他尽力竞争，而坐观曹操强大起来，吞灭诸袁。北方全部平定之后，曹操即亲率三十万大军杀向荆州。当时虽说有智谋之人，但却难以再为其筹划良计了。于是刘景升的儿子反缚双臂请求投降，成为囚虏。

自古凡是敌对国家都想互相吞并，就像有仇的双方都想互相除掉对方一样。有仇敌而任其强大，祸患不在自己，则殃及后人，不可不做长远的考虑。

过去伍子胥说：越国十年生聚，十年教训，二十年之后，吴国就被夷为泥沼！夫差自恃强大，听了此话不屑一顾。他诛杀伍子胥而无防备越国的思想，以至于临到败亡时才悔恨，难道这还来得及吗？

越国小于吴国，尚是吴国的祸端，何况那些强大的国家呢？过去秦国仅有函谷关以西地盘，尚能以此并吞六国。如今，贼寇（注：指魏国）全部占有秦、赵、韩、魏、燕、齐六国九州之地，其地都是出产军马、产生人才的地方。魏国比古代的秦国土地多出几倍，以吴国、蜀国比较古代六国，还不足六国的一半。然而今日之所以能够抵抗魏国，是因为曹操手上的兵员到现在已损耗殆尽，而后来出生的人还未长成，正是敌人兵少衰弱尚未强盛之际。加之司马懿先诛杀王凌，接着自己毙命，他的儿子还小而独掌大权，虽有智谋之士，但得不到重用。魏国厄运当头，去征伐它正是最佳时机。

圣人说要善于抓住机遇，说的就是今日这样的天下形势。如果顺从众人的想法，怀着偷安的打算，以为长江天险可以世代把持，不考虑魏国的前后变化，而以今日的状况轻视它以后的发展，这正是我深为长叹的缘故。

自古以来，以增长人口为急务。现在贼国之民年年月月在繁育增长，只是年龄还小，尚不能役用而已。如果再过十年，魏国的人口一定比今天增长一倍，而我们国家强兵驻守的地方，却都告空虚。唯有现在的军队众多，可以做出大事。如果不早早用兵，徒然呆坐使他们逐渐衰老，再过十多年，大略要减少一半人力，而现今子弟人数到那时也不值得一提。如果贼方兵力增加一倍，而我方兵力减损一半，即使伊尹、管仲来筹划大事，也不可能有什么好办法了。

如今不通晓长远计谋的人，一定会认为我的话过于迂阔不实。祸患没有到来而预先忧虑，这本是众人所认作迂阔的事。等到患难临头，然后屈膝叩首，即使有智谋的人，也不能想出办法了。这是古今通病，并非一时的特殊道理。从前吴国开始认为伍子胥迂腐，故此大难临头而无法解救。刘景升不能深虑十年以后的事，故此没有什么遗留给子孙。

今天我诸葛恪无充任大臣的才能，而受像萧何、霍光一样的重任。我智慧同于一般人，思虑并不深远，如果不在当前及时为国家开疆拓土，瞬息到了老年，而仇敌那时更为强大，到时刎颈自杀以谢罪责，也对事情无所补益了。

现在听大家之言，有的以为百姓尚且贫苦，想让他们尽量有时间休养生息，这是不知道忧虑大危难，而只乐于在小事情上致力。

从前汉高祖已幸运得到三秦之地，但为何不闭关守险，自享娱乐，却出关攻打西楚？身带创伤，衣服盔甲都生了虮虱，将士疲于困苦，难道是他喜爱冒锋刃之险而妄弃安宁吗？他是考虑敌我两方不能长期共存啊！每次阅读荆邯劝说公孙述出兵图谋天下的见解，近日又见到我叔父上表阐述与曹贼争竞天下的计策，没有一次不感慨叹息的。

我整夜辗转反侧，所思虑的就是这些。故此分条陈述自己愚见，送至各位君子手旁。如果有天我死去，志向计划不得实现，也想让后世知我所忧之事，可在以后思求解决之法。

诸葛恪写出论说北伐的文章后，将文章送给聂友一份，并附信作为答复：“足下所言虽有自然之理。然而没有看到时势大局。仔细看看我的这篇论说，就可以开启思想了。”多数大臣都认为诸葛恪这篇论说是为自己坚持出兵寻找借口，然而却无人敢再辩难劝阻。

这时，已是蜀汉后主延熙十六年（253），费祎以丞相职开府治事的第二年。此时，姜维已升为卫将军，与大将军费祎共录尚书事。这年春，费祎被刺杀身亡。

为北伐曹魏，诸葛恪写信给姜维，请他配合行动。对诸葛恪的这一决策，蜀越嶲太守张嶷认为不妥。当他得知姜维已应允配合诸葛恪的军事行动后，从蜀、吴两国大局着想写信给诸葛瞻，让诸葛瞻劝谏从兄诸葛恪。张嶷认为：“东吴国主孙权刚刚逝世，继位的皇帝年纪幼小，少主亲自领兵深入敌境，恐怕不是良策上计。”张嶷在信中援引周公辅成王、霍光辅汉昭帝的故事，要诸葛瞻劝告诸葛恪谨防出现“管叔和蔡叔散布流言发动叛乱”和“燕王旦、盖长公主、上官桀叛乱”类似的事，建议“退军发展生产，极力施行仁政，数年之后，吴、蜀两国一起举兵北伐，为时确不为晚”。他在信末恳切地说：“如果您不向太傅提出忠告，谁还能向他说明忠言呢？”这年夏，姜维率领数万人围攻南安（治所在今甘肃陇西）。魏国雍州刺史陈泰率军前来救援，陈泰行军至洛门，姜维却已因军粮耗尽而退军。

建兴二年（253），诸葛恪不顾朝臣反对，征发20万大军大举伐魏。诸葛恪的独断妄为，引起了百姓骚动，还未出兵就大失人心。当年孙权举兵攻打合肥新城无功撤返，诸葛恪这次出兵避开合肥新城，率军径直深入魏地，企望大举掳掠淮南一带的民众。将领中有人对这一目标有异议，认为率军深入魏地，边境上的百姓必定闻风远避，士兵劳苦而收效甚微。如果兵向合肥新城，围城打援，还有可能全胜。诸葛恪听从了这一建议，回军包围合肥新城。魏将张特率三千人拒守新城，吴军苦战月余，士卒伤亡惨重，仍不能攻克。诸葛恪督师强攻，城池将陷，张特为了死守待援便诈言投降，并告知诸葛恪，魏国国法规定，能坚守一百天后就算投降也不会祸及家人，请求已围攻新城九十多日的吴军再等几天，又送上官印以示诚意。诸葛恪信以为真，便停止攻城。张特连夜拆卸房屋栅栏修筑了第二道围墙，第二天又向吴军喊话示威，立志与城池共存亡。诸葛恪大怒，督军猛烈进攻，仍然不能破城。本已死伤惨重，又值盛夏，吴军因暑热而暴发疾病，很多将领病倒，士兵患疾者过半。各营军官所报病人数目越来越多，诸葛恪则认为军官们说假话，扬言要把他们杀掉，于是谁也不敢再去汇报。诸葛恪自知攻魏失策，又以攻城不下为耻，便怒形于色，迁怒于人。资深将领朱异提了点不同看法，立即被罢夺兵权，斥还建业。都尉蔡林因为多次提出建议不被理睬而策马投魏。魏国得知吴军疲病，于是命司马孚、毌丘俭趁势率军急进，合击吴军，诸葛恪被迫率兵撤退。吴兵本已溃不成军，撤退时又遭魏军截击而死伤万余人。退兵时，伤病士卒或跌入沟壑而死，或被魏军俘获而去，一路狼狈不堪。而诸葛恪却晏然自若，先到江中小岛消遣了一个月，又计划到浔阳一带屯田，只因诏书连催才缓缓回师。至此，吴国朝野不但对他彻底失望了，而且产生了怨恨的情绪。

回到建业时，诸葛恪不仅仍盛陈仪仗、势焰煊赫地归入府馆，而且为掩饰过错更加独断专权。如，他为了掩饰诏书连催而不归师的过错，回到建业后便先发制人，当即召来中书令孙嘿，厉声呵叱："你们怎么敢随意滥发诏书？"孙嘿噤若寒蝉，惶惧退出，告病辞官。又如，他检点名录，把自己出征后选曹（官名，掌管选拔官吏事）奏准任命的各级官员，一律罢免，重新任用。此后，诸葛恪愈加威严，动不动就对人横加责备，觐见他的人，无不屏息敛气，小心翼翼。他还改换宫中宿卫人员，用他亲近的人来担任，并命令部队整装待发，准备进军魏国的青州、徐州一带。

满门被杀　株连三族

诸葛恪北伐撤军返还，丹杨太守聂友知道他将要败亡，曾写信给太常、卫将军滕胤表示自己的担心，信中说："当人处于强盛之时，可令山动河移，一旦陷于败弱之地，人们对他的态度就会各式各样。说到这里令人悲伤叹息。"

对于诸葛恪，不仅吴国社会有先兆性舆论，敌国将领对他的前程也不看好。在诸葛恪兵围合肥新城不克而归后，时任魏国汝南太守的邓艾就对司马师说："孙权已经病逝，东吴大臣对新继位的皇帝尚未放心，国中不少名门望族都拥有自己的私人武装，他们凭借武力以巩固自己的地位，以便号令一方。诸葛恪刚刚把持朝政，对内无视君主，不知道抚恤士民来巩固根基，却急于对外用兵，肆意加重百姓的负担，动用全国的兵力围攻坚固的城池，伤亡数万人。如今无功而返，载祸而归，这就是他日后杀身获罪的理由。以前的伍子胥、吴起、商鞅、乐毅等人都是为当时的国君所信任，但国君一死，他们也随之身败名裂。更何况诸葛恪的才能远远比不上这四位贤人，他灭亡的日子不会远了。"

辅政大臣孙峻本来就与诸葛恪争权，见诸葛恪大失人心，就构陷诸葛恪想发动叛乱，与孙亮合谋诛杀诸葛恪。这一过程，《诸葛恪传》记载得很详细：

诸葛恪将要出征淮南新城时，有位孝子穿着丧服走进内屋。随从的人禀报了这件事，诸葛恪命令孝子出来并审问他，孝子说："不知不觉地就进来了。"当时内外守卫的兵士都没有看到，大家都觉得奇怪。出征之后，他所坐办事厅堂的大梁中间折断。自新城回来住在东兴，有白虹出现在他的船上，他回来拜祭孙权陵墓，白虹又环绕他的车子。诸葛恪将要晋见皇帝孙亮的头天晚上，精神烦躁不安，通宵不寐。天亮起床洗漱，闻到水里有腥臭味，侍者递给他衣服，衣服也有臭味。诸葛恪对此感到奇怪，换水换衣，但臭味依旧，他感到惆怅不乐。他整装后快步走出来，狗咬住了他的衣服。诸葛恪说："狗不想让我去吗？"回来坐了一会儿又起身准备走，狗又来咬住了他的衣服，他令随从赶跑了狗，于是登车上路。将要晋见时，停车在宫门，孙峻已在帷帐中埋伏好了士兵，担心诸葛恪不按时进来使事情败露，便亲自出来见诸葛恪说："您的尊体如果不太舒服，自然可以改日觐见，我自会向主上禀告。"想以此试探诸葛恪。诸葛恪回答说："我应当自己撑着身体进宫。"散骑常侍张约、朱恩等秘密递上条子给诸葛恪："今天的部署不同往常，怀疑有其他变故。"诸葛恪看了字条后省悟，使抽身离去，还未出宫殿大门，遇到太常滕胤，诸葛恪说："我突然腹痛，不便入宫。"滕胤不知道孙峻的阴谋，对诸葛恪说："您自出征回京后还未朝见，今日主上置酒席宴请您，而您已到了宫门，应该勉力进去为好。"诸葛恪犹豫着又返回来，带剑穿靴上殿，拜谢孙亮，回身坐下。斟上酒后，诸葛恪怀疑有毒而没有喝。于是孙峻说："您的病还未痊愈，应当带有常服的药酒，可以自己拿出来喝。"诸葛恪的心才定下来，另喝自己准备的酒。酒过数巡后，孙亮回到内殿。孙峻起身上厕所，脱掉长衣，更换短装，出来说："有诏书拘捕诸葛恪。"诸葛恪惊起，剑还未拔出鞘，而孙峻的刀已接连砍下。张约从旁边砍孙峻，伤其左手，孙峻随手回砍张约，砍断了他的右臂。武装的卫兵们都跑上殿，孙峻说："要抓的是诸葛恪，现已死去。"于是命令刀剑入鞘，将地打扫干净又继续饮酒。先前，曾有童谣唱道："诸葛恪，芦苇单衣篾钩落，于何相求成子阁。"钩落是钩络带上的装饰物，这里代指腰带。成子阁暗指石子岗，建业城南有长长的丘陵，名叫石子岗，是乱葬死人的地方。诸葛恪死后果真被芦苇席子包裹身躯，用篾条作为束腰带，抛尸在这个地方，时年51岁。

诸葛恪外甥都乡侯张震和常侍朱恩，因忠于诸葛恪，也被夷灭三族。

诸葛恪子女，见于史籍记载的有三子，在世二子皆受株连被杀。

长子诸葛绰，生卒年月不详，曾任吴国骑都尉，后参与鲁王孙霸的阴谋活动。孙权得知后，吩咐诸葛恪要严加管教，诸葛恪用药酒将他毒死了。

次子诸葛竦，官至吴国长水校尉。他对父亲“素性刚愎，矜己陵人”的作风曾多次劝谏，但均被拒绝，因而经常忧心祸至。父亲被杀后，他用车载着母亲和弟弟逃走，被孙峻派遣的部队追杀而死。

幼子诸葛建，任吴国步兵校尉。事发后，他渡过长江，想往北投奔魏国，走了几十里，被追兵捕杀。

诸葛恪被诛杀后，南阳王孙和先是被孙峻剥夺了印玺绶带，将他流放到新都（今浙江淳安），又派使者赐他自尽。孙和与张妃告别，张妃说：“无论吉凶我都跟着你，终不能一人活在世上。”先于孙和自尽。

小资料：

灭族

灭族刑是株连刑，一人犯死罪家族所有人都要死（即诛三族）。

族诛始于商朝，当时称为劓殄（读：yì tiǎn），即斩杀犯罪者及其后代的刑法，可谓族诛的雏形。

至秦朝，劓殄逐步发展为诛三族、诛五族、诛七族。《史记·秦本纪》中说：“法初有三族之罪。”此处，“三族”通常指父母、兄弟、妻子。《后汉书·杨终传》中写道：“秦政酷烈，一人有罪，延及三族。”此处，“三族”则指父族、母族、妻族。此外，“三族”还有指父、子、孙的说法。不论哪种说法，都堪称惨绝人寰。

诸葛恪被灭族后，吴臣臧均上表，以“故太傅诸葛恪能承继祖先所遗留的杰出功业，他的几位伯父、叔父遭遇汉朝国祚已尽，九州鼎立，分别依身于魏、蜀、吴三方，都能勤勉忠贞，兴隆帝王事业”的先人事迹，以“诸葛恪生长吴国之地，受吴主教化陶冶，致令名声英伟，服侍吴主几十年，没有萌生祸乱之心，先帝委付他伊尹、周公一样的大任，将日理万机的大事交付他”的正面评价，以“诸葛恪生性刚愎，骄气凌人，不能慎重地保持国家政权，让国内和平安定，而为了建功使军队长期奔劳在野，不及三年就出兵三次，白白损失百姓士卒，使国家府库物资用尽；独自专持国家大权，任意罢免任用官吏，凭借刑法威吓众人，上下官员都不敢出声”的负面指责，以对“侍中武卫将军都乡侯孙峻……看到他奸邪暴虐，日益滋盛，担心将使天下动乱，倾覆危害社稷。于是奋其威怒，精诚贯通云天，计虑胜过神明，智勇百倍于荆轲、聂政，亲自手持白刃，诛杀诸葛恪于殿堂之上”的恭维赞美，以“国家大害，一朝根除，车载他的首级展示于众，六军喜乐欢跃，日月增光，风尘平息，实为祖先之神灵，天人之共验。如今诸葛父子三人首级，悬市示众数日，观看的人几万，咒骂声汇积如风”的现状，以“已死去了的人，与土壤同归一处，任凭凿、挖、砍、刺，再也不能施加刑罚”的现实，以“雷震电闪，不会一整天；大风激扬，很少终日不停，总是要接着布云播雨，用以滋润万物。是故天地发威，不能整天整旬，帝王发怒，不应任意纵情”的道理，以“从前项羽也得到殡葬之赐，韩信也获得收殓之恩，这就使汉高祖显扬神明的声誉”的先例，“希望圣明的朝廷效法乾坤，震怒不越旬日，让他的同乡或过去的部下，以一般的兵士服装来收殓他，赐给他三寸薄棺”。臧均陈述了上述理由和情意后，还表示：“臣不敢公开表示自己愚昧的情意，以泄露皇上恩德，只好恭敬地草拟这份表章，冒昧说明自己的想法，恳求圣明的朝廷哀怜省察。”

臧均这篇表文，对诸葛恪评价有褒有贬，对诸葛恪后事的处理请求有理有据，还捎带着对孙峻进行了赞美，并把妥善处理后事的面子送给了圣上。因为政敌已全族覆灭，孙峻也就顺水推舟送了人情，年幼的皇帝孙亮也就根据新的权臣孙峻的态度，恩准了臧均的奏表，听任诸葛恪过去的下属去将他的尸体收殓安葬。诸葛恪过去的下属于是在石子岗找到他的尸体安葬了。

附文：

诸葛恪成败探因

在孙吴中后期的军政舞台上，诸葛恪是一位关键性的人物。

成功之缘

他的成功主要得益于孙权的刻意栽培。

诸葛恪自身条件是聪明，思维敏捷、智力超群。

诸葛恪20岁出仕即为骑都尉，选入东宫陪侍吴王太子。王太子转为皇太子后，他又晋升为左辅都尉，成为太子宾友集团中的领袖人物。后来，孙权力排众议任命诸葛恪为丹杨太守，三年后拜为威北将军、封都乡侯。陆逊死后，又升迁为大将军，假节，驻武昌，代陆逊领荆州事。诸葛恪地位上升之快，权位之重，令人侧目。这显然是与孙权的精心设计和具体安排分不开的。概言之，孙权是把诸葛恪作为侨寓士人新生代的代表加以重点培养的。

一是将诸葛恪培养成太子孙登辅政集团的领袖人物。黄武元年（222）孙权称吴王，以长子孙登为王太子，黄龙元年（229），孙权称帝，又以孙登为皇太子。孙权对太子的教育及其政治力量的扶持和培育是非常重视的，除了精心挑选太师、太傅以外，重点是选择东宫属吏。东宫属吏的品秩虽不高，一般不直接议论朝政，但对太子以及对日后国政有重大影响，太子即皇位后，太子属吏往往以旧恩而成为重臣。孙权立孙登为王太子后，诸葛恪就与张休、顾谭、陈表等被选为太子属吏，继而成为皇太子左辅都尉，成为太子“四友”之首。诸葛恪也深得孙登的倚重，后孙登病重死前还上疏力荐东宫属吏，其中首推诸葛恪是“才略博达，器任佐时”。尽管后来孙登未及登位而逝，其诸宾客也都各奔前程，但由此可以看出孙权父子对诸葛恪的重视，这对诸葛恪政治地位的提高是大有助益的。

二是在实践中考察和锻炼他的实际才干。诸葛恪才思敏捷又轻佻粗疏，当时东宫同僚中也有人评论他“才而疏”[①]，这并非个人恩怨，而是据实而论。孙权对诸葛恪的个性和同僚的评价是了解的，所以当节度出现空缺时，安排他代理这一职务是有其深意的。节度掌控粮谷，工作手续烦琐，并不是诸葛恪的擅长，孙权“欲试以事”，显然既是考察他，也是磨炼他，更是锻炼他处理实际事务的能力。

三是支持诸葛恪领兵平定山越。孙权有心培养诸葛恪，希望他能够树立威望。诸葛恪既不放过任何展示才华的机会，更希望有机会建功立业。所以，他瞄准了都不看好的丹杨郡，求任丹杨太守。对诸葛恪的自荐之举，朝臣“皆以为难”，连他的父亲也认为“事终不逮”。但孙权不仅力排众议任命诸葛恪为抚越将军，领丹杨太守，而且为其举行了隆重的授职仪式。孙权的超常安排，显然有大力扶持的用意。

孙权对诸葛恪的青睐和培养，根本原因是基于孙氏皇权的巩固。孙氏武装势力立足江东之初，本土大族是持抵制态度的，因此孙策对他们采取了“诛其英豪”[②]的政策，而对江北侨寓士人则加以扶持。孙权继位之后，意欲在江东

---

① 《三国志》卷五十九《吴书十四·孙登》裴“注”引《江表》。
②《三国志》卷四十七《吴书二·吴主》裴“注”引《傅子》。按：《傅子》有孙策“转斗千里，尽有江南之地，诛其名豪，威行邻国”句。

正式建国号，为赢得吴地大族的广泛支持，推行了一系列的本土化政策，其核心便是“以吴人治吴”。但孙权为防止本土大族垄断孙吴军政大权，又一直在暗中提携、培植侨寓士人的势力，以牵制本土大族势力。诸葛恪因其家族地位和自身的才能，成为孙权的重点培养对象。

平定山越是诸葛恪主政前的得意之作，主政以后的治吴举措也不乏亮点。一是，在政治上改革孙权遗留下来的弊政，即对孙权统治中晚期以来法禁严酷的情况加以调整。这一改革之举，使得朝政一时之间出现了新的气象，他的威望也因此蒸蒸日上。二是重筑东兴湖大堤。东兴湖筑堤始自孙权，主要用来遏制威胁建业的湖水，兼及水师训练。后来孙权征伐淮南时反被湖内敌兵船只打败了，于是堤废再不修治。诸葛恪重新修筑大堤，既遏制了泛滥的湖水，又有利于舟师，可谓一举两得，利国利民。三是大败魏军。在诸葛恪部署和指挥下，吴军迅速利落地打败了前来破坏湖堤的魏军，并斩杀了已成为魏国前军督的吴国叛将韩综，吴人无不拍手称快；特别是打败了他的胞叔诸葛诞，这颇有大义灭亲的悲壮，吴人更加钦佩。诸葛恪振旅而归，加爵晋升赐金封侯，集军政大权于一身，达到了一生的巅峰。应该说，诸葛恪初露头角时确实显示了非凡的组织能力与军事才能，是继陆逊之后很被人看好的帅才。

败覆之因

诸葛恪由第二次伐魏在军事上的惨败，很快发展到政治上的完全倾覆，以至于死无葬身之地，以被夷灭三族而结束一生，是一个有着必然性的悲剧。这一悲剧的产生，陈寿认为：周公辅佐成王尚且受到管叔、蔡叔等人猜忌，何况诸葛恪骄傲且吝啬，凌上而蔑下，作为首辅大臣岂能不败！倘若他践行写给陆逊和诸葛融信中表述的承诺和誓言，那么就不会有追悔顾惜，更不会有灭门之祸了。陈寿的评论，注重了诸葛恪自身的因素，而没有涉及有关社会环境方面的因素。实际上诸葛恪的败覆，既有他自身的因素，也有社会的复杂原因。

诸葛恪有效法叔父诸葛亮的心愿，言行之中也有模拟叔父诸葛亮的影子。但他的才华属于小聪明而非大智慧，所以最终事与愿违。他年轻时那些所谓的聪明故事，归结起来无非是在同事交往中对别人的嘲弄，在外交活动中与蜀国使节以言辞相竞，在生活中插科打诨、恶作剧式的戏笑等方面。这些小聪明若用来持节出使，与人争锋于庙堂之上而不损国之威严，可谓聪明有余；若用来辅佐君王，深谋远虑，治国安邦，则嫌智慧不足。虽然众人奇其英才，但有识者已对他不看好。陆逊就对诸葛恪说："今观君气陵其上，意蔑乎下，非安德之基也。"[①]他的姐夫张承也认为"终败诸葛氏者元逊也"[②]。臣僚有此评价，孙权不会不知道。应该说，孙权不仅是不拘礼法而无视其不足，更是因爱屋及乌和急于培植他而容忍了他的缺点，只宠爱而不教诲，培植而不批评，又强化了他这种个性。孙权病危时，朝臣大多数对诸葛恪不看好，唯有孙峻赞扬诸葛恪是辅佐之器，可托大事，极力保荐。实际上，孙峻是用了"捧杀"的计谋，最终借后主孙亮之手除掉了政敌，成功掌控了吴国的大权。

诸葛恪志大才疏，又刚愎自用，以至于招致杀身之祸。孙权托孤时，对诸葛恪也是有所顾虑的，但当孙峻极力褒扬和保荐时，最终还是将辅佐大权交给了诸葛恪，并赋予了"诸事一统于恪，惟杀生大事然后以闻"的大权，为诸葛恪的专权创造了条件。孙权死后，皇族争权，势如水火，在这种复杂的局势中，诸葛恪显然既不具备治国安邦的宏才大略，更不具备鞠躬尽瘁的忠贞品德。特别是在皇族争权的政治旋涡中，他身为首辅却因私利而指使修葺武昌宫殿，实质是意欲另立他的外甥孙和为帝，陷于皇权之争而不能自拔。辅政之初，对内进行政治改革，对外一再兴师北伐，实际上是为提高声望，巩固权位，结果激化了吴国社会各方面的矛盾而不能收拾败局。东兴湖大捷后，魏国光禄大夫张缉就对司马师说："恪虽克捷，见诛不久。"司马师问："何故？"张缉说："威震其主，功盖一国，求不死得乎！"可谓旁观者清，洞若观火，一针见血。

诸葛瑾是孙权器重的重要谋臣之一，他和孙权谈论事情或对孙权有所劝谏，因为辞语和顺，说理允当，又顾忌孙权的脸面，孙权往往能默默地顺从。诸葛恪身为长子，肩负家族承传的重任，其名"恪"，表字"元逊"，也显然有着父亲期望长子"恭敬谨慎""谦让恭顺"的含义，而诸葛恪的言行却处处与"恪""逊"的寓意相左。诸葛瑾虽然早就意识到他"非保家之子，每以忧戚"，也曾预感"恪不大兴吾家，将大赤吾族"，但从史籍记载中，还未发现他劝谏孙权不要娇宠诸葛恪的言行，也未见他对诸葛恪悉心教诲或严加管束的言行。可以说，诸葛恪的人生悲剧以及由此带来的诸葛瑾家族的覆灭，诸葛瑾也有一定的责任。

---

① 《三国志》卷五十八《吴书十三·陆逊》。
②《三国志》卷五十二《吴书二·张昭》附《张承》。

诸葛亮子孙：忠烈流芳

诸葛亮婚后多年无子，因此过继了诸葛瑾的次子诸葛乔为嗣，后又生子诸葛瞻。诸葛亮对嗣子与嫡子一视同仁，耳提面命，从严教育。子孙也不负期望：国安时恪尽职守，赢得良好口碑；国难时慷慨赴难，血染疆场；归晋后，顺势应时，尽心所事。

诸葛乔

诸葛乔生于公元204年，原字“仲慎”。其表字中“仲”字，表明兄弟排行次序为二，“慎”字有“小心谨慎”之意，与其哥哥表字“元逊”一样，蕴含着父亲诸葛瑾对儿子们的期望。在吴国，诸葛乔和他哥哥诸葛恪都很有名望，但当时有评论认为，论才华弟不如兄，而论品性却兄逊于弟。

诸葛乔到蜀国后，官授驸马都尉[①]。诸葛乔本字“仲慎”，过继给诸葛亮为子后改字“伯松”。“伯”字在兄弟排序中为长，“松”字含有坚贞高洁之意。将“仲慎”改为“伯松”，足见诸葛亮对诸葛乔的拳拳真情和殷殷期望。诸葛亮没有让视如亲出的继子养尊处优，不仅带他进驻汉中，而且还让他督运军粮。为此事，诸葛亮写信给哥哥诸葛瑾：“乔本当还成都，今诸将子弟皆得传运，思惟宜同荣辱。今使乔督五六百兵，与诸子弟传于谷中。”在风餐露宿的艰苦劳作中，诸葛乔染上疾病，于建兴六年（228）离世，年仅25岁。

诸葛乔衣冠冢（四川梓潼）

① 驸马都尉是官名，汉武帝时始置。驸，即副。驸马都尉掌副车之马。皇帝出行时自己乘坐的车驾为正车，而其他随行的马车均为副车。三国时期，有以帝婿的身份授官驸马都尉者。诸葛乔非帝婿。

诸葛乔有子诸葛攀，在蜀国官至行护军、翊武将军。《三国志·诸葛亮传》记载："诸葛恪见诛于吴，子孙皆尽，而亮自有胄裔，故攀还复为瑾后。"诸葛攀是在蜀国"早卒"，显然没有送还回吴的可能，只是诸葛攀在名义上复嗣于诸葛瑾而已。

诸葛攀有子诸葛显。诸葛攀复嗣为诸葛瑾之子，诸葛显自然随父复嗣为诸葛瑾之孙。蜀汉亡后，诸葛显于公元264年被遣迁到河东郡（今山西南部）定居，成为诸葛瑾的唯一传人。但史书仅记载了诸葛显被遣迁到河东郡，此后的事就失传了。

诸葛瞻

诸葛瞻字思远，生于建兴五年（227）。诸葛瞻从小聪明颖慧，擅长书法和绘画，记忆力强，是一个早熟的人才。建兴十二年（234），诸葛亮写信给哥哥诸葛瑾说："瞻今已八岁，聪慧可爱，嫌其早成，恐不为重器耳。"表现出对儿子成长的期望和担心。

诸葛亮去世后，诸葛瞻在刘禅的关照和臣僚的爱护下，顺利成长。诸葛瞻承袭了武乡侯的爵位，17岁时，被后主刘禅招为驸马，授官骑都尉，继而任羽林中郎将。羽林中郎将掌管皇帝御林军，秩比二千石。此后，历任射声校尉、侍中、尚书仆射加军师将军等职。景耀四年（261），为行都护、卫将军，与辅国大将军董厥共同执掌尚书台政务，统领国事。当时后主刘禅宠信宦官黄皓，黄皓总揽朝政，导致蜀汉朝政败坏。尽管诸葛瞻的文才武略远远无法望父亲之项背，却继承了父亲的忠贞品格和清廉之风。因而，只要朝廷有一项好的政令或好的事情，即使不是诸葛瞻倡导的，也传说是诸葛瞻所为。

蜀汉景耀六年（263），魏国三路大军攻蜀。三路大军中，邓艾带领的军队自阴平沿景谷道入川袭蜀，凿山开路，修栈架桥，鱼贯而进，走了七百多里荒无人烟的山间险道，出其不意地占领了蜀国的江油。江油距成都只有四百里，不过骑兵部队两日的行程。江油的失守，对蜀汉更加不利，刘禅于是派军师将军诸葛瞻率军迎击邓艾军。诸葛瞻行至涪县后，盘桓不进，意在以逸待劳，蓄锐待敌。部将尚书郎黄崇再三建议应急速前进，占据险要地势，坚决阻止敌人进入平原地区。诸葛瞻犹豫不决，邓艾遂得以长驱而进，击破诸葛瞻的前军，诸葛瞻被迫退守绵竹（今四川绵竹东南）。邓艾派使者劝诸葛瞻投降，并以保举为"琅邪王"相诱。诸葛瞻怒斩来使，誓与魏军在绵竹决一死战。邓艾诱降诸葛瞻不成，便派其子邓忠攻击蜀军的右翼，以司马师纂率军攻击诸葛瞻军的左翼。两人都被诸葛瞻击败，退兵回营向邓艾报告说：“贼未可击！”邓艾大军翻山谷千里远袭，此时已是兵少粮缺，利在速战速决，见其子不仅被敌击退，而且还说敌军不可战胜，不禁怒斥：“存亡之分，在此一举，何不可之有！”要将邓忠、司马师纂斩首。二人急忙率部返回战场死战，诸葛瞻终于寡不敌众，壮烈战死，时年37岁。

诸葛瞻长子诸葛尚，见父亲战死，也冲入敌阵力战至死，时年17岁。

邓艾敬佩诸葛瞻父子忠烈，将诸葛瞻父子合葬在绵竹。现在四川绵竹市有诸葛瞻父子墓和双忠祠。

诸葛瞻次子诸葛京，字行宗，生卒年月不详。蜀国灭亡的第二年（264），诸葛京及诸葛显等人被遣迁到河东郡（今山西运城）。至此，诸葛亮的嫡传唯有次孙诸葛京在世。

双忠墓

《三国志》对诸葛京遣迁到河东郡后的情况没有详述，裴松之在《三国志·霍峻传》“注”引《襄阳记》曰：泰始四年（268）三月，罗宪“从帝宴于华林园，诏问蜀大臣子弟，后问先辈宜时叙用者，宪荐蜀郡常忌、杜轸、寿良，巴西陈寿，南郡高轨，南阳吕雅、许国，江夏费恭，琅邪诸葛京，汝南陈裕，即皆叙用，咸显于世”。根据《襄阳记》可知，推荐诸葛京之人罗宪，在蜀官至巴东太守，入晋后官至冠军将军、假节。当晋帝司马炎询问蜀大臣子弟情况时，罗宪推荐了诸葛京和陈寿等人。诸葛京被晋朝启用后的情况，裴松又在“京及攀子显等，咸熙元年内移河东”后注曰：诸葛亮“其孙京，随才署吏，后为郿令。尚书仆射山涛启事曰：‘郿令诸葛京，祖父亮，遇汉乱分隔，父子在蜀，虽不达天命，要为尽心所事。京治郿自复有称，臣以为宜以补东宫舍人，以明事人之理，副梁、益之论。’京位至江州刺史”。由此可清楚地知道：蜀国灭亡的第二年（264），诸葛京被遣迁到河东郡。泰始四年（268）春，罗宪向晋武帝司马炎推荐了诸葛京。后来诸葛京被任命为郿县令。再后，山涛奏请诸葛京补东宫舍人。东宫舍人是太子属官，也是太子将来执政的嫡系班底。山涛推荐诸葛京入仕东宫，从中可推测出诸葛京的品质和才能是比较出众的。诸葛京官至江州刺史，惠帝时位至平越中郎将、广州刺史假节。此后，史籍中就不再见诸葛京及后人的记载了。

清人张澍《诸葛忠武侯文集·故事卷一》引《诸葛氏谱》称："晋泰始五年（269）己丑，王览为太傅，诏录故汉名臣子孙，萧、曹、邓、吴等后皆赴阙受秩，孔明之后独不至。访知其第三子怀，公车促至，欲爵之。怀辞曰：'臣家成都，有桑八百株，薄田十五顷，衣食有余饶。材同樗栎，无补于国，请得归老牖下，实隆赐也。'晋主悦而从之。"这段记述中，言称诸葛怀为诸葛亮第三子。"第三"之说，系将继子诸葛乔一同加以计算的。诸葛亮是否有亲生第二子诸葛怀，正史未作记载。宋朝时《诸葛氏谱》已经失传，张澍所引《诸葛氏谱》是后人钩沉辑录之本，故难以确信。谨录以备考。

张澍同著又记载：故老相传，诸葛亮女儿诸葛果，在成都西南朝真观修行成仙升天。还记载：诸葛瞻还有一子名诸葛质。蜀亡后，刘禅之子洮阳王刘恂不愿降魏，派诸葛质为使，与夷帅孟虬通好，刘恂得在南中水昌定居。此事正史没有记载，亦录以备考。

张澍同著还记载：诸葛均的妻子系南阳林氏，是诸葛亮亲自为弟选择的配偶。正史未见诸葛均后人的记载。

诸葛诞子孙：杰出中兴

诸葛诞子女，见于史籍记载的有一子诸葛靓和一女琅邪王妃。诸葛靓因到吴国为人质而幸免于难，诸葛靓之子诸葛恢弱冠知名，杰出中兴，使诸葛家族再次绽放出了希望之花，也留下了许多趣闻佳话。

诸葛靓

诸葛靓，字仲思，生卒年代不详。由“仲”字可知，诸葛靓系诸葛诞次子。诸葛诞被夷三族，后裔只剩下送往吴国当人质的诸葛靓和琅邪王的诸葛妃。

《世说新语》记载：诸葛诞兵败被杀，诸葛靓在吴国郁郁不乐。某日，朝堂大会，吴帝孙皓问：“卿字仲思，为何所思？”诸葛靓回答：“在家思孝，事君思忠，朋友思信，如斯而已。”[①]诸葛靓于吴国太平二年（257）入吴为人质，诸葛诞被杀后就滞留在吴国，历任右将军、大司马等职。甘露元年（265），吴帝孙皓徙都武昌，诸葛靓以右将军之职，与御史大夫丁固一起留守建业。次年冬十月，永安人施但聚众千人，劫持孙皓的庶弟永安侯孙谦到秣陵，欲立为新帝。施但以孙谦的名义派遣使者诏令丁固、诸葛靓归顺。诸葛靓立斩来使，并与丁固率兵迎敌，大败施但。

天纪四年（280），司马炎灭吴，诸葛靓作为俘虏到了洛阳。这时司马昭已死，司马昭之子司马炎称帝。司马懿生有九个儿子，其中第五子司马伷是司马师、司马昭的同父异母弟。诸葛靓的姐姐是琅邪王司马伷的王妃，即司马炎的婶母，诸葛靓也是司马炎小时候的好朋友，因此司马炎诏任诸葛靓为大司马。诸葛靓因为父亲被司马昭诛杀并灭三族，不仅坚决不做晋朝的官，而且坚决不见司马炎。

①《世说新语校笺》卷上《言语第二》。

司马炎请婶母诸葛太妃召见诸葛靓，二人终于在太妃处相见。司马炎说："你多回忆一下你我儿童时代的交情好吗？"诸葛靓回答："臣不能吞炭漆身，今日复睹圣颜。"意思是我因不能为父报仇，才在这里见到你，说完便涕泪交流。司马炎于是既惭愧又懊悔地退了出去。

司马炎又诏任诸葛靓为侍中，诸葛靓固辞不受。"归于乡里，终身不向朝廷而坐。"①

诸葛靓所归"乡里"是何处，史籍没有明确记载。但综合分析，可推知是回到了祖籍地琅邪。

一是客观条件决定了诸葛靓可以选择琅邪。司马伷以琅邪王身份参加灭吴之战后，官升大将军、仪同三司，虽已不在琅邪王国，但王位还在。诸葛靓不愿与司马氏为伍，但司马伷毕竟是他的姊丈，回到祖籍琅邪是最佳选择。

二是诸葛恢的履历可以佐证诸葛靓回到了琅邪。诸葛恢出生时间在诸葛靓归于乡里之后，而且在琅邪"弱冠知名"，"初试即丘长，转临沂令"。当时琅邪国以开阳为都，统县九，其中有临沂、即丘、阳都等县。诸葛恢在诸葛靓归于乡里之后出生，因弱冠知名在琅邪出仕，可以佐证诸葛靓拒官后回到了祖籍地琅邪。至于是回到了琅邪郡治所开阳，还是回到了祖籍地阳都，就难以确考了。

《晋书》记载了诸葛靓的两个儿子诸葛颐和诸葛恢。

诸葛颐

诸葛颐，字道回，生卒年代不详。《晋书·诸葛恢传》记载，诸葛颐"为元帝所器重"，与其弟诸葛恢"并居显要"。司马昱为琅邪王时（322—326），诸葛颐任琅邪国相。汉晋时期，封王者食禄而不治国，王国设有傅和相等重要官职，均由朝廷任命。傅的职责是导王以善，相当于老师，对王不称臣；相的职责是管理王国内的民事，相当于郡太守，对王亦不称臣。琅邪国是元帝司马睿的发迹之地，司马昱是司马睿的小儿子，任琅邪王时年仅三岁，诸葛颐任国相，足见元帝对他的信任与器重。

永嘉六年（312），琅邪王司马睿的王妃虞孟母病逝，不久又纳寡妇郑阿春为继室。司马睿即帝位后，追封虞孟母为"元敬皇后"，将郑阿春封为"夫

---

①《晋书》卷七十七《列传第四十七·诸葛恢》。按：吞炭漆身比喻为父报仇。据《史记·刺客列传》载：春秋末年，晋国大夫赵襄子灭了智伯，智伯的家臣豫让便要杀赵襄子来给智伯报仇。他用漆涂身，使身上长癞疮，以改变形貌；吞炭弄坏嗓子，使声音沙哑。他毁容变音，使人不识，再去报仇。

人”。虽然郑阿春没有被封为皇后，但司马睿要求包括太子在内的所有子女，都要以嫡母之礼侍奉她。郑阿春生二子一女，次子司马昱生于元帝大兴三年（320）。

永昌元年（322）司马睿封本已食邑会稽、宣城的司马昱为琅邪王，但仍然食邑会稽、宣城。同年司马睿去世，长子司马绍继位。或许因为此时郑夫人还在世，她所凝聚的旧势力仍很强，司马绍无法有强力的政治动作，所以司马昱的日子还比较平稳。

太宁三年（325）三月，司马绍立五岁的长子司马衍为皇太子，确立了接班人。同年闰八月，司马绍去世了，司马衍继位。次年，郑夫人也过世。由于司马睿起于琅邪王，琅邪王代表着这一支大宗在家族中的显要地位，所以，以司马衍为首的政治集团对琅邪王王位觊觎已久，必欲夺之。郑夫人一死，七岁的司马昱失去了靠山，厄运就降临到了他的头上。《晋书·郑太后传》记载，咸和元年（326）郑夫人去世，琅邪王司马昱以生母之礼服大丧。这本来是符合礼法的做法，但司马衍集团的官吏上奏说：司马昱由会稽王改封琅邪王，食邑会稽、宣城如旧，这既是以会稽王摄行琅邪国祀，又是为奉琅邪王司马觐之祀而出继给司马觐做嗣孙。[①]既然已经出继给他人，就不能以王妃之子的规格行丧礼。司马昱仍服大丧，国相诸葛颐不能匡正便是失职，请罢免诸葛颐国相之职。

这一指责，显然是为了把司马昱从琅邪王位上扳下来而刻意地索垢寻疵。司马昱也不服气，根据祖规援引先例极力辩白。司马昱虽然辩白得有理有据，但仍然被徙封为会稽王，郑阿春也随着降格，被追赠为会稽太妃。诸葛颐是司马昱国相，自然首当其冲地列入郑夫人的党羽，被以“坐不正谏”的罪名免职。

诸葛颐的事迹，除前条记载外，《晋书·诸葛恢传》还附记：“恢兄颐，字道回，亦为元帝所器重。终于太常。”“亦为元帝所器重”当指与诸葛恢并受元帝器重；“终于太常”当是寿终于太常之位。太常是掌管朝廷宗庙礼仪之官，汉朝属太尉部，至晋朝、南朝时均为九卿之一。由此可知，诸葛颐是荣身而终。至于诸葛颐在哪位皇帝期间任太常，因史无记载，就难以确论了。

史籍中未见诸葛颐后人的记载。

---

① 司马睿是司马懿曾孙，司马伷之孙，司马觐之子，本为皇室旁宗。司马睿即皇帝位后，绍继了司马氏皇室大宗，就无法顾及自己本宗，所以让儿子司马裒嗣琅邪恭王司马觐后，奉司马觐祀。司马裒早夭，司马睿又封幼子司马焕为琅邪王，结果司马焕当日就死了。永昌元年，元帝诏曰：“先公武王、先考恭王君临琅邪，继世相承，国嗣未立，蒸尝靡主，朕常悼心。子昱仁明有智度，可以虔奉宗庙，以慰罔极之恩。其封昱为琅邪王，食会稽、宣城如旧。”于是，司马昱由会稽王改封为琅邪王，以奉恭王司马觐之祀。故有出继之说。

诸葛恢

诸葛靓次子诸葛恢，字道明。《诸葛恢传》未记载出生时间，仅记载“卒，年六十二”。《晋书·穆帝纪》又记载：永和元年（345）“五月戊寅……尚书令、金紫光禄大夫、建安伯诸葛恢卒”。由诸葛恢的卒年和享年可推知，生年是在晋武帝太康三年（282）。武帝太康元年（280）灭吴，诸葛恢之父诸葛靓拒官回到家乡，诸葛恢在家乡琅邪出生。

诸葛恢自幼聪慧，才华出众，20岁左右就出任即丘长，不久转任临沂县令。即丘和临沂都是当时琅邪国下辖的县，即丘县小，不足千户，临沂县大，千户以上。“晋千户已上为令，从小补大表其能，才堪治民以参选。”[①]诸葛恢先被试用为即丘长，因“才堪治民”而“从小补大”，由“长”转为“令”以“表其能”。诸葛恢在任时处理政事平和，很得民心。

西晋末年，司马氏八王争夺中央政权，酿成了长达16年的战乱，北方少数民族乘机入侵中原，中原民众纷纷到江南避难。琅邪王司马睿被怀帝司马炽任命为安东将军，都督扬州、江南诸军事。从此，司马睿率军渡江，镇守建邺（今江苏南京），经营江南。就在这时，诸葛恢随琅邪王司马睿来到了江南。南渡后，先任司马睿的主簿[②]，后任江宁县令。司马睿徙镇建邺月余，没有任何当地大族主动地向他靠拢，表示亲近。时任司马的王导是与司马睿相随南渡的琅邪人，他素与司马睿友善，于是劝司马睿尽快收罗有道德才能的人，与他们共图大事。司马睿听从了王导的建议，一次就征召了一百多人，诸葛恢以江宁令辟举为行参军。王导很看重诸葛恢，预料说：“道明将成为年轻的公卿。”王导任司空时，曾指着头上的冠冕对诸葛恢说：“您也将会戴上这个。”王导和诸葛恢曾经戏论族姓的高低，王导说：“人家都说王、葛，不说葛、王，可见王姓比诸葛高贵。”诸葛恢则回答说：“人不说马、驴，而常说驴、马，难道驴比马强？”王导是琅邪临沂人，诸葛恢是琅邪阳都人，两县以蒙河为界。王导和诸葛恢戏论族姓高低，从中不仅看出两人关系的亲密，而且也从中窥知两个世家大族渊源的深远。

诸葛恢因讨伐周馥有功封博陵亭侯，升任镇东参军，又以时誉迁任从事中郎，兼统记室。当时四方多事，奏章堆积，诸葛恢斟酌处理，都很得宜。司

①《北堂书钞》卷七十八《设官部三十·县令》，钦定四库全书影印本。按：已，古同以。
② 主官属下掌管文书簿籍及印鉴的佐吏。

马邺即帝位，征召任用四方贤才，诸葛恢被召为尚书郎。司马睿认为地方治理更需要人才，上疏挽留，诸葛恢因此又调任会稽太守。临行时，司马邺为他设宴，对他说："今天的会稽，如同从前的关中，兵多粮多，需要有个好太守。因为您有治理之才，所以委屈您去。当今四方分崩离析，应该救正扶危。你认为当务之急是什么？"诸葛恢回答说："当今天下动乱，风俗衰败，应该尊五美，弃四恶[①]，进用忠贤之士，斥退浮华之人。"司马邺非常赞赏他。

诸葛恢不负帝望，政绩卓然。司马睿即帝位后，下诏褒赏诸葛恢："莅官三年，政清人和，为诸郡首，宜进其位班，以劝风教。今增恢秩中二千石[②]。"后来，诸葛恢因母去世而离职服丧。服丧期满，授中书令。王敦[③]又上奏推荐诸葛恢为丹杨尹，因久病免官。

太宁二年（324），晋明帝司马绍讨伐谋反的王敦，诸葛恢因功进封建安伯，拜后将军、会稽内史，又被征召为侍中，先后迁任左民尚书、吏部尚书，再升尚书右仆射，加散骑常侍、银青光禄大夫。咸康八年（342），晋成帝司马衍遗诏以诸葛恢和武陵王司马晞、会稽王司马昱、中书监庾冰及中书令何充一同为顾命大臣。同年，司马岳即帝位，加诸葛恢侍中、金紫光禄大夫[④]。

永和元年（345），诸葛恢去世，时年62岁。追赠左光禄大夫[⑤]、仪同三司[⑥]，谥号"敬"，并祠以太牢之礼[⑦]。《晋书》有传。

诸葛恢出生在琅邪，初为家乡琅邪即丘长，继为临沂令，历西晋怀帝司马炽、愍帝司马邺；东晋元帝司马睿、明帝司马绍、成帝司马衍、康帝司马岳、穆帝司马聃七帝，为官以清正闻名。当时颍川人荀闿字道明、陈留人蔡谟字道明，与诸葛恢一起被誉为"中兴三明"。王羲之评价说："荀、葛各一国佐命宗臣，观其辙迹，实奇士也。然荀获讥于忧卒，意长恨恨，谓其弘济之心，宜被大道；诸葛经国达世治无间然，处事而无玷累，获全名于数代。至于建鼎足之势，未能忘己，所谓命世大才，以天下为心者，容得尔乎？"[⑧]王羲之谓其"经国达世治无间然""处事而无玷累"，是"命世大才，以天下为心者"，

---

① 语出《论语·尧曰》。五美：君子惠而不费，劳而不怨，欲而不贪，泰而不骄，威而不猛。四恶：不教而杀谓之虐；不戒视成谓之暴；慢令致期谓之贼；犹之与人也，出纳之吝谓之有司。

② 汉代及晋代官吏秩禄等级。中是"满"的意思，"中二千石"即月俸一百八十石，一岁凡得二千一百六十石。其地位在真二千石、二千石、比二千石之上。

③ 王敦（266—324），字处仲，琅邪临沂（今山东临沂北）人。东晋丞相王导的堂兄，曾与王导一同协助司马睿建立东晋政权，成为当时权臣，但一直有夺权之心，最后发动政变，史称王敦之乱。

④ 魏晋时加官及褒赠之官。加金章紫绶者，称金紫光禄大夫；加银章青绶者，称银青光禄大夫。

⑤ 文散官名。晋时，左光禄大夫正二品，右光禄大夫从二品。

⑥ 意为非司徒、司寇、司空官而得享受三司的待遇。无定员，为加官。

⑦ 祭祀时，用牛作牺牲。

⑧《全上古三代秦汉三国六朝文·全晋文》卷二十四《王羲之三·杂帖三》。

可谓评价准确、公允、可信。

诸葛恢的后代，《晋书·诸葛恢传》仅涉及诸葛虨和诸葛贈，未直接记载其他子女情况。根据史籍零散资料可知，诸葛恢有三子、三女。

长子诸葛虨，生卒年代不详。诸葛恢在尚书右仆射任上去世，诸葛虨承继了尚书右仆射的职位，官至散骑常侍。

次子诸葛贈，生卒年代不详。诸葛恢因征讨王含有功晋封为建安伯，他原有的关内侯爵位移赐给了诸葛贈。

据《世说新语》刘孝标“注”引有关资料记载，诸葛恢还有其他子女：

幼子诸葛衡，字峻文，官至荥阳太守。

长女诸葛文彪，嫁与太尉庾亮的长子庾会为妻。

次女（名字不详），嫁与太山郡望族徐州刺史羊忱之子羊楷为妻。

小女诸葛文熊，嫁与陈郡人尚书谢裒之子谢石为妻。

东晋时期，门第观念在婚姻中占绝对地位，“士庶不婚”的婚姻原则无可动摇。诸葛氏本是汉魏望族世家，至东晋初年，能与琅邪王氏以及颍川庾氏相比肩者，唯有诸葛氏。诸葛恢在联姻方面，是以居高临下的态度选择对方的。《世说新语》记载了诸葛恢嫁女的一段趣闻佳话：

诸葛恢小女儿诸葛文熊待字闺中时，已官至尚书的谢裒为第五子谢石向诸葛恢求婚。当时谢裒家功业不显，人们还不认为他是名门世家。因此，诸葛恢拒绝说：“羊家、邓家和我们是世代姻亲，江家是我看顾他，庾家是他看顾我，我不能和谢家结亲。”诸葛恢去世后，诸葛氏日渐衰微，而谢家兴起，诸葛文熊最终归嫁谢石。结婚后，右军将军王羲之到谢家去看新娘，看到新娘还保持着诸葛恢旧有的礼法，容貌举止端庄安详，风采服饰华美整齐。王羲之感叹道：“我活着时嫁女儿，也仅仅能做到这样啊！”

诸葛文熊最终归嫁谢氏，不仅是因为诸葛文熊自身的魅力，诸葛恢死后诸葛家族逐渐失去了昔日辉煌，而谢氏家族进入了辉煌时期也是重要原因。后来，王羲之在所著《杂帖》中专门提及此事：“二族旧对，故欲援接诸葛。若以家穷，自当供助婚事。”①

《世说新语》还记载：

诸葛文彪嫁给了太尉庾亮的儿子庾会，庾会被苏峻杀害后，诸葛文彪发誓守寡不再改嫁。她个性方正刚强，因此没有媒人上门。诸葛恢后来答应了江虨的求婚，他先写信给庾亮告知此事，庾亮答复说：“令爱还年轻，本来就该改

①《全上古三代秦汉三国六朝·全晋文》卷二十六《王羲之五·杂帖五》。

嫁。”诸葛恢于是就把家搬到江家附近，先欺骗诸葛文彪说：“我们家适合搬到这里。”过了段时间，诸葛恢与家人突然一起离开，只留下诸葛文彪在家。诸葛文彪察觉后，已经不能出去了。江虨还没到诸葛文彪家，诸葛文彪就哭骂不停，过了好多天才平息下来。此后，江虨来到诸葛文彪家，夜间总是睡在诸葛文彪对面的床上。后来江虨见到诸葛文彪情绪逐渐平静，就假装做噩梦，长时间不醒，声音和气息也越来越急促。诸葛文彪把婢女叫来说：“快去把江郎叫醒！”江虨于是跳起来凑到诸葛文彪身边说：“我原来是天下间的普通男子，说梦话与你有什么关系，何必把我叫醒呢？既然你关心我，就不能不和我说话。”诸葛文彪感到惭愧，默然无语，从此两人的感情逐渐好了起来。①

小资料：

王羲之与诸葛亮

王羲之祖居地和出生地是晋朝琅邪临沂，诸葛亮的祖居地和出生地是汉末琅邪阳都，二人都是琅邪人。王羲之出生于公元303年，诸葛亮出生于公元181年，二人出生时间相差122年。

王羲之生有七个儿子，长子王玄之，次子王凝之，三子王涣之，四子王肃之，五子王徽之，六子王操之，七子王献之。其中王凝之的妻子是谢道韫。谢道韫是谢石与诸葛文熊的女儿。诸葛文熊是诸葛恢小女儿。诸葛恢的父亲是诸葛靓。诸葛靓的父亲是诸葛诞。诸葛诞是诸葛亮的胞弟。

①《世说新语校笺》卷下《假谲第二十七》。

第六章 诸葛支脉

自西汉时期诸葛丰迁居阳都，到三国时期已经近300年了。这期间，已有许多诸葛氏族人出仕为官，走上了政治舞台。三国及两晋南北朝时期，阳都诸葛氏除诸葛瑾、诸葛亮、诸葛诞及其后人之外，还有众多的族人活跃在政治舞台上。在史籍中，重要的历史人物，他们的籍贯有的记作“琅邪人”，有的记作“阳都人”；较次要的历史人物，他们的籍贯就没有涉及。无论记作“琅邪”或“阳都”或没有表述籍贯，毫无疑义，他们都是阳都诸葛族人。

三国舞台：各展其能竞风流

三国时期，除诸葛珪、诸葛玄脉系的子弟“三方为冠盖”之外，其他脉系的诸葛氏族人，也纷纷或就近投身曹魏以谋生涯，或南奔吴地以效力孙吴。可能是交通不便的原因，史籍中未发现蜀地有诸葛亮之外的其他诸葛氏脉系族人。他们既是族亲，又是政敌，各为其主，各展其能，同竞风流，青史留名。

魏晋两朝诸葛绪

诸葛绪是三国时期人，仕魏，生卒年不详，其事迹散见于《三国志》。《三国志》未言其籍贯，但《晋书·诸葛夫人传》中明确记载诸葛绪的孙女诸葛婉“琅邪阳都人也”，可证诸葛绪是琅邪阳都人。

根据《三国志》和《晋书》的零散记载，可以梳理出诸葛绪一生的基本轨迹。

诸葛绪入仕魏国时间，约在曹丕称帝前后即公元220年前后。

公元255年，诸葛绪已任太山郡太守。这一年，魏国征东大将军毌丘俭据淮南反叛，吴国乘机派孙峻十万大军北伐曹魏。魏国派遣镇东大将军诸葛诞御敌，因为兖州刺史邓艾不从节度，更派太山太守诸葛绪在黎浆拒战。诸葛绪不负诸葛诞所望，击退了吴军。迎战吴军后，他因战功晋升为雍州刺史。

公元263年，魏国兵分三路伐蜀：征西将军邓艾带兵三万由狄道（今甘肃临洮）进军，牵制蜀大将军姜维的主力；雍州刺史诸葛绪率军三万进攻武都（今甘肃成县西北），切断姜维退路；镇西将军钟会带领十几万大军，从斜谷（在今陕西眉县西南）、骆谷（在今陕西周至县西南）两路并进，乘虚攻取汉中，然后直趋成都。钟会大军在剑阁受阻，邓艾遂简选精锐另辟小道南下，并要诸葛绪合兵一同攻取成都。诸葛绪以军令只命他堵截姜维并没命他攻蜀为由，拒绝与邓艾合兵，引兵与钟会大军会合。钟会想独专军权，便诬陷诸葛绪“畏懦不进”，将他“槛车征还”本土，所属兵马全部归钟会所有。

司马氏建立晋朝后，诸葛绪被起用为太常崇礼卫尉。西晋时期，太常掌管社稷礼乐、宗庙礼仪，为九卿之一。

洛阳太学《辟雍碑》文中有“太常乐安亭侯琅耶（邪）诸葛绪”等字。

辟雍，本为周天子所设大学，校址圆形，围以水池，前门外有便桥。东汉以后，历代皆有辟雍，作为尊儒学、行典礼的场所。《辟雍碑》记述了晋武帝司马炎即位后设立学官、重振太学、亲临辟雍巡视，以及皇太子司马衷亲临辟雍的经过。碑文中有“下丙辰诏书，兴行古礼，备其器服。太常乐安亭侯琅邪诸葛绪、博士祭酒骑都尉济南刘熹、博士京兆段溥，考合仪制，述造弦歌”的记载。

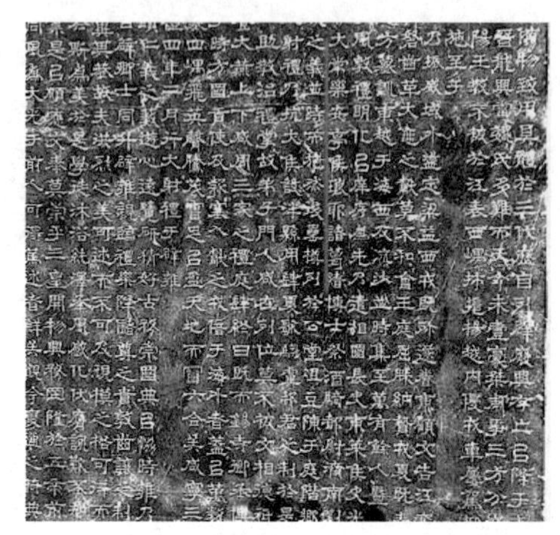

《辟雍碑》局部

《辟雍碑》文中的“丙戌”是晋武帝泰始二年即公元266年。这表明，晋武帝即位第二年（泰始二），诸葛绪就是太常崇礼卫尉、乐安亭侯了。

史载，诸葛绪有二子，长子诸葛冲，次子诸葛厷。

谒者仆射诸葛璋

魏国官员，生卒年不详。《三国志》未直接记载其事迹，他的行踪见于《三国志·诸葛亮传》裴“注”引《诸葛亮集》。

建兴元年（223），诸葛亮封武乡侯，开府治事。当年，时任谒者仆射的诸葛璋与司空王朗等人，奉命各具书信与诸葛亮，“陈天命人事，欲使举国称藩”。诸葛亮概不回信，仅作《正义》以公开答复。王朗官居司空，是两千石的高官，而诸葛璋官居谒者仆射，掌朝廷礼仪与传达使命，秩俸比千石，算不上高官。他奉命与王朗各具书信给诸葛亮，应该与他是阳都人有关。

诸葛璋出仕曹魏时间当与诸葛诞相先后。

魏军副将诸葛虔

魏国将领，生卒年不详。黄武元年（222），曹丕派三路大军伐吴，他作为大司马曹仁部先锋常雕的副将出征。曹仁派遣儿子曹泰攻打吴国濡须城，另分派常雕督领诸葛虔、王双等，乘坐油船袭击中州。吴将朱桓奉命迎敌，斩杀常雕，生擒王双，斩死和溺死的敌兵千余人。

《三国志》仅此处提到诸葛虔，但未记述被击败后的结果。

唐代人许嵩《建康实录·太祖上》记载了一个名为诸葛虎的人：建安十八年（213），孙权与曹操在濡须口相持。曹操"使将军常雕等以兵五千，乘油船，夜入中州。权使将军严圭、朱桓等率水军击破之，枭其将诸葛虎，并首虏三千人而还"。查证《三国志》可知，《建康实录》误将"夜入中州"一事提前了十年，而且将诸葛虔误记为诸葛虎。

诸葛虔出仕曹魏时间当与诸葛诞相先后。

占筮高手诸葛原

魏国官员，字景春，好占筮术。

《三国志》未直接记载其事迹，仅《魏书·管辂传》中记载了诸葛原与管辂的一次交往：诸葛原好占筮术，因此与当世大术士管辂相友善。诸葛原由馆陶县令升任新兴太守时，管辂前往祝贺饯行。诸葛原为了考验管辂占筮的本领，事先将燕卵、蜂窝、蜘蛛三种东西放在密器中，待宾客会齐后，拿出密器让管辂占筮器皿中有什么。管辂占筮后一一言中，在座的人都惊奇不已。

裴"注"引《管辂别传》也记载了诸葛原与管辂相友善的故事，并记载诸葛原多次与管辂比试占筮射覆，终逊管辂一筹。

《三国志》未记载诸葛原的籍贯和生卒年。管辂生于209年，卒于256年，若20岁成名，则主要活动在魏国第三任皇帝曹芳在位（239—254）时期。新兴是建安二十年（215）新置郡。馆陶本为县，黄初六年（225）至太和六年（232）期间，是曹丕之子曹霖的封国，封国设相，不设令。由以上线索可推知，诸葛原仕魏大约在魏帝曹芳时期。

探求台湾诸葛直

吴国将领，生卒年不详。《三国志》未有直接记载，仅《三国志·吴主传》中有所涉及：老人传说，大海的对面有夷洲和亶洲，秦始皇曾派遣方士徐福率领童男童女几千人泛舟海上，寻找蓬莱仙山和仙药，定居在亶洲就没有回来，现已繁衍到几万户人家。那里的人时常到会稽一带来购买布匹，会稽东部的人航海，也有遇上大暴风漂流到亶洲去的。

黄龙二年（230）春，孙权派遣卫温和诸葛直到海上寻找夷洲和亶洲。由于亶洲太遥远无法到达，卫温和诸葛直只到了夷洲，掳掠了几千人，带回了东吴。

第二年二月，孙权以违背命令劳师无功的罪名，将卫温和诸葛直处死了。《资治通鉴》卷七十二《魏纪三》、卷七十三《魏纪四》也有类似记载。

当时吴国派遣卫温、诸葛直率甲士万人出海的目的，主要是为了拓展吴国的地盘，获取更为充足的兵员。这要求卫温和诸葛直率兵长期驻守寻找到的夷洲和亶洲。孙权还安排了沈莹等文职官员随行①，目的就是要他们在那里建立地方政权，按照东吴的政策治理这些地方。但是，卫温、诸葛直不仅没有找到亶洲，而且在夷洲刚满一年就擅自决定撤回来了。军队一撤离，沈莹等文职官员也就随之返回。因此，卫温、诸葛直皆以违诏无功被诛杀。

夷洲即今台湾。亶洲属今何地，后世考述不一。近期，由台湾地区编写的《走读台湾》之《澎湖县》认为，亶州即今澎湖列岛。卫温和诸葛直代表政府到达夷洲，这是台湾与大陆往来的最早而且最大的历史事件。

《三国志》未言诸葛直籍贯，但肯定是阳都人，其南迁时间当与诸葛瑾相先后。

伪叛诱敌诸葛壹

东吴将领，生卒年不详。《三国志》未有直接记载，其事迹见于《三国志·吴主传》裴“注”引《江表传》和《三国志·孙和传》裴“注”引《吴书》。

---

①《三国志》未直言沈莹随卫温与诸葛直同行。沈莹著有《临海水土异物志》传世，书中以很大篇幅记载了夷洲的形胜、物产、民俗，这表明他去过夷洲，也在那里待了好长时间。《三国志·吴书》记载，天纪四年（280）杜预灭吴时，沈莹以丹杨太守身份被杀，可知诸葛直出海寻夷洲与亶洲时沈莹尚健在。由此二条资料可推论沈莹与卫温和诸葛直同行。

247年春，孙权遣诸葛壹伪叛以诱扬州刺史、昭武将军诸葛诞，可能诸葛诞认为是同宗相投，便信以为真，以步骑一万前迎于高山（今安徽肥东县东）。此前，孙权亲自率军埋伏于高山周围。诸葛诞发现异常后，引军退去，此计未能成功。诸葛壹伪叛而诸葛诞不疑，显然宗族关系起了一定的作用。

《三国志》未言诸葛壹籍贯，但肯定是阳都人，其南迁时间当与诸葛瑾相先后。

两晋时期：各具风采

三国归晋，原分属三国的诸葛氏及后人随之入晋。晋代，由阳都直接走出的诸葛氏或南迁诸葛氏后人出仕的也不乏其人。他们在政治舞台上各展才华，功业虽不惊天动地，但也各具风采，名传后世。

西晋廷尉诸葛冲

诸葛绪长子诸葛冲，字茂长，入晋后为廷尉，具体事迹不详。

《晋书》记载了诸葛冲二子一女的事迹。

长子诸葛铨，字德林，官至兖州刺史、散骑常侍。

次子诸葛玫，字仁林，官至侍中、御史中丞。《晋书》中未有其本传，其事迹散见于他人传略之中。

综合史料可知，诸葛玫为人浮躁而有才气，临漳有好多人趋附于他。八王之乱时，晋惠帝司马衷的太子、太孙先后死亡。302年，司马衷册立晋武帝司马炎的孙子清河王司马覃为皇太子。304年，成都王司马颖控制朝廷，将司马覃太子之位废去恢复为清河王。诸葛玫的妻弟周穆是司马覃的舅舅，周穆与诸葛玫等人试图拥立司马覃。307年正月，司马炽即位，以太傅、东海王司马越辅政，将司马覃、周穆和诸葛玫处死。

女诸葛婉，西晋泰始九年（273）春入宫。诸葛婉秀丽端庄，深得武帝司马炎宠爱。入宫时，晋武帝亲自到前殿，令使持节、洛阳令司马肇宣拜诸葛婉为夫人，身份仅次于皇后。司马炎对诸葛婉的宠爱，使得杨皇后十分不满，忧恨成疾的杨皇后临终前也没法对诸葛夫人等后宫嫔妃释怀，她苦苦哀求武帝答应将自己的堂妹立为皇后后，才得以瞑目。

司空主簿诸葛厷

诸葛绪次子诸葛厷，字茂远，仕至司空主簿。有史籍记作“诸葛宏”。

诸葛厷有逸才，岁数不大就声名远播。当时，琅邪临沂人西晋大臣王衍在社会上已非常有名，以清谈为天下所宗仰，其秀美的丰姿和精彩的论辩，折服了当时大多数人。诸葛厷少年时和王衍清谈，便已经显示出卓越的才华和悟性。但诸葛厷自恃天资良好，不肯学习求教。王衍感叹地说：“你的聪明才智很出众，如果再稍加研讨，就可与当代名流媲美了。”果然，诸葛厷后来阅读了《庄子》《老子》，再和王衍清谈，便完全可以和他旗鼓相当了。

后来，诸葛厷遭到继母家族的陷害，诬告他狂妄叛逆，把他流放到边鄙之地。临行前，王衍等人到囚车前和他告别。诸葛厷问：“朝廷为什么要流放我？”王衍说：“有人说你狂妄叛逆。”诸葛厷说：“叛逆该杀头，狂妄怎么就流放！”

事迹主要见于《世说新语》。

太山太守诸葛攸

诸葛攸，生卒年不详，其事迹散见于《晋书》之《慕容儁传》《慕容暐传》和《庾希传》。

东晋时期，黄河中下游地区被鲜卑族占领。东晋永和十二年（356），桓温第二次出师伐前燕，任诸葛攸为太山太守，率军攻打前燕的东郡。进入武阳后，前燕皇帝慕容儁派大司马慕容恪统领军队迎击，诸葛攸败北，回到了太山。升平三年（359），诸葛攸又统率二万水兵和步兵攻击前燕，屯兵黄河边。前燕上庸王慕容评、长乐太守傅颜率领五万步兵、骑兵在东阿和诸葛攸交战。诸葛攸虽有志平虏，但才力不济，两军交战，晋军多半受伤，诸葛攸只得再次退回太山。由于诸葛攸以太山为根据地屡次出击伐燕，太和元年（366），前燕皇帝慕容暐派遣慕容厉攻太山。慕容厉包围梁父，阻断涧水，诸葛攸不敌，被迫放弃太山逃到了淮南。随即，慕容厉攻克了兖州各郡。

《晋书》未言诸葛攸籍贯，但从历史背景分析是阳都人无疑。其南迁时间当与诸葛恢同时。

督护诸葛侃

诸葛侃，东晋孝武帝时期任督护。太元四年（379），曾随太山太守谢玄迎战前秦苻丕的军队。受谢玄差遣，督护诸葛侃率舟师乘潮而上，力斩敌将，大获全胜。

幕僚诸葛瑶

东晋权臣王敦的幕僚。余事不详。

参军诸葛求

东晋将领刘牢之的参军。余事不详。

征西将军诸葛骧

后赵将领。后赵亡后，被后赵旧将张平署为“征西将军”。后来诸葛骧等降于燕，慕容儁皆复其官爵。

骄纵贪侈诸葛长民

诸葛长民是东晋末最有影响的诸葛氏族人。《晋书》记载：“诸葛长民，琅邪阳都人。有文武干用，然不持行检，无乡曲之誉。”

诸葛长民是西晋永嘉南渡诸葛氏的后裔，虽已几代居于京口，但仍称“琅邪阳都人”。聚居于京口的南迁汉人，不仅时时处于战争的威胁中，而且时时处于与土著士族的冲突中。这种生活逐渐造就了他们较为独特的社会习气和文化心理，逐渐形成了雄踞一方的“次等士族”[①]集团。诸葛长民“不持行检”的人品，就是其个人本质与社会现实共同作用的结果。他“不持行检”的人品，既是他乱世中登上政治舞台的重要因素，也是他走向毁灭的终极原因。

东晋末年，东晋名将桓温之子桓玄举荐他为参军平西军事，做自己的属

① 陈寅恪《述东晋王导之功业》提出的概念，指分别居于长江下游的京口与上游的襄阳之武力集团。

僚。但他不久就因贪婪刻薄被免职。因而，他对桓玄心怀恨意。后来投靠刘裕，任参军。

公元403年，东晋将领桓玄叛变篡晋。第二年，刘裕与刘毅、何无忌等密谋起兵讨伐桓玄，诸葛长民随刘裕起兵。起兵时，由诸葛长民杀死豫州刺史刁逵，占据历阳。不过，诸葛长民到历阳后却因误了日期而起兵失败，被刁逵收捕，以槛车押送到建康（今南京）。槛车行至半路时，诸葛长民被救出，又率兵回攻历阳，逼得刁逵弃城而走。刘裕封诸葛长民为辅国将军、宣城内史。义熙二年（406），诸葛长民因功封新淦县公，食邑二千五百户，以本官督淮北诸军事，镇守山阳。义熙五年（409），南燕皇帝慕容超派兵南侵，诸葛长民遣兵在下邳击退南燕军，因功升任青州刺史，进位使持节，督青、扬二州诸军事，领晋陵太守，驻镇丹徒（在今江苏晋江市区）。义熙六年（410），反晋的农民起义军首领卢循乘刘裕北伐南燕之机，先是攻下江州（治所在浔阳，在今湖北黄梅县境），继而更转攻建康，诸葛长民奉调入卫建康。平定卢循乱事后，诸葛长民转任督豫州及扬州之六郡军事、豫州刺史，领淮南太守。

义熙八年（412），刘裕西伐刘毅，命诸葛长民留守京城建康，以监太守之职处理政事，并下诏允许他带甲仗五十人入殿。在这期间，诸葛长民专权，为所欲为。《晋书·诸葛长民传》描述说："骄纵贪侈，不恤政事，多聚珍宝美色，营建第宅，不知纪极，所在残虐，为百姓所苦。"诸葛长民担心刘裕不会容他，于是萌生了谋反的念头，其弟诸葛黎民也坚定地劝他造反，更要诸葛长民趁刘裕未返建康就行动。诸葛长民于是写信给冀州刺史刘敬宣，找他协同起事，刘敬宣委婉拒绝并将此事报告了刘裕。在此之前，能够威胁到刘裕权力的只有刘毅和诸葛长民，刘毅已死，诸葛长民又要造反，刘裕决定立即诛杀诸葛长民。

义熙九年（413）春，刘裕班师返回。他不动声色，故意放慢速度，缓缓班师，到了约定的日子仍未到达预定地点，诸葛长民和百官只得继续在约定地点等候。实际上，刘裕已经由水路悄悄地潜回建康的府邸，做好了诛杀诸葛长民的准备。诸葛长民得知刘裕已回到建康，火速赶到刘裕府邸觐见。刘裕先命壮士丁旿躲在会见厅内，然后才接见诸葛长民。二人见面后，笑谈如平日，谈得十分高兴。就在诸葛长民放下戒心后，丁旿突然出来，杀死了他。

《晋书》评价说："诸葛骄淫以成衅，造宋而乖同德，复晋而异纯臣，谋之不臧，自取夷灭。"意思是：诸葛长民骄淫成罪，助刘裕建立宋而不能同心同德，光复晋而不算忠纯笃实之臣，谋略不善，自取灭亡。

诸葛长民善书法。唐代张怀瓘《书断》云：“范晔……工于草隶，小篆尤精……诸葛长民亦善行草，论者以为晔之流也。”[①]唐代窦臮《述书赋》云：“翰墨之妙可入品流者……晋六十三人。”诸葛长民为其一。窦臮认为诸葛长民行草出自王献之（子敬）：“长民则全效子敬，便于性分。宏逸生于天机，众妙总而独运。凌所师而小薄，壮若己而不紊。犹豁其流而冰开，殷其响而雷奋。”[②]

诸葛长民大弟诸葛黎民。《晋书》评价他“轻狡好利”。诸葛长民死后，刘裕立刻派人击杀长民的兄弟。诸葛黎民倚仗骁勇拼命反抗，终寡不敌众被杀死。

诸葛长民小弟诸葛幼民，官至大司马参军。诸葛长民死后，诸葛幼民逃到深山，被人告发抓回斩杀。

诸葛长民堂弟诸葛秀之，官至宁朔将军，受诸葛长民株连被杀。

---

①《四库全书》子部《书断》卷下“范晔”条，文渊阁藏本影印本。
②《四库全书》子部《述书赋》卷上，文渊阁藏本影印本。

南北朝时期：洪钟余响

南北朝时期，还有诸葛族人活跃在政治舞台上，史书也还称他们是琅邪或阳都人。但这时有一定影响的仅是有一定造诣的经学之士，已罕有政治上或军事上的大家了。诸葛家族洪钟大吕的时代已经过去，虽有袅袅之音，但毕竟是洪钟余响了。

博通《五经》诸葛璩

诸葛璩，字幼玟，生年不详，卒于梁武帝天监七年（508）。博通《五经》，终生未仕。《梁书》为其立传。

《梁书》记载：诸葛璩，琅邪阳都人，世居京口（今江苏镇江）。幼时以关康之①为师，广泛地涉猎经史。后来又以臧荣绪②为师，并为臧荣绪编著《晋书》做了大量的协助工作，臧荣绪称赞他有阐发隐微事义的功劳。后来，诸葛璩隐居乡里，以授徒为业。因他品端学高，徒众常有几十至上百人。他的宅院简陋狭小，但因清贫无力扩大授业堂所，太守张友为他建造了讲舍。诸葛璩为人清廉正直，深受世人敬重。

齐明帝建武（494—498）初年，南徐州行事江祀向明帝萧鸾推荐诸葛璩。江祀奏文说，诸葛璩安于贫贱，坚守正道，尊崇爱好《礼》《诗》。他从来没有拜谒地方长官，也未曾依附王侯门庭。如果选拔像他这样品行端方的隐逸之人为官，可以弘扬清藻，激励世人。明帝答应了江祀的请求，但诸葛璩却不肯应召。南朝齐著名的山水诗人谢朓任东海太守时，因敬重诸葛璩的人品和学识，专门写了一篇文章，教谕属下：处士诸葛璩，为前贤的高风亮节所熏陶，走上了隐居的

---

① 关康之是南朝宋河东（今山西）人，世居京口（今镇江）。隐士、学者，以研究古代典籍为业，终生不仕。

② 臧荣绪是南朝齐东莞莒（今山东莒县）人，史学家。所著的臧版《晋书》成为后来唐朝房玄龄、褚遂良等人纂修《晋书》最重要的蓝本。

道路。他不是那种怀珠褐衣、沽名钓誉、待价而沽的虚假之辈，是操守高洁、独守孤高、不事王侯的隐逸之士。他以教徒为业奉养着父母，却贫困得连粗茶淡饭都难以为继。我不能独享万钟的俸禄，却忘了赈穷济贫的责任，应当赠给诸葛璩百斛谷。梁武帝天监年间（502—519），太守萧琛、安成王萧秀、鄱阳王萧恢都给诸葛璩以特殊的礼遇。母亲去世，诸葛璩在守丧期间因过度悲哀而极度瘦弱，萧恢多次去探望慰问。服丧期满，诸葛璩被举为秀才，他仍不肯出仕为官。由谢朓、萧琛等人的褒言嘉行，可以看出诸葛璩的人品之正和社会影响之大。

天监七年（508），梁武帝萧衍下诏向太守王份询问诸葛璩的学问德行，王份如实上奏。朝廷还没来得及征召任用诸葛璩，诸葛璩就于当年在家中去世了。诸葛璩去世后，其著作由门人辑录为册，共二十卷。

对诸葛璩的学术造诣，南朝历史学家姚察评价说："世上说处士坏话的人，多指责他们纯粹盗窃空名，却没有适合世用的长处，实在是名不副实的人。像诸葛璩的学问……要求出仕为官有什么困难呢？在隐居中度过一生，本来就是他们的心性罢了。"①

诸葛璩是"永嘉南渡"后侨居京口的琅邪阳都诸葛氏后裔。②

明理穷研诸葛颍③

诸葛颍，字汉。《北史》有传。

诸葛颍自幼聪慧，18岁时就以文章名世，开始任邵陵王萧子贞的参军，后转任记室。景侯之乱时，逃到北齐，历任学士、太子舍人。北周灭掉北齐后，他没有得到任用，在家闭门不出达十多年，潜心研究《易》《图纬》《苍》《雅》《庄》《老》等典籍。

杨广为晋王时，召诸葛颍为参军。杨广当上了太子后，任他为药藏郎，掌管太子保健机构。杨广即帝位后，诸葛颍升任著作郎，备受宠爱，经常出入宫廷内室。杨广每次赐他宴饮，常让他与皇后嫔妃们坐在一起。杨广曾赐给他一首诗，其中有句说："参翰长洲苑，侍讲肃成门，明理穷研核，英华姿讨论。实录资平允，传芳导后坤。"意思是诸葛颍在长洲苑撰写文章，在肃成门给我讲学，深入钻研名教礼教的意旨，君臣意气风发地尽情讨论，真实地记录帮助

---

①《梁书》卷第五十一《列传第四十五·处士》。
② 谭其骧：《长水集》（上），人民出版社，1987 年版。
③ 中华书局 1975 年版《旧唐书》作"诸葛颖"。

人们树立公平诚实的信念，传播这美好的东西来教导后来之人。由这首诗，足见杨广对诸葛颍的宠爱。

杨广宠爱诸葛颍，诸葛颍便经常进言诋毁那些狂放之人或贬低自己的人。如，王胄为著作佐郎时，以文才为杨广所重视。但王胄为人性情粗疏，不讲究礼节，仗有才学，常在大臣们面前趾高气昂，每每盛气凌人，傲视同僚。诸葛颍便屡次进言诋毁他，只是因为杨广深爱王胄的才华，王胄才免遭治罪。因为他经常进言诋毁他人，当时人都叫他“冶葛”。古代“冶”通“野”，野葛是一种毒草名，常用以比喻狠毒之人。诸葛颍性情急躁，与同僚柳䛒经常争吵，杨广多次斥责他，但诸葛颍置若罔闻，依然不收敛。因此，杨广越来越不喜欢他了，授任他为朝散大夫，即无具体职责的散官。

《隋书》记载，诸葛颍“征吐谷浑，加正议大夫。后从驾北巡，卒于道，年七十七”。[①]诸葛颍著有《文集》二十卷，撰写《銮驾北巡记》三卷，《幸江都道里记》一卷，《洛阳古今记》一卷，《马名录》一卷，都流行于世。

《北史》中的《诸葛颍传》记载他为“丹杨建康人”，《崔赜传》表述为“琅邪诸葛颍”。由此可知，诸葛颍虽生于健康但仍以琅邪为地望，只是前辈迁居丹杨建康已久，才称作“丹杨建康人”了。

《北史·文苑》“序”记有诸葛汉：“（天统）三年……祖珽奏立文林馆……奏追……太学博士诸葛汉、奉朝请[②]郑公超、殿中侍御史郑子信等入馆撰书。”《北史·文苑》之《诸葛颍传》又记载：“诸葛颍字汉”，梁武帝太清二年（548）“景侯之乱，奔齐，历学士、太子舍人”。据此可知，“太学博士诸葛汉”“入馆撰书”即称作“著作郎诸葛颍”。诸葛汉和诸葛颍实为一人。

《北史·诸葛颍传》记载：诸葛颍祖父诸葛铨，曾为南朝梁零陵太守；父亲诸葛规，任义阳太守；有子诸葛嘉会。

《北史》中涉及的诸葛铨，官为“梁零陵太守”，生活在北朝梁时期，即公元502—557年期间。《晋书》中记载的诸葛铨，字德林，官至散骑常侍，是诸葛绪之孙，诸葛冲之子，诸葛婉之兄。诸葛婉于泰始九年（273）春入宫，若入宫时年15岁，其兄诸葛铨生年必定在公元259以前。由此可证，此诸葛铨非彼诸葛铨。也就是说，梁零陵太守诸葛铨及诸葛规、诸葛嘉会不是三国时魏国诸葛绪的后人。

---

①《隋书》卷七十六《列传第四十一 ·诸葛颍》。

② 奉朝请，散官名。古称春季的朝见为“朝”，秋季的朝见为“请”。奉朝请，即有参加朝会的资格。

倔强文人诸葛勖

南朝齐文学家，生卒时间不详。《南史》和《南齐书》均记载为“琅邪人”。《南齐书·文学》记载：永明年间（483—493）诸葛勖为国子生时，作《云中赋》，揭露国子学祭酒[1]及下属官员的丑事，因此获罪，被收监，囚禁在东冶。东冶是南朝设置的专事铸造的工坊，诸葛勖被关押在那里做工徒。在此期间，他又作《东冶徒赋》，抒发胸中不平。齐武帝萧赜见到这篇赋文后，认为说理有据而且文笔流畅，不禁大加赞赏，赦免了他。

《南齐书》也有相同记载。

节俭县令诸葛阐

南朝宋官员，官至太守。《南史·宋本纪·刘义隆传》记载了诸葛阐的零散事迹：

南朝宋时，民间百姓流行以彩丝系臂，以避灾延寿，故名“续命缕”，又简称“命缕”。元嘉四年（427）三月，宋文帝刘义隆采纳富阳令诸葛阐的建议，禁止人们在夏至日佩戴五彩丝命缕之类的装饰物。元嘉二十七年（450）二月，因战争原因，朝廷决定减少京城百官三分之一的俸禄。三月，淮南太守诸葛阐请求减少俸禄，与朝廷百官相同，于是各州郡县的丞尉全部一同减少了俸禄。

乱世殒命诸葛导

南朝宋官员，官至司马。

南朝宋元徽五年（477），萧道成杀15岁的皇帝刘昱，拥立9岁的刘准即位。车骑大将军沈攸之见朝廷中枢主少臣强，以萧道成杀君另立为由，举兵反萧。辅国将军陈显达派军增援萧道成。《南史·陈显达传》记载：长史到遁、司马诸葛导认为沈攸之拥众百万，胜负之势未可预料，劝陈显达保土守境蓄集兵众，与沈攸之暗中保持联络，以备不测。陈显达不仅不从，而且亲手杀了到遁和诸葛导，并写信给萧道成，表示归附。

---

① 古代学官名。晋武帝咸宁四年（278）设立，以后历代多沿用。祭酒是国子学或国子监的主管官。

南昌令诸葛智之

南朝宋文帝时期在职，任南昌令。文帝元嘉二十四年（447），豫章胡诞世、前吴平令袁恽等谋反时，被袭杀。

前征北行参军诸葛诩

南朝宋文帝太子刘绍弑杀文帝后改元太初（453），任命一批官员，诸葛诩被任命为前征北行参军。余事不详。

曹郎诸葛雅之

南朝宋孝武帝时期在职，任曹郎。《通典·王侯兄弟继统服议》记载了诸葛雅之关于“长子早卒，无嗣，进立次息以为代子，取诸《左氏》，理义无违”的奏论，廷议认为奏论得当，诏令采纳诸葛雅之之议。[①]其他事迹不详。

参军诸葛叔度

《南史》记载，诸葛叔度是南朝人，曾任刘裕的参军。具体事迹不详。

南北朝时期，诸葛氏家族还有不少成员活跃在政治舞台上，因为世代久远，他们不再以“琅邪”或“阳都”为地望，史籍也不再将其表述为“琅邪人”或“阳都人”了，但他们都是阳都诸葛氏的裔脉。

作为中国历史上的一个名门望族，诸葛氏家族由诸葛丰发端，经诸葛亮发扬光大，形成了独树一帜的家风、族风，这就是不尚空谈，不图虚名，积极入世，经世致用。这一家风、族风在动荡变革的历史时期会显示出其内在的优势，可能孕育出威名赫赫的政治家和军事家，但在相对稳定的社会环境中，其内在的不足也会影响家族辉煌的延续。特别是在玄学风气正盛的南北朝时期，诸葛家族没有适应时势及时转变家风，迅速融入玄学氛围，最终导致其家族逐渐沦为次等士族，当年的洪钟大吕仅有袅袅余音也就在所难免了。

---

①《通典》卷第九十三《礼五十三》。

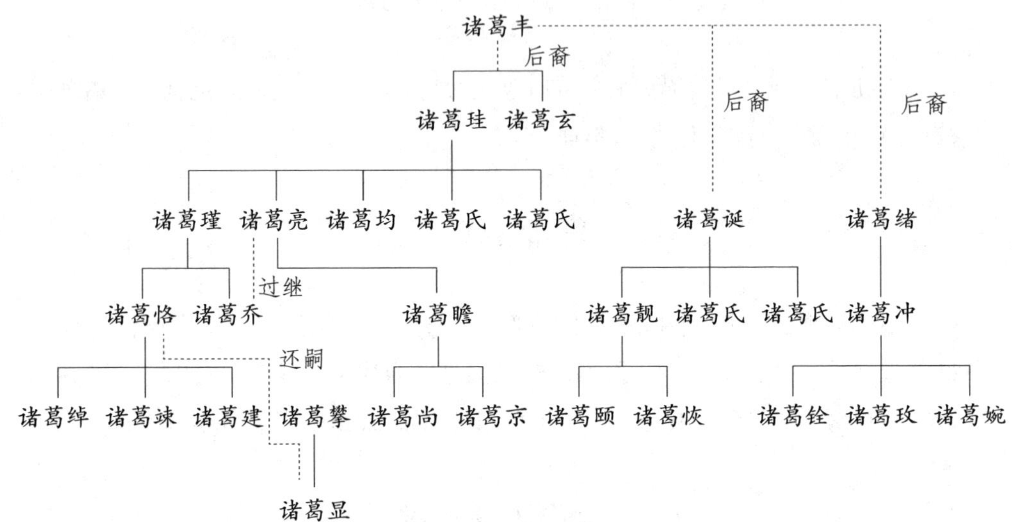

琅邪诸葛氏家族主要人物关系图

第七章 纵论诸葛

1983年春，湖北襄樊、四川成都、陕西汉中三地诸葛亮研究会在湖北襄樊召开磋商会议，议定三地市成立诸葛亮学术研究联会，轮流主办学术研讨会，借以推动诸葛亮研究的深入开展，加强文物的保护、开发和利用。当年10月，在成都武侯祠召开了首届诸葛亮学术讨论会。在第三届学术讨论会上，临沂市组团参加会议，并加入了联会。此后，浙江兰溪、广西阳朔、河南南阳、成都奉节、甘肃祁山等地研究会相继加入联会。截至2019年，联会成员单位已经轮流主持召集了25次大型学术研讨会。另外，成都武侯祠博物馆、襄樊诸葛亮研究会、南阳诸葛亮研究会等研究机构，还多次分别组织了专题学术研究活动。这些研究活动，对于历史上早有争议的诸多问题进行了全面的梳理，对诸葛亮生平细节、思想内涵、社会贡献等方面进行了全新的探讨。

联会成立三十多年来，诸葛亮研究选题与范围逐渐多元化，既呈现出方兴未艾的勃勃生机，也收获了累累硕果。

以下收录的是本著作者参加学术活动提交的部分论文。

诸葛亮诞辰日、忌辰日和春秋祭日

诸葛亮的诞辰日和忌辰日，因为历史久远，不会有确切证据而能认定了。他的诞辰日和忌辰日是后人因时设立而约定俗成的，春秋祭日则是皇家敕令的法定日，二者之间有区别也有联系。

诸葛亮诞辰时间是明代初立，后世逐步明确的

《三国志》仅记载了诸葛亮的逝世年份，没有诞辰年份的表述。《三国志》有三处记载涉及诸葛亮去世的时间。

《后主传》：

（建兴）十二年春二月，亮由斜谷出，始以流马运。秋八月，亮卒于渭滨。

《诸葛亮传》：

十二年春，亮悉大众由斜谷出，以流马运，据武功五丈原，与司马宣王对于渭南……相持百余日。其年八月，亮疾病，卒于军，时年五十四。

《王平传》：

十二年，亮卒于武功。

中国古代的纪年法，从汉武帝起用帝王年号纪年，“建兴十二年”即蜀汉后主刘禅以“建兴”为年号的第十二年。辛亥革命爆发次年（1912），新成立的民国政府采用公历作为国历，公元纪年法与民国纪年法并行。1949年9月27日，经过中国人民政治协商会议第一届全体会议通过，新成立的中华人民共和国使用国际社会上大多数国家通用的公历和公元作为历法与纪年。由此可知，

《三国志》中记载的“（建兴）十二年……八月”是当时的历法年月。通过与公历换算可知：建兴十二年八月在公元234年8月27日至9月25日之间。

《三国志》记载的诸葛亮去世年月是权威的，史学界没有异议。诸葛亮的诞辰月份是明代推定出来的，诞辰日子是后世设定的。

（一）杨时伟首次推定诸葛亮诞辰年份

《三国志》中没有诸葛亮诞辰时间的记载。最早记载诸葛亮诞辰年份的是明末杨时伟《诸葛忠武书》卷一《年谱》：“灵帝光和四年辛酉，是岁侯生。按：建兴十二年甲寅，丞相亮卒于军，时年五十四岁，则知为辛酉年生。”

杨时伟“按”说明，诸葛亮诞辰年份的认定是根据去世年份和享年推定的。这一推定结论得到了后世史学研究者的认同。

崇祯年间，诸葛倬、诸葛羲《诸葛孔明全集》卷一《年谱》记载：“灵帝光和四年辛酉，是岁侯生。”“建兴十二年甲寅，丞相亮卒于军，时年五十四岁，则知为辛酉年生。”对于诸葛亮出生年的认定，诸葛羲“按”曰：“此依据杨本”。

此后，张鹏翮《诸葛武侯年表》、张澍《诸忠武文集》、杨希闵《四朝先贤六家年谱》之《汉诸葛忠武侯年谱》等专著，对诸葛亮诞辰年份的认定皆源于杨时伟《诸葛忠武书》之《年谱》。各地诸葛族谱记载的诸葛亮诞辰年份也皆源于此。

（二）李复心《忠武侯祠庙志》仅记诞辰年份

“忠武侯祠墓旧无志。志之者，虚白炼师也。”①。李复心，道士，道号虚白，嘉庆年间主持勉县武侯祠时纂修了《忠武侯祠墓志》。其卷二《忠武侯爵谥暨历代追封考》对诸葛亮诞辰年份的表述，直接引用了前人认定，明确记载：

> 忠武侯生于汉孝灵光和四年辛酉，日与月无考。

（三）潘时彤《昭烈忠武陵庙志》以七月二十三日为诞辰日

清道光九年(1829)刊行的《昭烈忠武陵庙志》是第一部详细记载成都武侯祠历史的专志。卷一《祀典·诞辰》②记载：

> 忠武侯七月二十三日生。见《谈荟》。

《谈荟》全名是《玉芝堂谈荟》，明徐应秋撰。《四库全书》提要说：“是

① 王惟一《忠武祠庙志序》载李复心《忠武侯祠庙志》，同治丙辰重镌，沔署藏版。
② 潘时彤纂辑，吴洪泽校点：《昭烈忠武陵庙志》（清雍正刻本）。

书亦考证之学，而嗜博爱奇，不免兼及琐屑之事。其例立一标题为纲，而备引诸书以证之，大抵采自小说、杂记者为多。”笔者遍查《四库全书》版《玉芝堂谈荟》，竟无有关诸葛亮生辰的记载，不知潘时彤所言“见《谈荟》”为何意。若潘时彤所引为他版《谈荟》，亦是“采自小说、杂记者”，难以为训。虽然如此，但这毕竟是诸葛亮诞辰日的最早表述。也因为成都武侯祠是在当年蜀国的都城，潘时彤对诸葛亮诞辰时间的表述就有了特别的影响力。

（四）云南省茶区少数民族以七月二十三日为诸葛亮诞辰日

云南省茶区的哈尼、基诺、壮、佤等族都尊诸葛亮为“茶祖”，并以七月二十三日为诸葛亮诞辰日祭拜“茶祖”。

云南产茶的历史至晚可以追溯到汉代。东晋人常璩《华阳国志 · 南中志》中就有“平夷郡……平夷县，郡治。山出茶、蜜”的记载。

明朝时“普洱茶”已小有名气，至清代就名重天下了。乾隆进士檀萃《滇海虞衡志》[①]在记载“普茶名重于天下 ”的同时，还第一次把“武侯”和 “茶王树”联系起来：

> 普茶名重于天下……茶客收买，运于各处，每盈路，可谓大钱粮矣……茶山有茶王树,较五茶山独大，武侯遗种，至今夷民祀之。

诸葛亮平定南中，其作战的区域主要在今天的大理、楚雄、曲靖、昆明、昭通。诸葛亮及其大军根本没有到过现今普洱茶区一带。 所谓“武侯遗种”并非历史事实，而是后人的攀附之说。

普洱茶由小有名气的“土茶”到名重天下的“名茶”的关键一跃，是在清顺治到雍正年间完成的。当时，分藩云南的吴三桂引导普洱茶大规模进藏，以普洱茶进贡皇室；而云贵总督（兼辖广西）鄂尔泰设置州县，大规模改土归流。普洱茶进藏和入京直接刺激了茶农的生产欲望，而设置州县和改土归流则加强了对茶农的行政和思想的统治。从有关记载和考证资料看，云南少数民族尊诸葛亮为“茶祖”就始于这一时期。

祭“茶祖”的背景就是普洱茶成为当地人的经济命脉，人们渴求有神灵保佑茶树安全、茶叶丰产、茶农丰收。以诸葛亮为“茶祖”有着历史的大背景和美好的传说为依托，地方政府是乐于强化和推动的，地方民族也是易于接受的。至于为什么以七月二十三日为诸葛亮诞辰日，虽未见明晰著论，但可以认定：这一时间的确立，是在汉人主导的地方政府引导下逐步明确和统一的，引

① 檀萃：《滇海虞衡志 · 草木》，《云南史料丛刊》第十一卷，云南大学出版社，2000 年版。

导的依据就是潘时彤《昭烈忠武陵庙志》。

（五）广东中山市两处武侯庙以农历七月二十三日为诞辰日

广东省内现有30多座武侯庙，其中中山市有23座。

中山市南朗镇涌口村武侯庙又称涌口祖庙，以诸葛亮为尊神。该武侯庙始建于明初，道光二十一年（1841）扩建，光绪十四年（1888）秋重修，2001年再次重修。涌口村武侯庙依据潘时彤《昭烈忠武陵庙志》的记载，以农历七月二十三日为诸葛亮诞辰日并举行庙会。

中山市五桂山镇马溪村武侯祖庙，以诸葛亮为尊神。该庙始建于清咸丰十一年（1861），1946年小修，1991年再次修缮。武侯祖庙为面阔三间的两进硬山顶建筑，总面积约300平方米。旧时每年农历七月二十三日，马溪村都会举行盛大的祭奠典礼，称作“武侯诞”。

（六）台湾南投县启示玄机院孔明庙以七月二十三日为诸葛亮诞辰日

启示玄机院位于鱼池乡中明村，为全省唯一供奉诸葛亮的庙宇。该庙溯源于清光绪二十七年（1901）初秋，庄内添宅舍号“明德堂”，奉祀道教的玉清、上清、太清三位天尊。迨1924年众议建庙，于1926年3月竣工，主祀诸葛孔明先师。1979年4月破土奠基迁建，同年12月5日举行镇座仪式，并改号为“启示玄机院”，又名孔明庙。孔明庙以农历七月二十三日为诸葛孔明圣诞日，届时举行庙会祭典。

从孔明庙始创和改建时间考察，该处确立的诸葛亮诞辰时间应与潘时彤《昭烈忠武陵庙志》有关。

（七）诸葛亮诞辰日的其他表述

中山市武侯庙所在村都以武侯庙为村庙，即奉诸葛亮为该村的保护神，并以地位崇高的佛道尊神陪祀左右。广东民间有把受祭祀的将相都笼统称作大王或侯王的习惯，大王或侯王的诞辰日称“大王诞”。南下村汉武侯庙以农历二月十五日为“大王诞”，并举办庙会。

明代南阳府设立了诸葛亮的忌辰日衍化出了春秋祭日

（一）正德年南阳府首倡八月二十八日为忌辰日并祭祀

唐代，朝廷首次把诸葛亮作为忠臣列入每年春秋必须祭祀的范围。明邱濬

《大学衍义补》[①]记载：

> 唐玄宗天宝七载，诏历代忠臣、义士、孝妇、烈女史籍所载德行弥高者，所在宜置祠宇，量事致祭……忠臣者十有六人……诸葛亮……令郡县长官随其所在立为祠宇，春秋二时择日致祭。

进入明代后，诸葛亮备受皇家恩宠和厚待。明洪武二十一年（1388）定帝王庙，名臣从祀，诸葛亮位列三十七名臣之一。在这一背景下，明代宣德（1426—1435）年间，南阳府首以八月二十八为诸葛亮忌辰并祭祀。

王直《重修武侯祠记》[②]记载：

> 元至大中……赐名曰武侯之祠。世移岁久，书院芜废。祠虽幸存，然亦日就颓毁……太守陈君正伦……于农隙伐材命工，撤而新之，以八月二十八日告祠以落其成，率郡县僚属奉少牢致祭。

李东阳《重修诸葛武侯祠记》[③]记载：

> 元建祠祀侯……国初祠毁，宣德间知府陈正伦、陈悌相继修葺，岁以八月二十八日为侯忌辰而致祭焉。

清《四库全书》之李东阳《怀麓堂集》收录的《重建诸葛武侯祠记》，将八月二十八日刻记为“八月二十一日”。

欽定四庫全書　卷六十六

謂侯有王佐之心者其以是夫故
為正南陽府城西五里卧龍岡為
躬耕南陽又曰寓居襄陽隆中蓋
而襄陽實在其界故也元建祠祀
聚徒講學給田數百頃國初祠燬
繼修葺歲以八月二十一日為侯
間頽圮過半弘治乙卯河南參政
檄諸屬吏鳩工市材復為堂六楹

① 邱濬：《大学衍义补》，北京联合出版公司，1999年版。
② 王直：《重修武侯祠记》，《四库全书·抑庵文集》。
③ 李东阳：《重修诸葛武侯祠记》，《四库全书·怀麓堂集》。

乾隆《卧龙岗志》录《敕赐忠武侯庙规祭文祭品檄文碑》、李东阳《重建诸葛武侯祠记碑》和明代刻立至今尚存的两通原碑可证：《四库全书》载录《重建诸葛武侯祠记》中的“八月二十一”为“八月二十八”之误。

1999年版《卧龙岗志·祭祀》[①]记载：

> 官祭，在元明时期已形成定例。明宣德中，知府陈正伦首以八月二十八日为孔明忌辰，届时率郡、县僚属奉少牢祭祀，以后遂以此日为祭日，岁致一祭。

（二）嘉靖七年钦定春秋祭日

明嘉靖四年（1525），河南布政司抚民兼分守汝南道右参政许复礼，向钦差提督抚治郧阳等处地方都察院右副都御史蒋曙正式建议，为南阳武侯祠奏请敕赐庙额祭文及春秋二祭日期。经礼部、祠祭清吏司和翰林院审核等诸多程序，颁布了《敕赐忠武侯庙规祭文祭品》。康熙《卧龙岗志》录《敕赐忠武侯庙规祭文祭品檄文碑》记载：

> 忠武侯庙……宣德间南阳知府陈正伦陈悌相继修葺……成化间知府段坚重建堂宇……弘治乙卯参政顾福分守兹土，乃檄知府马舆等复为堂六楹，中肖武侯像……今以八月二十八日为侯忌辰。有司乡人以义起之，未经奏请题额……为时缺典。望乞具奏，请赐庙额及春秋祭典。秋祭就于八月二十八日，亦合用仲月之礼……就便春秋二祭日期，并赐祭文及祠庙题额……圣旨：是庙额还名忠武。……河南布政司……于每年春秋仲月，就遣本府官致祭……春祭用次丁日，秋祭用八月二十八日。
>
> 大明嘉靖七年岁次戊子三月吉日 南阳府知府……立石

从此，八月二十八日不仅成为法定的秋祭日，也成为朝廷认可的忌辰日。隆庆四年（1570），南阳知府雷鸣春《祭忠武侯文》[②]曰：

> 维隆庆四年，岁次庚午，八月乙酉朔，越二十八日癸亥，河南南阳府知府雷鸣春谨以 …… 致祭于诸葛武侯之神……

---

① 张晓刚等：《卧龙岗志》，中州古籍出版社，1999 年版。
② 乾隆《卧龙岗志》卷之二《文》。

“八月乙酉朔越二十八日癸亥”，乙酉是八月初一，癸亥是第二十八天。由此可知，隆庆四年的秋祭日仍然是八月二十八日。

既然《三国志》明确记载“秋八月，亮卒于渭滨”，明宣德年间南阳知府陈正伦以“岁八月二十八日为侯忌辰而致祭”，明嘉靖七年（1528）钦定“秋祭用八月二十八日”，所以八月二十八日便衍化成为诸葛亮的忌辰日。

（三）春祭日的固定与衍化

①“仲春次丁日”衍化成了二月十四日

《敕赐忠武侯庙规会文祭品檄文碑》立于嘉靖七年三月。立碑的当年，是否依“仲春月次丁日”进行春祭了呢？答案是否定的。

根据万年历公式计算，嘉靖七年“仲春次丁日”是农历二月十日；嘉靖八年（1529）“仲春次丁日”是农历二月十四日。据上两则资料和后世将春祭日固定在“二月十四日”可知，明嘉靖七年颁发“敕赐忠武侯庙规会文祭品檄文”时已经过了“仲春次丁日”，只得从嘉靖八年开始按法定时间春祭了。

嘉靖十八年（1539）三月初八丙子日，明世宗朱厚熜以驸马都尉邬景和为特使到南阳武侯祠致祭诸葛亮，后世称为 “驸马谕祭”。“驸马谕祭”开创了南阳武侯祠历史上由中央高官代皇帝祭诸葛亮的孤例，也因此成为南阳武侯祠一个熠熠生辉的文化符号和历史标识。

既然“仲春次丁日”对应的日子不固定，“驸马谕祭”的时间又打破了“仲春月次丁日”春祭的法定惯例，因此从嘉靖十九年开始将“二月十四日”固定为春祭日了。所以，1999年版《卧龙岗志》记载：“嘉靖七年……钦定春秋二祭日期和祭品。春祭为每年仲春次丁日（即农历二月十四日）。”

②二月十四日衍化出了四月十四日

自明代开始，兰溪市诸葛村每年两次致祭先祖，以四月十四日为春祭日，以八月二十八日为秋祭日。

对于春祭日，诸葛村大公堂1947年版《兰西诸葛简谱》第七篇《祭诸葛武侯公文》有具体时间的表述：“孟夏月乙巳，朔越十有四日……仅以刚鬣柔毛……昭告于……忠武公。”诸葛村春祭固定日是 “四月十四日”，“乙巳”是祭拜之年四月十四日对应的干支。

2013年，西泠印社出版发行的《诸葛村志》第十三章《礼仪》记载：

> 据《高隆诸葛氏宗谱》载，明朝嘉靖皇帝给河南南阳忠武侯庙有《敕赐忠武侯庙祭文祭品》一文，文中有春祭用次丁日秋祭用八月

二十八日，是为两祭。旧时，有德有功可为百世之式的人，朝廷均规定祭祀法，一般为一年一祭，极少数特别杰出人物一年为春秋两祭。诸葛村祭祀先祖诸葛亮就遵照此两祭规定，春祭定为农历四月十四日，一直沿袭至今。

诸葛村从何年开始春祭的已无从考证。但从以“四月十四日”为春祭日推定，初次春祭日一定是四月的“次丁日”，当年的“次丁日”对应的时间也一定是“四月十四日”。既然朝廷颁布的“仲春次丁日”早已更改为固定的“二月十四日”，那么民间的诸葛村将春祭的“次丁日”固定为“四月十四日”就是顺理成章的了。

③广东省中山市南城村武乡侯帅府庙以“四月二十四日”为诸葛亮诞辰日

武乡侯帅府庙位于南城村孔明街路口，当地人又称作孔明庙。该庙始建于清光绪十年（1884），1985年原址扩建。重建后的庙宇占地面积约200平方米，殿额仍为“武乡侯帅府庙”。武侯像右为赵公明像，左为观音像。孔明庙另有圣父圣母殿，祀诸葛亮父母。该庙一年办三次庙会：农历正月十二日花灯酒会，农历四月二十四日诸葛亮诞辰日庙会，农历八月二十四日鸣炮大会。

清代有关史籍所记忌辰日、春秋祭日有异

（一）王复礼《诸葛忠武侯传》以“八月二十一日”为忌辰日

清康熙年间人王复礼所撰《季汉五志》为纪传体史书，其中《诸葛忠武侯传》记载诸葛亮忌辰日是“八月二十一日”，未知来历。

《四库全书》收录了《季汉五志》。《四库全书提要》说：

> 是编以陈寿《三国志》昭烈止于作传，诸葛、关、张、赵云等传亦失之简略…… 首《昭烈本纪》，次《诸葛》以下四《传》，前冠以《总记》，中附杂事杂文，将以补《陈志》之阙。独是陈寿之失，儒者类能言之，无烦辨驳。昭烈君臣，名悬日月，亦不待表章。至于《三国演义》乃坊肆不经之书，何烦置辨。而谆复不休，适伤大雅，亦可已而不已矣。

从《四库全书提要》的概述看出，《四库全书》编纂者对《季汉五志》的评价仅是“补《陈志》之阙”而史学价值不高，故王氏关于“忌辰为八月

二十一日”之说罕有采信者。

（二）李复心《忠武侯祠墓志》记载春秋祭日为二月十二和八月十二

李复心《忠武侯祠墓志》卷二《忠武侯爵谥暨历代追封考》记载了诸葛亮忌辰日：

> 忠武侯……卒于建兴十二年甲寅秋八月二十八日，年五十四岁，载于张文端公《忠武志》。

张鹏翮，谥号文端，所著《忠武志》引南宋人张栻《诸葛忠武侯传》为卷一之《本传》。《本传》仅记“八月，亮疾病……有星坠入营中，亮薨，年五十四”。卷一之《年表》也仅记载：“建兴十二年……八月，丞相亮卒于军，年五十四。”由此可知，《忠武侯祠墓志》所记“卒于……八月二十八日，年五十四岁，载于张文端公《忠武志》”不确。张鹏翮关于诸葛亮忌辰日为“八月二十八日”之说，应源于南阳武侯祠法定的秋祭日。

《忠武侯祠墓志》之《祀典》记载了武侯祠春秋祭日：

> 宋元以前无考。前明蓝公璋于正德九年疏于朝，请举行祀礼于春秋，制曰：可……嘉庆八年秋九月，皇帝御制祭文，钦差工部右侍郎初公彭龄以太牢致祭，颁发藏香三枝。至十六年，周公明求援八年御祭之例，详请各大宪中丞董公教增咨部议以筹款致祭。至十七年为始，举行春秋二祀，永著为令。今二月十二日八月十二日之祭期，周公赓所定也。[①]

嘉庆八年（1803）秋九月皇帝遣初彭龄致祭诸葛亮的时间并非秋祭日，而与白莲教有关。此事，李复心《忠武侯祠墓志》卷一《拾遗》记载：自嘉庆元年起，白莲教由川楚蔓延及汉中，受害者不可胜记，唯有祠墓附近约三四十里未受其乱。四年冬，知县马允刚将这一情况呈报上司说：“每于贼近时，见定军山上昼则旗帜闪烁，夜则灯烛辉煌，贼望而远遁。”中丞陆有仁将诸葛亮的灵异上奏朝廷，嘉庆皇帝龙颜大悦，“颁发御书匾额，曰‘忠贯云霄’。八年秋又御制祭文，钦命工部侍郎初公彭龄以太牢致祭”。

李复心《忠武侯祠墓志》卷三《祀典》还记载，勉县民间是以八月二十三

---

① 李复心：《忠武侯祠墓志》，同治五年勉县武侯祠刻本。 按：张鹏翮，谥号文端，清康熙九年进士，身仕康熙、雍正二朝，官至文华殿大学士兼吏部尚书。周明球，嘉庆十二年任勉县知县。光绪《沔县志》记作“周鸣球”。

日为诸葛亮忌辰，在武侯祠进行祭祀：

祠堂祭期。里中社会，每年八月二十三日起，是日为忌辰。二十四日演剧至二十八日止。赛神享胙，极其虔诚。

（三）潘时彤《忠武侯祠墓志》记载有春秋致祭祀典

清初，因“旧祠煨烬”而重建武侯庙。康熙十一年（1672），川地有关大员呈奏朝廷“请颁祀典”。康熙十二年（1673），“查得诸葛武侯功高绩著，见在配祀历代帝王庙。其该抚题请诸葛武侯二次致祭之处，无庸议等因”，奏请之事未果。嘉庆二十年（1815），四川总督再次奏请，援引“蒲州关圣帝庙已蒙敕赐春秋祭祀，武侯功德，方之圣庙丁祭一体进行”，“准其列入该处祀典，春秋官为致祭”，嘉庆帝“依议”。

《忠武侯祠墓志》虽未明确记载春秋致祭的具体时间，但根据两次奏请具文可知是“丁祭”。“丁祭”礼制名，又称“祭丁”，为祭孔之礼，顺治二年(1645)定制，每年春、秋二祭，均在仲月上丁，故称丁祭。依据礼秩，成都武侯祠春秋二次致祭武侯的日期一定是春秋仲月“次丁日”。

浙江兰溪市诸葛族人的春祭日与诞辰日

诸葛村首以“四月十四日”为诞辰日

诸葛村《诸葛氏宗谱》所载《祭文》涉及武侯诞辰日：

孟夏月朔，越十有三日，裔孙____等，今以月元十四日，恭逢从祀文庙汉丞相武乡侯领益州牧谥忠武侯公始祖考诞降吉期，谨备粢盛，敢昭告于始祖考，暨夫人黄氏之神位前曰：……爰展烟诚，先申庆祝，谨告。

孟夏即农历四月。由此可知，兰溪诸葛村诸葛族人是以四月十四日为先祖诸葛亮诞辰日的。至于春祭日与诞辰日的因果关系就难以确考了。

兰溪一带诸葛族人祭祖活动，旧时主要分布于诸葛村及周边有诸葛族人聚居的村落，现在已影响到浙江省温州市、义乌市，广西壮族自治区阳朔县，江苏省丹阳市、常州市，江西省的上饶市等有诸葛族人聚居的地方。

诸葛亮出生地琅邪阳都即今山东省沂南县，自从1992年在阳都故城建起“诸葛亮故里纪念馆”开始，也以四月十四日为诸葛亮诞辰日，并举行祭祀或纪念活动。

综上所述，可以简要归结为三句话：诸葛亮的诞辰日和忌辰日都是后人选定并延续下来的纪念日；明清两朝设定春祭日和秋祭日是纪念名臣贤人的最高礼遇；诞辰日和忌辰日与春祭日和秋祭日既有着内在的联系，又有着意义的不同。

诸葛城及诸葛武侯先茔辨析

今临沂市兰山区白沙埠镇茶芽山东麓有一座古墓，清末《临沂县志》记载为“诸葛武侯先茔”“诸葛武侯祖母墓”。

茶芽山古墓是“诸葛武侯先茔”或“诸葛武侯祖母墓”吗？答案是否定的。

旧志记载的演进

乾隆二十五年（1760）《沂州府志》对诸葛亮的故里即阳都城遗址的方位，就明确认定是在沂水县境内。其《古迹·沂水县》“阳国”条记载：“县境。即阳都城。春秋齐人迁阳即此。”古迹“诸葛故里”记载：“即阳国，阳都县。”

同版《沂州府志》卷三十七《古迹·兰山县》“诸葛城”条记载：“亦名中邱城，在县东北三十里。《后汉志》琅琊临沂县有中邱亭，即此。后诸葛亮来居于此。”

同版《沂州府志》卷二《山川·茶芽山》记载：“县北五十里。山之东坡有诸葛城，城边有孔明祖墓。”

民国五年（1916）《临沂县志》卷二《墓冢》有“诸葛武侯先茔”条，记曰：“诸葛武侯先茔。《府志》：兰山县北，茶芽山东。其坟砌以碎石，灌以铁汁。”下注小字：“诸葛家传为武侯祖母茔”。

民国二十四年（1935）《续修临沂县志》卷一《图·插图》目录有：“诸葛祖墓（汉诸葛亮之祖墓）”，附有插图“诸葛祖墓”。《续修临沂县志》没有确切记载墓碑文字内容，所附照片也不清晰，字迹难以辨认。

1988年，刘家骥先生曾撰文说：根据抗日战争前拍摄的古墓碑照片辨识，墓碑正中竖刻文字为“诸葛武侯先茔”六个大字，左侧刻有“大清光绪三十年清明节合族立石”十四个小字，碑额刻有“辛巳山向”四字。

从方志记载可以看出，乾隆年间《沂州府志》既肯定阳都故城在沂水县境内，又记载兰山县城北有诸葛城，城边有孔明祖墓。从道理上讲，诸葛丰迁到阳都至诸葛亮出生已200多年了，有诸葛丰的后人亦即诸葛亮的先祖埋葬于此也是可能的。说诸葛亮曾到中邱城居住，这事难以肯定也难以否定，可姑妄说之姑妄听之。清末光绪三十年（1904）立的墓碑上，也只有“诸葛武侯先茔”的表述，与《沂州府志》的表述在本意上没有出入。到了民国五年（1916），《临沂县志》出现了“诸葛家传为武侯祖母茔”的说法。由“祖墓”到“祖母茔”，显然是一个质的变化。可以推知，“祖母”之说始于光绪三十年之后，确切地说“祖母”之说出现在民国初年。由此可知，由认定“祖墓”到认定“祖母”，不仅有语音相似之误，更有修志人拉名人以誉地域之嫌，也可以说是修志人不负责任的臆造。也许民国二十四年（1935）续修志书时，意识到这一认定的不严肃性，就回避了“武侯祖母茔”的说法，仅表述为“汉诸葛亮之祖墓”。这一表述虽还有些牵强，但毕竟不再说是诸葛亮的近祖了。

生铁古墓的真相

20世纪，当地亲历者回忆：立碑之前，此墓只是一堆约三米高的封土，土中杂有生铁，当地人认定是一座生铁浇铸成的古墓。临沂一带的诸葛氏一直相传古墓是他们家族的先茔，每到清明节各支脉都推派代表前来扫墓致祭。因此，这块墓地被当地人认为是一块风水宝地。光绪年间，附近村一家大户欲占有此地，便请风水先生在古墓的上首点了墓穴，筹划将先人遗骨迁葬于此。此举激起了附近村民和诸葛家族的愤慨，将大户告到兰山大堂。最终，诸葛家族打赢了官司，用赔偿款在墓前立了前文所述的墓碑，以作为这块风水地归属于诸葛家族的证明。民国二十四年（1935）续修县志时，修志人员前往实地勘察并拍了照片，载入《续修临沂县志》中。当时印刷技术不高，志书中的照片不清晰。后来发现的更为清晰的照片，是诸葛族人或有心人拍摄的另一幅照片。

20世纪50年代，考古工作者曾对该墓进行过调查，当时封土及墓碑保存完好，封土中生铁依然存在。因用生铁铸坟只有故事传说而无史书记载，所以当时对这一情况无法解释。1966年，破“四旧”之风盛行，该墓地附近石家屯村的部分村民把古墓视为“四旧”，将其彻底破坏。据当事者回忆，挖开封土即见到一些生铁块，但不像是整体浇筑的。封土去后便是夯土层。夯土层下面的竖穴，四壁用自然石块垒砌而成。墓中发现了已被压坏的鼎和壶一类的器物。完整的铜器有“八弧二十六铭文”西汉铜镜和“四人型”铜镇。墓的形制与当时临沂县洪家店村的西汉刘疵墓有些相似。根据墓的形制和墓中文物判断，此墓应是西汉墓葬。既然是西汉墓葬，诸葛家族历来所传“武侯祖母墓”之说也就不成立了。如果说是“武侯祖茔”的话，只能是西汉时期诸葛氏家族中另一个较为显赫的人物，也就是诸葛亮二百多年前的祖先。但这一说法还缺少史料及文物证据。

《三国志》明确记载诸葛亮是“阳都人”，诸葛亮之后五百年间的诸葛氏人物，史籍也都记载为“阳都人”。古墓位于汉代的临沂县境内，在阳都县南。汉代，两县同时并列存在。由此，所谓“武侯祖茔”或“武侯祖母墓”之说，其荒谬之处就不言而喻了。

传说成因分析

茶芽山古墓由传说到直说为“武侯祖茔”或“武侯祖母墓”，除诸葛氏族人对诸葛亮的崇敬因素外，还有外在的因素，这就是古墓南部不远有“诸葛城”。

所谓“诸葛城”是一座古城遗址，位于今临沂市城北白沙埠镇驻地东北6公里处，在沂河西岸。清初《沂州府志·古迹》称：“诸葛城，亦名中邱城，在县东北三十里。《后汉志》琅邪临沂县有中邱亭，即此。后诸葛亮来居于此。”这说明诸葛城最早称为中邱城，因为传说与诸葛亮有关才逐渐改名为诸葛城的。

中邱城于公元前716年由鲁国建筑，《左传·隐公七年》“夏，城中邱”的记载可以证明。“诸葛亮来居于此”之事史书未有记载，仅见于《沂州府志》，难以确信。但至晚在明代就有诸葛城之名，而且诸葛城中有“武侯祠”却是实事。如，明万历进士周京《诸葛城》诗云：“三分筹策已茫茫，鱼腹千秋战垒黄。马上欲寻卧龙处，空城斜日下牛羊。”明代大臣陈玉《诸葛武侯祠》诗有句云：“年来独有祠前柏，岁照笼葱越鸟啼。”

诸葛亮有没有在中邱城居住过，史书没有记载，难以确认。“武侯祠”碑文记载了诸葛家族来此“避兵”等事，方志中也记载这里曾有大量的诸葛族人居住，当是事实。从有关地名志得知，诸葛族人聚居的地方叫“诸葛村”或“诸葛城”是比较普遍的。今阳都故城一带明清时期属于沂水县，清雍正年以前沂水县隶属于青州府。雍正十二年（1734）升沂州为府，沂水县又隶属于沂州府。因此，同隶属于沂州府的兰山县（民国二年改称临沂县）的诸葛族人，在诸葛城建武侯祠祭祀诸葛亮是必然的。至于历代文人墨客将诸葛城当作诸葛亮故里去赋诗歌咏，只可视作文学作品，不能以此作为严肃的史料来运用。

（2013年5月“山东沂南·全国第20次诸葛亮学术研讨会”论文）

志书所载阳都诸葛氏人物脉系梳理

——兼辨诸葛族谱早期人物的脉系关系

当今所见诸葛氏族谱，除个案外，都是以诸葛丰为始祖，也都是以诸葛亮为一世祖或二世祖。然而，由于志书对诸葛亮的记载，上溯仅及远祖诸葛丰、父辈诸葛珪与诸葛玄三人，下涉也不过子孙两代，而且记载都过于简略，因此现存诸葛氏族谱对诸葛亮的先人记载不一；对诸葛亮祖孙三代以后人物的记载，也存在移花接木的现象。本文旨在全面梳理志书所载三国至南北朝期间以琅邪或阳都为地望的诸葛氏人物，并以此为参照，对几大宗传世诸葛氏族谱中相对应人物的脉系关系进行辨析，以作同仁研究诸葛氏谱牒之参考。

史籍记载的诸葛氏人物

（前有专述，略。）

诸葛族谱中的诸葛亮先人及后世人物考析

统观当今发现的几大宗诸葛氏族谱，序言或世系记载中大都追溯认定诸葛丰为始祖，以诸葛珪或诸葛亮为一世祖。对始祖诸葛丰的表述，因有《汉书·诸葛丰传》为本，族谱记述虽简繁不同，都与史籍记载相吻合。对一世祖及子孙的记述，有《三国志》为本，也无大的差异。但对诸葛亮父辈的记述和诸葛亮之孙诸葛京后裔的记述，多与志书记载的历史人物不相吻合。

（一）诸葛丰至诸葛珪历经世代

兰溪诸葛氏谱薛笃弼序言称：“司隶校尉丰公，刚特秉节，五传至珪，为泰山郡丞。”[①]丹阳诸葛氏族谱也记载，自诸葛丰至诸葛珪前后共六世，其传

① 转引自郭清华：《诸葛亮后裔》，陕西旅游出版社，2003年版。

承关系是丰生衍，衍生宏，宏生俨，俨生逮，逮生硅，硅生瑾、亮、均。江苏海安如皋葛氏宗谱记载，葛氏的先祖本是诸葛氏，唐代由复姓诸葛简化为单姓葛，也记载诸葛丰之后的衍生关系是：诸葛丰生衍，衍生宏，宏生俨，俨生逮（雍州刺史），逮生珪、绪、玄。[①]诸葛丰至诸葛珪之间的衍生关系，由于缺乏史书记载相佐证，难以确认或否定。但诸葛丰约生于公元前104年之前，诸葛珪约生于公元151年，两者生年相距250多年，那就是一世到五世，都是50岁生子，才有第六世诸葛珪出生于141年左右的结果，这显然是不合于正常规律的。由此可知“五传至珪”的结论是不严谨的。

（二）诸葛京与诸葛冲的关系

浙江兰溪谱、江苏丹阳谱、广西阳朔谱（以下简称“三地诸葛族谱”）都记载诸葛京和诸葛冲是父子关系，只是在表述上有粗略和详细之别。综合三地诸葛族谱的记载，诸葛冲后人世系脉络是：第五世诸葛冲，字茂长，为晋廷尉，生子铨；第六世诸葛铨，官东晋零陵太守，生子规；第七世诸葛规，为义阳太守；第八世诸葛颖，规之子，隋文帝开皇年间为参军学士，后加封为正议大夫。江苏如皋葛氏宗谱也记载，先祖本复姓诸葛，诸葛京生子诸葛冲。

史籍记载，诸葛亮的次孙诸葛京及诸葛攀之子诸葛显等，蜀亡后被魏国迁徙到河东郡（今山西省南部运城一带）。后来诸葛京被晋武帝司马炎择为郿县令，继而被右仆射山涛推荐为东宫舍人，再晋升为江州刺史，又转广州刺史，以后史籍中就没有诸葛京及后人的记载了。诸葛冲其人，《三国志·钟会传》裴注引《百官名》记载：“（诸葛）绪入晋为太常崇礼卫尉。子冲，廷尉。荀绰《兖州记》曰：冲子诠，字德林，玫字仁林，并知名显达。诠，兖州刺史。玫，侍中御史中丞。”《晋书·诸葛夫人》记载：“诸葛夫人名婉，琅邪阳都人也。父冲，字茂长，廷尉卿。”三地诸葛族谱中记载的诸葛冲之子名“诸葛铨”，《晋书》记载的诸葛冲之子亦名“诸葛铨”，但《三国志》裴注记载的诸葛冲之子是“诸葛诠”，而《三国志集解》载裴注则用“诸葛佺”。关于“佺”“铨”“诠”的关系，卢弼《三国志集解》解曰：“宋本‘佺’作‘诠’……官本作‘铨’。”综合这些资料可以认为，三地诸葛族谱中记载的诸葛京之子诸葛冲，并非与史籍中记载的诸葛冲名字巧合，而就是三国魏诸葛绪之子诸葛冲。

（三）诸葛铨与诸葛规的关系

三地诸葛族谱和江苏如皋葛氏谱都记载，是诸葛冲之子诸葛铨生子诸葛规，世系脉络是：诸葛冲，京长子，字茂长，为晋廷尉，生子铨，铨生规，规生颖。

① 见光绪戊子版思祖堂《葛氏家乘》。转引自“向阳花木”的博文《江苏海安如皋葛氏宗谱》。

虽然不同的族谱在名字上“铨生归”和“铨子规”不同，但世系脉络是一致的。

《晋书》记载诸葛冲有子诸葛铨，没有直接记载诸葛铨的生卒时间，也没有记载诸葛铨的后人。诸葛铨的出生时间，由其妹诸葛婉入宫的时间可推知：泰始九年（273）春诸葛婉入宫，假定诸葛婉入宫时15岁（虚岁），即生年是在公元259年，则其兄诸葛铨生年则一定在公元259年以前。《北史・诸葛颍传》记载的诸葛铨是“梁零陵太守”，有子诸葛规、孙诸葛颍、曾孙诸葛嘉会。诸葛铨是“梁零陵太守”，生活在梁时期，即公元502—557年期间。从时间上分析，《北史・诸葛颍传》中的诸葛铨绝不是《晋书》记载的葛冲之子诸葛铨。但三地诸葛族谱中的诸葛铨，显然既是诸葛冲之子诸葛铨，又是“梁零陵太守”诸葛铨。这显然是将“梁零陵太守”诸葛铨的后裔，接到了诸葛冲之子诸葛铨的身上。这一关系，如皋葛氏族谱表述得更直接：冲仕晋，官廷尉，生子铨。铨仕梁为零陵太守，子一规。规仕陈为义阳太守，生子颖。颖字宗汉，仕隋著作郎，授朝散大夫。由此可证，四地诸葛族谱中的诸葛冲之子诸葛铨与诸葛规的父子关系是不成立的。

《元和姓纂》“诸葛”条在记述了诸葛姓氏的来历后，又分别记载了诸葛瑾、诸葛亮、诸葛诞的世系衍生关系，其中诸葛瑾后裔记载至诸葛显，诸葛亮后裔记载至诸葛京，诸葛诞后裔记载至诸葛彪。然后书中记载说：“梁有零陵太守诸葛铨，居丹阳，生颍，北齐太子舍人、隋著作郎，颍生会。唐有诸葛茂道。”成书于元和七年（812）的《元和姓纂》，没有将零陵太守诸葛铨列为三国时期诸葛三杰任何一杰的裔脉，这也说明当时就已经理不清诸葛铨是谁的后裔了。但很明显，因为“诸葛铨，居丹阳”且有世系明晰的后裔，“梁零陵太守”诸葛铨便成了晋朝初年的诸葛冲子嗣。

（四）诸葛颍与诸葛爽的关系

三地诸葛族谱都记载，诸葛爽是诸葛颖的后裔，其世系脉络是：颍生嘉会，嘉会生神力，神力生纵，纵生良，良生爽。也就说以诸葛颍为一世的话，诸葛爽是第六世。关于诸葛爽的身份，兰溪诸葛族谱陈果夫《序》说得很清楚：诸葛颍“五传至爽，仕唐，为司空，河南节度使”。

三地诸葛谱中的诸葛爽，显然就是两《唐书》所载诸葛爽。诸葛爽是否是诸葛颍的“五传”裔脉？前文已述，诸葛颍享年77岁，卒年在公元609年至618期间，生年在公元533年至542年之间。诸葛颍的后裔，《北史・诸葛颍传》仅记载其子诸葛嘉会。至于诸葛爽，两《唐书》记载卒于光启二年（886），以享年最大80岁（年龄越大，生年距诸葛颍越近）推断，生年约在公元806年。以诸葛颍最晚生于公元542年计算，则与诸葛爽生年相距约286年，只有每代53岁生子，才有诸葛爽生于公元828年的可能。

（五）诸葛神力与诸葛纵的关系

在三地诸葛族谱中，诸葛颖与诸葛爽之间还有诸葛神力与诸葛纵。虽然对诸葛纵身份的记述有简繁之别，有的记载为“诸葛总”，但都记载诸葛纵（总）是诸葛神力之子，对诸葛神力的身份都记载曾为唐太宗“镌圣教序”，对诸葛纵的身份有的详细表述为“唐广德间为当涂令”。

诸葛神力奉命镌圣教序一事，《大唐三藏圣教序》有明确记载：“咸亨三年（672）十二月八日……文林郎诸葛神力勒石，武骑尉朱静藏镌字。”“唐广德”之广德是唐代宗李豫的年号，只用了二年（763—764）。若如此，诸葛神力与诸葛纵相距70余年。而据记载李白改葬青山始末的范传正撰《唐左拾遗翰林学士李公新墓碑并序》可知，唐元和十二年（817），也有一个当涂县令名诸葛纵。宣歙观察使范传正命诸葛纵具体承办改葬李白事宜，诸葛纵欣然应允，亲自去青山相地形、卜吉穴宅，并决定“元和十二年正月二十三日迁神于此”。[①]此事，宋程大昌撰《续演繁露》（又名《程氏演繁录》）“李白”条也有记载：“传正时为宣歙观察使，谕当涂令诸葛纵改葬于青山。”史籍记载的诸葛神力镌刻《圣教序》与诸葛纵改葬李白，两事相距145年。兰溪谱中的当涂县令诸葛纵是否就是改葬李白的当涂县令诸葛纵呢？如皋葛氏谱记载：诸葛神力，唐永徽二年（651）进士，官平江尹，生子总；总，唐天宝十年（751）进士，官当涂令。虽然有“纵”与“总”的区别，但诸葛纵和诸葛总显然是同一个人。如此一来，诸葛神力与诸葛纵（总）的父子关系是难以成立的。

综上所述，根据三地族谱记载，诸葛京为第一代的话，诸葛爽是第十代。诸葛京最晚生于264年（三地诸葛族谱中有的记载诸葛京是遗腹子），诸葛爽最早生于806年，两者生年相距542年，只有每代60岁生子，才有诸葛爽生于806年的可能。因此概言之：诸葛族谱中的诸葛冲是诸葛绪之子而非诸葛京之子；诸葛颖是梁诸葛铨之孙，而非晋朝诸葛冲的儿子诸葛铨之孙；诸葛颖五传至诸葛爽的世系关系不成立；诸葛爽祖父诸葛纵与诸葛神力的父子关系也不能成立。虽不能仅据志书否认谱牒有载而志书无载的人物的存在，但据志书还是可以否定志书确载而谱牒错载的人物的，特别是诸葛爽是诸葛京的直系后裔这一衍生关系，是有充分理由可以否定的。

---

① 见于《舆地纪胜》。卷十八《太平府》条云：“李阳冰为当涂令，白往依之，悦谢家青山，欲终焉。宝应元年卒，葬龙山东……元和十二年，宣歙观察使范传正委当涂令诸葛纵改葬青山之址，去旧坟六里。”

诸葛族谱中更有价值的信息

浙江、江苏、广西三地诸葛族谱中，也有许多有助于考证诸葛氏族人迁徙和繁衍的极有价值的信息。兹摘列如下，以资引起重视。

一是诸葛京有子诸葛膺和诸葛肩。江苏金坛诸葛氏族谱《序》曰："京子二，长膺次肩，肩承本生父为河东派，膺嗣伯尚为南阳派。"[①]这条信息的价值在于，虽无史籍相证记，但较之他谱记载的"京子冲"更为可信。

二是诸葛京的后裔诸葛齐器迁居广西。江苏金坛诸葛氏族谱《序》曰："膺生子二，长文次武。武早逝，武之子齐器徙居广西。"广西《阳朔县志》（旧志）也记载："阳朔白沙村诸葛氏之族，乃南阳孔明之后裔也。晋时，裔孙诸葛齐器委任广东，游于广西，见白沙村地可建宅，乃居焉。"[②]相距遥远的不同地方的相同信息，是否各自记载时相互参考过，现不得而知，但这毕竟是诸葛京任江州刺史后，见之于方志的最早的一条关于诸葛亮后人迁徙的资料，因此显得尤其珍贵。

三是金坛诸葛氏与兰溪诸葛氏的关系。丹阳诸葛氏族谱记载：诸葛神力一脉中，神力生纵，纵生述；述生二子，长子爽生仲芳后来迁徙至浙江。浙江兰溪诸葛氏族谱也记载：第十世诸葛神力，十一世诸葛纵，十三世诸葛爽，十四世诸葛仲方，十五世诸葛浰为迁浙始祖，十六世诸葛青；诸葛青生子承荫、承祐、承载、承弈、承咏、承遂，遂成为浙江六大支。丹阳诸葛氏族谱记载诸葛仲芳迁徙至浙江，兰溪诸葛氏族谱记载迁浙始祖是诸葛仲方之子诸葛浰，虽然人名用字有"方"与"芳"一字之别，始迁浙江之人有或父或子之差，但显然两者有着必然的联系。这对于研究江浙一带诸葛氏血缘关系及迁徙情况，是极有价值的信息和资料。

四是阳朔诸葛氏与隆中的关系。阳朔诸葛氏族谱记载，宋末，始迁祖"隆中公"自隆中迁至广西桂林南路梨获大村。习凿齿《襄阳耆旧记》记载："襄阳城南边大道，有诸葛女郎墓，是诸葛仲茂女冢也。年十三亡，茂妇怜之，不能自远，故近城葬之，日日往哭。"[③]习凿齿卒于西晋太元八年（383）。这条史料说明，至迟太元八年前，襄阳城就有诸葛氏居住。宋末，有诸葛氏族人徙

---

① 诸葛佩圣编著《诸葛后裔今何在》，苏出准印（2007）字 JSE—1000050 号。
② 同上。
③《襄阳耆旧记校注》卷四《城邑》。

居广西应是可能的。

诸葛族人皆以武侯为祖的成因

千百年来，诸葛氏族人都认诸葛亮为直系先祖而无他，既有着特定的历史原因，也是一个极有研究价值的文化现象。

《诸葛氏谱》的名称最早见于《三国志》裴松之“注”。裴松之在诸葛亮本传所记“次子京及攀子显等，咸熙元年内移河东”文下注曰：“诸葛氏谱云：京字行宗。”其次见于《世说新语·方正》刘孝标“注”。《方正》篇谈到诸葛诞后代的婚姻情况：东晋时，诸葛诞之孙诸葛恢的大女儿嫁给太尉庾亮之子，二女儿嫁给徐州刺史羊忱之子，儿子娶了河南邓攸的女儿。刘孝标在“恢儿娶邓攸女”文下注：“诸葛氏谱曰：‘恢子衡，字峻文，仕至荥阳太守。娶河南邓攸女。’”《三国志》裴松之注引和《世说新语》刘孝标注引，是《诸葛氏谱》今仅存的二条佚文。裴松之是南朝刘宋人，刘孝标是南朝萧梁人，这说明直到南朝梁时代，人们仍能见到《诸葛氏谱》。尽管《诸葛氏谱》现仅二条佚文，但从“（诸葛）京字行宗”条可以看出，这部谱牒不仅记载了诸葛诞的脉系，而且还包括诸葛亮一系，当然必定还有诸葛瑾一系。后来的史书《隋书》《旧唐书》《新唐书》虽著录谱牒不少，却无《诸葛氏谱》。《宋史》及《郡斋读书志》《直斋书录解题》乃至《四库全书》也均未著录此谱。因此，可以断定传世的《诸葛氏谱》在隋唐之际已佚失。

自诸葛丰开始为复姓诸葛，至诸葛亮已经二百七八十年了。这期间至少繁衍了八九代，可是有一个奇怪的现象，就是至今见到的诸葛氏族谱，无一例外都是尊诸葛珪或诸葛亮为始祖。这种现象绝不是巧合，而是有其心理原因和历史渊源的。

曹魏制九品中正之法，开六朝门阀之风，门第成为每个人获得社会地位、政治权力的依据。国家以门第取士，选官必依谱牒，而不以人才优劣为本，唯视门第高下为据，形成“上品无寒门，下品无士族”的局面。所以，魏晋南北朝谱牒档案盛行一时。东晋时期，诸葛氏族又一次辉煌，成为当代世族大姓。到南北朝时，录入史书的诸葛族人皆以琅邪或阳都为籍，就不仅是诸葛氏又一次辉煌的结果，谱牒档案盛行也是其中一个极为重要的原因。

隋末农民大起义打乱了整个封建统治的秩序，魏晋南北朝以来的门阀制度、世家豪族制度遭到了严重的打击。面对这样的社会现实，唐初开始了官修

《氏族志》，按照唐太宗的意愿，“不须论数世以前，止取今日官爵高下作等级”。[①]唐代接连发动的几次大规模的谱牒著作编修运动，不仅限制和打击了私人编修谱牒著作的积极性，而且也加快了原有世家豪族谱牒日益消亡。这个时期，带有旧士族背景的诸葛氏，其传世的《诸葛氏谱》散佚以至于失传，也就带有必然性了。

至唐中后期，随着士、庶矛盾的缓和以及新的矛盾之产生，官修谱牒日益衰落，私修谱牒又开始卷土重来。隋唐时期，诸葛氏虽然不是寒门新贵，但进入政界中层的诸葛族人仍不乏显赫者。《隋书》《旧唐书》《新唐书》记载的诸葛氏就有著作郎诸葛颖、《孝经序》作者诸葛循、南徐州秀才诸葛璩、河阳节度使诸葛爽、诸葛爽之子诸葛仲方、副将诸葛詡[②]、《帝录》作者诸葛忱（《新唐书》作诸葛耽）、车骑诸葛德威、功德判官诸葛述、术士诸葛殷、协律郎诸葛畋、南蛮王诸葛地等人。故可推知，随着私家之谱的再度兴盛，有着深远的旧士族背景的诸葛氏族人，也再次开启了私家修谱的历史。但隋唐之际，原始《诸葛氏谱》已佚失了，纂修族谱也只能以已知之祖为始。也可推知，既然已无原始的《诸葛氏谱》为据，而诸葛亮又有着“开诚心，布公道”的高风亮节，“鞠躬尽瘁，死而后已”的忠贞品格，“管萧之亚”的智慧才能，助刘创汉的丰功伟业，为历代所敬仰，诸葛氏族人各自重新纂修族谱时以诸葛亮为始祖或许成为必然选择。各地传世的诸葛氏族谱，多数从宋代开始创修，并皆以诸葛亮为先祖而无他，即可印证这一历史背景，亦可以证明前一推论并非悖谬。

诸葛氏族人认祖籍为阳都，但不言称是诸葛亮后人的，笔者仅见一例即《古虞诸葛氏宗谱》（简称《古虞谱》）。浙江上虞诸葛氏，自明洪武年间肇修《古虞谱》之后，明清两朝不断续修，现存《古虞谱》为光绪十年（1884）刻本。古虞诸葛氏，自明代开始就有些族人将复姓诸葛简化单字姓葛。康熙十三年（1674）十一世诸葛君锡在《序言》中说：“至四世祖东轩公永乐间始为御史，时从省文例，复姓减一，而诸与葛自此分焉。”虽复姓减一，但其族人皆认祖籍为阳都。《古虞谱》以元代诸葛翊之为一世祖，认阳都为发源地。明正德五年（1510）余姚大学士谢迁为《古虞谱》撰序说：

① 《旧唐书》列传第十五《高俭传》。

② 中州古籍出版社《二十五史·新唐书》之《本纪第五·玄宗》作“皇甫惟明及吐蕃战于石堡城，副将褚詡死之”。《列传第一百四十一上·吐蕃上》又作“皇甫惟明破虏大岭军……明年，破洪济城，战石堡，不克，副将诸葛詡死之”。汉语大词典出版社《二十四史全译·新唐书》亦作诸葛詡。笔者认为，“褚詡”当为“诸葛詡”之误。

上虞河下诸葛氏世谱一卷，原其始乃皇古葛天氏之后……始居琅邪诸县，徙阳都，历汉而唐而宋，非无显者，亦有闻人，然世次渺远，莫可编述，遂断以元都郡讳翊之者为岁祀始祖，耕读开基，一本分派，嗣后子孙世守其业，皆以清白相承。

《古虞谱》认为，阳都诸葛氏自汉至唐“非无显者，亦有闻人”，但是因为世次邈远已难叙述清楚，因此以已知者为始祖。这不仅显现出了上虞诸葛氏族人的平民意识，更显示出了可贵的实事求是的精神。虽然未明言自阳都析出之后的世系源流，但对研究诸葛氏族人的繁衍、迁徙、族风，也具有重要的价值。

浙江、江苏、广西、山东等地区是诸葛氏族人比较集中的聚居区，这些诸葛氏族人都是根源于诸葛丰，其发源地也都是琅邪阳都。自诸葛丰至诸葛亮，经过二百七八十年的繁衍，肯定每代诸葛氏族人都有迁徙到外地定居的。到诸葛亮这一代，外迁繁衍的诸葛氏族人大概是数以千计了。因此可以肯定地说，现世诸葛氏族人绝非都是诸葛亮的后裔。诸葛京出任晋朝郿县令后，升迁至江州刺史，也应该是有后裔并繁衍于世的。但从目前已有的史料看，要想天衣无缝地考证哪一个地方的诸葛氏是诸葛亮的嫡脉子孙，的确是一件不容易的事情。一代不漏地把诸葛亮以后1700多年间的后裔世系完全排列清楚，根据现有的资料也是根本做不到的。浙江、江苏和广西等地的诸葛氏族人，或许确是诸葛亮的后裔，因为族谱中都记载了朝廷认定为诸葛亮后裔的证据。如《兰溪谱》卷首《恩纶》称：“南宋绍兴四年（1134）三月十一日，敕大理事评诸葛辉送书一旨称：‘朕闻尔祖所著八阵图，原稿在外，可送来看；如有别书，俱送进来看。钦赐。’”这说明，当时朝野皆知诸葛辉是诸葛亮后裔。又如，江苏金坛赵孟頫撰《宋进士授五经博士诸葛维贤公墓表》中就有“始祖孔明”的表述，这说明至迟宋末时，金坛诸葛氏的始祖是诸葛亮被社会所承认。但谱牒是记录家族血缘关系的文献，如果脉系人物出现空缺，前后代的血缘关系就难以确认也难以否定。如果脉系人物记述明显有误，也就难免让人对血缘关系的真实性产生疑问。笔者认为，对现存几大宗诸葛氏族谱所蕴藏的文化传承的研究，固然是最有现实意义的课题，但对其中所直接表述的血缘传承关系的研究，更是文化传承研究的前提和基础。

（2013年5月“山东沂南·全国第20次诸葛亮学术研讨会”论文）

江浙诸葛宗谱研究三题

家谱是记载同宗共祖的男性血缘集团的世系人物和事迹的历史图籍，它与正史、方志构成了中华民族历史大厦的三大支柱，是我国珍贵文化遗产的一部分。

江浙两省是诸葛氏族人比较集中的地方，各个诸葛氏族人的聚居地都有自己一脉的宗谱。初修于北宋绍圣元年（1094）的丹阳“三顾堂”《诸葛氏族谱》（以下简称《丹阳谱》），初修于南宋初年的兰溪“大公堂”《诸葛氏宗谱》（以下简称《兰溪谱》），因为时间跨度大，资料相对丰富，因而较之同族他谱更有研究价值。现存江苏金坛诸葛氏族人是丹阳诸葛氏的分支，其“谨慎堂”《诸葛氏宗》（以下简称《金坛谱》），是清道光八年（1828）纂修的。虽然时间较晚，但有些信息却比《丹阳谱》和《兰溪谱》提供的信息更可信，因而更有特别的意义。

江浙两地诸葛氏都认诸葛丰为始祖，不同点在于有的尊诸葛珪为一世祖，有的尊诸葛亮为一世祖。一个姓氏支脉，尊某朝代某人为始祖或一世祖，自有他的理由，外姓之人一般无法置喙，但诸葛家族是历史上的名门望族之一，对其家族世系的研究就不仅是宗族内部的事情了，外姓之史家、学者参与研究也是理所当然的。基于这一理念，本人就这几年对江浙两地诸葛族谱关注情况及研究心得，概要为三题，并就教于方家。

唐代前诸葛世系表述舛错较多难以采信

据《丹阳谱》和《兰溪谱》记载，自诸葛丰至唐末诸葛爽，共计18世，900多年，如若按此计算，每代平均70多年。这显然是一个难以成立的世系关系，其间必定有舛错。

（一）诸葛丰至诸葛珪的代世有遗漏

《丹阳谱》记载：丹阳诸葛氏族以诸葛丰为始祖。丰生衍、衍生宏、宏生俨、俨生逮、逮生硅，硅生瑾、亮、均兄弟三人。《兰溪谱》薛笃弼序言称：“司隶校尉丰公，刚特秉节，五传至珪，为泰山郡丞。”

诸葛丰的后人衍、宏、俨、逮，史籍没有记载相佐证，不可妄言准确与否，但诸葛丰、诸葛珪和诸葛亮都见于正史，其年代关系是毋庸置疑的。《汉书》没有明确记载诸葛丰的生卒年月，但根据贡禹推荐诸葛丰任侍御史的时间，可以判定他出生时间在公元前108年前后。诸葛亮的出生年份是明确的，即公元181年。如此算来，诸葛丰和诸葛亮的生年相距289年，诸葛丰、诸葛衍、诸葛宏、诸葛俨、诸葛逮、诸葛珪平均49岁生子，才有诸葛亮出生于181年的结果。这显然是不合于常识的，其间有漏代是无疑的。

另外，《大公堂谱》和《三顾堂谱》都没有记载诸葛亮叔父诸葛玄，而正是诸葛玄收养了诸葛亮、诸葛均兄弟姐妹。如此状况，良实可怪。

（二）诸葛亮至诸葛颖的代世有遗漏

《大公堂谱》和《三顾堂谱》都记载诸葛颖①是诸葛亮的七世孙，清光绪《丹阳县志》不仅记载诸葛颖是诸葛亮裔孙，并记载：开皇十三年（593），诸葛颖参军事撰《遗砚铭》。

诸葛颖生于梁武帝大同二年（536），卒于隋炀帝大业八年（612），与诸葛亮生年相距355年。如此算来，若诸葛颖是诸葛亮的七世孙，只有从诸葛亮开始每代59岁生子，才有诸葛颖于梁武帝大同二年（536）出生的结果。可信与否，不言自明。其间至少遗漏三四代。

（三）诸葛京后人的世系有嫁接

《丹阳谱》和《兰溪谱》都记载：京生冲，冲生铨，铨生规，规生颖。江苏如皋《葛氏谱》更明确记载：冲仕晋，官廷尉，生子诠。诠仕梁为零陵太守，子一规。规仕陈为义阳太守，生子颖。颖字宗汉，仕隋著作郎，授朝散大夫。

关于诸葛冲的源脉，《三国志·钟会传》裴“注”引《百官名》记载：“（诸葛）绪入晋为太常崇礼卫尉。子冲，廷尉。荀绰《兖州记》曰：冲子诠，字德林，玫字仁林，并知名显达。诠，兖州刺史。玫，侍中御史中丞。”②由此可知，诸葛冲是诸葛绪之子，与诸葛京父子关系不成立。

关于诸葛冲与诸葛铨的关系，《晋书·诸葛夫人传》记载：“诸葛夫人，名婉，琅邪阳都人也。父冲，字茂长，廷尉卿……兄铨，字德林，散骑常侍。

① 中华书局1973年版《隋书》和1974年版《北史》均作“诸葛颍”。1975年版《旧唐书》作“诸葛颖”。
②《三国志》。

铨弟玫，字仁林，侍中、御史中丞。”诸葛冲与诸葛铨父子关系历史记载可证是成立的。

关于诸葛颖，《北史·文苑》记载：“诸葛颖，字宗汉，丹阳建康人也。祖铨，梁零陵太守。父规，义阳太守。”诸葛颖是南北朝时南梁零陵太守诸葛铨之孙，是不是诸葛冲之子诸葛铨的裔脉呢？《晋书》没有直接记载诸葛冲之子诸葛铨的生卒时间，但由诸葛冲之女诸葛婉于泰始九年（273）春入宫可推知诸葛铨的生年：若诸葛婉入宫时17岁，即诸葛婉生年是公元255年，作为诸葛冲之子的诸葛铨生年则一定在公元255年以前。而《北史》记载的诸葛颖的祖父诸葛铨则生活在南梁时期，即公元502—557年期间。

两大诸葛族谱中记载的诸葛冲之子名“诸葛铨”，《晋书》记载的诸葛冲之子亦名“诸葛铨”，但《三国志》裴注记载的诸葛冲之子是“诸葛诠”，而《三国志集解》载裴注则是“诸葛佺”。关于“佺”“铨”“诠”的关系，卢弼《三国志集解》曰：“宋本‘佺’作‘诠’……官本作‘铨’”。虽同音三形，实则一人。由此可知，诸葛颖的祖父诸葛铨非诸葛冲之子诸葛铨。显然，两地族谱都把南梁时期的诸葛铨及其后人，嫁接到了晋朝的诸葛冲身上。

（四）诸葛神力与诸葛纵的父子关系不成立

《三顾堂谱》和《大公堂谱》都记载：颖生嘉会，嘉会生贞、神力；神力生纵；唐太宗命诸葛神力镌圣教序，诸葛纵曾任当涂县令。《族谱》对诸葛颖与诸葛嘉会乃至诸葛神力的关系的记载，与历史记载相符，无疑义，但诸葛神力与诸葛纵的关系就值得研究了。

《大唐三藏圣教序》记载，诸葛神力镌刻《圣教序》时在唐咸亨三年（672）。而《唐左拾遗翰林学士李公新墓碑并序》记载，唐元和十二年（817），宣歙观察使范传正曾命当涂县令诸葛纵具体承办改葬李白事宜。《舆地纪胜》卷十八《太平府》条也记载：“李阳冰为当涂令，白往依之……宝应元年卒，葬龙山东……元和十二年，宣歙观察使范传正委当涂令诸葛纵改葬青山之址，去旧坟六里。”《三顾堂谱》和《大公堂谱》记载的当涂县令诸葛纵是否就是改葬李白的当涂县令诸葛纵呢？如皋《葛氏族谱》记载：诸葛神力，唐永徽二年（651）进士，官平江尹，生子总；总，唐天宝十年（751）进士，官当涂令。虽然有“纵”与“总”的区别，但诸葛纵和诸葛总显然是同一个人。如此一来，诸葛神力与诸葛纵（总）相差100多年，怎能成为父子关系呢？

因此概言之：《三顾堂谱》和《大公堂谱》中的诸葛冲是诸葛绪之子而非诸

葛京之子；诸葛颍是南梁诸葛铨之孙，而非晋朝诸葛冲的儿子诸葛铨之孙；诸葛神力与诸葛纵的父子关系也不能成立。虽不能仅据志书否认谱牒有载而志书无载的人物的存在，但据志书还是可以否定志书确载而谱牒错载的人物的。

江浙诸葛氏族谱中蕴含重要信息值得研究

现在江浙两地诸葛族人都很重视自家宗谱的研究，而联合研究工作却未引起足够的重视。《丹阳谱》《兰溪谱》和江苏金坛《诸葛族谱》蕴含着许多宋代以前诸葛氏族人的迁徙信息，很值得研究。

（一）诸葛京有子诸葛膺和诸葛肩

《金坛谱》记载："京子二，长膺次肩。肩承本生父为河东派，膺嗣伯尚为南阳派。"[①]这条信息的价值在于，虽无史籍相证，但较之以他谱记载"京子冲"更为可信。

（二）诸葛京之孙诸葛齐器迁居广西

《金坛谱》还记载："膺生子二，长文次武。武早逝，武之子齐器徙居广西。"广西《阳朔县志》（旧志）也记载："阳朔白沙村诸葛氏之族，乃南阳孔明之后裔也。晋时，裔孙诸葛齐器委任广东，游于广西，见白沙村地可建宅，乃居焉。"[②]相距遥远的不同地方的相同信息，是否各自记载时相互参考过，现已不得而知。但这毕竟是诸葛京任江州刺史后，见之于方志的最早的一条关于诸葛亮后人迁徙的资料，因此显得尤其珍贵。

（三）金坛诸葛族氏源自丹阳

《金坛谱》记载："（诸葛）文，二十一世传至翔，字鹏举，于唐宣宗大中元年（847），为避兵乱挈眷涉淮渡扬子江历润州而东，抵云阳大华里居焉，是为云阳始迁祖。传六世，会宋末鼎沸，广陵以上，悉为胡据，知时局之不可为，致仕归，由大华里迁金沙之澎溪渡口，名其居曰云墅，是为云墅始迁祖。"云阳大华里，在今丹阳境内。澎溪渡口，在今金坛区儒林镇洮湖东岸。迁徙人物、时间、地点清晰，可资证明金坛诸葛族氏源自丹阳。

（四）丹阳诸葛支脉迁居兰溪

《丹阳谱》记载：诸葛神力一脉中，神力生纵，纵生述；述生二子，长子爽生仲芳，仲芳迁徙至浙江。《兰溪谱》记载：第十世诸葛神力，十一世诸葛

---

① 诸葛佩圣：《诸葛八卦阵村落》，凤凰出版社，2014 年版。

② 诸葛佩圣：《诸葛后裔今何在》，苏出准印（2007）字 JSE—1000050 号。

纵，十三世诸葛爽，十四世诸葛仲方，十五世诸葛浰为迁浙始祖；十六世诸葛青，诸葛青生子承荫、承祐、承载、承弈、承咏、承遂，遂成为浙江六大支。《丹阳谱》记载诸葛仲芳迁徙至浙江，《兰溪谱》记载迁浙始祖是诸葛仲方之子诸葛浰。虽然人名用字有“方”与“芳”一字之别，始迁浙江之人有或父或子之差，但显然两者有着必然的联系。这对于研究江浙一带诸葛氏血缘关系及播迁情况，是极有价值的信息和资料。

诸葛族人多以武侯为祖值得深思

自诸葛丰开始为复姓诸葛，至诸葛亮已经二百七八十年了。这期间至少繁衍了八九代，尽管史籍记载的三国以前的诸葛氏人物不多，但八九代的总量应是蔚为大观的。三国以后，诸葛亮一脉之外其他诸葛族人的后裔更是不可计数。可是有一个奇怪的现象，就是诸葛氏族人大都认诸葛亮为直系先祖而无他，这种现象绝不是巧合，而是有其历史渊源和心理原因的。

（一）历史渊源

曹魏制九品中正之法，开六朝门阀之风，门第成为每个人获得社会地位、政治权力的依据。国家以门第取士，选官必依谱牒，而不以人才优劣为本，唯视门第高下为据，形成“上品无寒门，下品无士族”的局面。所以，魏晋南北朝谱牒档案盛行一时，《诸葛氏谱》大约就形成于这个时期。到南北朝时，录入史书的诸葛族人皆以琅邪或阳都为籍，谱牒档案盛行也是其中一个极为重要的原因。

隋末农民大起义打乱了整个封建统治的秩序，魏晋南北朝以来的门阀制度、世家豪族制度遭到了严重的打击。但是，这些氏族尽管遭受到严重的打击，却并未因此就退出历史舞台，而是极力与寒门庶族出身的新贵抗衡。面对这样的社会现实，唐初开始了官修《氏族志》，按照唐太宗的意愿，“不须论数世以前，止取今日官爵高下作等级”。[①]唐代官修谱牒《元和姓纂》“诸葛”条在记述了诸葛姓氏的来历后，又分别记载了诸葛瑾、诸葛亮、诸葛诞的世系衍生关系，其中诸葛瑾后裔记载至诸葛显，诸葛亮后裔记载至诸葛京，诸葛诞后裔记载至诸葛虪。然后又记载：“梁有零陵太守诸葛铨，居丹阳，生颖，北齐太子舍人、隋著作郎，颍生会。唐有诸葛茂道。”[②]《元和姓纂》没有将零陵太守诸葛铨列为三国时期诸葛三杰任何一杰的裔脉，这也说明当时就

①《旧唐书》列传第十五《高俭传》。

②《元和姓纂》，光绪六年校勘、嘉庆七年刊本。原本作“诸葛颍”。

已经理不清诸葛铨是谁的后裔了。《丹阳谱》和《兰溪谱》中唐代以前世系关系存在如此之多的舛错，也证明了创修族谱时已无原谱可以参照了。

（二）心理的原因

唐中后期，随着士庶矛盾的缓和以及新的矛盾之产生，官修谱牒日益衰落，私修谱牒又开始崭露头角。隋唐时期，诸葛氏虽然不是寒门新贵，但进入政界中层的诸葛族人仍不乏显赫者。随着私家谱牒的再度兴盛，有着深远的旧士族背景的诸葛氏族人，也再次开始了私家修谱的行为。但原始《诸葛氏谱》已佚失了，纂修族谱也只能以已知之祖为始。既然已无原始的《诸葛氏谱》为据，而诸葛亮又有着"开诚心，布公道"的高风亮节，"鞠躬尽瘁，死而后已"的忠贞品格，"管萧之亚"的智慧才能，助刘创汉的丰功伟业，为历代所敬仰，诸葛氏族人各自重新纂修族谱时以诸葛亮为始祖或许成为必然选择。各地传世的诸葛氏族谱，多数从宋代开始创修，并皆以诸葛亮为一世祖而无他，即可印证这一历史背景。

结语

可以肯定地说，现世诸葛氏族人绝非都是诸葛亮的后裔。但从目前已有的史料看，要想天衣无缝地考证哪一个地方的诸葛氏是诸葛亮的嫡脉子孙，的确是一件不容易的事情。即便是根据族谱中个别错误或谬误的记载，来否定哪一个地方诸葛氏不是诸葛亮的嫡派子孙，也是不科学的。诸葛氏族人大都认诸葛亮为一世祖，是一个非常独特的文化现象。这一文化现象的存在，又反证了诸葛亮的确是国人心目中的美好形象。

江浙一带诸葛氏各自的族谱中，都记载了朝廷认定为诸葛亮后裔的证据。如《兰溪谱》卷首《恩纶》有"南宋绍兴四年（1134）三月十一日，敕大理事评诸葛辉送书一旨称'朕闻尔祖所著八阵图，原稿在外，可送来看；如有别书，俱送进来看。钦赐。'"这说明，当时朝野皆知诸葛辉是诸葛亮后裔。江苏金坛赵孟頫撰《宋进士授五经博士诸葛维贤公墓表》有"始祖孔明"的表述，这说明至迟宋末时，金坛诸葛氏的始祖是诸葛亮就为社会所承认。但如果在宣传自己是诸葛亮裔脉的时候，极不慎重地照抄照搬族谱中明显舛错或悖谬的世系关系，那就不仅是画蛇添足，更是贻笑大方了。冀望共戒之，同免之。

（2013年5月"沂南县·全国第20次诸葛亮学术研讨会"论文）

阳都诸葛的几次大迁徙
及临沂市境内诸葛族人基本状况

《三国志》之《诸葛瑾传》《诸葛亮传》和《诸葛诞传》都记载，诸葛三兄弟是“琅邪阳都人也”。汉代的阳都县，其地理位置、县域范围和边界，与现在的沂南县基本相同，因此说阳都县就是现在的沂南县。沂南县是诸葛姓氏的发源地，诸葛族人的发祥地，诸葛瑾、诸葛亮和诸葛诞的出生地和少年生活地。现在，沂南县境内已没有诸葛氏族人居住，但在临沂市境内尚有数以万计的诸葛氏族人，其聚居地涉及70多个村落。

诸葛氏族人的几次大迁移

自诸葛丰迁居琅邪郡阳都县[①]，到诸葛亮出生，诸葛氏居阳都已历经280多年。这期间，有多少诸葛丰的后裔从阳都县迁徙到他地，已难以考察了。但从现有的资料看，从汉末开始到南北朝末期，至少有三次大的迁移。

（一）汉末动乱促成了第一次多方位的迁移

东汉初平四年（193），诸葛亮的叔父诸葛玄被袁术署为豫章（今江西南昌）太守，14岁的诸葛亮与弟弟诸葛均和两个姐姐，一起跟随叔父离开了家乡。他们先是跋山涉水到了豫章，之后因战乱又被叔父送到荆州治所襄阳，托付给刘表。诸葛亮与诸葛均都在荆州襄阳建立了家庭，后来因为刘备“三顾茅庐”，诸葛亮结束了躬耕生活走上了政治舞台，诸葛均也随诸葛亮出山了。三国鼎立后，诸葛亮和诸葛均都居于成都。史书没有诸葛均子女的记载，但清张澍《诸葛忠武侯文集故事卷一·诸葛氏谱》记载，诸葛亮亲自为诸葛均选择了

① 关于诸葛丰是复姓诸葛第一人，请见本文作者《沂南历史钩沉》，中国文联出版社，2016年版。

南阳林氏为妻，诸葛均应该是有后人传续的。

东汉兴平元年（194）夏天，曹操以报杀父之仇的名义，再次攻伐徐州牧陶谦，战火波及阳都一带，民不聊生。诸葛瑾只好携带妻女及继母离别阳都，奔赴豫章投靠叔父诸葛玄。走到曲阿（今江苏丹阳）时，才知道叔父诸葛玄已被朝廷正式委任的豫章太守朱皓赶下了台，去向不明，生死未知。豫章去不成了，他们只得在曲阿住下来。后来经孙权的姐夫弘咨推荐，诸葛瑾在孙吴登上了政治舞台，并繁衍生息。

诸葛亮、诸葛均和诸葛瑾南下后，其胞弟诸葛诞离开阳都到中原地区谋生。在魏国，初以尚书郎被任命为荥阳令，官至征东大将军，封高平侯。诸葛诞的生年和入魏为官的时间，史籍无明确记载。根据旁证可推知，汉末战乱时，诸葛诞从琅邪阳都进入中原，魏文帝黄初年间（220—226）出仕。

从《三国志》的记载看，三国时期，在蜀汉的诸葛族人，仅有诸葛亮与诸葛均兄弟二人，而无其他。这可能是蜀汉地处西南边陲，与阳都相距遥远，交通不便及信息不通的结果。在吴国的诸葛族人，除了诸葛瑾及后人担任要职外，还有一部分阳都诸葛族人也在吴国担任职务。如：曾与卫温一起出使夷州和亶洲的诸葛直，曾伪叛以诱同宗魏将诸葛诞入吴的将领诸葛壹。在魏国，除诸葛诞外，还有太山太守诸葛绪、谒者仆射诸葛璋、督领诸葛虔、历任馆陶县令和新兴太守的诸葛原等。三国相比，在魏国的诸葛氏族人较多，应是阳都地处曹魏之地，琅邪与中原地缘关系密切的缘故。从吴魏两国诸葛氏族人任职情况分析，因为战乱而迁移到吴地和魏国首都的诸葛氏族人一定不在少数。

（二）永嘉南渡形成了第二次远距离的迁移

司马睿为琅邪王时，琅邪人王导素与其友善。西晋永兴元年（304），司马睿出镇下邳，不久迁安东将军，请王导担任安东司马，军事谋划都听从其安排。永嘉元年（307），司马睿听从王导建议，出镇建业（后改建康，即今南京）。司马睿盘踞建业后，琅邪世家大族纷纷跟随他南迁。永嘉五年（311），匈奴兵破洛阳，俘虏怀帝，引起国家动乱。而当时南方社会较为安定，于是中原地带世家大族及部曲纷纷南逃，史称“永嘉南渡”。为了稳定拱卫皇室的世家大族的人心，东晋在京都附近设置了许多侨郡、侨县，其中就有琅邪郡及阳都县。诸葛氏的祖居地是阳都县，在侨县中设有阳都，诸葛家族人物之重要及亲属故旧随迁之多可窥一斑。

随同司马睿南渡的诸葛氏族人，其中有诸葛靓之子诸葛恢。诸葛靓，字仲思，是诸葛诞之子。公元257年，诸葛诞据守寿春反抗掌握朝政的大将军司马昭，并派长史吴纲带着诸葛靓和牙门子弟到东吴做人质并请求援军。公元280年，司马炎灭吴，诸葛靓作为俘虏到了洛阳。虽然诸葛靓与晋帝司马炎有亲戚关系（诸葛靓的姐姐是琅邪王司马伷的夫人，也就是司马炎的婶母），而且是少年伙伴，但因为父亲诸葛诞被司马炎的父亲司马昭诛杀并灭三族，所以诸葛靓坚决不在司马皇朝中为官，“归于乡里，终身不向朝廷而坐”。诸葛靓归于乡里之后生子诸葛恢。诸葛恢“弱冠知名”，“初试即丘长，转临沂令”。[①]后来，诸葛恢随琅邪王司马睿南迁，成为东晋中兴名臣。同时南迁的诸葛族人，史籍载名的还有诸葛恢的哥哥琅邪国相诸葛颐。

东晋时期活跃在政治舞台上的诸葛族人，除了诸葛诞一脉以外，有太山太守诸葛攸、督护诸葛侃、幕僚诸葛瑶、参军诸葛求，还有诸葛长民、诸葛黎民、诸葛幼民三兄弟及堂弟诸葛秀之等。

由于这次南迁，众多诸葛氏族人登上了政治舞台，他们在南国安家繁衍，其后人又不断播迁。南北朝时期活跃在政治舞台上的众多诸葛族人，虽然难以断定是否都是南迁诸葛氏的后人，但在南朝任职的诸葛璩、诸葛勖、诸葛阐、诸葛导、诸葛智之、诸葛雅之、诸葛诩、诸葛叔度等人，认定他们为永嘉南渡诸葛氏的后人当无大错。

（三）荀羡攻破阳都城造成了第三次近距离的迁移

东晋永和七年（351），原鲜卑首领段兰之子段龛归附东晋，授任镇北将军，封齐公，但仍保持独立，其势力在山东半岛一带颇为强盛。永和十一年（355），段龛因写信谴责前燕皇帝慕容俊的称帝行为，导致慕容俊大怒，派太原王慕容恪攻打段龛。段龛失败退守广固（今山东青州），并派人向东晋求救，东晋派兖州刺史荀羡领兵北上救援。荀羡兵至琅邪时，因畏惧强悍的前燕军队而不敢前进。此前不久，原本归顺东晋的乌丸人王腾，投降了前燕皇帝慕容俊的弟弟慕容恪，慕容恪命王腾以故职还屯阳都。荀羡转而攻伐阳都，并擒杀了王腾。这段历史见于《晋书》[②]。《资治通鉴》也记载：东晋永和十二年（356），徐州刺史荀羡攻屯守阳都的阳都侯王腾，“会霖雨，城坏，获腾，斩之”[③]。此后，文献中就不见有阳都县的记载了。《中国古今地名大辞典》在释“阳都”时认为，荀羡攻克阳都不久，阳都县就废置了。此后，沂河泛滥，又冲垮了阳都城，阳都城就不复存在了。

---

① 《晋书》卷七十七《列传第四十七·诸葛恢》。
② 《晋书》卷一百九《载记第十·慕容儁》。
③ 《资治通鉴》第一百卷《晋纪二十二》。

正是这次阳都城的毁坏，造成了在此落地繁衍了400多年的诸葛族人彻底离开了阳都县（主要是阳都城），沿着沂河顺流迁徙，最终散落在以今临沂市为主体的鲁南苏北广袤大地上。

临沂市境内的诸葛族人

鲁南苏北地区的诸葛族人到底有多少，现在还没有一个确切的统计数字。因为，自古至今已有不少诸葛族人把复姓诸葛简化为单字葛了，而今天的有些葛姓有多少本是诸葛，也难以做出准确的判断。

临沂境内诸葛氏族人，多有社会及书写原因，而将诸葛省文而称姓“葛”者。因此，临沂市流传一句话：“诸葛也是葛，葛不一定是诸葛。”如：莒南县葛家集“葛”姓族人，原本姓诸葛（《全裔堂家谱》有记载），后省却了“诸”字而简姓“葛”，村名原本“孟家疃”，因为“葛”姓逐渐成为村内主体姓氏，而改名为“葛家集”。莒南县还有一村本名“金牛官庄”，因诸葛氏迁居此地而改名“葛家山”。罗庄区葛家庄，兰山区葛家王平村，都大抵如此。临沂市境内也有不少人，户口登记姓氏为“诸葛”，而平素交往却均省称“葛”。这种现象唯独诸葛氏有，而其他复姓则罕见。根本原因是“诸葛”本为“葛”，省称“葛”也不悖祖。

仅临沂市河东区坊坞《全裔堂诸葛氏宗谱》涉及的诸葛族人居住村庄，在临沂市境内就有75个。分布范围是：三区（河东、罗庄、兰山）28个村，莒南县19个村，费县15个村，临沭县6个村，平邑县5个村，沂水县1个村，郯城县1个村。

据诸葛氏族人近年统计，临沂全市内姓诸葛者9343人，但葛姓46408人中有相当为简姓诸葛姓。如：临沭县西河口北村葛姓419人、临沭县庙庄葛姓398人，本来全都姓诸葛，皆因简略所致。又如：临沂市河东区尤庄居委会葛姓134人，也本来姓诸葛，因简略而姓葛。另外，江苏省赣榆区夹山前葛姓、邳州市葛姓村庄，普遍有宗谱，其先祖皆为诸葛。由此可推知，鲁南苏北地区的诸葛氏族人（包括由诸葛简化为葛姓族人），应有数万之多。

《全裔堂诸葛氏宗谱》尊诸葛亮为一世祖。临沂市境内，诸葛氏族人最集中也是最大的聚居区，是临沂市河东区四个坊坞（大坊坞、后坊坞、西北坊坞与西南坊坞），总计约5000人。

另外，乾隆十四年（1749）《饶阳县志》（今河北饶阳县）记载：饶阳有后魏时期深泽县令诸葛润墓。该墓在饶阳县东留吾村。“诸葛氏乃家于饶第，不知其始……其继去非因宋元蹂躏违而之他也。”也就是说，宋代以前诸葛氏迁居到这里。《饶阳县志》记载，诸葛氏家族枝繁叶茂：诸葛虭，游击将军、颍川太守；诸葛润，虭孙，北魏深泽令，后转宁远将军、博陵太守；诸葛礼，侍御；诸葛肇，礼弟，赵王击讨使；诸葛梅，肇弟，赵王常侍，后转深州都押衙；诸葛匡朝，礼侄，易州司马；诸葛恕及，匡朝弟，京山县令；诸葛传第，恕及弟，鄚县令。对于饶阳诸葛家族，明代邯郸刘之江著《汉诸葛世族考》说：诸葛亮之后，后魏时迁居饶阳县留吾村。诸葛润墓志云：定州博陵郡饶邑县都亭乡永贵里人，曾任深泽县令，后转宁远将军、博陵太守。今饶阳县君道村，曾有宋代诸葛凤举墓并墓志，谓武侯之后，卒于大宋元祐八年（1093）。

（2018年5月“广西阳朔·全国第24次诸葛亮学术研讨会”论文）

重德而隆　疏德而衰

——诸葛亮、诸葛瑾兄弟家族比较

德具有多层面的内涵，除忠、义、信等基本规范外，还涉及如何处理公与私、人与人之间的关系问题。《菜根谭》说："德者事业之基，未有基不固而栋宇坚久者。"三国时期，诸葛亮与兄长诸葛瑾虽分属两国，各为其主，但由于德基牢固，各自都全身全名而终。但两家子孙结果却有天壤之别，究其原因，固然子辈各自的德基影响了各自的功名，但父辈对子辈德基的形成，也有重要关系。

重于德教则三代忠烈贤达

诸葛亮辅佐先主、后主两代，鞠躬尽瘁，死而后已，可谓忠贞。诸葛亮子孙阵前捐躯，可谓壮烈。诸葛亮生前未曾亲教的幼孙，入晋后以良好的口碑被擢选出仕，可谓贤达。三代相继，以德驭才，功垂青史，英名千秋。

（一）以德驭才　功名永垂

诸葛亮功名双垂，毋庸细述。概要之，功名有三：

一是于国有功。在刘备胸怀大志又彷徨迷惑的时刻，他认定刘备是共创大业之主，一诺千金，许以驱驰。在曹操大兵压境，刘备集团面临灭顶之灾的关头，他请缨出使江东，以高超的外交才能促成孙刘联盟，共拒曹操，并逐步占有了荆州大部，为刘备集团崛起起到了决定性的作用。刘备入川时，他镇守荆州，确保了根据地安全。刘备即帝位后，每逢外出征战，他都是坐镇成都辅佐太子，确保国内平安，确保兵马粮草充足。后主时代，蜀汉偏于一隅，立国条件差于魏吴两国，但他所治理的蜀国，"田畴辟，仓廪实，器械利，蓄积饶，朝会不华，路无醉人”。[1]他为蜀汉甄拔培养了两任（蒋琬和费祎）辅弼良相，确保蜀汉得以健康延续。

二是于史有功。南中一带自古是边陲荒蛮地区。虽然汉武帝武力平滇后设益州郡，南中地区开始受到中原先进文化的影响，但一直到刘璋父子统治益州时，南中地区基本处于薄弱的治辖之下，经济依然落后。诸葛亮按照“南抚夷越”的既定战略，以“心战为上”之策平定南中，不仅实现了夷汉粗安的目的，而且将南中地区逐步引上了自治和发展的良好轨道。从此，南中地区才真正纳入了中央政权的版图，并且在中原先进文化的影响下，经济社会发展进入了一个新阶段。他为刘备规划了先三国鼎立，再实现“兴复汉室”一统天下的战略蓝图。为实现这一蓝图，他五次主动伐魏，虽然总体上未取得多大进展，战略规划也随着他的去世而停滞，但他的主观努力在客观上推动了中国历史发展的进程，即由混乱走向局部的统一，为大统一奠定了基础。

三是赢得人心。他去世后，蜀国百姓巷祭，戎夷野祀，以表达对他的追思和怀念。他去世数十年后，“国人歌思，如周人之思召公也”。[2]不仅国民敬重怀念他，友邻吴国大臣也赞美他：“观彼治国之体……虽古之管（仲）、晏（婴），何以加之乎！”[3]敌国大臣也不乏钦佩之人，如贾诩说：“诸葛亮善治国。”[4]刘晔说：诸葛亮“明于治而为相”。他去世三十年后，魏将钟会率领大军灭蜀经汉中定军山，不仅亲自到诸葛亮庙里祭祀，而且明令军士不得在诸葛亮墓地周边放牧打柴。晋帝司马炎还下诏称赞：“诸葛亮在蜀，尽其心力，其子瞻临难而死义，天下之善一也。”[5]

诸葛亮的功业建立在“德”的基础上。他的“德”主要表现在以下三个方面：

一是忠贞。忠贞是封建社会中官民衡量人物道德品质的重要尺度。综观三国，功成名就的“大才”，无一不是被动择主、得主赏识而建立功业的。唯独诸葛亮是有志向、有准备、有鉴别地选择主人而成就大业。诸葛亮心中“恢复汉室”是一种理想，那意味着统一，理想绝不容更改。诸葛亮的忠贞，不仅是对刘备父子无怨无悔一以贯之的忠诚，也是对自己理想的坚守。他真正做到了为了理想“鞠躬尽瘁，死而后已”。

二是勤政。诸葛亮出道以来即以平天下为己任，竭力辅助刘备恢复汉室。

①《三国志·蜀书·诸葛亮传》裴“注”引《袁子》。
② 同上。
③《三国志·魏书·贾诩传》。
④《三国志·魏书·刘晔传》。
⑤《三国志·蜀书·诸葛亮传》附《诸葛瞻》裴“注”引《晋泰始起居注》。

受命抚孤后，面临的现实是后主刘禅智量不足，吴蜀联盟破裂，南中出现叛乱，魏国威逼利诱。在这危急存亡之秋，他无怨无悔地实践“竭股肱之力，效忠贞之节，继之以死”的誓言，全心全意地辅佐后主，殚精竭虑地处理朝政、治理军队、安抚百姓、南征北伐，直到积劳成疾病死在五丈原军中。在他呕心沥血治理下，弱小的蜀国成为三国中最有条理的一国。

三是清廉。诸葛亮一生清廉，仅三件事就可证此论之正：开府治国之始就自表后主刘禅[①]，详细地公开了自己的家庭经济状况并做了安排，以接收社会监督，“及卒，如其所言”，[②]古今谁与伦比？北伐痛失街亭后，不仅按律斩杀了爱将马谡，而且“自贬三级，以督厥咎”，当世有谁如此？临终之时，遗命安葬在汉中定军山而不归葬成都，要求“因山为坟，冢足容棺，殓以时服，不须器物”，同位置者谁能做到？

三国时期，诸葛亮的能力和功业并非无人可比，但他以德立身、以德立业却无人可及。

（二）以德教子　子孙忠烈

诸葛亮教子以德的实践，可归纳为三点：

一是取名以寓教。一个人的名与字，互为表里，其中蕴含着取定名字者的志向和情操。诸葛亮婚后多年无子，过继了兄长诸葛瑾的次子诸葛乔为嗣。诸葛乔本字“仲慎”，“仲”字表明排序为二，“慎”字含有“谨慎”“慎独”之意，蕴含着生父诸葛瑾对他操守的期望。到蜀国后，诸葛亮为他改字“伯松”。“伯”字意味着诸葛亮视之为己出长子，“松”字含有坚贞高洁之意。“慎”改为“松”，显然含有更高的期望值。诸葛亮47岁喜得亲子，起名“瞻”，寓意“眼界高远”，以名寓教，可窥其拳拳之心。即便是“思远”这一表字是诸葛瞻二十岁时自行取定[③]，其中也一定与诸葛亮生前谆谆教诲有着必然的联系。

二是作书以明教。诸葛亮的《诫子书》《又诫子书》是专门为诸葛乔写的[④]。古代家训，大都浓缩了作者的生活经历、人生体验和志向修养等方面内容。《诫子书》讲的是敬业奉献、修身养性、治学做人的道理，主旨是劝勉儿

---

①《自表后主刘禅》时间有两说，一为即丞相位之时，一说为临终之前。陈寿记载《自表后主》文，前有“初，亮自表后主曰”句，后有“及卒，如其所言”句，由此认定为即丞相位之时。

②《三国志·蜀书·诸葛亮传》。按：下文凡引诸葛亮本传文，概不再标注。

③ 古礼，男子20岁举行成人加冠礼时取字，女子15岁许嫁举行笄礼时取字，以表示对本人尊重或供朋友称呼。故认定诸葛瞻取字时间是在诸葛亮去世后。

④ 一般认为《诫子书》系诸葛亮告诫亲子诸葛瞻的。但诸葛亮去世时瞻方八岁，且《又诫子书》又言及喝酒，故认定两书皆为诸葛乔而作。

子勤学立志、修身养性要从淡泊宁静中下功夫，最忌怠惰险躁。文章概括了做人治学的经验，着重围绕一个“静”字加以论述，同时把失败归结为一个“躁”字。《又诫子书》则专项就“酒礼”一事进行教诲。他不但在大的原则方面对孩子严格要求，循循善诱，而且在一些具体事情上也体现出对子女的细微关怀。诸葛亮还作《诫外甥书》，他对后辈德教的重视，的确不同一般。

三是历练以实教。诸葛瞻从小聪明颖慧，擅长书法和绘画，记忆力强，是一个早熟的人才。对此，诸葛亮清醒地看到了潜在的不足，他在写给兄长的信中说：“瞻今已八岁，聪慧可爱，嫌其早成，恐不为重器耳。”表现出对儿子成长的期望和担心。诸葛瞻八岁时诸葛亮就去世了，但有年幼时的严格要求和历练，及至从政之时，德才相匹配是显而易见的。诸葛亮北伐时，诸葛乔随赴前线，让他“同荣辱”。为此事他专门作书与兄：“乔本当还成都，今诸将子弟皆得传运，思惟宜同荣辱。今使乔督五六百兵，与诸子弟传于谷中。”为子成才，用心可谓良苦。

（三）以德荫泽　子遗显明

诸葛瞻从低级军官做起，官至为行都护卫将军，与辅国大将军董厥共同执掌尚书事。蜀汉人士因为怀念诸葛亮，诸葛瞻又少有才华，所以每当朝廷颁布一项好的政令，虽然不是诸葛瞻建议倡导的，但百姓们都说：“葛侯之所为也。”尽管“以美声溢誉，有过其实”[①]，但毕竟是爱屋及乌，而不是恶其余胥。入晋后，幼孙诸葛京以人品和才能，被擢任为郿县令，后又以治县有政声，被山涛推荐为东宫舍人[②]。山涛认为此举不仅是因他德才与职责相称，而且可以响应梁州、益州两地的民声。诚然，诸葛瞻及长幼二子都因具有一定的美德和才干而升迁显名，但先人诸葛亮以德荫泽而子孙受益也是不可否认的事实。

疏于德教而子孙倾覆

陈寿评价诸葛瑾：“为人有容貌思度，于时服其弘雅”，“德度规检见器当世”[③]。《吴书》还评价说：“瑾才略虽不及弟，而德行尤纯。”诸葛瑾自身有着良好的品德基础和与职相称的才干，可谓德才相配，所以能够全身

---

①事见《三国志·蜀书·诸葛亮传》附《诸葛瞻传》裴注引《干宝》。
②《三国志·吴书·诸葛瑾传》。
③《三国志·吴书·诸葛传瑾》裴注引《吴书》。

全名而终。但长子诸葛恪，“才气干略，邦人所称，然骄且吝”，“矜己陵人”[①]，最终从托孤首辅的显赫位置，骤然落了个死无葬身之地的下场，而且祸及三族。诸葛恪的覆亡，既是他自身德基不牢、才不堪任的结果，也有其主孙权和其父诸葛瑾疏于德教的原因。

（一）德性尤纯　荣获倚重

诸葛瑾流寓曲阿（今江苏丹阳）时，孙权的姐夫“弘咨见而异之，荐之于权”。他由一介书生出仕，先为长史，继为中司马，又迁任绥南将军、左将军，最后位至大将军、左都护，可以说是一帆风顺，步步高升。他后半生在军事方面涉足较多，先后率军参加重大战役六七次，其军事才能、战绩和影响力，虽然不及周瑜、鲁肃和陆逊，但毕竟也是吴国屈指可数的高级军事将领之一。

诸葛瑾成功的客观原因是恰得良好机遇。孙权接管江东时年仅19岁，面对战功赫赫的父兄旧部军人集团、盘根错节的江东土著士族集团和功勋卓著而且常正色谏争的托孤重臣张昭，为长久计，便暗暗地笼络培植自己的政治势力。寄人篱下又毫无根基的流亡北士势力，便成为孙权的首选。诸葛瑾既德行纯正，办事稳健，与孙权又几乎是同龄，自然成为流亡北士中的最大受益者。

诸葛瑾成功的自身原因是“德性尤纯”。主要表现有三：

1.处事不图虚名

张昭虽然对孙策所托忠心耿耿，但对孙权的一些做法，要么正色不言以示不满，要么变色谏争直言逆旨，甚至到了“土塞其门”“火烧其门”的地步，因此给孙权种下了“此公性刚，所言不从，怨咎将兴”[②]的印象，对他由敬而远之到弃之不用。而诸葛瑾既能为大局及时陈明自己的意见，又能顾及孙权的面子，非常注意把握时机和分寸，即使劝谏，也从不只为明心迹而不计结果。诸葛瑾谨慎处事不慕虚名，深得孙权赏识。孙权曾赞扬诸葛瑾有“颜氏之德，使人加亲”。

2.为人敦厚和谐

诸葛瑾不仅与吴主孙权的关系良好，和其他皇室成员的关系也很密切，而且同吴国草创时期的主要势力关系也很和谐。如张昭和鲁肃都是吴国早期的重臣，二人的关系有一定隔阂[③]，但诸葛瑾不偏私，同他们都能和睦相处。

①《三国志·吴书·诸葛恪传》。按：下文引文为诸葛恪本传者，不再标注。
②《三国志·吴书·张昭》。
③《三国志·吴书·鲁肃传》记载：鲁肃向孙权献《榻上策》后，“张昭非肃谦下不足，颇訾毁之，云肃年少粗疏，未可用。权不以介意，益贵重之”。

诸葛瑾为人谦逊，善解人意，而且富有同情心，因此在同事之中也受到敬重。如虞翻因为狂放直率而被流放，别人没有为他求情的，只有诸葛瑾多次为他说情。因为这件事，虞翻给他亲近的人写信，赞扬诸葛瑾敦厚仁慈，有悯天怜人之心。

3.处事尽心谨慎

蜀吴关系唇齿相依，互为依存。诸葛瑾成为协调沟通的不二人选，也是他自身地位巩固的特殊条件。诸葛瑾由于有诸葛亮的这层关系而获益，但也因这层关系带来了一定的麻烦。如：建安二十年（215），孙权遣诸葛瑾使蜀通好刘备，诸葛瑾与其弟诸葛亮只得“俱公会相见，退无私面”。又如：多次有人向孙权进谗言说诸葛瑾私通蜀国，只是由于孙权的充分信任和诸葛瑾的小心谨慎，才化难于无形。

（二）德才不配　祸及三族

诸葛瑾的长子诸葛恪，初露头角时确实显示了非凡的组织能力与军事才能，是继陆逊之后很被看好的帅才，在诸葛家族第二代中是最显赫的，但他最终以悲剧结束。诸葛恪次子诸葛竦，官至吴国长水校尉，他对父亲“素性刚愎，矜己陵人”的作风曾多次劝谏，但均被拒绝，因而经常忧心祸至。父亲被诛后，他用车载着母亲和弟弟逃走，被孙峻派遣的部队追杀而死。幼子诸葛建，任吴国步兵校尉，与哥哥逃亡时，亦为追兵所杀。诸葛瑾女儿与张承（张昭之子）生子张震，也受株连而死。诸葛恪姐姐的女儿是孙和①的妃子，孙和受株连被赐死，张氏亦被逼殉夫而亡。在此之前，诸葛恪的长子诸葛绰，曾任吴国骑都尉，因为参与鲁王孙霸的阴谋活动，孙权吩咐诸葛恪要严加管教，诸葛恪用药酒将他毒死了。仅有过继诸葛亮为嗣的诸葛乔的后人，因远在蜀国而幸免于难，为诸葛瑾一脉留下了根。

诸葛恪的败覆，是一个有着必然性的悲剧。这一悲剧的产生，固然有着陷于皇权之争而不能自拔的原因，但他自身德基不牢更是根本原因。

1.聪明乏智

诸葛恪少年时就“发藻岐嶷，辩论应机，莫与为对”，有很高的知名度。但他年轻时那些所谓的聪明故事，归结起来无非是在同事交往中对别人的嘲弄，在外交活动中与蜀国使节以言辞相竞，在生活中插科打诨、恶作剧式的戏谑等方面，是小聪明而非大智慧。这些小聪明若用来持节出使，与人争锋于庙堂之上而不损国之威严，可谓聪明有余；若用来辅佐君王，深谋远虑，治国安

① 孙权第三子，太子孙登去世后被立为太子。赤乌十三年（250），孙和被废黜太子位，改封南阳王。

邦，则嫌智慧不足。尽管他有效法叔父诸葛亮的心愿，言行之中也模拟叔父诸葛亮的影子，但因为缺乏智慧，凡有识者都不看好。他的姐夫张承也说“终败诸葛氏者元逊也”。[①]

2.盛气凌人

综观诸葛恪所谓的聪明故事，可以看出他从小骨子里就有那么一些傲气和优越感，言行多以自我为中心，很少考虑别人的感受，所以他那些聪明故事无不带有盛气凌人的心态。这种心态在身居要位后更是处处显现出来。如，当年他自荐丹杨太守的目的看似为国分忧，实则是以个人前途为目的的自我设计，他平定山越的成功，也是建立在对周边各郡颐指气使的基础上的；又如，他伐魏失败返回建业时，仍然“陈兵导从”，气势显赫地返回府邸；再如，为了掩盖自己的过失，他一回到大将军府就厉声责问中书令孙嘿，吓得孙嘿借口生病辞职回家。随后，不在朝时选曹所奏准的各职官员全被他罢免，予以重新任命。因为他经常责备他人，要见他的人总是诚惶诚恐。

3.刚愎自用

东湖之战战胜了前来进犯的魏将即族叔诸葛诞后，诸葛恪因功进封阳都侯，另兼任荆州和扬州二州州牧。次年春他又要出兵伐魏，并派使者前往蜀国劝说姜维同时出兵。朝臣一致认为，重筑东兴湖大堤坝本已国疲民困，东兴湖大堤保卫战刚刚结束，军队也需要休整，短时内不宜再有大的军事行动。朝臣同辞进言，劝谏诸葛恪暂缓出兵。这时诸葛恪的自信已超过了他的实际能力，发展到了刚愎自用的程度，他不仅对朝臣劝谏一概不听，而且对诤言劝谏的大臣进行了强势的压制。中散大夫蒋延因据理力争，而被他命人架出宫去。见多数朝臣对出兵不满，诸葛恪又特地著文晓谕众人。独丹杨太守聂友，因与诸葛恪素有交情，写信劝谏他要“案兵养锐，观衅而动”，“天时未可”，切莫“苟任盛意”。诸葛恪回信指责聂友“未见大数”，即没有看到时局大势，让他“熟省”“著论”。由于他的刚愎自用愈演愈烈，导致了“众庶失望，而怨黩兴”。

4.私欲膨胀

孙权临终将辅佐大权交给了诸葛恪，并赋予了“诸事一统于恪，惟杀生大事然后以闻”的大权，为诸葛恪的专权创造了条件。孙权死后，皇族争权，势如水火，在这种复杂的局势中，诸葛恪显然既不具备治国安邦的宏才大略，更不具备鞠躬尽瘁的忠贞品德。特别是在皇族争权的政治旋涡中，他身为首辅却

①《三国志·吴书·张昭传》附《张承》。

指使修葺武昌宫殿，实质是意欲另立他的外甥孙和为帝，陷于皇权之争而不能自拔。辅政之初，他对内进行政治改革，对外一再兴师北伐，实际上是为提高声望，巩固权位，结果激化了吴国社会各方面的矛盾而不能收拾败局。

（三）疏于德教　父子迥异

1.首先，孙权有重才轻德之嫌

孙权是把诸葛恪作为太子未来的股肱之臣来培养的，诸葛恪20岁出仕为骑都尉后，立即选入东宫陪侍吴王太子就是证据。但孙权只是急于锻炼和培养他的理政才干，而没有在从政之德方面陶冶他严教他。陆逊曾直言对诸葛恪说："今观君气陵其上，意蔑乎下，非安德之基也。"而孙权却对诸葛瑾赞扬说："蓝田生玉，真不虚也。"应该说，孙权不仅是不拘礼法而无视其不足，更是因爱屋及乌和急于培植他而容忍了他的缺点。只宠爱而不教诲，培植而不批评，不仅强化了他集万千宠爱于一身的感觉，又强化了他这种盛气凌人的个性。对此，南宋史学家胡三省评论说："诸葛恪本盛气者也，吴主既任之，又为制百司拜揖之仪品，是其气愈盛矣。"孙权轻率的赞扬和德基方面的疏于教诲，客观上把诸葛恪导向了一条悲剧之路。

2.其次，诸葛瑾有教子不严之责

诸葛恪身为长子，肩负家族承传的重任，其表字"元逊"，也显然蕴含着"长子谦让恭顺"的希望。而诸葛恪的言行却处处与"元逊"的寓意相左。当诸葛恪入仕东宫时，同僚中就有人评论他"才而疏"[①]。诸葛瑾虽然早就意识到他"非保家之子，每以忧戚"，也曾预感"恪不大兴吾家，将大赤吾族"，但从史籍记载中，还未发现他劝谏孙权不要娇宠诸葛恪的言行，也未见他对诸葛恪悉心教诲或严加管束的言行。诸葛瑾三子诸葛融"生于宠贵，少而骄乐。学为章句，博而不精。性宽容，多技艺"，承袭了父亲的爵位后，代理军职领兵驻守公安。他锦衣绣服，追求奢丽打扮，边境上如果没有战事，他就在秋冬之日狩猎习武，春夏之日宴邀宾朋聚会宴饮，或投壶，或博弈，或弹琴，各得其乐，诸葛融本人则来往观看，乐在其中，终日不倦。如此德行，岂能建功立业，耀祖光宗？可以说，诸葛恪的人生悲剧以及由此带来的诸葛瑾家族的覆灭，诸葛瑾也负有一定的责任。

诸葛瑾对子辈疏于德教，而远在他国的诸葛亮却对侄儿密切关注。诸葛亮深知，诸葛恪性格轻佻、粗疏，有华而不实的缺陷。当他得知孙权让诸葛恪代

①《三国志》卷五十九《吴书十四·孙登》裴"注"引《江表》。

理文书繁猥的节度[①]时，便修书给陆逊说明自己的担心和请求："家兄年老，而恪性疏，今使典主粮谷，粮谷军之要最，仆虽在远，窃用不安。足下特为启至尊转之。"区区小事，寥寥数言，教诲之心，关怀之情，超乎其兄。

诸葛亮以孑遗幼孙而得瓜瓞绵延，诸葛瑾因次子出继也留下了血脉。但为什么天下诸葛族人无不以诸葛亮为祖，而未见自称诸葛瑾裔脉的？是否因为诸葛亮德才兼备名垂千古，认其为祖而荣耀，诸葛瑾一脉因诸葛恪而祸及满门，认其为祖略逊风骚？这又一个非常值得研究的文化现象。

（2016年9月"浙江兰溪·全国第23次诸葛亮学术研讨会"论文）

① 节度掌管部队的粮食供应，是孙权为吴王时开始设置的。

诸葛亮与蜀汉立法治国散论

三国是中国历史上一个极其短暂的时期，其中蜀汉又是三国中最先灭亡的国家。但后世比较普遍地认为，在三国中蜀汉是治理得最有条理的一国，诸葛亮立法治国是这一成果的主要原因。

诸葛亮与蜀汉立法治国的关系

公元214年，刘备入主成都。虽然刘备还没称帝，但是在政治上、疆域上和形式上，都已成为一个独立的政权，而且已经制定了基本法性质的法律。所以说，从刘备入主成都开始，蜀汉立法治国的历史就已经开始了。

蜀汉立法治国在时间上与诸葛亮密不可分。从刘备入主成都，到263年蜀汉灭亡，蜀汉政权共历50年。这50年间，蜀汉的法制建设与沿革，基本可以分为四个时期：刘备入主成都到逝世历时10年，是为草创时期；诸葛亮辅佐后主直至逝世历时20年，是为发展时期；蒋琬、费祎相继执政共计20年，是为承规时期；最后10年是为乱政时期。这50年中，诸葛亮参与和实际执政的历史虽然只有20年，但他去世后蒋琬、费祎相继执政时，“咸承诸葛之成规，因循而不革”[①]，因此，蒋琬、费祎相继执政的20年，可以看作是没有诸葛亮的诸葛亮时期。

蜀汉立法治国在指导思想上与诸葛亮密不可分。《蜀科》是诸葛亮会同法正、刘巴、李严和伊籍共同制定的。制定《蜀科》前后，在如何对待沂州土著豪强问题上，诸葛亮曾与法正产生了意见分歧。法正认为诸葛亮刑法峻急，刻薄百姓，自君子小人咸怀怨叹。“初有其国，未垂惠抚；且客主之义，宜相降下，原缓刑弛禁，以慰其望。”[②]为此，诸葛亮专门作《答法正书》，阐明了立法和执法的指导思想。由此可以说，蜀汉立法的指导思想，在一定程度上就

---

①《三国志·蒋琬传》。
②《三国志·诸葛亮传》裴松之注引《蜀记》。

是诸葛亮本人的思想。《蜀科》的创立，已经开启了蜀汉立法治国的历史，诸葛亮辅佐后主时，又作“科令”“军令”“权制”“训厉”“法检”以及“八务、七戒、六恐、五惧”等条文，以训励臣子，治理军队，这些都是诸葛亮为立法治国而制定的具体法规或制度。因此也可以说，蜀汉立法治国的历史可以等同于诸葛亮立法治国的历史。

蜀汉立法的背景

从纵向大环境来看，旧法烦苛，无法适应形势的发展。刘邦立汉后，先后形成了以《九章律》为基础的律章60篇。汉武帝时，《九章律》之外的“旁章科条”迅速增加，“律令凡三百五十九章，大辟四百九条，千八百八十二事，死罪决事比万三千四百七十二事。文书盈于几阁，典者不能遍睹”。[①]东汉末年，应劭对汉律进行了一次较大的整理与修订，显出烦苛入轻简的发展趋势。但三国魏初，沿用的“秦汉旧律”仍多达906卷，770余万字，东汉以来马融、郑玄等儒学大师对法律的注释也具有法律效力。《晋书·刑法志》记载，早在曹操被封魏王时，就针对汉律繁芜和不适应动乱年代的状况，而对汉律有所改易，但迫于汉臣名分，“难以藩国改汉朝之制”，却“又嫌汉律太重，故令依律论者听得科半，使从减半”。汉律改革，已成必然趋势。蜀汉政权建立后，改革汉律也有了现实的需要，同时“名法”思潮的兴起也为立法提供了新的思路与借鉴。

从纵向小环境来看，刘璋暗弱，蜀士专恣，历史的教训证明执法须严明。四川的前统治者刘璋“性宽柔，无威略。东州人侵暴旧民，璋不能禁，政令多阙，益州颇怨”。[②]其结果是德政不举，威刑不肃，蜀土人士，专权自恣。但刘璋父子不仅不严法治理，反而岁岁赦宥，以至于蜀中君臣之道，渐以陵替。历史的教训表明，必须对益州旧有秩序和法令进行大刀阔斧的改革。

从当时的社会环境看，蜀中骚乱不已。刘备入主成都的第二年（215），曹操征伐张鲁，“蜀中一日数十惊，备虽斩之而不能安世”。[③]所谓“一日数十惊”，就是一日内出现了数十次骚乱。史籍没有具体记载这些骚乱的制造者，但不外乎这几类势力：拥有财势和武装力量的地方豪强，趁政权更迭而未立足

①《汉书·刑法志》。
②《三国志·刘璋传》裴松之注引《英雄记》。
③《三国志·刘晔传》裴松之注引《傅子》。

之际作乱的山寇盗贼，挑拨民众聚众闹事以对抗新政权的敌对分子。现实也需要尽快立法，依法治理。

面对这样的政治背景和社会环境，新生的蜀汉政权不仅需要有明确的法律条文，而且法律条文必须简明易施。《蜀科》便应运顺势而生了。

《蜀科》创立时间及地位

刘备入主成都后，就命当时对典制、旧法熟悉者许慈、胡潜、孟光、来敏典掌旧文、草创制度，[①]但这仅是法制建设的萌芽，还不属于立法治国的范畴。此后，刘备才命诸葛亮会同法正、刘巴、李严和伊籍制定了《蜀科》。

《蜀科》制定的时间，可以认定是在刘备进取汉中之前。理由有二。一是法正时间上的可能性。法正于建安二十二年（217）随刘备进取汉中。建安二十四年（219），刘备进位汉中王后，封法正为尚书令、护军将军。建安二十五年（220），法正去世。他这个时段内，法正与诸葛亮等人共造蜀科的可能性不大。二是法正职务上的可能性。刘备入主成都后，法正被任命为蜀郡太守、扬武将军。《法正传》记载他“外统都畿，内为谋主”。这时法正的职务和“内为谋主”的职责，具备了参与创造《蜀科》的条件。

《蜀科》是刘备政权的基本法律。汉代，法律的具体形式依次为“律”“令”“科”“比”四种。“律”是最基本、最重要的法律形式，既包括以《九章律》为核心的成文法典，也包括各方面的单行法律。“令”是皇帝颁发的诏令，可根据需要随时颁布，其效力等同于律或高于其上。“科”是针对某种事类的单行法条，是对律令的具体诠释或补充，也称“事条”或“科条”，如武帝时有《重首匿之科》，东汉也颁布大量种类繁多的科条。“比”又称“决事比”，是指律无正条规定时，比照相近律令条文或同类判例处断的规定。因为当时刘备还没有正式立国，所以制定的律条在形式上还不能称之为“律”，因为不具有皇帝诏令的内容和形式，也不能称之为“令”。“科”的本意虽然是针对某种事类的单行法条，但从以“蜀”领“科”这一命名形式看，《蜀科》已不是汉代《重首匿之科》类的单条禁令，而是冠以“蜀”这一准国名的“律”了。因为刘备还未称帝立国，故而折中名之为《蜀科》。从曹魏和孙吴两国看，这时《科》的地位也已上升，曹操创制《甲子科》，孙权颁行科条、科令，都已经不再是依附于律典的法条。由此来看，《蜀科》就是刘

①《三国志·许慈传》。

备政权的律典，至少是偏重于刑法的律典。

蜀汉立法的主旨

多元复杂的利益冲突与整合，必然导致制度与规则的需求和创设。蜀汉新政权面对多元复杂的利益冲突与整合，确立的立法主旨就是严法治蜀。

刘备入主成都后的政权根基，是由三个部分势力组成的：一部分势力是刘备荆州集团，其代表人物是诸葛亮和关羽、张飞等人。另一部分势力是刘焉核心集团，其代表人物是李严、法正、董和、刘巴等人。再一部分是益州土著势力，其中极少一部分土著士人开始进入蜀汉政权高层，如巴西姚仙曾任尚书仆射，马忠曾代理过一段时间的尚书令。而地方级官吏如治中从事、别驾从事、议曹从事、督军从事、部郡从事等，基本上都是益州土著。政权根基之外，还有举足轻重的地方豪强势力。

在对待地方豪强势力的态度上，荆州集团和东州集团的基本态度是一致的，就是要重视他们，但在重视的方法上又不一致。从诸葛亮《答法正书》中，也可以看出诸葛亮与法正的主要分歧，就是如何对待益州本土的豪强势力。法正认为应该实行宽松政策，所谓宽松说到底是在原来的秩序和利益分配上更为宽松，施以更大的恩惠，以得到豪强势力的支持，从而使政权稳定。但诸葛亮鉴于刘璋政权“以宽治蜀”的失败教训，认为必须反其道而行，实行“以严治蜀”，以纠正益州自刘焉以来“德政不举，威刑不肃。蜀土人士，专权自恣，君臣之道，渐以陵替”的积弊，以达到社会稳定，政权稳固。在这一思想指导下，诸葛亮对于益州土著士人采取拉拢和打击相结合的措施，主要是赏罚分明，用赏来为他们开辟政治上的出路，用罚来限制他们的发展。只要是忠于蜀汉政权的士人都得到了不同程度的重用。因此，蜀汉政权的政策不仅收到限制土著豪强的效果，也取得了利用豪强势力的机会。

蜀汉法规约束的主要对象

除了具有律典性质的《蜀科》以外，蜀汉又制定了哪些条例，《三国志》没有具体记载，仅陈寿在《诸葛亮传》中开列的《诸葛氏集目录》中涉及类似内容，如：《权制》《训励》《综核》《法检》《科令》《军令》等。裴松之注引《魏氏春秋》还记载：“亮作八务、七戒、六恐、五惧，皆有条章，以训励臣子。”从标题判断，这一些篇章的内容又与《蜀科》不同，主要是约束“臣子”的，即约束施政者这一特权阶层的。

诸葛亮在《出师表》中明确表示：“若有作奸犯科及为忠善者，宜付有司论其刑赏，以昭陛下平明之理，不宜偏私，使内外异法也。”这里的“内”就是指施政者。诸葛亮对蜀汉老臣彭羕、廖立、李严、刘琰等人的处理，就是对“作奸犯科”者“付有司论其刑赏”的例证，也是诸葛亮以立法即条例来约束施政者的明证。现在有人认为，对这些人的处理是诸葛亮“嫉贤”“排除异己”。当世知情人陈寿却认为：纵观他们的举动，考察他们的言行法度，他们招受祸患，得到咎责，无一不是自己造成的。[①]从中也可以反观诸葛亮立法的主旨之一是约束特权阶层。

诸葛亮严法治国的关键和效果

陈寿《诸葛亮传》评价诸葛亮说：“刑政虽峻而无怨者，以其用心平而劝戒明也。”陈寿的评价，道出了三个关键点。一是“刑政峻”，这是因时制宜，前文已述，不再赘言。二是“劝戒明”，这是执法的辅助措施，也不再详论。三是“用心平”，这时诸葛亮立法的最关键之处。

诸葛亮用心平，不仅是执法之平，更重要的是法律之平。儒家和法家都提倡平等，但做到平等的思路和方式不同。冯友兰先生在论及这一问题时，有精辟的论述：“法家的思想，也和儒家一样，没有社会阶级高下的区别。人人在法律和统治者面前，地位都一样。但是，法家所作的不是把庶民的地位提高，而是把贵族的地位降低，靠奖惩来统治一切人，这就把礼抛到一边去了。”[②]诸葛亮思想中儒与法的成分哪个更大些暂且不论，通过立法“把贵族的地位降低，靠奖惩来统治一切人”的倾向则是明显的。诸葛亮立法的指导思想是依法约束包括土著豪强和施政者的特权阶层，诸葛亮依法对李严、廖立、彭羕、刘琰等高官的处理，就是依法约束施政者的实例。这一点对今天我们依法治国尤有借鉴意义。

诸葛亮严法治国的效果，可以从三个方面来看。

（一）被法律制裁的人的态度

当时有两件突出的案例。一是李严。李严以才干知名，但机心深峻，不

①《三国志·刘彭廖李刘魏杨传》评曰：“览其举措，迹其规矩，招祸取咎，无不自己也。”
② 冯友兰：《中国哲学简史》，新世界出版社，2005年版。

可逆犯，同僚称他“腹中有鳞甲”[①]。刘备在世时尚能收敛，刘备去世后，他的劣性就压抑不住了。他先是怂恿诸葛亮受九锡，晋爵称王，以图跟身进位；继而要求划分五个郡，新立巴州，自任巴州刺史，以图逃避镇守汉中之责；诸葛亮北伐时，又在押运粮草之事上，耍弄两面三刀的把戏，致使诸葛亮不得不退兵。诸葛亮查明事实，将他废为平民。但当他得知诸葛亮病逝的消息后，认为以后再也不会有人能够起用自己了，因此心怀激愤而病死。二是廖立。廖立年未30即被刘备辟为从事，又擢为长沙太守，官至巴郡太守。诸葛亮曾把他和庞统并誉为“楚之良才”。后主刘禅继帝位后，廖立被调任长水校尉。然而，廖立恃才自负，认为可为诸葛亮之次，不仅自认未得重用而“常怀怏怏”，而且还诽谤先帝和疵毁众臣。诸葛亮查实后奏请后主将他废为民，徙汶山郡。当听到诸葛亮死讯之后，廖立垂叹曰：“吾终为左衽矣！”意思是，诸葛亮不在了，我们最终要被异族奴役呵！李严因为自身没了出路“激愤”发病而死，廖立担心国家灭亡“垂泣”而叹，虽出发点不同，但心无怨言是一致的，对诸葛亮的敬重之心也是一致的。

（二）对诸葛亮本人的评价

蜀汉大臣张裔说：“公赏不遗远，罚不阿近，爵不可以无功取，刑不可以贵势免，此贤愚之所以佥忘其身者也。”魏国大臣刘晔说：“诸葛亮明于治而为相，实为国之栋梁也！”陈寿评价说：“诸葛亮之为相国也，抚百姓，示仪轨，约官职，从权制，开诚心，布公道；尽忠益时者虽仇必赏，犯法怠慢者虽亲必罚，服罪输情者虽重必释，游辞巧饰者虽轻必戮；善无微而不赏，恶无纤而不贬；庶事精练，物理其本，循名责实，虚伪不齿；终于邦域之内，咸畏而爱之，刑政虽峻而无怨者。”东晋开国皇帝司马炎说：“朕闻卿（陈寿）之言，晓诸葛亮之能也！今天下已定，朕立武侯祠，乃为祭其忠贞。”

（三）后人对蜀汉社会状况的评价

这一点可以用袁准评价为代表。因为袁准是三国（魏国）末西晋初人，在晋武帝泰始年间任给事中，晋初著名的思想家。他的评价没有功利因素，比较客观。他评价说：“亮之治蜀，田畴辟，仓廪实，器械利，蓄积饶，朝会不华，路无醉人。”今人范文澜《中国通史》说：他所治理的汉国，在三国中是最有条理的一国。[②]

---

①《三国志·陈震传》中诸葛亮引法正语。

② 范文澜：《中国通史》，人民出版社，1979年版。

诸葛亮立法治国是法制还是法治

法治与法制是两个不同的概念。法制是法律制度的简称，属于制度的范畴，是一种实际存在的东西；而法治是法律统治的简称，是一种治国原则和方法，是相对于“人治”而言的。实行法制的主要标志，是一个国家从立法、执法、司法、守法到法律监督等方面，都有比较完备的法律和制度；而实行法治的主要标志，则是一个国家的任何机关、团体和个人，包括国家最高领导层在内，都严格遵守法律和依法办事。显然，诸葛亮的立法和执法仅仅是在法制的层面上，而不是现代意义上的法治。

我们研究古人和探求当时的历史事实，是为了从中总结出值得借鉴的经验，或从中总结出值得汲取的教训。研究诸葛亮及他立法执法的实践，也是如此。说他仅是重视法制而非重视法治，并不是苛求古人，也绝不影响他的伟大。只有把他放在一个精确的历史坐标点上，才有利于找出他存在的理由和价值。同理，只有把他的具体行动放在一个精确的历史坐标点上，才能发现他行事的因果关系，从中总结出应该汲取的经验或教训。

（2015年8月“山东沂南·诸葛亮法治思想与依法治国研讨会”论文）

廉政散论

但凡有一定历史知识和不怀偏见的人，都认为三国时期作为国家整体，蜀国最为廉政，作为执政者个体，诸葛亮最为廉政。廉政，作为政治管理学的概念，最好把它放到历史的长河中来纵向比较，以弄清特定时期特定国度廉政的内涵及意义。作为政治伦理学的范畴，最好把它放在一定的历史坐标点上来横向考察，以弄清个体行为对所在国度的影响力。因此，本文以散论的形式，旨在通过纵向梳理来看蜀汉的廉政特征，通过横向观察来看诸葛亮在蜀汉廉政中的作用力。

廉政是历代政治家的理想

自从人类进入私有制社会后，腐败就因势而生了。先秦时期，各个君主及士大夫阶层已经认识到腐败问题的严重性。《尚书·商书·伊训》记载，成汤曰："敢有恒舞于宫，酣歌于室，时谓巫风；敢有殉于货色，恒于游畋，时谓淫风；敢有侮圣言，逆忠直，远耆德，比顽童，时谓乱风。惟兹三风十愆，卿士有一于身家必丧，邦君有一于身国必亡。"[①]伊尹借成汤的话告诫太甲及百官，必须坚定不移地反对属于"巫风"的迷恋宫内歌舞、在家中酗酒酣歌，属于"淫风"的贪财好色、畋猎无度，属于"乱风"的轻蔑圣贤遗训、诋毁忠直之士、轻慢耆老勋臣、亲昵顽劣幼稚。三种恶劣风气所滋生的十种罪愆，卿士违背其中一项，他的家注定败亡，诸侯违背其中一项，他的国必然灭亡。商代伊尹已把反对三风十愆的意义，提升到了关系家庭败亡和国家兴亡的高度。

对腐败现象的深恶痛绝，伴随的就是对廉政的渴望，从而廉政也就成了历代政治家的理想目标。何谓"廉"？东汉著名学者王逸在《楚辞·章句》中注释说："不受曰廉"，这句话的意思是不接受他人馈赠的钱财礼物叫作廉。何

① 陈襄民等：《五经四书全译》，中州古籍出版社，2000年版。

为“政”？孔子诠释说：“政者，正也。”[①]孔子认为，政的根本要义就是公正无私。何为廉政？春秋时期齐国君景公在与晏子谈论“廉政”时，景公问晏子：“廉政而长久，其行何也？”晏子回答齐景公说：“其行水也。美哉水乎清清！其浊无不雩涂，其清无不洒除，是以长久也。”[②]晏子以水的品性比喻为政之德，认为为政者只有像水那样保持至清之德，才能涤除尘垢，使政治永远保持清明公正。由此可见，晏子理想的“廉政”，主要是为政者在履行其职能时要清廉自律，既不以权谋私，又必须公正办事。今天看来，廉政的主体既指政务工作者，也指政务工作部门，对前者廉政是官品，对后者廉政是政风。

纵观封建王朝几千年的历史，历代王朝的政治家思想家都在倡导廉政，以求有益于民，历代统治者都在追求廉政，以求取信于民。然而腐败的发生又是每一个政权都难以避免的，因此，历代王朝都在倡廉防腐，只是自觉程度以及实际效果不同而已。

秦汉两朝廉政措施系统可鉴

三国之前，秦汉两个大统一的王朝为了防止腐败，在立法、执法、监督和教化等机制方面都已做了有益的探索，制定了比较系统的措施。

秦朝《睡虎地秦墓竹简》中的《为吏之道》篇，就是专门论述为政者必须遵守的道德行为规范。《为吏之道》开宗明义说：“凡为吏之道，必精絜正直，慎谨坚固，审悉毋私，微密韱察，安静毋苛，审当赏罚。”[③]把清正廉洁、不谋私利作为对为政者的基本要求。这一总则又被具体概括为“五善”和“五失”，作为为政者是否守法勤勉的具体标准，其根本要求则落脚在“赏罚”二柄上：“五者毕至，必有大赏。”五失有一，则予处罚，重者可达“身及于死”。《睡虎地秦墓竹简》中的《法律问答》篇，对贪污和行贿受贿行为的惩治也有明确的规定，如：挪用公款以盗窃罪论处；行贿一钱即“黥城旦罪”，也就是肉刑、徒刑并用。总之，秦朝的廉政措施是以严刑峻法反对腐败，重心在遏制。

前汉汲取秦朝因苛政二世而亡的教训，由以严刑峻法保证廉政，向廉政制度、廉政思想和廉政风尚三个方面综合发展。在廉政制度方面，国家围绕如何

①《论语·颜渊篇第十二》。
②《晏子春秋·内篇问下第四》。
③《睡虎地秦墓竹简》。

在政权体制中反腐倡廉做出了许多精密的设计，并在法律、法规、监督、行政惯例上得以体现。在廉政思想方面，通过教化来提升个人的道德情操，从而实现施政者为政清廉的目的。如董仲舒就竭力反对纯任刑罚，提倡教化，他说："废先王德教之官，而独任执法之吏治民，毋乃任刑之意与！"他认为"教化废而奸邪并出""教化行而习俗美也"[①]。在廉政风尚方面，通过确立儒家思想为正统思想，把具有廉政文化因素的修身、齐家、治国、平天下的家国同构思想，普及到社会中的个人和家庭。在导向措施上，不仅惩罚贪官，而且旌表廉吏，使社会形成了廉洁光荣、腐败可耻的社会氛围。与秦相比较，汉代的廉政措施是标本兼治，重心在预防。

三国时期政治家的廉政意识更为深刻

三国时期在历史的长河中是极其短暂的。然而，尽管时间短暂，但是最终沉淀下来的三大政治集团，都有着统一天下的强烈愿望（至少魏蜀如此）。所以，前朝兴亡之鉴，使得三国政治家们对廉政的认识更为深刻。

首先，东汉王朝因腐而亡的教训沉痛。

东汉是时间上距离三国最近的王朝，对于祖上世代为汉臣的政治家来说，东汉末年腐败的现实可谓如在眼前。自光武帝刘秀开国，到灵帝刘宏时出现亡国征兆，最后在献帝刘协手中灭亡，灭亡的原因，一是朝政的腐败，主要表现为皇帝的昏愦，只知贪图享乐，不念百姓死活。朝政的腐败导致了184年的黄巾大起义。二是制度的弊端，特别是从和帝起，外戚、宦官势力膨胀，各自结成利益集团，互相争斗，攫取权力与财富，致使政治日益黑暗。三是官僚、地主兼并土地的社会问题不仅得不到缓解，而是逐渐形成特权阶层、特权群体，进而演变为与中央政权离心离德的地方割据势力。

其次，前朝兴旺之鉴催生新的廉政理念。

秦汉的廉政理念和实践，在措施方面基本上局限在官员自身的廉洁自律和处事公正这一层面上，其目的是通过官民和谐实现社会安定。在东汉末年的各路诸侯中，军事上有才能的不少，政治上有作为的不多，最终剩下的是几个政治上有作为的军事集团。这几个军事集团在长期的兼并拼杀中，逐渐形成了一种新的廉政理念，就是以一种廉明的政治来使人心归附，实现拓地安民，达到新的统一。这种廉政思想以孔子、孟子的儒家学说为核心，以老庄"与民休

①《汉书》卷五十六《董仲舒第二十六》。

息”的思想构成当时的廉政内涵。如曹操在《短歌行》中提出“周公吐哺，天下归心”，刘备以“仁德爱民”为治国之本。可以说，在三国时代，廉政不仅是一个共识，而且被赋予了新的内涵，上升到了以民为本、以仁为核心的高度。

汉末战乱中因家财万贯招致杀身之祸，因奢侈厚葬招致亡人不安的现实，也促使了政治家自身对清廉的追求。如曹操平时“雅性节俭，不好华丽”，健在时令曰：“古之葬者，必居瘠薄之地。其规西门豹祠西原上为寿陵，因高为基，不封不树。”临终遗言：“天下尚未安定，未得遵古也。葬毕，皆除服。其将兵屯戍者，皆不得离屯部。有司各率乃职。敛以时服，无藏金玉珍宝。”[①]东吴在廉政建设方面，虽还没有见到主政者明确倡导廉政的言论，也没见到明显的条例规定，但不乏官位显赫而明德清廉的官员。如：吕蒙临终前，将赏赐他的财物珍宝“尽付府藏”，还遗命丧事简办；陆逊一生以明德廉洁而著称，其去世后“家无余财”；吕岱以96岁高龄死在蒲圻任上，临终前“遗令殡以素棺，疏巾布衣，葬送之制，务从约俭”。

蜀汉廉政最为典范

蜀汉的廉政，已不仅是为政者个人生活中的私德，为政过程中的官德，而且形成了一种政风、国风，较之曹魏和孙吴，可谓翘楚。

首先，刘备宫城、陵墓的简约设计为蜀汉长期廉政奠定了基础。

《三国志》没有刘备具体廉政言行的记述，但从刘备宫城和陵墓规模的简约，可以看出刘备是以其实际行动为蜀汉的长期廉政奠定了基础。

皇帝登基开元，必不可少的建设项目是宗庙、宫城和陵墓。刘备登基后建设宗庙《三国志》有记载，至于宫城的建设，《三国志》仅记载“即皇帝位于成都武担之南”，未明言宫城的位置和规模。罗开玉、谢辉根据史籍记载考证认为，“蜀汉确曾大兴土木，营建宫城”，“但从有关线索看，蜀汉的宫城，为当时三国中规模最小的”[②]。《三国志·谯周传》还记载：后主刘禅立太子，以谯周任仆，后调任为家令。当时后主常常外出游玩，增加乐者的人数。谯周上疏进谏，其中有“愿省减乐官、后宫所增造，但奉修先帝所施，下为子孙节俭之教”。意思是，唯愿陛下减少乐官，减去后宫的增添设置，只应维护

①《三国志·魏书·武帝纪》。

②罗开玉，谢辉：《诸葛亮与蜀汉政权的廉政建设初论》，《成都大学学报（社会科学版）》，2007年第06期。

先帝在世时的规模，以行动来教育子孙节俭。结果，刘禅不高兴，谯周因此被调任中散大夫，仍侍奉太子。由此事也可以看出，在刘禅看来这个宫殿的规模也太小了。宫城规模的确定，刘备的意见肯定是主要的。正是因为刘备奠定了简约的基础，即便是身为皇帝的刘禅，听了谯周的劝谏也不敢强行扩建。

刘备去世后，归葬成都，其陵墓的规模也控制在了最小范围之内。如果说宫城的规模是刘备意见的话，那么刘备的陵墓规模就完全是诸葛亮的意见了。刘备宫城及陵墓规制的简约，为蜀汉政权能持续廉政奠定了良好的基础。

其次，诸葛亮自觉廉政为后继执政者树立了标杆。

廉洁主要指的是为政者表现在日常生活中的私德，而廉政则是为政者在公权使用过程中体现出的官德。诸葛亮的私德和官德，都以正能量影响了整个朝廷官员，为后继执政者树立了标杆。

诸葛亮无论在廉洁还是廉政方面，都可谓是完美的，而且两者也是统一的。他以节俭为美德，主张“静以修身，俭以养德”。“静以修身”就是通过清静养性达到清心寡欲的目的。“俭以养德”就是通过节俭等实际行动养成美德。事实上，一个人做到“寡欲”，才可进则能廉洁奉公，勤政爱民，退则能安贫乐道，视富贵如浮云。诸葛亮不仅有“俭以养德”的理念，更有节俭廉政的实际行动。他的全部家财仅“有桑八百株，薄田十五顷”。特别需要指出的是，购置这一点产业的金钱还是来自刘备的赏赐。《三国志·张飞传》记载，刘备入成都后，论功行赏曾赐给诸葛亮、关羽、张飞等功臣每人金五百斤、银一千斤、钱五千万等。诸葛亮所得赏赐累计不下“百亿”[①]之多，他以此赏赐购买田宅，自是无可厚非的。除此之外，他就“不自治生”“以长尺寸”了。关于他所得赏赐的去向，谭良啸在《诸葛亮〈自表后主〉考析》[②]中认定：“有学者推断，他把大量的钱财封存于府库和拿来赏赐了他的下级。关于这一点，史书没有明确的记载，不过我们从他对赵云的一次谈话中可以得到佐证。……诸葛亮既然都在吩咐赵云赏赐手下的将士，那么，我们可以肯定他也是这样做的。”另外，诸葛亮《将苑》说：“将不可吝，吝则赏不行，赏不行则士不致命”，也可以佐证诸葛亮所获赏赐分赐于将士的行动。他向刘禅剖白心迹说：“臣死之日，不使内有余帛，外有赢财，以负陛下。”“及卒，如其所言。”诸葛亮的廉洁自律毋庸赘述，仅敢于公开自己的家产，并死后查证果

---

①《三国志·蜀书·李严传》裴松之注引《答李严书》有“吾本东方下士，误用于先帝，位极人臣，禄赐百亿”。

②谭良啸：《诸葛亮〈自表后主〉考析》，《成都大学学报》（社科版）2006年，第06期。

如其然这一条，就是三国之前历代丞相不可比拟的，也是三国时期他国丞相所没有做到的。他的行动，足以范式群僚。正因为他理念与行动的统一、表白与实际的一致，才成为当世的标杆、后世的楷模。

再次，继任丞相及群僚大都廉政，形成了廉政群体。

诸葛亮的接班人蒋琬执掌蜀汉尚书令12年。在执政期间，逐渐让渡一部分权力给费祎，使后来蒋、费之间的权力交接自然稳妥，保持了蜀汉政权的连续性和稳定性。《三国志·蒋琬传》对他处理政事以大局为重和待人虚怀若谷描述得淋漓尽致，但对他如何廉洁没有讲。不过《蒋琬传》记载了一条可为佐证的资料：督农杨敏曾诽谤蒋琬“作事愦愦，诚非及前人”。有人把此话报告蒋琬，请求追究此事处理杨敏，但蒋琬却说：“吾实不如前人，无可推也。”后来杨敏因别的事情获罪入狱，大家都担心他会被处死，可是蒋琬却丝毫不计较个人的亲疏恩怨，公正处理，使杨敏免获重罪。杨敏诽谤蒋琬，仅是拿蒋琬做事的能力说事，而没有涉及是否廉政问题，也反证了蒋琬在这方面的确无懈可击。

继蒋琬执政的费祎，不仅志虑忠纯，勤政也颇有诸葛之风，吴主孙权曾赞誉他“天下淑德，必当股肱蜀朝”。费祎的廉洁也深受世人敬佩。裴松之注引《费祎别传》记载：“祎雅性谦素，家不积财。儿子皆令布衣素食，出入不从车骑，无异凡人。”

姜维在费祎死后军政一身兼，直至蜀亡，执政长达十年。虽然他九伐中原又未建立功名，军人中对他有些怨恨情绪，但他矢志灭魏兴蜀的理想与行动的统一，却一直受到后人的称颂。姜维受到后人称颂，还有一个重要原因就是自身廉洁。陈寿在《姜维传》中引郤正的话说：姜维位在文武百官之上，可是住宅简陋，除了薪俸外，家无余财，只有正妻，没有姬妾，也没有声色犬马的娱乐，衣服仅仅够穿，车马仅仅够用，饮食十分节制，既不奢侈，也不寒酸，政府发给的生活费用，随到随用。他之所以如此，并不是为了要讽劝贪污，砥砺世风，故意抑制自己的欲望，而是出自内心，认为这样已经满足，不需多求。正因为清心寡欲，他才能在极其困难的情况下，矢志不渝地实践他灭魏兴蜀的理想，直至以身殉国。姜维“清素节约，自一时之仪表也”。

作为蜀汉要官的掌军中郎将董和，忠勤治事，居官食禄，“死之日家无儋石之财”；尚书令刘巴身自清俭，不治产业；邓芝做将军二十多年，素俭作风不变，不敛私财，乃至妻子不免挨饿受冻。不仅董和、姜维、邓芝等要官个人一生清廉，而且家中妻子儿女多是避嫌自省，没有出现老子出名、儿子继位贪赃的局面。

不可否认，蜀汉政权也存在着腐败，个别地方也很严重，但是相比于前朝和他国，诸葛亮以及蒋琬、费祎执政期间，蜀汉军政界的确出现了一个廉洁群体，形成了廉政的国风。

蜀汉廉政是诸葛亮主观努力的结果

三国时期，各国都采取了一些廉政措施来防止腐败，以求凝聚人心，而诸葛亮及蜀汉政权在三国中最为廉政，也是显而易见的。为什么能出现这种局面？除了审时度势、与时俱进的立法思想，法不阿贵、执法必严的执法理念，注重教化的法制理念等这些当时各国大同小异的普遍因素外，诸葛亮垂范作用是蜀汉最为廉政的决定性因素。

其一，持身正。

《论语·颜渊》记载，季康子问政于孔子，孔子回答："政者，正也。子帅以正，孰敢不正？"《论语·子路》中，孔子还说："其身正，不令而行；其身不正，虽令不从。"这是说，当为政者自身端正做出表率时，不用下命令，属下也就会跟着行动起来；相反，如果为政者自身不端正，而要求下属端正，那么纵然三令五申，下属也不会服从的。即便是服从，也是口服心不服或阳奉阴违。

诸葛亮持身正，当时就有誉名。曹操的丞相参军傅幹就赞其"正而有谋"。[1]诸葛亮"淡泊明志""宁静致远"，"鞠躬尽瘁，死而后已"是他持身正的誓言。他生活简朴，官俸之外，不营私产，对子女不娇不纵，从小处着眼，励以忠贞大节，是其持身正在私生活上的具体化。他乐听谠言，鼓励属下对他的指示勇于"违覆"，大胆驳正，认为"违覆得中，犹弃弊蹻而获珠玉"；失街亭斩马谡后，如实地承认自己的错误，并上表要求"自贬三等，以督厥咎"，是其持身正在执政中的具体体现。陈寿赞诸葛亮为"管萧之亚匹"，如果就自奉节俭这方面而言，管仲、萧何根本不能同诸葛亮相比拟。管仲自任齐相以后，"富拟于公室"，拥有众多美女和华丽的宴饮台，尽管"齐人不以为侈"[2]，但毕竟不在廉洁节俭之列。萧何为了免除刘邦的猜忌以保全自己，强行贱买百姓田宅数千家。虽然这是迫不得已的自贱自污之举，但这一

①《三国志·蜀书·先主传》裴松之注引。
②《史记》卷六十二《管晏列传第二》。

做法是经不住道德分析的。像诸葛亮这样，勋业盖众，位拟人主，却持身极俭，“专权而不失礼，行君事而国人不疑”[①]，实为前贤所莫及。因此，他的倡导更具有特别的号召力。

其二，用心平。

用心平是指诸葛亮人品公正亮直。“吾心如秤，不能为人作轻重”[②]，可谓诸葛亮用心平的宣言。制定法律，依法约束包括土著豪强和官僚集团在内的特权阶层，是他用心平在立法中的体现。“赏罚必信，无恶不惩，无善不显”是其在执法中的体现。处死挚友马谡，而擢拔降将王平；罢免同受托孤之命的李严，而重用李严之子，是其用心平的具体事例。张裔说他“公赏不遗远，罚不阿近，爵不可以无功取，刑不可以贵势免，此贤愚所以佥忘其身者也”[③]，是其僚属对他用心平的评价。廖立被废为民，李严被流放，但闻诸葛亮死，廖立“垂泣叹曰：吾终为左衽矣！”李严竟“发病死”。廖立想到的是国家失去栋梁，难免一亡；李严想到的是诸葛亮迟早会再用自己，而他人没有这种襟怀，“故以激愤也”。被诸葛亮处罚者的言行，是对他用心平最具说服力的评价。所以陈寿评价他：“开诚心，布公道。”“终于邦域之内，咸畏而爱之，刑政虽峻而无怨者，以其用心平而劝戒明也。”

其三，为政仁。

诸葛亮治蜀，罚虽严而为政仁，蜀汉政治优于魏、吴，主要体现于此。陈寿叙述诸葛亮的政绩，一则说其“开诚心，布公道”，再则说其“用心平而劝诫明”，归根到底，所讲的就是一个“仁”字。从仁爱的角度来看，诸葛亮做了对民众的普遍的慈悲，这就是仁的境界。正如他的《谢贺者》一文中写道：“普天之下，莫非汉民，国家威力未举，使百姓困于豺狼之吻。一夫有死，皆亮之罪，以此相贺，能不为愧。”后人袁准论诸葛亮为政，称其“行法严而国人悦服，用民尽其力而下不怨。及其兵出如宾，行不寇，刍荛者不猎，如在国中”。[④]这讲的还是一个“仁”字。诸葛亮以蜀一区区小国，八年间“无岁不征”，比起大数倍、强数倍的曹魏，国人的负担虽是沉重的，但国内却安定祥和，不像魏和吴骚乱不断。诸葛亮去世数十年后，“国人歌思，如周人之思召公”，[⑤]老百姓对诸葛亮的拥戴程度，可想而知。孔子曰：“为政以德，譬如

---

①《三国志·蜀书·诸葛亮传》裴松之注引《袁子》。
② 李伯勋：《诸葛亮集笺论》，陕西人民出版社，1997 年版。
③《三国志·蜀书·张翼传》。
④《三国志·蜀书·诸葛亮传》裴松之注引《袁子》。
⑤《三国志·蜀书·诸葛亮传》裴松之注引《袁子》。

北辰居其所而众星拱之。”[①]诸葛亮为政以仁为大德而众星拱卫，堪称中国古代仁政理想实践的典范。

其四，选才公。

诸葛亮英才盖世，也特别重视人才，他选才有慧眼，用人自公心，史称其治理下的蜀汉，“官属皆天下英俊”[②]。他提拔官吏，不讲门阀不论资历，唯看德才。《三国志》记载：开始时，杨洪为李严手下的功曹，李严尚未被任命犍为太守时，杨洪已做了蜀郡太守。杨洪门下书佐何祇，有才干计谋，几年后就当上了广汉太守，当时杨洪也还在蜀郡太守任上。由此，西部地区人们都佩服诸葛亮能做到人尽其用。诸葛亮不仅善于发现和选拔一般人才，尤擅在此基础上发现和选拔栋梁之材。姜维本是曹魏降将，蒋琬原为县长，费祎乃刘璋亲戚，诸葛亮看出三人皆“社稷之器”，培养提拔，尽其器能。诸葛亮死后，三人相继执政，撑持蜀汉江山三十年。

持身正，用心平，为政仁，选才公，一个政治家，四者具其一，便会受到人们的敬仰，而诸葛亮不仅四者兼备，而且均达到了极高的水准。他身上所迸发出的人格光辉，无论在其生前，还是殁后，都生发出强大的正能量，使人对他不得不信服，不得不效法。刘禅虽为“凡庸之君”[③]，但他庸而不昏：他尊信诸葛亮，一无所疑。不仅诸葛亮在世时，权力一委诸葛亮主宰，而且在诸葛亮去世后的整整三十年间，一遵诸葛亮遗制，全用诸葛亮选定之人，爱之者用之，恶之者同样用之，不做丝毫变更。其中，固然有刘禅并不全庸的因素在，但最根本的还是诸葛亮巨大的人格力量，诱引着震慑着刘禅，使其自觉不自觉地遵奉着诸葛亮规定的一切。

在廉政问题上，对于体制的力量而言，施政者个人的作用力是有限的。但在基本相同的体制下，施政者个人的作用力又是很大的。这个作用力的支撑点就是私德与官德组成的范式形象。由此而言，诸葛亮就是蜀汉廉政为三国翘楚的根本因素。

（2015年9月“河南南阳·全国第22次诸葛亮学术研讨会”论文）

---

① 杨伯峻：《论语译注》，中华书局，1980年版。

②《三国志·蜀书·钟会传》裴松之注引《世语》。

③ 西晋袁准评价刘禅语，见《三国志·诸葛亮传》裴松之注引《袁子》。

汉中之战三论

汉中之战是汉末三国时期，刘备与曹操争夺汉中的战争。此战由刘备从建安二十二年（217）发起，至建安二十四年（219）五月结束，战争持续近两年之久。由汉中地理位置的战略价值所决定，曹刘双方对汉中的欲望有所不同，汉中之战给双方带来的得失也不同。从某种意义上说，汉中之战双方都是赢家。

汉中的战略价值于对峙双方是不均等的

笼统地说，汉中是一个战略要地。言其“要”，不仅在于汉中是秦岭以南仅次于成都平原的汉中盆地，是土肥水丰的鱼米之乡，而且因为是咽喉之地。汉中与关中之间横亘着“绵亘千里”的秦岭。秦岭东端有武关，西端有散关，中间仅有褒斜、傥骆、子午三条谷道可为汉中与关中之间的通道。无论南北何方，把守住了这三条谷道就基本阻断了汉中与关中的联系。

“汉中为战略要地”这一论断是从俯视天下的视野总结出的结论。但是，对于刘备和曹操两个南北对峙的具体集团来说，其战略价值又是不均等的。

（一）地理价值是不均等的

由于汉中经过秦岭进入关中的通道有三条，出口比较分散，从长安到天水都有分布，这就非常不利于魏国的防守。汉中对于魏国来说，属于很重要但不是特别重要的门户。

汉中与蜀地之间横亘着大巴山和米仓山。两地之间只有两条通道，一条是两山衔接处通往巴郡（今重庆）的米仓道，另一条是米仓山西端的金牛道。两条道中真正阻止北方敌人进入成都平原，危及蜀地的是金牛道。而金牛道上有坚固的剑门关，其地理特点还是南坡易攻，使得蜀地防守汉中的难度和风险变得更低。

（二）战略价值对双方也是不均等的

汉中是蜀地抵御来自关中和陇右势力的缓冲地带。对力量较弱的蜀汉来说，汉中是必争必守的地方。倘若丢掉汉中，失去了一个保护其安全的缓冲地带，极容易形成顾此失彼的被动局面。而倘若蜀汉占据汉中，就可以化被动为主动，从多条道路向魏国发动攻击，而魏国倘若分兵防守，自然会分散力量。

汉中这一兵家必争之地对于曹魏来讲固然也有很重要的军事意义，但曹魏对其依赖程度远不如蜀汉那么迫切。能够掌握汉中自然很好，但倘若占有了也必须付出很大的代价，如：极易遭到蜀汉的骚扰，在国基不稳的情况下，分散精力得不偿失；后援战线太长，若抵御蜀汉攻击，付出的代价必然很大，难以承受。

（三）争夺汉中的前奏战已基本印证了这种不对等

赤壁之战后，由群雄割据演变成了曹操、刘备、孙权三大主要势力鼎立。其他一些小的割据势力，已经不成气候。当时，曹、刘、孙都明白，消灭对方一时还不能办到。正确的选择是把力量放在中间地带的争夺、占领上，以不断增强实力。张鲁割据的汉中，夹在曹操、刘备势力之间，自然就成了曹、刘都想争夺的一块地盘。

曹操趁着刘备忙于和孙权纠缠荆州的机会，一鼓作气灭陇右宋建、招降湟中诸羌，控制了关西地区。随后于建安二十年（215）三月，他亲率大军进取汉中。在赶走张鲁夺得汉中后，曹操乘胜派人收降了巴夷首领朴胡、杜濩、袁约，并分别委任为巴郡和巴东、巴西太守，把势力伸向刘备势力的区域。特别是巴东郡（郡治在今奉节），几属成都东郊，威胁是显而易见的。

刘备意识到问题的严重性，于是与孙权讲和，令黄权领兵攻打三巴，朴胡、杜濩等战败。曹操只得放弃对三巴的控制，改令张郃率军侵扰三巴，掠夺人口。刘备又令张飞迎战，在四川渠县大败张郃。曹操向南扩展连连失利，他不愿纠缠于此，便留下夏侯渊、张郃等人镇守汉中，自己率主力回军。

曹操强大的力量控制不了三巴，已初步印证了战略地位不对等的事实。

汉中于曹操并非鸡肋

对曹操占据汉中，法正认为：曹操一举降伏张鲁，却未继续进攻益州，而留下夏侯渊、张郃驻守汉中，一定是内部动乱。而夏侯渊、张郃的才能不足以守住汉中，应该立即发兵夺取汉中。夺取汉中的意义有三：上，可以讨伐国贼，尊崇汉室；中，可以蚕食雍、凉二州，开拓国境；下，可以固守要害，是持久的战略。刘备采纳了法正的建议，留下诸葛亮镇守成都，以法正为军师，亲率张飞、马超、赵云、黄忠、法正、黄权等进攻汉中。

汉中是一块由汉水河谷扩展开的东西狭长的盆地，重要的城镇几乎都在汉水两岸，阳平关是这块盆地的西大门，定军山就是这块盆地的西侧门。刘备于建安二十二年（217）入汉中，进屯汉中西面的门户阳平关（今陕西勉县西），与曹军守将夏侯渊展开争夺战。两军相持一年多，互有胜负。建安二十三年（218），刘备复率蜀汉大军进击汉中中心地带，张郃在阳平一线酣战连年，也未有突破性进展。建安二十四年（219），刘备听从法正的谋划，率军强渡沔水，直插定军山，占据了定军山有利的地形。曹军夏侯渊率部来争，结果夏侯渊被黄忠斩杀。汉中曹军诸军乃共推张郃为临时主帅，退守阳平关，向曹操求援。

曹操闻讯，率领大军抵达汉中地界，进驻阳平关。刘备据险要，固守不战，与曹操对峙，同时派人到成都让诸葛亮调兵来支援。在汉中争夺战中，曹军本来就存在军粮不继的问题，刘备在凭险固守的同时，不断派兵偷袭曹军粮道，增加曹军军粮供应的困难。

面对相持不下的局面，曹操发出一声“鸡肋”的感叹，撤军了。但是，这并不意味着曹操把汉中视为真正的鸡肋之地。占据汉中，魏军退可保卫关中安全，进可取成都。曹操有平定天下之心，他不可能放弃从汉中入蜀的机会，只不过当时力有不逮而已。赤壁之战后，孙、刘分占江南，魏军新败，需要时间恢复元气，稳住中原。曹操深知，刘备不同张鲁，一旦和刘备交战，刘备必定倾力相争，曹操要想获得胜利必然要倾国远征，孙权必定趁机大举入侵。与其在条件不具备的情况下硬守，倒不如等将来实力足够了，再图汉中为基地，南下图蜀。“鸡肋”之叹，只不过曹操明智的“解嘲”之语而已。何况，《三国志》未有记载，“鸡肋”之语仅是裴松之“注”引晋司马彪《九州春秋》所记，其真实度也待考论。

曹刘各有得失都是赢家

黄巾、董卓之乱后，天下人口锐减，土地大量荒芜，人口的重要性逐渐凸显出来。曹刘双方都早已开始注重人口的重要性。

（一）曹操未得其地而得其民

曹操刚拿下汉中时，就听从张既的提议，迁移了一部分人口："鲁降，既说太祖拔汉中民数万户以实长安及三辅。"曹操自己率大军北返邺城时，留下征西将军夏侯渊驻军汉中，"拜（杜）袭驸马都尉，留督汉中军事，绥怀开导，百姓自乐出徙洛、邺者八万余口"。后又令杜袭再次迁徙汉中民众8万人到洛、邺。按照《后汉书》的记载，汉中有"户五万七千三百四十四，口二十六万七千四百二"。

另外，张鲁是避曹操锋芒而遁走的。"鲁曰：'本欲归命国家，而意未达。今之走，避锐锋，非有恶意。宝货仓库，国家之有。'"因此，曹操唾手而得张鲁统治汉中期间积淀出来的所有粮草军械。

曹操早在汉中之战的五年前，就几乎把汉中人口迁移殆尽的行动证明，必要时弃守汉中是在汉中之战之前就已制定的方略。

（二）刘备未得其民但得其地

刘备虽然打赢了汉中之战，但得到的却是一座空城及无民耕种的汉中平原。为了守住这个益州的门户，蜀汉政权需要额外付出较大的代价去供养戍守在汉中一带的士兵。

出土文物也证实了这一点。

1978年，汉中勉县考古发掘了首批三国时期的古墓葬，很多出土文物体现诸葛亮治汉中时的农牧业水田实体模型。在3件持锸俑中，有两具为红陶俑，衣襟为燕尾状，下边为圆筒状，能够显著看得出是衣着铠甲的蜀汉兵士，而另一具灰陶俑下边为喇叭形，为老百姓形象。诸葛亮在黄沙休兵劝农的时间为建兴十年（232），这时距汉中之战早已过去12年。水田实体模型中2比1的军民农作占比还可以窥见，这时的汉中仍然备受曹操当初移民的危害，地广人稀，以至于兵士多过老百姓。汉中的老百姓稀缺，使蜀汉迫不得已消耗很多人力资源从成都平原向前线运粮。

但汉中毕竟是土肥水丰的鱼米之乡，自然潜力是巨大的，即便是军队屯田也有有利的条件。后来，诸葛亮入驻汉中，大力开发水利，又在数次北伐中迁徙了上万人归汉中，汉中逐渐又恢复了活力，成为北伐的根据地。这也说明刘备夺取汉中的战略决策是正确的。

曹刘各得其所，双方都是赢家。

（2019年9月"陕西勉县·刘备称汉中王暨定军山之战1800周年学术研讨会"论文）

美言嘉构　映印春秋

——武侯祠楹联解读

楹联是一种特殊的文学形式，它非诗非词非文章，但有情有味有意境。作为一种短小精悍、言简意赅的文学形式，其创作目的虽然不是反映时代，但受时代主流意识的影响，客观上必然折射出时代的影子。

现存武侯祠庙楹联基本上是清代中期以后的作品，其中绝大多数是清末民初时期题写的，少数是新中国成立后的新作。清中期至今，是一个由封建社会的辉煌——社会转型的动荡——新时代的复兴组成的丰富多彩的历史时段。这一特殊时段中有关诸葛亮的楹联作品，不仅颂扬了诸葛亮的才华、德政和功业，也集中体现了文臣武将、达官贵人、文人雅士、社会名流对诸葛亮的敬仰、对社会现实的企望、对自己心灵的表露。在内容上既沉淀着时代的主流意识，又蕴含着不同阶层的心态，也体现着不同层次的导向。

沉淀着时代的主流意识

有清以来的武侯祠楹联，在历史跨度上可分为古代、近代和现代三个时段，并各呈时代特点。

（一）古代：讴歌为主间有评论

鸦片战争以前的中国是延续了几千年的封建社会，社会体制的根本特征是王权至上，与之相联系的社会主流意识是忠君报国。《周书·谥法解第五十四》载“危身奉上曰忠”“克定祸乱曰武”。诸葛亮以其“危身奉上”“克定祸乱”的精神及功业荣谥“忠武”，成为封建王朝难得的尊崇王权、忠君报国的光辉范例，讴歌“忠武”精神必然成为楹联的核心内容。

诸葛亮一生可分两个阶段：前期辅明主联吴拒曹创业立国，后期事庸君治国靖边伐魏；前期为成鼎立大业，在义气为先的三兄弟集团内巧妙施才，后期衔托孤之命为“恢复汉室”呕心沥血而谨慎从事。“清廉勤政”“谨慎事主”“危身奉上”“鞠躬尽瘁”是诸葛亮“忠”的具体体现。正如云南保山武侯祠一副楹联所说：

见知于昭烈则易，受托于后主则难，独能沥血披肝，忠心不忘尽瘁，读二表之恳恳勤勤，忠臣何尝择主；

效命于吴氏者偏，输诚于魏氏者贼，孰若明目张胆，一心认定汉家，观六出之堂堂正正，圣人不仅称才。

诸葛亮“武”，主要是指他在汉室衰微、群雄争霸的时候，辅助所谓“帝胄”刘备“克定祸乱”、建立蜀汉；在三国鼎立后“攻心”靖边、壮烈北伐。颂扬其“武”的楹联以征伐之地为最多。这些楹联或宣扬诸葛亮之天威，或褒扬诸葛亮尊王贱霸的正统壮举，或歌颂诸葛亮为拓土开疆百折不挠、鞠躬尽瘁的精神，读之令人肃然起敬。

诸葛亮之所以能成为古今同钦敬、朝野共赞誉的典型，赢得千秋唱咏，主要是因为他的智慧和功业是建立在各种优秀品质的基础上的。诚如南宋戴溪所说：诸葛亮是“有仁人君子之心”“英雄豪杰之才”“忠臣义士之节”的“全人”。因此，从人品方面歌颂诸葛亮的楹联也占有很大的比重。如古隆中有联将其与曹操和司马懿相比较，褒扬其“忠”并盛赞其“能”：

与孟德同时，先后相汉，而行谊判若霄壤，大节凛孤忠，孟德能无死悔？

为仲达所畏，进退视蜀，倘将星不陨渭滨，王师捷六出，仲达焉得生还。

又如成都武侯祠有联将其与孔、孟、伊、姜并论，赞誉诸葛亮师承孔孟之道，既有伊姜之德，又异于“空讲学”的儒生，是坐言起行的逸士高人：

出师表、诫子书已承孔孟渊源，迥异儒生空讲学；

梁父吟、隆中对诚抱伊姜道德，宁同逸士仅鸣高。

明清时期，由于帝王对诸葛亮的推崇有增无减并形成朝廷敕令和祭祀庙规，故而少有对诸葛亮妄加评论的声音，偶有评论也仅集中在出山是否为本意，北伐是否为“知其不可为而为之”，是否如陈寿所言“治戎为长，奇谋为短”等方面。这类楹联，勉县武侯祠中戴树屏题联有一定的代表性：

品隆三顾，业盖三分，其自任以天下之重如斯；
策定两朝，心存两表，知其不可为而为之者欤。

（二）近代：赞颂中充盈着期盼

从鸦片战争开始到南京国民党政权覆亡的近代史，是中国半殖民地半封建社会逐渐形成到瓦解的历史，也是中华民族历经苦难的历史。就社会动荡而言与汉末局势有相似之处。与动荡的局势相联系，这个时期社会的主流意识是探索救国，诸葛亮研究的侧重点也反映了时代的动荡。有人统计，自民国初年至中华人民共和国建立前的30余年间，全面介绍诸葛亮生平、思想、功业等的著作共8部，都是以歌颂为主，目的是让人民以诸葛亮为榜样，关心国事，建功立业。如1917年古史编辑社出版的《诸葛武侯秘史》，湘南逸民（署名）在其序中指出：信仰心是陶冶社会的基础，信仰心的培养要靠宣传为大多数人所崇拜的人物，而这关乎“一国一族之盛衰”。这一时期的联作颂扬君臣关系的内容明显少于古代，歌颂诸葛亮经天纬地之才、安邦定国之功的联作占了主流地位。其中，一批忧国忧民的仁人志士将期盼卧龙再世的心境融入联作，成为近代武侯祠庙楹联的一个显著特点。

如兰州五泉山武侯殿中慕少堂等人题联：

宫府一身兼，倘将星不落前军，江山未必归司马；
乾坤群盗满，叹邻境几无净土，雷雨何曾起卧龙。
凭栏纵眼观，叹东方大陆，风起云飞，欲请卧龙作霖雨；
寻壑恣幽赏，值西域胡氛，烟销火灭，且容立马看河山。

（三）当代：歌颂中凸显着反思

民主是当代社会的重要特点，与之相联系的社会主流意识是革故鼎新、创业兴国。这一时期，诸葛亮研究的重点基本集中在成才之路、战略规划、人才观、政治思想、历史地位等“政治”方面，联作的内容多集中在节操、志向、作为、影响力等侧面，楹联的表现手法则有别于以往的微观历数，更趋向宏观概括。这方面的联作以古隆中的名人题联最有代表性。如：

四川名士永川人游俊联：

两表酬三顾
一对足千秋

郭沫若题诸葛草庐联：

志见出师表
好为梁父吟

陆定一题诸葛故居联：

智谋隆中对，三分天下；
壮烈出师表，一片丹心。

“达则兼济天下，穷则独善其身”是中国古代知识分子基本的处世观念。“达则兼济天下”的观念，使多数知识分子把追随君王左右以实现自己的人生抱负作为最高理想；“穷则独善其身”的观念，又使他们把退居田园、赏菊南山作为人生的基本底线。实现最高理想的最佳途径是期待伯乐、待价而沽，“三顾茅庐”正是封建时代知识分子理想的出仕模式。这种被动的模式，有可能因明主慧眼识才而成就鱼水之情的绝唱，也有可能错失良机而导致终老山林的遗憾。辛亥革命后，国人对几千年的封建社会进行了批判，对封建处世准则进行了扬弃。这种社会的进步，必然反映到有关诸葛亮的楹联中。古隆中“腾龙阁”的楹联新作尤能凸显时代的反思特征。如：

须高卧便高卧，先生吟啸待时，幸逢有道君王识；
该出山即出山，吾辈沉浮自主，莫等访贤车马来。

又如：

幽耶奇耶，山水任评量，喜见人来人往；
龙也凤也，英贤争奉献，何分谁主谁宾。

蕴含着阶层的各自心态

中国封建社会以至近代半封建社会中，与政治有关的士人大体可分为执政的文官、卫国的武将和为之服务或在野的文人两个阶层。文官武将能够在国家政治、经济、军事生活中起着举足轻重的作用。相比之下，为之服务的文人处于依附地位，在野文人则更游离于政权之外，难以在重大的政治斗争和社会活动中发挥作用。这种不同的层次和影响力形成了他们不同的心态。

（一）文臣：敬仰中蕴含着自励和企盼

文臣的前途在于以政绩显著而升迁，因而其联作多在敬仰中蕴含着自励。如南阳武侯祠中知县曹慕时题联，作者崇拜楷模、虔诚向贤的心境清晰可见：

负天下奇才，若定指挥，独惜赍志偏安，鼎足三分屈王佐；
叹风尘末吏，未遑窃比，追溯鞠躬尽瘁，心香一瓣学乡贤。

以才华自负盼望明主赏识是文官的普遍心理，因而其联作在敬仰中多蕴含着企盼，企盼上司的赏识。如南阳武侯祠知府顾嘉蘅题联，期盼明主赏识的心理跃然纸上：

此地藉卧龙以传，看丹水西抱，白水东环，祗余长留名士隐；
斯人超凤雏而上，既莘野币交，渭滨车载，何如亲见使君来。

再如田沛题联，在歌颂中流露出了期盼明主赏识、伯乐举荐的心态：

吕磻溪伊莘野王佐其才乎！继以宛琅琊得主有常，经纶丕焕；
齐鲍叔郑子皮圣门所许也，合之徐元直见贤能举，豪杰奋兴。

还如金国均题联。作者曾五次掌典文衡（主持考试），为人豁达，不慕荣，后以父母年迈乞假回籍，养亲十余年。联语借评述诸葛亮，字里行间流露出了封建知识分子“达则兼济天下，穷则独善其身”的豁达情怀：

巾扇任逍遥，试看抱膝长吟，高卧尚留名士隐；
井庐空眷念，可惜躬鞠尽瘁，归耕未慰老臣心。

（二）武将：崇敬中蕴含着比附和自重

清末民初内忧外患，国家动荡，出将入相、安邦治国的诸葛亮自然成为忠心耿耿维护清朝统治的军事家们崇拜的偶像、学习的楷模或比附的典型。

如南阳武侯祠联中左宗棠联。作者年轻时即以诸葛亮自比，自称“亮白”“老亮”。《清史稿》称其“为人多智略，内行甚笃，刚峻自天性”，“常以诸葛亮自比，人目其狂也”。联曰：

出处动关天下计

茅庐我也过来人

隆中武侯祠中湖广总督杨霈和湖北候补道张曜孙题联，更是比附诸葛亮，名言他而实写己。咸丰十年（1860），杨张二人皆因战败镌职寓居襄阳，同游谒武侯祠并题联。杨霈借歌颂诸葛亮抱怨自己失败是“天心未曾厌乱”，并非自己“将略非其所长”，希望世人“知人论世”。张曜孙则抱怨世人以“成败论人”的“刻意讥评”。正如吴恭亨《对联话》评论所说：杨张二人“各各借酒杯浇块垒，身份亦各宛肖，千古失败英雄入此庙读此联，正不知生若何感想”。

杨霈联曰：

谁谓将略非其所长，当时予智矜才，终逊一生谨慎；

可惜天心未曾厌乱，至今知人论世，岂徒两表文章。

张曜孙联曰：

行藏以道，出处因时，使无三顾频烦，亦与水镜鹿门甘心肥遁；

成败论人，古今同慨，似此全才难得，尚有子由承祚刻意讥评。

（三）文人：歌颂中蕴含着清高和自慰

在封建半封建社会，从事文化教育事业、“治经典”、著书立说的文人，常常以自己学富五车的专业知识自视清高，也常以“葡萄是酸的”来安慰自己，言词中不免显现出一种无可奈何的淡然。

如南阳武侯祠中单家驹题联：

自来宇宙垂名，布衣有几？

能使山川生色，陋室何妨？

又如曹广桢题《出师表》碑廊联。作者系光绪年间翰林，曾任吉林学政，工书，善诗文，他自我陶醉的知识分子形象在联中清晰可见：

春风有形在流水；

古贤寄迹于斯文。

再如刘世[illegible]题联。作者系同治十一年南阳县知县，对“吴宫魏殿”般的辉煌似乎看得很淡，对遁迹山林、曲吟梁父的田园生活充满着渴望：

孙曹固一世雄也，何以吴宫魏殿转眼邱虚？怎若此茅屋半间，遥与磻溪而千古；

将相其先生志乎，讵知羽扇纶巾终身军旅，剩这些松涛满径，如闻梁父之长吟。

体现着层次的不同导向

从后主刘禅下诏为诸葛亮在定军山墓地立庙开始，便形成了以官建祠庙为主、民建祠庙为辅的祭祀纪念格局。这种礼遇既含着崇敬又含着膜拜，即官员对他人格功业的崇敬、平民对他智慧德泽的膜拜。官建祠庙多体现着因敬重而纪念，民建祠庙多体现着因敬畏而膜拜。两个层次的祠庙因不同的出发点体现着不同的认知和导向。

（一）官建祠庙：引导世人为君尽忠、为国效力

历代统治者都把诸葛亮作为忠贞的楷模而极力推崇。唐朝把这种推崇物化成了一种定制，即以朝廷的名义把诸葛亮作为忠臣列入每年春秋必须祭祀的范围。宋朝开始由朝廷下诏为诸葛亮设守陵户。明清两朝都把诸葛亮列入从祀历代帝王的名臣，而且三国人物中仅其一人。清代历年祭孔，陪祀的三国人物中，也只有诸葛亮一人。康熙朝，曾专门下旨“成都祀诸葛亮”。官建武侯祠庙的楹联自然而然地遵循着舆论的导向。

如成都武侯祠中四川总督鄂山题联，明白无误地告知世人，诸葛亮“忠贞扶季汉”才赢得了“香火拥灵祠”：

望重南阳，想当年羽扇纶巾，忠贞扶季汉；
泽周西蜀，爱此地浣花濯锦，香火拥灵祠。

又如勉县武侯祠中道人李复心题联，代表了作者的认知：诸葛亮祖孙三代是“国之忠臣，家之孝子”，因此能够“享明禋于亿代”。联曰：

萃灵爽于一堂，国之忠臣，家之孝子；
享明禋于亿代，前有烈祖，后有慈孙。

（二）民建祠庙：引导世人自发敬畏、祈求平安

官府建设诸葛亮祠庙，为的是通过祭祀纪念树立楷模、强化观念、创造和谐或激励人生，体现了一种外在的导向性。而民间的诸葛亮祠庙或民间敬献的匾联，多数是因敬畏诸葛亮的智慧、渴望诸葛亮的恩泽，而奉诸葛亮为解忧除难、佑护人生的神灵，更多的是体现了一种内心的渴求性。如诸葛亮从未到过的今广东一带的小型武侯庙联，或以祠庙香火的盛状极力渲染诸葛亮的神圣，或以香风云气极力渲染诸葛亮的神秘：

气霭旃檀联邸阁
烟腾阊阖彻郿城
香风飒奕驱流马
云气氤氲起卧龙

民间敬献的匾额，多直接把诸葛亮奉为神明。如匾文：

德泽宏敷
仰答神庥
惠我无疆
福庇沉疴
英灵不爽
恩泽乾坤

诸葛亮祠庙的楹联匾额，是一个文化宝库、历史文库。在欣赏作者美言嘉构的同时，又能窥见其中折射出的历史及作者的情怀。敝人多年的积累和管见，如能使读者有如上收获，已足矣。

（2011年8月“四川成都·全国第18次诸葛亮学术研讨会”论文）

传统文化的魂是道而非术

——曹操与诸葛亮的成功之路及政治遗产比较

中国先秦时期就有了道与术及其关系的观念，但含义表述不一。综其不同表述可概括为：道是法则，是理想、情操；术是谋略，是手段、办法；道为本、术为末，道驭术。在三国中，曹操与诸葛亮都是精通道与术之人，最有可比性。从志向看，两人都有实现统一的强烈愿望，并都切实付出了努力和行动。从官位看，两人都做了丞相。从权力看，两人都切实控制着其所在朝廷的大权。但是，由于他们对追求统一的境界不同，实现意志的手段不同，所以留下的政治遗产也不同。结合他们生活的历史背景，从道与术的角度分析他们的成功之路及政治遗产，对于研究和弘扬传统文化更有现实意义。

道不同

诸葛亮与曹操各有其“道”，即追求的境界不同。

曹操出生于一个属于宦官集团的大官僚家庭，自幼机灵，好谋略权术，生活放荡不羁，不习操行学业。初入仕途时，他的政治理想是当一个郡守，把政治和教化搞好，来建立自己的名誉，以便让世人了解自己。因此，任洛阳北都尉时，曾造五色棒悬挂于尉廨大门左右，明令：“有违者，不避豪强，皆棒杀之。”并且真的棒杀了蹇硕的叔叔。[①]蹇硕是深得汉灵帝宠信的宦官，曹操棒杀了他横行乡里的叔叔，朝野震动。后来，曹操协助镇压黄巾军，以军功晋升为济南国相。在任期间，他打击豪强，除残去秽，极力扩大自己的影响。但他又恐怕过激的行动为整个家族带来灾祸，任济南相期满便立即卸任，继而托病辞去东郡太守，回到家乡暂时隐居起来，意欲天下太平了再出来做官。由他

①《三国志·魏书·武帝纪》裴松之注引《魏书》。

出仕初期的经历和作为看，年轻时的曹操目标还是很现实的，即在保证不招致家祸的前提下，利用自己有限的职权尽力矫正时弊，以图赢得世人的青睐。他隐居家乡也是为了暂离政治旋涡，等待施展身手的时机。等到各地州牧和豪强地主结成同盟讨伐董卓时，他认为时机成熟，便拉起队伍加入了讨伐董卓的联盟。从此，他的人生目标逐步扩大，最终掌握了朝廷的实权。

曹操的目标是个人私欲逐渐膨胀的结果，因此最终发展成为建立曹家王朝这个终极目标。他起兵初期的确有着欲为国家讨贼立功的志向，其欲望也仅是“封侯作征西将军”[①]；讨伐在寿春僭号的袁术时，也还是意在维护汉室完整；讨伐雄踞河北的袁绍时，也还自我表白有“投死为国，以义灭身”[②]的境界。但实际上，他把汉献帝迎奉到许昌后，所谓“奉天子以令不臣”的形式，就逐渐演变成了“挟天子以令诸侯”的实质了。特别是他位及宰相之后，皇帝成了名副其实的傀儡，因此理所当然地引起了朝野非议。为了回答非议，他于建安十五年（210）写了《让县自明本志令》，表示“身为宰相，人臣之贵已极，意望已过矣”。但自我表白言犹在耳，他就欲晋爵国公、加封九锡。曾被曹操誉为“吾之子房”的荀彧认为：“（曹公）本兴义兵以匡朝宁国，秉忠贞之诚，守退让之实；君子爱人以德，不宜如此。”[③]荀彧因此惹怒了曹操，被调离中枢，不久便死于非命。荀彧的反对不但没有使曹操的权力欲望收敛，而是更加膨胀：在他的导演下，213年汉献帝晋他为魏公；214年汉献帝下诏命他朝会位置在侯爵、亲王之上，改授金玺、赤绂、远游冠。216年，汉献帝册封他为魏王加九锡；217年汉献帝下诏魏王设置天子旌旗，出入称警跸。214年曹操授金玺后，夏侯惇劝曹操称帝，他回答说：“‘施于有政，是亦为政’。若天命在吾，吾为周文王矣。”“施于有政，是亦为政”出自《论语·为政》，意思是对政治施加了影响，也就是参与了政治。曹操引用此语的意思很明确：“只要掌握了实权，不必计较有没有皇帝这个虚名。”然后明确表示，即使当皇帝的时机已经成熟，他也不当皇帝，而要像当年周文王给周武王奠定基业那样，积极创造条件，让自己的儿子去做皇帝吧。曹操这句话，实际上已经表明了长期隐藏在他心中的代汉意图，只不过这最后一步，是由他的儿子曹丕去完成而已。[④]可以看出，这时他建立曹氏王朝的政治目标已十分清晰了。

诸葛亮虽然也出生于仕宦家庭，但他的少年时代是在失去父母佑护和背

①《三国志·魏书·武帝纪》裴注引《魏武故事》。
② 同上。
③《三国志·魏书·荀彧传》。
④《三国志·魏书·武帝纪》裴注引《魏略》。

井离乡的经历中度过的。曹操24岁时，已是有着四年官场经历、在家蛰伏的老手。而诸葛亮24岁时，还是一个以耕读为业、名不见经传的布衣。虽然相同年龄时都在隐居，都已确立了人生目标，但曹操当时的目标不过是“欲为国家讨贼立功，欲望封侯作征西将军”，而诸葛亮的目标则是辅佐明主，先成就霸业继而兴复汉室。曹操的目标是逐步扩大和明确的，而诸葛亮的目标不仅是成竹在胸而且一如既往的。辅佐刘备时，诸葛亮按照既定战略规划实现了鼎立一方的初步目标；辅佐刘禅后，更是矢志不渝地为实现兴复汉室的目标而奋斗。

从对目标的确立和追求过程看，二人的境界又有层次的不同。曹操追求的仅是结束分裂合天下于一，没有上升到恢复王室纲常的高度；诸葛亮追求的不仅是合天下于一，而且是以王室纲常文明一统天下，是居天下之正，即政治上的合法性和道义上的合理性。诸葛亮一统天下的形式是恢复刘家天下，即便是不能使已被曹操挟持的皇帝回于旧都，也可以辅佐刘氏宗室效仿汉光武帝再次振兴汉室。他是这样规划的，也是这样表明的，更是这样践行的。

术不同

诸葛亮与曹操“术”有差异，即实现意志的手段不同。

陈寿对曹操的总结性评价是：“汉末，天下大乱，雄豪并起，而袁绍虎视四州，强盛莫敌。太祖运筹演谋，鞭挞宇内，揽申、商之法术，该韩、白之奇策，官方授材，各因其器，矫情任算，不念旧恶，终能总御皇机，克成洪业者，惟其明略最优也。抑可谓非常之人，超世之杰矣。”综观陈寿的评语，可以归结为“运筹演谋”“克成洪业”“超世人杰”十二个字，实现意志手段的核心是“运筹演谋”。

曹操的“术”偏重于“运筹演谋”，虽难以说是属于阴谋的范畴，但基本是“在阳谋与阴谋中游弋”[①]。曹操的“运筹演谋”源自先秦时期的申商法术和韩白奇策。申不害的术自然是“术”，商鞅的法、韩信与白起的奇策都还属于“术”的范畴，而非“道”。申不害“术”的核心是君主独断，手段是潜御群臣。商鞅“法”的核心是依法施政，手段是酷法范行。“法”与“术”作为封建社会初期的两种政治理论与统治方式，各有其用：“法”适用于明确君臣关系、君民关系，可以在君王统治权力所能达到的一切领域，在最广泛的社会关系上发挥威慑作用。“术”多适用于君臣关系，是君王个人南面之术，是统

① 李傲：《睁眼看曹操：在阳谋与阴谋中游弋的卓越智慧》，中国华侨出版社，2006年版。

治者为防止君权旁落而采取的系列驭臣伎俩。

曹操一生，其治军、理政、处理人际关系，无不渗透着“法”与“术”的潜意识。韩信与白起的共同点都是军事天才，但也各有特点。韩信崇尚谋略，是中国军事思想“谋战”派代表人物。白起因为战无不胜而号称“战神”，也因为杀戮无度，特别是因为长平之战时坑杀包括战俘在内的四十多万的赵国军队，又有“人屠”的称号。纵观曹操登上王位的道路，步步有着申、商、韩、白的影子，一生不乏酷法、权术、谋略、屠戮的事实。他酷法有“围而后降者不赦”①的暴虐之令；术治有“杀粮官而平军怨”②之例；谋略有“挟天子以令诸侯”之举；屠戮有杀孔融、杨修、崔琰、边让等人和夷其全族之行，有怀恨伏皇后而公然杀之并诛杀伏氏宗族数百人之实。虽然，曹操的韩白奇策多用于战争，申商之术多用于非战时期，但实际上他的“申商之法术”“韩白之奇策”是互为表里的，“术”中有“策”，“策”中有“术”，但侧重于“术”，即以“术”驭“策”。

陈寿评价说：“诸葛亮之为相国也，抚百姓，示仪轨，约官职，从权制，开诚心，布公道；尽忠益时者虽仇必赏，犯法怠慢者虽亲必罚，服罪输情者虽重必释，游辞巧饰者虽轻必戮；善无微而不赏，恶无纤而不贬；庶事精练，物理其本，循名责实，虚伪不齿；终于邦域之内，咸畏而爱之，刑政虽峻而无怨者，以其用心平而劝戒明也。可谓识治之良才，管、萧之亚匹矣。然连年动众，未能成功，盖应变将略，非其所长欤！”综观陈寿的评语，诸葛亮实现意志手段的核心是“公平明信”。公，即慎用权力，以礼制约束官员；平，即抛却亲疏恩怨，公平执法，教惩结合；明，即精通事务，善于理政；信，即名实相符，言行一致。

诸葛亮的“术”重于“以正驱邪”，属于阳谋的范畴。何为阳谋？就是根据现有条件，因势利导，光明正大地通过改变自己的资源配置，提高效率，达到总体更好的结果或实现更高的希望。为何诸葛亮重阳谋？因为他的“道”是以王室纲常一统天下，他的“术”是“道”的必然延伸。他立志抗暴匡正，建立正道一统的天下，所以不论是修身自处，还是率军对敌，还是治国理政，事事处处显出一股正气。战争是艰辛的，但诸葛亮“其兵出入如宾，行不寇，刍荛者不猎，如在国中”。③战争是残酷的，曹操与孙权都有屠城的记载，但在诸葛亮的战争经历中，查不到屠城的暴行。实现目标是需要谋略的，但诸葛

---

①《三国志·魏书·程昱传》。
②《三国志·魏书·武帝纪》裴注引《曹瞒传》。
③《三国志·蜀志·诸葛亮传》裴注引《袁子》。

亮辅佐后主并没有“挟天子以令不臣”。治国需要法治甚至严法，但诸葛亮没有酷法，他“尽忠益时者虽仇必赏，犯法怠慢者虽亲必罚，服罪输情者虽重必释，游辞巧饰者虽轻必戮；善无微而不赏，恶无纤而不贬”，因此“刑政虽峻而无怨者”。在统治手段方面，曹操崇尚申不害潜御群臣的术治，诸葛亮公开实行教礼仪、定官职、遵制度的政策。两相比较，谁更正气，谁更大度，不难辨明。在丞相位上，曹操遭到朝野怀疑，亦成为敌国口实①，而诸葛亮“行君事而国人不疑”，“行法严而国人悦服，用民尽其力而下不怨”。②在人物定论方面，诸葛亮有“识治之良才，管、萧之亚匹矣”的评价，曹操有“治世之能臣，乱世之枭雄”和“超世人杰”评语，两相比较，褒贬不言自明。

政治遗产不同

历史人物特别是身居高位的历史人物，不论是有意识还是无意识，都会留下一定的政治遗产。其遗产中的制度、理念等，都会给后世带来一定的影响。

曹操留下了什么政治遗产呢？他独具特色的政治遗产就是以权谋登上王位，为儿子登上皇位扫除障碍，开启谋夺皇位先河。曹操先是听从谋士毛玠的建议，“奉天子以令不臣”，继而发展成为“挟天子以令诸侯”。晋升王位后，虽未有皇帝名分，但设置天子旌旗，冠带旒穗，实有天子威仪和实权。曹操死后，其子曹丕以威逼手段让傀儡皇帝刘协以“禅让”的名义退出了皇位。皇帝先是变成了山阳公，最终还是被根除。起于微末的司马懿，起初曾因有“狼顾相”而遭曹操猜忌，用而不重。曹操死后，司马懿靠着过人的心计终于迷惑了曹丕，以致曹丕临终前委司马懿与曹真、陈群共同辅助继位的魏明帝曹叡。曹叡死曹芳继位，司马懿辅佐三朝，韬光养晦，蛰伏待机，最终将政敌曹爽集团一举击垮，司马家族开始把持朝政。曹髦继位后，司马懿的儿子司马昭杀死曹髦，扶持曹奂为帝，此时“司马昭之心路人皆知”。不久，司马昭的儿子司马炎又导演了一场曹奂禅让的历史剧，登上了皇帝宝座。曹操父子两代，靠谋略最终以“禅让”形式以魏代汉，司马懿祖孙三代依样画葫芦，靠谋略最终又以“禅让”形式以晋代魏。

西汉政治家徐乐说：“天下之患，在于土崩，不在于瓦解，古今一也。”③ 东汉末年，不仅政权面临瓦解，文明更是面临土崩。身为丞相的曹

①《三国志·吴书·周瑜传》载：周瑜曰：“操虽托名汉相，其实汉贼也。”
②《三国志·蜀书·诸葛亮传》裴注引《袁子》。
③《汉书》卷六十四上《徐乐传》。

操，不仅没有力挽狂澜挽救面临崩溃的文明，而是醉心于取代瓦解的政权，以致文明每况愈下。自曹丕以魏代汉，“汉魏故事”便成了帝制社会中禅让的代名词。司马炎以晋代魏是“汉魏故事”的第一次克隆。此后，南北朝、隋、唐、后梁、北宋各代帝王纷纷效尤，如法炮制，或弑杀，或禅让，完成易代鼎革。历史已证明，曹操的政治遗产影响甚远。当此遗产隔朝传到晋明帝司马绍时，司马绍也为先人司马懿和司马昭的谋权之举和恶意诛杀感到羞愧，“耻欺伪以成功”①。

诸葛亮留下了什么政治遗产呢？他的最大政治遗产有二。一是，他大义担当和忠公体国的范行，对蜀汉政权的平稳过渡起了正能量的作用。刘备死前，诸葛亮受命抚孤，因幼主庸弱，“事无巨细咸决于亮”。但他忠心王室、赏罚分明，“行君事而国人不疑”，得到了蜀国上下人等的拥护。诸葛亮在世时，虽有抚孤副臣李严被废事件，但因是李严咎由自取，诸葛亮将他贬为庶人，蜀汉上下没有出现波动。李严也是信服诸葛亮的，当他听到诸葛亮去世的消息时，深知无人再会起用他，竟然心怀激愤而病死。诸葛亮死后，他甄拔和培养的蒋琬、费祎相继任丞相。因为蒋琬、费祎都是志虑忠纯、老成谋国之臣，虽然也有魏延谋反事件，但影响范围都很小，远不如魏、吴两国那么残酷血腥。在魏国、吴国都是血腥不断的时候，只有蜀国是一片和谐。二是，他传承正道和践行正道的精神，为中华民族传统文化增添了一份宝贵财富，这就是正道修身，正道立国，正道治国，鞠躬尽瘁，死而后已。他正道修身，虚心纳谏，不殖私产；他正道立国，以民为本，平定南中叛乱时实施文化攻心战略，以最小的杀戮赢得最长久的稳定。他正道治国，私不乱公，邪不干正，使最偏远而弱小的蜀汉成为三国中“最有条理的一国”②。他“鞠躬尽瘁，死而后已”的誓言，是他一生悟道、践道、殉道过程中精神品质的凝练概括。他的政治遗产成为中华民族优秀传统文化的一部分，他本人也成中华民族优秀传统文化的一个符号。

评价标准辩证

从业绩的角度看，曹操和诸葛亮都是成功的，甚至可以说曹操更为成功。但成功与否并不是评价历史人物的唯一标准。我们评判历史人物，要看他在主观上对当时的自然、社会、民众、国家是否抱有善意态度和改良愿望，在客观

①《晋书》帝纪第一《宣帝》。
② 范文澜、蔡美彪：《中国通史》，人民出版社，1994 年版。

行动上是否实施了有利于自然、社会、民众、国家和谐发展的措施并取得显著效果。其中，对人尤其是对广大民众的态度和言行，是评价历史人物最基本的尺度。抛开道义标准，不论是非，单凭才能和事功大小来评判人物，其结果只会促使和助长人们特别是强势人物或强势集团为各自私利而钩心斗角，争权夺利，以强凌弱，为达目的不择手段，因之造成人际关系恶劣与社会秩序混乱，直至引发整个社会长期的动乱局面，产生有违于人类共同利益和社会发展的负面效应。

在群雄逐鹿的时代，曹操最终登上了王位戴上了王冠，被后人视为成功的典型，认作英雄；但也因为他在为事业奋斗的道路上不择手段，被后世指为奸雄。为何评价不一？北宋苏轼在《孔北海赞序》中回答说："世以成败论人物，故（曹）操得在英雄之列。"同时代，诸葛亮顺利实现了隆中战略中第一步即鼎足而立设想，最终以第五次北伐曹魏时星陨五丈原而定格于历史。虽然主流评价是"诸葛大名垂宇宙，宗臣遗像肃清高"，但古有薛能"当时诸葛成何事，只合终身作卧龙"的讥语，现时有诸葛亮是"中国最虚伪的男人"的耸言[①]，有诸葛亮"是破坏国家统一的罪魁"的结论[②]。为何评价有天壤之别？因为现时社会似乎更容易认同实用主义、功利主义，更愿意接受以成败论英雄，以财富多寡论英雄，以实力大小论英雄，为了财富、名声、地位、权势不择手段，可以伤害或者抛弃终极价值。当今社会对著名历史人物的反向炒作，不仅是有些人为了以惊世骇俗的观点显名于世，而且在很大程度上是尚"术"而轻"道"的风尚造成的。

习近平总书记说："对历史文化，要注重发掘和利用，溯到源、找到根、寻到魂，找准历史和现实的结合点，深入挖掘历史文化中的价值理念、道德规范、治国智慧。"与曹操相比，诸葛亮身上的价值理念、道德规范、治国智慧更为优秀，更值得挖掘。两千多年前，曾子说"慎终追远，民德归厚矣"，这个论点并未过时，至今仍然有现实的教化意义。

［2017年8月"（沂南）山东社科论坛·文化自信与诸葛亮文化传承学术研讨会"论文］

① 梅朝荣：《梅朝荣品诸葛亮》，武汉大学出版社，2007年版。
② 见于《拨开"诸葛亮天下第一罪魁"的谜团》，《扬州晚报》，2007年3月29日，C2版。

研学旅行中诸葛亮文化的植入

研学旅行是近十年来出现的新名词，由我国古代游学、近代修学旅行逐步演变发展而来。研学旅行延续和发展了古代游学“读万卷书，行万里路”的教育理念和人文精神，成为素质教育的新内容和新方式。对接研学旅行，既是诸葛亮纪念地自身发展的机遇，更是面临的新课题。

研学旅行的提出与定位

研学旅行这一概念，最初是从旅游角度提出来的。

2013年2月，国务院正式批准发布《国民旅游休闲纲要（2013—2020）》。这是为满足人民群众日益增长的旅游休闲需求，促进旅游休闲产业健康发展，推进中国13亿人即将跨入全民休闲时代而做的规划。《国民休闲旅游纲要》中涉及学校和学生，明确提出：“逐步推行中小学生研学旅行”，“鼓励学校组织学生进行寓教于游的课外实践活动，健全学校旅游责任保险制度”。2014年国务院《关于促进旅游业改革发展的若干意见》提出：要“积极开展研学旅行”，并明确由教育部负责“加强对研学旅行的管理”。2015年，国务院办公厅印发了《关于进一步促进旅游投资和消费的若干意见》，虽然明确提出要“把研学旅行纳入学生综合素质教育范畴”，但这一要求是在“为进一步促进旅游投资和消费”主旨思想指导下，“实施旅游消费促进计划，培育新的消费热点”的一部分，对学生研学旅游的意义基本上是从旅游的角度认定的，还没有从教育本身的意义去认定。

2016年，教育部等11部门印发了《关于推进中小学生研学旅行的意见》（以下简称《意见》）。《意见》提出：为了“落实立德树人根本任务，帮助中小学生了解国情、热爱祖国、开阔眼界、增长知识，着力提高他们的社会责任感、创新精神和实践能力”，要将研学旅行“纳入中小学教育教学计划”，学校要根据教育教学计划灵活安排研学旅行时间，“一般安排在小学四到六年级、初中一到二年级、高中一到二年级”。并指出，要“根据学段特点和地域特色，逐步建立小学阶段以乡土乡情为主、初中阶段以县情市情为主、高中阶段以省情国情为主的研学旅行活动课程体系”。从此，研学旅行上升到了青少年成长的重要战略高度。

自《意见》出台后，青少年研学旅行的意义，已由促进旅游事业发展转到教育自身需求上来；研学旅行的主导权，已由旅游产业转到教育自身上来；研学旅行的方式，已由在导游引领下的旅游化学习转到在导师引领下的课程化实践上来。旅游行业要认清这些转变，适应这些转变。

诸葛亮文化是研学旅游的重要内容

历史文化是研学旅行中的学习实践的重要内容，诸葛亮文化则是历史文化中的重要内容之一。山东省已推出了“山东十大国学之道”研学旅行产品品牌，即：孔子的“为人之道”，孟子的“民贵之道”，老子的“自然之道”，孙子的“韬略之道”，荀子的“法治之道”，鲁班的“精工之道”，水浒的“大义之道”，王羲之的“书法之道”，诸葛亮的“智慧之道”，贾思勰的“农耕之道”。其中，诸葛亮“智慧之道”的主要工作是整理三国故事中的诸葛亮典型案例，梳理诸葛亮在谋略、用人、料事等方面的智慧，打造体验参与性强的智慧之道研学旅行品牌。

山东省是诸葛故里所在的省份，将诸葛亮的“智慧之道”列入“十大国学之道”研学旅行产品品牌是必然的。就全国而言，有诸葛亮纪念遗迹或纪念场所的地方，将诸葛亮文化列入当地研学旅行产品品牌也是必然的。

（一）无与伦比的正能量品质

三国是一个由乱到治的时代，虽然时间短暂，但是波澜壮阔。在这个时代中，诸葛亮不仅是举足轻重的角色，而且有着一统天下的伟大抱负、极富前瞻性的战略思想、矢志不渝的进取精神、鞠躬尽瘁死而后已的工作态度、廉洁奉公严以教子的官德与私德，是一个优秀文化传统的集大成者、践行者。他在世时就得到了蜀国人的信赖，“受六尺之孤，摄一国之政，事凡庸之君，专权而不失礼，行君事而国人不疑”。他去世后，不仅蜀地百姓“因时节私祭于道陌之上”，而且在他征伐过的南中还出现了“蛮夷野祀”的悼念场面。最原始的民情民心就表明，诸葛亮具有无与伦比的正能量品质。

（二）无与伦比的纪念地数量及质量

古代，几乎每个重要历史人物都形成了一定数量的祠庙类的纪念场所，诸葛亮也是如此。

有关诸葛亮的纪念场所几乎都是历史遗存。这些遗存场所不仅保存完整，而且有显著的特点：所有的纪念场所都用了（例外极少）一个统一的名称——武侯祠；绝大多数武侯祠都是官方修建的；覆盖面广，不仅他足迹所到之处有，而且他足迹未到之地也有；遗存数量多，至今保存完整而且极有影响力的武侯祠庙还有十几处。

这些历史遗留下来的诸葛亮纪念祠庙，都是明清时期形成的建筑格局，基本上都是明清时期的建筑体。这些祠庙，虽然历经战乱与风雨，但因历代皆有修葺，所以至今格局完整，古柏参天，相互辉映。

（三）无与伦比的纪念地关联性

在众多的历史人物纪念地中，唯有诸葛亮纪念地具有紧密的关联性，形成了一个完整的人生脉络节点图：山东沂南县是诸葛亮的出生地，不仅有阳都古城遗迹可寻，而且有“诸葛亮故里纪念馆”和“诸葛宗祠”可发思古之幽情；河南南阳市东汉为南阳郡范围，是诸葛亮成才和登上历史舞台的地方；南阳卧龙岗武侯祠，以其根源最远、体量最大而蜚声中外；湖北襄阳市古隆中，以诸葛亮故居地和躬耕地而闻名天下；四川成都是诸葛亮拜相治国之地，武侯祠虽位于昭烈庙内，但因“由来名位输勋业，丞相功高百代思”，而形成了“门额大书昭烈庙，世人都道武侯祠”的特殊局面；云南保山市太保山武侯祠，是诸葛亮以攻心战术平定南中而形成的纪念地；重庆奉节市白帝城武侯祠，是诸葛亮受命托孤之地的标志；甘肃礼县祁山堡武侯祠，是诸葛亮北伐的重要纪念地；陕西岐山县五丈原诸葛亮庙，是诸葛亮星陨纪念地；陕西勉县武侯祠是蜀汉朝廷下令建设的全国最早的武侯祠。定军山下的诸葛亮墓，是诸葛亮的长眠之地。诸葛亮墓墓体上有老家沂南县乡亲祭拜乡贤时，从阳都城捧来的故土，由此可以说他又躺在了家乡的故土中。在灿若群星的诸多历史人物中，唯有诸葛亮以纪念祠庙的形式，画出了一个完美的人生轨迹之圆。

诸葛亮文化植入研学旅游的基本原则

（一）在内容上要注重历史性，避免为了迎合趣味而纯粹演义化

现代人对诸葛亮的认知，基本上是从罗贯中《三国演义》或电视连续剧《三国演义》《三国》中得到的，也就是说现代人心目中的诸葛亮基本上是一个文学形象的诸葛亮。

以《三国演义》为代表的文学形象的诸葛亮，具有谦虚谨慎的优秀品质，鞠躬尽瘁的高尚情操，卓越的军事、政治、外交才能，胸怀远大的政治抱负，这与历史上的诸葛亮是吻合的。但为了把诸葛亮塑造成一个丰满而完美的形象，罗贯中《三国演义》就有了许多移花接木的情节，如："火烧博望坡"将刘备的战绩移接给了诸葛亮，"草船借箭"的原型是孙权的"轻舟借箭"，"空城计"是曹操空营退吕布、孙坚空城退徐荣、文聘空城退孙权、赵云空营退魏军等几个成功案例的浓缩和移植，还有无中生有的"智算华容道"等。

面对小学、初中、高中三个不同学段的学生，怎样把文学形象的诸葛亮和历史形象的诸葛亮有所区别地介绍给以研学为目的的他们，是一个崭新的课题。本文认为：小学阶段要以文学故事为主，以加强对诸葛亮的认知；初中阶段可以增加一些课本中没有的史事，以让学生分清历史与文学的异同；高中阶段必须增加与这些故事有关的历史知识，不仅让学生了解真实的历史，而且也让学生在对比中加深对文学创作规律与技巧的理解。

（二）在形式上要注重课程化，力戒混同于普通的观光旅游

旅游六要素之一是"娱"，即旅游者在旅游过程中寻找精神愉悦、身体放松、内心满足。可以说，旅游最重要的目的是"娱"。而研学旅行的根本目的是"增长知识""增强能力"，与旅游目的有着本质的区别。

各处诸葛亮纪念地都有历史遗存，也有新建的景点。如果不将这些遗存或景点精心设计成适合于学生集体参与的"研学课程"，并且由研学导师去实施，而沿袭旅游中的导游服务，就会因仅能满足一般学生的观光欲望，而逐渐失去对整个研学主体的吸引力。山东青岛某知名中学，曾以敏锐的眼光而开研学旅行先河，却又因在研学实践中敏锐地感受到了研学基地指导理念偏颇、课程设计平淡、导师水平不高，因此率先宣布暂时停止研学旅行，就是一个例证。

（三）研发研学课程要双方结合，以避免教学脱节

研学课程的设计，既可以是研学主体方，也可以是研学基地方，而研

学课程的实施是双方共同完成的。研学课程成效的检验者是研学主体方，最终的评判标准是学生能否在研学中增加知识和增强能力。诸葛亮纪念场所大都是历史文化遗迹，经过多年的旅游实践，各自都已形成了一套完整的旅游形式，但往往是固有的模式成为创新的桎梏。研学旅行是一种全新的旅游形式，必须突破固有的思维定式，研究设计适合于研学旅行的模式。研学课程不仅要分别适应小学、初中、高中等不同学段的认知能力和需求，而且要与三个不同学段的教学内容相衔接。游离于教学内容之外，或与教学内容的层次不吻合，都是应该避免的。做好研学课程设置的唯一途径，就是课程设计者与合作施行者共同去做。

（2019年10月“湖北襄阳·全国第25次诸葛亮学术研讨会”论文）

诸葛亮与木牛流马

陈寿《三国志》之《后主传》和《诸葛亮传》中都有木牛流马的记载，裴松之“注”中也有引自《诸葛亮集》的《作木牛流马法》。这说明，诸葛亮创意、组织制作和使用木牛流马运粮是毋庸置疑的史实。今人对木牛流马研制影响较大的主要成果有：范文澜认为木牛是一种人力独轮车，有一脚四足，流马是改良的木牛，即人力四轮车①；刘先洲认为木牛流马为具有特殊外形及特殊功能的独轮车②；陈从周与陆敬严认为木牛流马实为具有特殊性能及特殊外形的独轮车③；谭良啸认为流马是一种人力木制四轮运载车；方北辰先生也认为流马是一种两轴四轮车。这些知名学者的专著或专文，对后世研究木牛流马都有指导意义，但他们对木牛流马的认识还都限于定性方面，都没有涉及构架尺寸、构件数量和承载重量。曹励华与邹慧君根据《作木牛流马法》做出了木牛与流马，木牛是四足之下各有小轮的牛形轮车，流马是有马头形状的四轮推车④，但也没有形体尺寸和载重量的数据。只有谭良啸认为“流马可载粮138市斤”⑤，方北辰认定“两个方箱装米四斛六斗，约合现今一百四十五斤”。⑥

本文将从以下八个方面解读木牛流马。

陈寿《三国志》为什么没有详细记载“木牛流马”

陈寿《三国志》善于叙事，文笔简洁，剪裁得当，当时就受到赞许。与陈寿同时的夏侯湛作《魏书》，看到陈寿已完成的《三国志》，认为没有另写新

---

① 范文澜，蔡美彪：《中国通史》，人民出版社，1995 年版。

② 刘先洲：《中国机械工程发明史（第一编）》，清华大学出版社，2004 年版。

③ 陈从周、陆敬严：《木牛流马辩疑》，《同济大学学报》，1988 年第 3 期。

④ 曹励华、邹慧君：《依据〈三国志·作木牛流马法〉复原木牛流马》，《机械设计与研究》，2019 年第 108 期。

⑤ 谭良啸：《木牛流马考辨》，《甘肃社会科学》，1984 年第 2 期。

⑥ 方北辰：《诸葛亮与三国文化》，成都出版社，1993 年版。

史的必要，就毁弃了自己本来的著作。陈寿《三国志》之《诸葛亮传》重点是写诸葛亮生平及治国理政的大事，北伐是大事之一，作木牛流马以运输军粮仅是运输手段而已，故而点到为止。但创意、制作木牛流马并用于实际，的确是诸葛亮的过人之处，不可忽视而不及，所以陈寿不仅在诸葛亮本传中有两处使用的记述："九年，亮复出祁山，以木牛运。""十二年春，亮悉大众由斜谷出，以流马运，据武功五丈原，与司马宣王对于渭南。"而且在《后主传》中还有互见记述："九年春二月，亮复出军围祁山，始以木牛运。""九年，亮复出祁山，以木牛运，粮尽退军。""十年，亮休士劝农于黄沙，作流马木牛毕，教兵讲武。"这些记述的主要目的是说诸葛亮做了什么，并不是状写诸葛亮的神奇。

陈寿在诸葛亮本传中写道："亮性长于巧思，损益连弩，木牛流马，皆出其意。推演兵法，作八陈图，咸得其要云。亮言教疏奏多客观，别为一集。"这段话点出了三点奥妙：以"损益连弩、木牛流马、八陈图"说明诸葛亮"长于巧思"；"损益连弩、木牛流马"是"皆出其意"，并非诸葛亮的具体设计；诸葛亮的文章另有专集载录，本传不罗列记入。陈寿所编《诸葛氏集》目录中列有《传运第十三》，其中当有与之相关的内容。正是因为"损益连弩、木牛流马，皆出其意"，因此陈寿并没有把《作木牛流马法》完全记入诸葛亮的名下。唐虞世南《北堂书钞·掾篇》之《蒲元别传》有元牒与亮云："元等辄率雅意，作一木牛，廉仰双辕，人行六尺，牛行四步，人载一岁之粮也。"蒲牒没有涉及流马，但从本篇遗文可知陈寿《三国志》所记"木牛流马"出于诸葛亮创意是有所据的。

蒲元是中国历史上著名的能工巧匠，其生卒年及生平均不详，今人研究认定其籍贯为三国时蜀国临邛（现今四川的邛崃与蒲江县一带）。刘备夺取成都后，得知蒲元善铸，派人礼请他并委以官职，负责打造兵器。南朝人陶弘景《古今刀剑录》记载："蜀主刘备，以章武元年，岁次辛丑，采金牛山铁，铸八剑，各长三尺六寸。一备自服，一与太子禅，一与梁王理，一与鲁王永，一与诸葛亮，一与关羽，一与张飞，一与赵云。"《古今刀剑录》虽被《四库全书》"疑其书已为后人窜乱，非尽宏景本文……亦张华《博物志》之流，真伪参半"，但所载蒲元为刘备铸剑事当不虚，可证蒲元确为巧匠。蜀汉建兴六年（228）春，诸葛亮为北伐进驻汉中，让蒲元以丞相府西曹掾的身份随行，负责军械制作。唐史学家杜佑《通典》说："亮集督军廖立、杜睿、胡忠等，推意作木牛流马。据此，则蒲元诸人实创之，非亮自创也。"明学者赵维寰《快史拾遗》云："蒲元造木牛流马，今人皆谓武侯所创。"根据这些资料可知，蒲元是在诸葛亮创意指导下的"木牛流马"的实际创造者。今多数人把木牛流马的制作者定位为诸葛亮，实乃《三国演义》左右头脑使然。

《作木牛流马法》如何断句

古籍所载《作木牛流马法》虽个别字有异，但不影响原意。中华书局版《三国志》对裴注《作木牛流马法》做了勘定和断句，进行了标点，这对一般阅知三国故事的读者来说已十分方便了。但于木牛流马研究者来说，《作木牛流马法》断句的准确与否，又是能否根据《作木牛流马法》蕴含的信息进行复原的关键。

中华书局《三国志》载裴松之“注”引《作木牛流马法》全文及断句标点是：

> 木牛者，方腹曲头，一脚四足，头入领中，舌著于腹。载多而行少，宜可大用，不可小使；特行者数十里，群行者二十里也。曲者为牛头，双者为牛脚，横者为牛领，转者为牛足，覆者为牛背，方者为牛腹，垂者为牛舌，曲者为牛肋，刻者为牛齿，立者为牛角，细者为牛鞅，摄者为牛鞦轴。牛仰双辕，人行六尺，牛行四步。载一岁粮，日行二十里，而人不大劳。流马尺寸之数，肋长三尺五寸，广三寸，厚二寸二分，左右同。前轴孔分墨去头四寸，径中二寸。前脚孔分墨二寸，去前轴孔四寸五分，广一寸。前杠孔去前脚孔分墨二寸七分，孔长二寸，广一寸。后轴孔去前杠分墨一尺五分，大小与前同。后脚孔分墨去后轴孔三寸五分，大小与前同。后杠孔去后脚孔分墨二寸七分，后载克去后杠孔分墨四寸五分。前杠长一尺八寸，广二寸，厚一寸五分。后杠与等板方囊二枚，厚八分，长二尺七寸，高一尺六寸五分，广一尺六寸，每枚受米二斛三斗。从上杠孔去肋下七寸，前后同。上杠孔去下杠孔分墨一尺三寸，孔长一寸五分，广七分，八孔同。前后四脚，广二寸，厚一寸五分。形制如象，靬长四寸，径面四寸三分。孔径中三脚杠，长二尺一寸，广一寸五分，厚一寸四分，同杠耳。

孔長二寸，廣一寸。後軸孔去前杠分墨一尺五分，大小與前同。後脚孔分墨去後軸孔三寸五分，大小與前同。
後杠孔去後脚孔分墨二寸七分，後載尅去後杠孔分墨四寸五分。前杠長一尺八寸，廣二寸，厚一寸五分。後杠
與等版方囊二枚，厚八分，長二尺七寸，高一尺六寸五分，廣一尺六寸，每枚受米二斛三斗。從上杠孔去肋下七
寸，前後同。上杠孔去下杠孔分墨一尺三寸，孔長一寸五分，廣七分，八孔同。前後四脚，廣二寸，厚一寸五分。
形制如象，靬長四寸，徑面四寸三分。孔徑中三脚杠，長二尺一寸，廣一寸五分，厚一寸四分，同杠耳。」

1964年版《三国志》

八寸，广二寸，厚一寸五分。后杠与等版方囊二枚，厚八分，长二尺七寸，高一尺六寸五分，广一尺六寸，每枚受米二斛三斗。从上杠孔去肋下七寸，前后同。上杠孔去下杠孔分墨一尺三寸，孔长一寸五分，广七分，八孔同。前

1999年版《三国志》

本文认为，中华书局新旧两版《三国志》对《作木牛流马法》的断句，有一处是不准确的。

运行车辆的基本形态都是以中轴线对称的，古代人力运行车甚至连构件都是对称的。从《作木牛流马法》全文看，流马的构件大都两两成对，而且成对构件尺寸相同，前杠与后杠也应是相同的。若将“前杠长一尺八寸，广二寸，厚一寸五分”断句为一句话，而将“后杠与等”四个字断句在“板方囊二枚”一句中，显然有误。一是，本来前后杠尺寸相同，这样就成了后杠另有尺寸。二是，后杠尺寸“厚八分，长二尺七寸，高一尺六寸五分，广一尺六寸”是不成立的。三是，“后杠与等板方囊二枚”语义不通。合理的断句应该是：“前杠长一尺八寸，广二寸，厚一寸五分，后杠与等。板方囊二枚……”

寸七分，后载克去后杠孔分墨四寸五分。前杠长一尺八寸，广二寸，厚一寸五分，后杠与等。板方囊二枚，厚八分，长二尺七寸，高一尺六寸五分，广一尺六寸，每枚受米二斛三斗。从上杠孔去肋下七寸，

李遵刚断句　（《临沂大学学报》2016年01期）

对于《作木牛流马法》的断句，曹励华、邹慧君《依据〈三国志·作木牛流马法〉复原木牛流马》也认为应该是“……后杠与等。板房囊二枚……”

2.3　“前杠…，後杠与等板方囊二枚…”—标点遗漏

依照文献的描述顺序，在前杠的尺寸描述结束以后，续写后杠。而板方囊属另一项描述。因而该句描述后杠的文字应当在板方囊之前结束。即此处应增断句如下：

“前杠…，後杠与等。板方囊二枚…”

曹励华断句　（原载《机械设计与研究》2019年8月）

《作木牛流马法》蕴含的信息

《作木牛流马法》可以分为前后两个部分。自文字开始至“载一岁粮，日行二十里，而人不大劳”，记述的是木牛，可称为《作木牛法》；自“流马尺寸之数”至文字终，记述的是流马，可称为《作流马法》。从《作木牛流马法》的文字中，至少可以得到三个方面的信息：

第一，木牛和流马是两种运输工具。文中对木牛只是简要地描述了外形和基本构造，没有直接记述具体尺寸，而对流马的记述则是详细到了每一个构件的具体尺寸，这与《三国志》中先有木牛后有流马的记载和流马是木牛的改进版是相吻合的。

第二，木牛与流马载重量不同。《作木牛流马法》记载，一个木牛的载重量是一岁粮。一岁粮是多少？《居延汉简》中记载最常见的发放标准是士卒每人每月“粟三石三斗三升少”（少即小，表明是小石），而一个流马仅能载四斛六斗米。“石”是重量单位，“斛”是容积单位，但汉代有时“石”与“斛”通用，因此二者又是具有可比性的。显然，木牛的载重量远远大于流马的载重量。

第三，木牛流马行进的动力是外力。《作木牛流马法》对木牛的说明中涉及人力，但综合“牛仰双辕，人行六尺，牛行四步。载一岁粮，日行二十里，而人不大劳”的表述，可以看出木牛靠双辕受力拉动运行，动力来源于人。对流马的说明虽然未提到有人同行，也未提到一日走多远，极有可能是前边已经提到人力，后边就无须再提了。毫无疑问，载重量小而行进速度快的流马同样是由人做动力。

《作木牛流马法》蕴含的信息说明，木牛流马只能是在路上行进的靠人提供动力的轮式运输车辆，而不是索道行驶、水上漂流型的运输工具，也不是仿生的四足行走型运输工具，更不是不仰外力的“自动车”。换言之，复原木牛流马的依据只能是《作木牛流马法》，步骤是依据尺寸作图，以图制作构件，以构件进行组装，而不是本末倒置地从理想的形态出发去构思构件，再进行组合。

判定是否复原了木牛流马的基本标准

《作木牛法》对木牛只是做了一些描述，没有记载具体的尺寸，因而没有复原的具体依据，根据描述复原出来的也只能是概念性的木牛，而非真正的复原。《作流马法》对流马的记述则详细到了构件的数量、构件的尺寸以及构件卯榫的位置和顺序，这不仅使复原流马成为现实，而且也提供了判定是否为复原的基本标准。

1.构件尺寸是复原流马的根本依据

《作流马法》按照构件在整体中位置的顺序，对流马构件尺寸及构件之间的相互关系做了细致的表述。

①车体系统数据

“肋长三尺五寸，广三寸，厚二寸二分，左右同。”这是第一组数据中尺寸最大的构件，而且是样式相同的两个构件。由构件尺寸最大而且左右相同可知，这是车体中俗称车梁的两根纵向构件。

“前轴孔分墨去头四寸，径中二寸。”“前轴孔分墨去头四寸”是第一组数据的原始参照点，如何理解“分墨去头四寸”是关键。

首先，“分墨”是一个木工术语，具体分为“分线”和“墨线”。“分线”是相邻两个卯孔的距离线，“墨线”是一个具体卯孔的尺寸线。这里的“分墨”义同“分线”。现时木工根据“分线”画“墨线”时，有的习惯以“分线”为基础向前画，有的则是往回画。《流马法》表述的卯孔“墨线”尺寸，都是从“分线”往回画的。（图一）

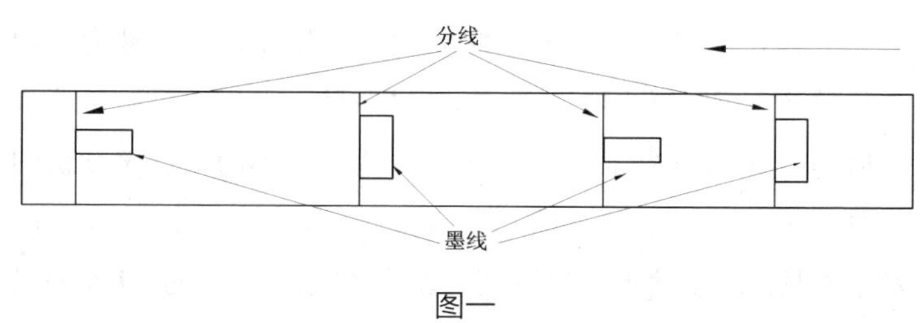

图一

“前轴孔分墨去头四寸”，意思是“前轴”上的卯孔分线距离“轴”体的端头四寸。《作流马法》没有叙述卯孔的长宽尺寸，只有“径中二寸”，对此可以这样理解：轴上卯孔的宽度与“肋”的宽度相等，深入轴体径中“二寸”。“二寸”也是“肋”端榫的长度。

下面以“轴”为参照点，按照原文叙述顺序逐一解读位于“肋”上的“孔”：

“前脚孔分墨二寸，去前轴孔四寸五分，广一寸”，说明位于“肋”上的前脚孔长二寸，宽一寸，前脚孔分线距前轴四寸五分。

“前杠孔去前脚孔分墨二寸七分，孔长二寸，广一寸”，说明前杠孔（分线）距前脚孔分线二寸七分。

“后轴孔去前杠分墨一尺五分”，说明后轴孔（分线）距前杠孔分线一尺五分；“大小与前同”的含义是尺寸与前轴相同。因为重心在后轴上，轴又是易损件，有理由认为后轴孔不是在“肋”的侧面中间，而是在“肋”的底面，是个半孔，后轴是卡在“肋”上的，这样有利于随时更换后轴。

“后脚孔分墨去后轴孔三寸五分，大小与前同”，说明后脚孔分线距后轴孔（分线）三寸五分，后脚孔尺寸与前脚孔相同。

“后杠孔去后脚孔分墨二寸七分”，说明后杠孔（分线）距离后脚孔分线二寸七分。

至此，“肋”长已占用三尺零四分，尚余四寸六分。

“后载克去后杠孔分墨四寸五分”，说明后载克这一构件的外侧，距离后杠孔分线四寸五分。“后载克”从字面上可以解释为“居于后面的克制载重物的构件”，实际上是车架最后端的横状构件，它的作用不仅是通过两根“肋”的榫插入横状构件的卯里以进一步固定整个车架，而且横状构件犹如车辆的保险杠还有防撞击的功能，更重要的是横状构件高出车架两肋的部分具有防止板方囊向后滑动的功能。三尺零四分加上四寸五分等于三尺四寸九分，与“肋”长三尺五寸有一分之差，有理由认为这是原始记录中的误差。这也说明“肋”末端的榫有一个约四寸五分长的暗榫插在后载克的贯通卯里。（图二）

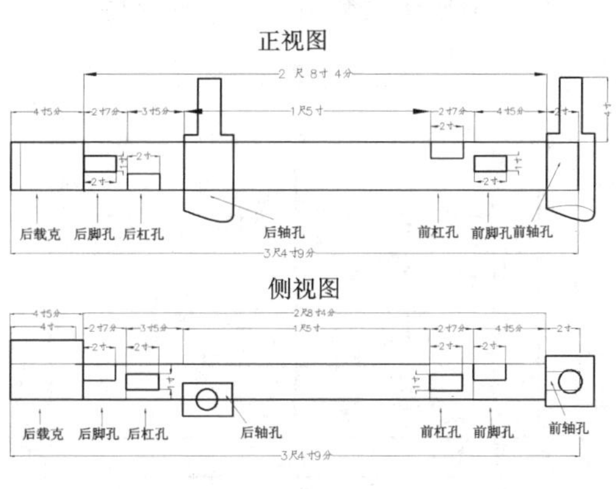

图二

从附图二之侧视图可以直观地看到：后轴孔的横向中轴线比前轴孔的横向中轴线偏低。这种结构，在车轮直径相等的情况下，只要车体前后处于水平状态，前轮就能离开地面，有利于转弯了。如果将车体前端抬到适当高度，使重心落到后轮上，那就可以仅用两个后轮行进了。

②容器系统数据

“板方囊二枚，厚八分，长二尺七寸，高一尺六寸五分，广一尺六寸，每枚受米二斛三斗。”这组数据可以有两种解读，一是：每枚板方囊“厚八分，长二尺七寸，高一尺六寸五分，广一尺六寸”。二是：两枚板方囊的厚、广、高相同，两枚板方囊并在一起长“长二尺七寸”。本文认同后一种解读。因为“每枚受米二斛三斗”决定了板方囊的容积，只有后一种解读，每个板方囊的容积才与“二斛三斗”的容积相等；也只有后一种解读，每个板方囊的实测容重量才与“二斛三斗”的容重量近似。（论证详见下文）

“从上杠孔去肋下七寸，前后同。上杠孔去下杠孔分墨一尺三寸，孔长一寸五分，广七分，八孔同。”这一组数据又可分前后两组。为分析方便，先看第二组：“上杠孔去下杠孔分墨一尺三寸，孔长一寸五分，广七分。八孔同。”意思是板方囊上的“杠”距离“肋”上的“杠孔”一尺三寸，也就是距离板方囊的上口四寸一分（板方囊高一尺六寸加上“肋”厚的二分之一，减去一尺三寸），两个板方囊两面共8个两两对应的孔，孔的位置与大小都相同。8个孔可以穿进4条“杠”，“杠”是用来抬板方囊的把手。再看第一组：“从上杠孔去肋下七寸，前后同。”这段话的语义不完整，语义与前句和后句都不相连。只能做这样的推测：从上杠孔到“肋”之间的七寸处，有一个构件，这个构件可能是连接两个板方囊的连接件。（图三）

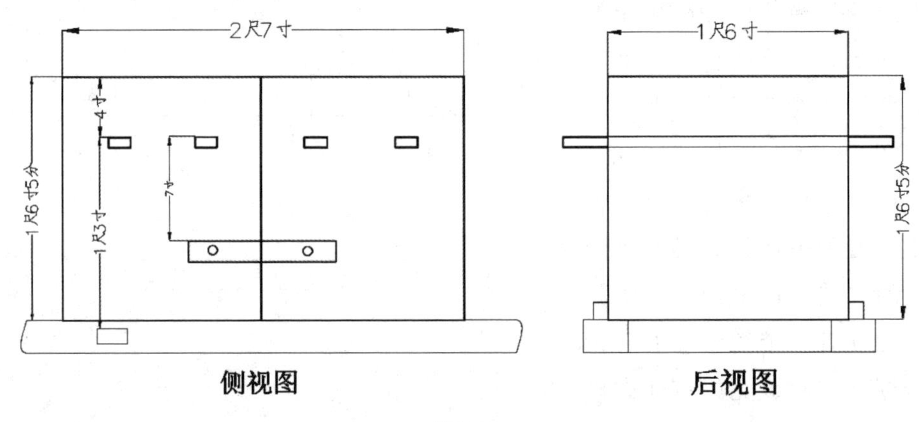

图三

③固定系统数据

“前后四脚，广二寸，厚一寸五分。”这里叙述的“脚”是固定在“肋”上防止板方囊滑动的桩。“广二寸”正好与“肋”上“脚孔分墨二寸”相适应，“厚一寸五分”与“脚孔……广一寸”相对应，但“脚”榫的厚度是一寸。因为“脚”只是一个起固定作用的桩式部件，高度可以有弹性，所以就没有具体的表述了。（脚的位置见前文图二“前脚孔”“后脚孔”）

④驱动系统数据

“形制如象，靬长四寸，径面四寸三分。孔径中三脚杠，长二尺一寸，广一寸五分，厚一寸四分，同杠耳。”这里主要叙述了“杠”的尺寸和与之相关的“靬”的尺寸。“形制如象”描述整车形如大象，使力运行的构件就像大象前伸的鼻子。这一形象的比喻说明，使力运行的构件是独体的，不是成双的“辕”。“靬”字有个义项是干皮革，这里说驱动系统最前端的构件，虽然不能左右摆动，但游离端可以通过横穿的固定轴进行上下调节，犹如硬而柔的“靬”。“靬”能调节高度，目的是适应不同身高的人使力运行。“靬长四寸，径面四寸三分”，可以理解为“靬”外露部分长四寸，截面为边长四寸三分的正方形。“孔径中三脚杠”，本文认为这里“脚”的意义同“角”，说明四寸长的“靬”上有个横向贯通的三角孔，“长二尺一寸”的“杠”横穿并固定在“中三脚”孔里，“杠”的中段固定部分截面是三角形，孔外两端截面是“广一寸五分，厚一寸四分”的近似正方形。杠长二尺一寸等于今制0.5米，截面尺寸等于今制长3.6厘米宽3.3厘米，正适合双手握住和用力。“同杠耳”，意思是也可以当作抬起车体的“杠”来使用。“耳”是语气词，无实意。（“靬”的位置及形状见图五）整个驱动系统，状如“T”形，类似先秦时期独辀马车的“辀”与“横”的组合体。[①]

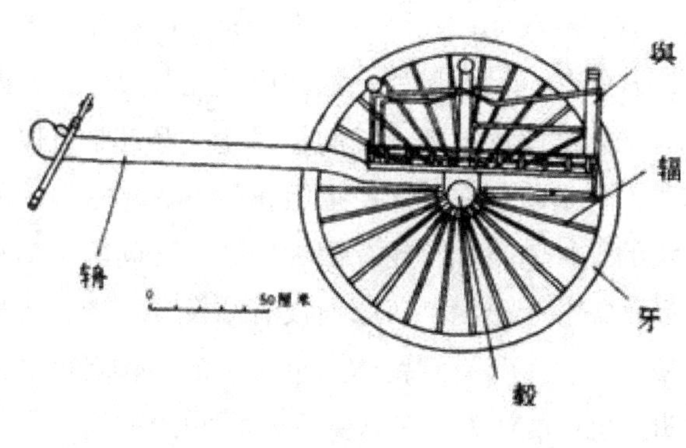

图四

至于“杠”与地面的垂直高度是多少，与车体的水平距离是多少，因为《作流马法》没有记载详细尺寸，只能推测高度在0.9米（三尺八寸）上下，并通过可以上下转动的“靬”来达到适宜的使力高度。

从以上数据中可以发现两个叙述规律：凡是决定车架长度和宽度的构件

① 张春晖等：《中国机械工程发明史（第二编）》，清华大学出版社，2004年版。

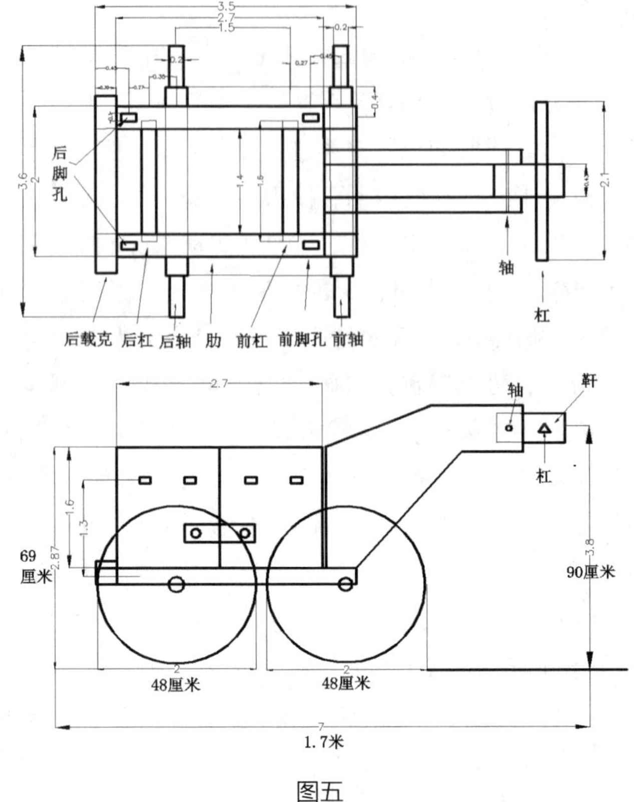

图五

都有明确的长、广、厚尺寸；凡是不决定车架长度和宽度的构件，长、广、厚尺寸就不全面，有的甚至没有尺寸。如“后载克”尺寸，在两个“杠”和两条“肋”决定了车架宽度的情况下，它的长、宽、厚都是可以在一定范围内增减的；又如“脚”，它是附属在“肋”上阻止板方囊左右滑动的小构件，因此高度就可以有一定的弹性；再如车轮，因为两条轴之间的距离是确定的，车轮直径的尺寸就可以不需要十分精确，因而没有涉及。再者，《作木牛流马法》是给当时工匠们使用的，不是有意留给后世阅读的，作者可能认为工匠对其中有些数据心知肚明，也可能认为无关紧要而未加注明。

综合以上解读，可得出如下结论：

①车体的宽度与栈道相适应

车架宽度是二尺，车体宽度约在三尺二寸。车架宽度的具体计算方式是：杠长一尺八寸，减去每端二寸榫，有效杠长一尺四寸。有效杠长加上两肋宽度六寸，可得车架实际宽度为二尺。车架宽度加上每侧车轮宽度（包括车轮与车架的间距、车轴外露的长度）约六寸，整车宽度在三尺二寸左右。今陕西省太白县赤崖栈道遗址遗留下来7根石梁，每根仅长1.5米（六尺二寸五分），《中国机械工程发明史》也认为："栈道宽五尺，车的活动范围只能有三尺多一点。"[①]车体的宽度十分适合在栈道上运行。

②车架宽度与板方囊宽度相适宜

具体计算方式是：板方囊宽一尺六寸，两边各压"肋"一寸，正好卡在两肋上的4个"脚"内侧。

③车架的实用长度与两个板方囊的长度相适宜

具体计算方式是：两个板方囊共长二尺七寸，后载克内侧与前轴体内侧的距离是二尺八寸四分，可容下两个板方囊并略有间隙。

④车轮直径尺寸是允许范围内的最大值

前后轴之间的距离为二尺二寸左右，轮的半径不会超过这个数值的二分之一。轮大，行进快且轴和轮毂磨损轻；轮小，行进慢且轴和轮毂磨损重。诸葛亮北伐运粮需要抢时间，因此完全有理由认定车轮的直径一定是在允许范围内最大化，而不是最小化。

⑤整个车体高度不超过二尺九寸（车轮半径尺寸加板方囊高度再加车肋厚度约等于70厘米）

重心很低，运行起来速度较快，如平地流水，相对"木牛"来说叫作"流马"。

如果复原流马构件的尺寸与《作流马法》提供的尺寸不同，就可以断定不是诸葛亮流马。

2.构件数量是复原流马的重要依据

《作流马法》虽然没有明确地说明有多少构件，但在叙述构件尺寸的过程中，不仅直接说明了一部分，而且还间接说明了一部分。

①"车体系统"的构件数量

这一组数据中，明确叙述的构件有"左肋""右肋""后载克""前杠""后杠"，间接叙述的构件有"前轴""后轴"，共7个构件。

②"容器系统"的构件数量

这组数据中，直接叙述的构件有"板方囊"2枚、"脚"4个，间接叙述的构件有"上杠"4根、"下杠"4根。

③"固定系统"的构件数量

直接叙述的构件有"左前脚""左后脚""右前脚""右后脚"共4个。

① 张春晖等：《中国机械工程发明史（第二编）》，清华大学出版社，2004年版。

④“驱动系统”的构件数量

直接叙述的构件有“軒”1个，三脚杠“杠”1根。

3. 载重量是复原流马的重要参数

《作流马法》记载“每枚受米二斛三斗”，即流马载重量是四斛六斗米。复原流马板方囊的实际容重量能否装载四斛六斗米，也是评判复原流马的一个重要参数，近似则为是，差距太大则为非。

《作流马法》记载的“米”是什么？这关系到容重量，因为不同米的容重量是有差别的。

汉代，北方的主粮是五谷。《史记》上有“五谷”之说，即“黍、粟、麦、菽、稻”。关东、关西地区的主要粮食作物是粟和麦两类，其中粟，北方俗称小米、谷子。粟，在汉简中又分为几个种类，如粟、白粟、秫粟、粟米等。本文对于“米”是按照“粟”来认定和计算重量的。

①板方囊的“受米量”

《中国历代度量衡考》认定：“用实测折算……可证实三国时魏的容量单位值每升合今204立方厘米。”[①]结论是：“东汉以后至明末的1400余年，流传下来的量器极少，文献资料也不足……三国时的容量只能按《晋书·律历志》所记的魏斛来推算，计算一升容为204毫升。”据此计算，一魏斛容积为0.0204立方米，四斛六斗合今约0.094立方米。按照《中华人民共和国国家标准——粟（谷子）GB/T8283—2008》，定等指标670千克≧/立方米，二等指标650千克≧/立方米，若士卒的口粮为二等粟，流马的载重量约为65千克。

②板方囊容重实测量

《中国历代度量衡考》认为：“近年来搜集到1940年以后出土的三国时期尺共6支……平均长度为24厘米……据文献记载结合实测，这一时期的尺度比东汉略有增长，故厘定每尺长为24厘米。”[②]根据《作木牛流马法》提供的数据（长二尺七寸，高一尺六寸五分，广一尺六寸），按照三国时期一尺相当于今0.24米计算，可计算出两个板方囊的容积（包括板方囊自身的体积）约等于0.099立方米。按照二等粟660千克/立方米计算，两个板方囊的谷米重65.34千克。

两个板方囊受米的重量与《作流马法》记载的受米量是高度吻合的。

由此可以肯定地说，复原出的流马完全符合构件尺寸（按比例缩放者除外）。这一根本标准，基本符合构件数量这条重要依据。（即完全使用上《作

---

① 丘光明：《三国至唐代的容量》，《中国历代度量衡考》，科学出版社，1992年版。

② 同上。

流马法》直接和间接指明的构件）。

木牛的载重量和行进方式

《作木牛流马法》虽然没有记载木牛构件的具体尺寸，但记载木牛能载“一岁粮”，还记载木牛“一脚四足”“双者为牛脚”“转者为牛足”“牛仰双辕，人行六尺，牛行四步”。这些都是复原木牛的重要依据，特别是载重量更是评判木牛复原与否的重要标准。

1.载重量

木牛的载重量计算，必须注重以下要素：

①士卒的口粮标准

《居延汉简》中有大量口粮发放的簿册，其中最常见的发放标准是士卒每人每月“三石三斗三升少”。这个“少”意在注明是小石。三国时期边防士卒的口粮未见记载，但从魏承汉制、蜀以汉居来推定，大约与汉代相同或近似，即一岁量约40小石。

②大石与小石的联系与区别

汉代计量器具有“大石”“小石”之分，且它们之间的比例为6∶10，即大石六斗合小石一石。杨联陞先生认为：“汉朝时候，大石、小石是同一个量词，而它们被唤作大或者小则依它们所度量的对象而异，小石用来指未碾的谷，而大石则指碾谷。二者之间的比率是五比三。”[①]由此看来，汉代的士卒口粮多是指未脱壳的谷物。那么，士卒一岁粮若指未脱壳的谷物则约是40小石，若指脱壳的米则约是24大石。

③一岁粮与汉制重量的换算

《汉书·律历志》记载：“权者，铢、两、斤、钧、石也……一龠容千二百黍，重十二铢，两之为两。二十四铢为两。十六两为斤。三十斤为钧。四钧为石。”五级重量单位中的进位各不相同：二十四铢为一两，十六两为一斤，三十斤为一钧，四十钧为一石，即一石等于一百二十斤。有研究者认定：“汉代大石重量为一百二十斤……小石为七十二斤。”[②]这就是说大石之重是脱壳的谷米的重量，小石是未脱壳的谷物的重量。那么，一岁粮40小石粟折合2880汉斤，24大石米也折合2880汉斤。

① 杨联陞：《国史探微》，新星出版社，2005年版。

② 杨作龙：《汉代大石小石考》，《天津社会科学》，1985年第6期。

④汉制的计量单位与今制计量单位的换算

丘光明在《中国历代度量衡考》中认为，所见三国时期权衡器极少，“暂以三国、晋承袭东汉制较为稳妥”。她进一步考证了汉代不同阶段的差别，认定东汉每斤合220克。[①]根据这一换算标准可知，一岁粮二十四大石米折合今制634千克，即木牛的载重量是634千克。

2. 行进方式

《作木牛流马法》没有直接叙述木牛的行进方式，但是从历史背景和《作木牛流马法》的字里行间可以窥见它的形态。

①运输工具的现状和环境

汉代车辆总的来说可以分为三大类：小车（马车）、大车（牛车）和手推车。马车和牛车宜于在较宽敞的道路上运行，而手推的独轮车却能在田间和狭窄小道上行驶。双轮双辕牛车的载重量大，军粮陆地运输主要用牛车。关于牛车的载重量，裘锡圭认为：“《居延汉简》里有很多关于用车运粮的数据，每车所载粮食一般为二十五石。”“雇佣的僦人和服役的将车者输送粮食的时候，大概一般比较严格地遵守二十五石一车的常规。”[②]

三国时期，汉中到长安有五条路，即子午道、傥骆道、褒斜道、陈仓道和祁山道。

祁山道北起陈仓南边的散关，南至阳平关，虽然不是牛车能发挥作用的平原大道，但也相对比较平坦，有利于载重量大的车辆运行。诸葛亮第四次北伐兵出祁山走的是古道，最大限度地适应道路特点，发挥运输工具的功能，牛车

① 丘光明：《汉代的权衡》，《中国历代度量衡考》，科学出版社，1992 年版。
② 裘锡圭：《居延汉简零拾》，中华书局，1991 年版。

必然是最基本的形态。既然汉代最普遍的军粮运输车是两轮牛车，诸葛亮首先从两轮车改造入手，是符合车辆演变的一般规律的。

木牛流马的易磨损部件

木牛流马最易损部件是车轴与轴孔。《作木牛流马法》没有涉及木牛流马的易磨损部件的制作。本文认为，《作木牛流马法》是给技术工人定量的尺寸图纸，有些部件怎样制作大家都知道了，就不一定要再作说明。轮轴与轴孔就属于此类。

车辆长途负载运行，不仅轮轴和轴孔木件需要质地细腻而有韧性的木料制作，为避免过度摩擦而减少寿命，又必须对轮轴与轴孔的结合处进行润滑。古人早就认识到了这些，并在实践中解决了这些问题。《诗经·邶风·泉水》篇中有“载脂载辖，还车言迈”的诗句。“辖”在古代解释为“车轴端键”，它相当于我们现在所说的销钉，穿过轴端，可以将车轮“辖”住，使车轮轴向固定；而“脂”就是润滑剂；“还”即回家，“迈”就是快。这几句诗译成现代汉语就是：用油脂将车轴润滑，在轴端把销钉检查，驱车远行，送我回家。张春辉《中国工程机械发明史（第二编）》认为：“战国时开始在毂的内壁装铁釭……在用釭加固车毂的同时，轴上也开始装锏，以减轻釭中的木轴的磨损……春秋时已开始在车轴上使用油膏。”刘先洲《中国工程机械发明史（第一编）》也认为：“对车的最关键部件毂，在春秋以前，常用铜輨、铜钏、铜軧包裹，以利保护。战国起，更增加铁零件，如釭、锏，以减小轴与毂之间的滑动摩擦。”1974年春河南渑池出土的窖藏文物有大批汉代铁器，其中就有成套的轴承（如图）。

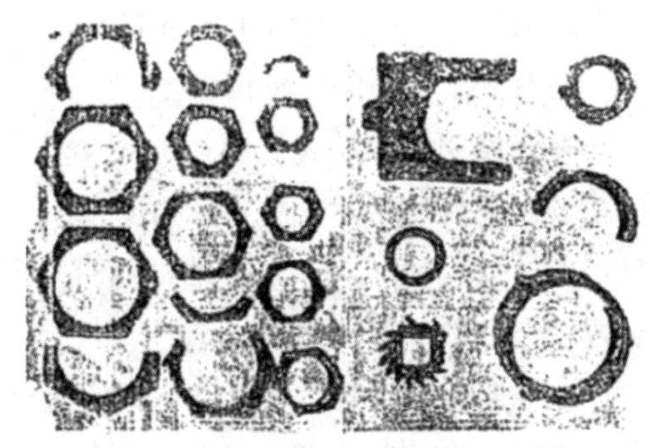
左：成套的六角轴承；右：齿轮方轴和圆轴承

汉魏铁器

（图片来源于《中国古代冶金与金属文物》）

汉代，临邛是当时西南地区的冶炼业中心，朝廷专设铁官管理冶铁。考古发现，蒲江至迟在西汉中晚期已掌握生铁冶炼、炒钢、退火脱碳等冶金技术，在当时已处于世界冶金技术发展的前沿。《作木牛流马法》虽然没有记述与车轴有关的“锏”和“釭”的制作方法及数据，但本文认为：“长于巧思”的诸葛亮和金属冶炼制造名家蒲元，对这种成熟的轴承技术（锏和釭）一定会应用到木牛流马制作中的。

流马与木牛的创新与缺陷

1.流马创新与缺陷

流马创新之处有五点：

①创新的四轮运输功能

中国战国时期就出现了四轮车，不过“这种车舆为龙舟形的四轮车并非用于日常生活，而是用作礼仪活动”[①]。有研究者认定：“迄今为止中国境内一直未见有四轮车的出土，并且商周以至秦汉时期的铭文及图像等也绝少表现。它似可说明中国古代不流行四轮车。”[②]四轮车已出现但不流行，说明当时四轮车还没有成为运输工具，这种局面一直延续到三国以前。诸葛亮第五次北伐由褒斜道出，据武功五丈原。据今人实地考察，整个褒斜道全程470里[③]，栈道小部分在斜谷，大部分在褒谷，基本上沿褒河西岸一侧凿石架木修栈。如此之长的栈道路，载重量大的牛车显然毫无用武之地，载重量达一岁粮的木牛也难发挥作用。诸葛亮将具有潜在运输功能的畜力四轮车，改造成具有运输功能的人力四轮车，是一个具有里程碑意义的创新。

②有利于转向的后轴位置

在未发明转向装置之前，四轮车最大的弱点就是转向不灵活。流马的后轴比礼仪用四轮车的后轴更加靠近重心点，这就有可能在拐急弯时抬起前双轮，只用后双轮着地转向，在平地运行时，还可以通过杠杆原理抬起前双轮，只用后双轮行进。

③密封、可组装、可分别抬行的盛粮器具

流马的两个板方囊，不仅每个都有密封的盖，而且可以通过简易构件连接成一个整体，这一创新有利于快速装卸。每个板方囊上有横向穿过囊体的两根杠，形成每侧两个可以抬行的把手，两个人就可以方便地利用板方囊上的把手装车和卸车，也可以抬着两个把手近距离搬运或上台阶。这一创新，特别适于非常路段的通行。

---

① 龚缨晏：《车子的演进与传播——兼论中国古代马车的起源问题》，《浙江大学学报（人文社会科学版）》，2003年第3期。

② 翟德芳：《商周时期马车起源初探》，《华夏考古》，1988年第1期。

③ 王开：《陕西古代道路交通史》，人民交通出版社，1989年版。

④简单实用的固定装置

安装在两条“肋”上的4个“脚”，可以有效地防止板方囊左右滑动；车体尾部的“后载克”和前部翘起的驱动构件，也可以有效地防止板方囊前后滑动。

⑤有利于加速运行的驱动装置

受力用的“杠”横穿在车体前方的“靬”上，不仅可以一个人推行，也可以两个人同时操作以加速运行，而且也可以用两个人拉动的方式牵引车辆爬坡。

流马的缺陷有三点：

在长距离栈道运输中，流马的确有轻便、简便、方便的优势，但因为当时科技水平的限制，流马自身还存在着一些一时难以改进的缺陷，在当时的战争和地理环境下利大于弊，离开了特定的条件就弊大于利了，因此不具备定型延续使用的可能性。

①未根本解决转向不灵活的缺陷

汉代以前的四轮车，最大的优势是运行中前后左右平衡，载重量大，但最大的缺陷是转向不灵活，转弯半径大。诸葛亮流马的创新主要在一些与运行无关的功能方面，而在转向方面只是有些小改革，运行系统没有质的飞跃。在弯道多的山路上，以流马命名的人力四轮车，虽然稳当安全，但依然有着转向不灵活的缺陷，存在着潜在的不实用性。

②不具有普及性的优势

流马是带有密封式盛粮器具的运输车，是运输军粮的专用车辆，在民间不具有实用性，因而不会普及到民间。流马的载重量仅有65千克左右，非常适合在栈道上运行，在较平坦的道路上运输军粮则显然不实用，因而也没有延续的可能性。

③构件易于损坏

为适应栈道运行而刻意缩小了四轮车的体量，其构件必然随之缩小，其中车轮直径最大只有48厘米。精则精矣，巧亦巧焉，只是使用寿命难以长久。

2.木牛的创新与缺陷

诸葛亮将二轮牛车改造为二轮人力车，不仅比较好地适应了当时运粮道路的状况，而且有一系列的创新或发明。

①密封的盛粮器具

方形的“牛腹”是固定在车架之上的向上敞口的盛粮器具，盛粮器具上有称之为“牛背”的密封盖子。这一发明，有效地防止了长途运输时风雨的侵蚀，也避免了颠簸或倾斜时粮食的洒落。

②暗藏的刹车系统

木牛的“舌”“齿”“牛鞅”“鞦轴”四个构件组成了木牛的刹车系统。刹车系统通过牛头上的“舌”牵动“鞅”，拉拽连接悬挂在车轮后面“鞦轴”，将“舌”卡在“齿”上，以摩擦车轮减缓车轮转动速度的方式发挥刹车的功能。牛车下坡时，可以通过牛屁股顶着运输车缓慢地溜下坡道，而木牛设置了刹车系统，就可以通过不大的人力和简单的方式，保证车辆缓慢安全下坡。

木牛和流马一样都存在着一定的不完美之处：

①操作难度大。诸葛亮将载重二十五大石的牛车改为载重二十四大石的人力车，仍然一个人操作不了，必须“群行”，以求互相帮助。这显然不具备民间普及的优点，因而也没有延续的可能性。

②构件宜损坏。平原道路宜于牛车运行，牛车可以适当加宽，车轮也可以尽量增大。为适应崎岖山道和悬崖险道条件而制作的木牛，明显需要窄车身低重心，服从这一目的的木牛只能是直径小的车轮，离开了特定的环境就失去了它的存在意义。木牛在第四次北伐后就淘汰出局了，也反证了它存在的弊病和潜在的不实用性。

木牛流马失传了吗?

木牛流马以木构件为主，结构不太复杂，构件加工难度也不高，可以批量化生产，任何人都可以操作，但为何如今许多民间研究者都认为是因为太神秘而失传了呢?

首先是对史料的误读。

《南史》中有两条涉及木牛流马的记载，对后世影响很大，造成的误解也很大。其一是《齐废帝纪》记载：“（帝）始欲骑马，未习其事，俞灵韵为作木马，人在其中，行动进退，随意所适。”显然，俞灵韵所作木马与诸葛亮的木牛流马无关。但因为是“木马”，又能“行动进退，随意所适”，后人就认为俞灵韵是复原了诸葛亮流马，诸葛亮流马自然是“行动进退，随意所适”了。其二是《祖冲之传》记载：“（祖冲之）以诸葛亮有木牛流马，乃造一器，不因风水，施机自运，不劳人力。”祖冲之在机械制造上多有发明创造，但他受诸葛亮木牛流马“人不大劳”的启发，制作出的机械器物，仍然需要“施机”才能“自运”，绝不是永动机。然而，不少人把诸葛亮的木牛流马误认为与祖冲之所造之“器”类同，也是一种“自运”机械，并形成了“自动机械”之说，这显然是一种误读。

其次是名人的误导。

真正明确描述木牛流马形制的是宋代高承和陈师道二人。高承《事物纪原》“小车”条云：“蜀相诸葛亮之出征，始造木牛流马以运饷……木牛，即今小车之有前辕者；流马，即今独推者是，而民间谓之江州车子。”[①]陈师道《后山丛谭》说：“蜀中有小车独推，载八石，前如牛头；又有大车，用四人推，载十石。盖木牛流马也。”[②]陈师道的描述虽与高承不尽相同，但在木牛流马是独推小车这一点上，二人的认识还是一致的。但是，对高承和陈师道对木牛流马的理解，史学界早就认为不妥。《四库全书总目》指出：“（他们）不知《三国志》注引亮文集载所作木牛流马之法甚详，与今之独轮车制度绝不相类。”[③]尽管权威典籍已经指出木牛流马不是独轮车，然而高承和陈师道对木牛流马为独轮车的认知，在后世流传广远，时至今日还有人引证以为论据。

再者是对《三国演义》的误解。

罗贯中《三国演义》是文学作品，对木牛流马的描述自然是神奇无比。现在，有关三国的影视剧多是《三国演义》的再演绎，都不同程度地把木牛流马演绎成了带有秘密机关、自动行走的运输工具。民间有些热衷于木牛流马的研制者，在不研究运输机械发展史、科学技术发展史、秦岭道路开发史以及诸葛亮北伐背景的情况下，自然沿着《三国演义》对木牛流马的演绎再演绎了。演绎不出来时，就归结为太神秘了。

实际上，木牛与流马并不是因为神秘而失传，而是因为木牛流马在特定的小环境中有一定的适用性，而在大范围内不具有普遍意义，更因为存在着当时科技水平和认识水平难以克服的缺陷，所以没有普及开来，更没有延续下来，以至于两晋时期史籍也就没有记载了。

（2014年10月“江西南昌·第21届全国诸葛亮学术研讨会”论文，有增删。）

① 高承：《事物纪原》，中华书局，1989年版。

② 陈师道：《后山丛谈》，上海古籍出版社，1989年版。

③《四库总目提要》卷一百三十五子部四十五《类书类》。

诸葛亮生于山西临猗说辨析

诸葛亮是东汉末年徐州琅邪阳都人，即今山东沂南县人，这已是古今史学家的定论。然而，2019年10月28日，山西临猗县诸葛亮研究会在成立大会上宣称：诸葛亮的出生地是临猗县天兴村；天兴村古称琅邪，诸葛亮是天兴村人；天兴村武侯祠快两千年了，山东什么都没有。这些观点言论，通过央视传播于世，引起了认识的混乱。在此前后，运城电视台、《运城晚报》等都报道了运城市有关专业工作者的类似结论，甚至直接宣称"诸葛亮是山西运城人"。他们的主要证据是：传说诸葛亮出生在天兴村的一个窑洞里，这个窑洞至今还存在；这件事，《山西通志》《蒲州府志》《荣河县志》等志书里面都有记载；天兴村曾有诸葛亮墓和武侯祠。

一个地方有诸葛亮的传说和地方志书记载的纪念物，因此村民从诸葛亮身上寻找历史自豪感，甚至成立研究会进行研究，这都是无可厚非的。但是，仅根据传说和地方志书记载的曾经存在的纪念物，就认定天兴村是诸葛亮的出生地，进而认定诸葛亮是天兴村人乃至河东或山西人，实在过于轻率。

虽然在全国诸葛亮研究联会应邀去山西运城考察诸葛京"内移河东"的历史遗迹之前，山西临猗县诸葛亮文化研究会已表示不再提及所谓"诸葛亮出生在山西"的说法。但是，他们原先所持观点、所发文章仍然继续在互联网上流传。时至2021年秋，有人还发文坚持这一观点，因此，有必要对这些说法进行认真地辨析，以正视听。

为了避免断章取义之嫌，本文将临猗县诸葛亮研究会被采访出镜时的言论及有关报道照录如下：

传说，诸葛亮的母亲逃难到天兴村，在天兴的土窑洞里生了诸葛亮，这在《山西通志》《蒲州府志》《荣河县志》四朝八代十八本志书里面都有记载。天兴村还有武侯祠。在《三国志》里面记载着诸葛亮的孙子诸葛京在咸熙元年迁移到河东，到他的祖籍地天兴村，在天兴村建的武侯祠。天兴村是汾阴古道的交通要道，在唐朝的时候，相传有5000多口人，是汾阴古道的驿站。这个天兴庙就建在这个汾阴的古道上。

咱这武侯祠一千多年快两千年了，他山东什么都没有，他是一九八几年才建的诸葛亮纪念馆。（有人问）你是哪里人？诸葛亮说是琅邪人。天兴村就古称琅邪，这样诸葛亮以后又成了琅邪人，成了山东人。

村西这个娘娘庙，庙里有一些吃的，诸葛亮母亲逃难以后就住在这个窑洞里面，身怀诸葛亮，诸葛亮就生在这个窑洞里。这个瓦片是当年拆了武侯祠的遗留。武侯祠庙就剩下这一堵墙，这堵墙原来两面都有，面积估摸150平方米。1958年武侯祠拆了以后，村里人感到非常愤怒。拆了以后两三年，村里为了纪念诸葛亮，老百姓就捐资盖了这么个小庙，来纪念诸葛亮。①

《运城晚报》在报道临猗县诸葛亮文化研究会成立大会时说：

诸葛亮“生在天兴，长在天兴”，在天兴村留下许多脍炙人口、引人入胜的故事，像《打柴遇妖》《巧得天书与红丹》《失火惹祸》《乘龙逃脱》等广为流传。②

报道还说：

为了纪念诸葛亮，天兴村曾建有一座武侯祠，规模之宏伟、建筑之精美，在全国武侯祠中首屈一指。

运城学院退休教授王某在接受运城电视台-1台《第一时间》栏目采访时说：

证据就是《山西通志》《荣河县志》和现在咱们的《运城市志》上都登载了诸葛亮是我们河东天兴村的人。而且他的母亲把他生在一个窑洞里，这个窑洞现在还存在。在一千七八百年前，诸葛亮的孙子诸葛京曾经入河东给他的爷爷盖了一个庙叫武侯祠。这个武侯祠虽然

①《澎湃新闻网》2019年11月07日刊载的文章《山西临猗天兴村自称系诸葛亮出生地：出生的窑洞还在》。按：出镜人讲话文字，系本文作者根据《澎湃新闻网》提供的采访音像整理。

②《运城新闻网》2019年10月30日转载《运城晚报》文《临猗县天兴村：成立诸葛亮文化研究会》。

不存在了，但是它的遗址还在。通过这三五年时间，证实了诸葛亮就是我们天兴村的人。为什么这样说？我们从现在，在庙里的旧址，还有1000多年前的两座断垣残壁都存在着。[①]

历史事实如何？本文遵照“敬畏历史、坚守记忆”的原则，将《三国志》、明清《一统志》和山东、山西两地志书中有关诸葛亮的记载抄录如下，并据此对以上言论表达的结论和立论的依据进行辨析。

史书和《一统志》及两地志书有关诸葛亮的记载

（一）史书记载的诸葛亮及家族和阳都县位置

最早也是最权威记载诸葛亮的史书是陈寿著《三国志》。

《三国志·诸葛瑾传》记载：“诸葛瑾字子瑜，琅邪阳都人也。”裴松之引《吴书》注曰：“其先葛氏，本琅邪诸县人，后徙阳都。阳都先有姓葛者，时人谓之诸葛，因以为氏。瑾少游京师，治毛诗、尚书、左氏春秋。遭母忧，居丧至孝，事继母恭谨，甚得人子之道。”裴氏这段注文含有四条信息：葛姓族人由诸县迁徙到阳都县后形成了复姓诸葛；诸葛瑾是琅邪阳都人；诸葛瑾家庭生活比较富裕，曾到京师洛阳游学；诸葛瑾早年丧母，父亲续房后，诸葛瑾侍奉继母。

《三国志·诸葛亮传》记载：“诸葛亮字孔明，琅邪阳都人也。汉司隶校尉诸葛丰后也。父珪，字君贡，汉末为太山郡丞。亮早孤，从父玄为袁术所署豫章太守，玄将亮及亮弟均之官。”这段传记也含有四条信息：诸葛亮是琅琊阳都人；诸葛亮是西汉司隶校尉诸葛丰的后裔；诸葛亮的父亲诸葛珪曾担任太山郡丞；诸葛亮的叔父诸葛玄到豫章上任时，将诸葛亮兄弟带到了任上。

《三国志·诸葛诞传》记载：“诸葛诞字公休，琅邪阳都人，诸葛丰后也。”诸葛诞是诸葛亮的族弟，在魏为官。上文含义不用赘述。

琅邪，古地名，源自琅琊山（位于今山东省青岛市琅琊镇）。秦朝将中国分三十六郡，琅邪郡为其一，郡治琅邪县（今山东省青岛市琅琊镇）。西汉时郡治迁至东武县（今山东省诸城市境内）。东汉初，郡治在莒（今山东莒县城），后迁至开阳县（今山东省临沂市市区）。历经曹魏、晋朝、南北朝、隋

①《澎湃新闻》2019年11月07日报道《山西临猗天兴村自称系诸葛亮出生地：出生的窑洞还在》。按：按报道原文的文字及标点录入。

朝、唐朝、五代、宋，金朝定名沂州，1913年改沂州为临沂。今山东省青岛、诸城、临沂等地尚拥有较多琅琊文化遗存遗迹。现在，琅琊已成为山东省临沂市的别称。

诸葛故里是琅邪郡阳都县，而非琅邪县。历史上琅邪郡仅此一处，历代别无他地。

阳都县始置于秦朝，东晋末年废置。最早记述阳都故城方位的人是北魏地理学家郦道元，他在《水经注》中记载："沂水南迳东安县故城东……又南……桑泉水流入沂……沂水又南迳阳都县故城东……沂水又南与蒙山水合，水出蒙山之阴，东流迳阳都县南，东注沂水。"[①]东安是汉代县名，古城遗址在山东沂水县城以南沂河西岸。桑泉水即自西北流入今沂南境域的汶河，蒙山水即流经今沂南县南部的蒙河。这几个参照点把阳都故城的方位交代得十分清楚，这就是沂河西岸、汶河以南、蒙河以北。汶河入沂处和蒙河入沂处南北相距约12公里，阳都故城就在沂河西岸南北狭长的小平原上。

（二）明清《一统志》认定的诸葛亮籍贯

（1）明天顺《大明一统志》卷二十三《兖州府·人物》记载："诸葛亮，琅邪阳都人，丰之后……"一同记入的诸葛族人还有诸葛瑾、诸葛诞、诸葛恪、诸葛瞻。

（2）清乾隆《大清一统志》之《沂州府·人物》记载："诸葛亮……阳都人。"同时记载了诸葛瞻、诸葛瑾、诸葛靓、诸葛恢的事迹。《大清一统志》之《沂州府·祠庙》记载："诸葛武侯祠，在兰山县东北诸葛城。"

（3）清嘉庆《重修一统志》之《沂州府·古迹》记载："阳都故城在沂水县南……诸葛氏本阳都人……"《沂州府·人物》记载："诸葛亮，阳都人，少孤。"一同记入的诸葛族人还有诸葛瞻、诸葛瑾、诸葛靓（诸葛诞之子）。

（三）山东地方志书记载的诸葛亮和阳都故城及武侯祠

1.山东通志

（1）明嘉靖《山东通志》卷十八《祠祀》记载："诸葛武侯祠，在沂州北三十里。"卷三十《人物》分别记载了汉诸葛丰，三国诸葛瑾、诸葛亮："诸葛丰，字少季，琅邪人，元帝时，始以明经擢为司隶校尉……""诸葛瑾，字子瑜，亮兄。仕吴……""诸葛亮字孔明，琅邪阳都人。汉末，随从父玄往依刘表，避居襄阳隆中……"卷三十《人物》还记载了亮子诸葛瞻、瑾子诸葛恪。

① 陈桥驿：《水经注校正》，中华书局，2007年版。

（2）康熙《山东通志》卷八《秩祀》记载：“诸葛武侯祠，在沂州北三十里。”卷四十《人物》分别记载了汉诸葛丰，三国诸葛瑾、诸葛亮、诸葛瞻、诸葛恪、诸葛尚。

（3）雍正《山东通志》卷二十八《人物》篇记载：“诸葛亮，字孔明，琅邪阳都人，隐居襄阳隆中。”一同记入通志《人物》篇的还有诸葛瑾和诸葛靓。卷三十五《艺文》收录了诸葛亮《梁父吟》。

（4）康熙《山东通志》[①]卷十八《古迹》记载：“阳都城在沂水县南……诸葛亮琅邪阳都人。”卷四十《人物》篇记载：“诸葛亮字孔明，琅邪阳都人。汉末随从父玄依刘表，居襄阳隆中。”一同记入通志《人物》篇的还有诸葛瑾、诸葛瞻（诸葛亮子）和诸葛恪（诸葛瑾子）。卷五十三《艺文》收录了诸葛亮《梁父吟》。

（5）光绪《山东通志》[②]卷一百五十四《人物·历代名臣》记载：“诸葛亮字孔明，琅邪阳都人。”一同记入《历代名臣》的还有诸葛瞻和诸葛瑾。

2.州府志

（1）万历二十四年（1596）版《兖州府志》[③]将诸葛亮和诸葛瞻列入了兖州府籍的人物，记入了“人物篇”。

（2）乾隆二十五年（1760）版《沂州府志》[④]卷二十五《人物（上）》对阳都城遗址的方位做了明确认定：“阳都城，（沂水）县南一百一十里，沂河西岸。”同时，将诸葛亮列入了沂州府籍人物，并“祀乡贤”。

（3）清道光七年（1827）版《沂水县志》[⑤]，对阳都故城的方位做了精确的表述：“邑南河阳村南十余里，沂河西岸半里许，桑泉水南五里黄疃庄，阳都城故址犹在。”

隋开皇十六年（596）置沂水县，其境域包括今沂南县全境，阳都故城遗址在沂水县境内。1939年12月在沂水县南部设立南沂蒙联防办事处，1940年3月改称沂南县，新中国正式划定了沂南县版图，阳都故城遗址在沂南县境内。因为区划及名称的变动，对诸葛亮籍贯的表述很长时间不统一，有言其沂水县人的，有言其沂南县人的，还有言其临沂人的。其实，阳都故城位置始终未变，只是隶属关系变动而已。如今，大型权威工具书和教科书都已把诸葛亮籍

①《中国地方志集成·省志集》，凤凰出版社，2010年版。
②同上。
③《兖州府志》卷三十二《人物志三·三国》。
④《沂州府志》民国四年排印，商务印书馆影印。按：明代，沂州为县级州，隶属于兖州府。
⑤《沂水县清志汇编》之道光七年版《沂水县志》卷一《舆地山川》。
按：清雍正十二年，沂州升格为府，沂水县从兖州府划归沂州府管辖。

贯——阳都，表述为“今山东沂南县”。

（四）《山西通志》《蒲州府志》《荣河县志》等山西三级志书有关诸葛亮的记载

1.《山西通志》

（1）明成化年修《山西通志》[①]

卷五《祠庙》有二处记载了诸葛亮祠庙，分别是：元至大二年（1309）始建、明洪武四年（1371）重修的“太谷县南十里咸阳谷口”武侯祠；永乐五年（1407）始建的“徐沟县东贾村”武侯祠（又名卧龙庙）。《祠庙》中没有天兴村诸葛亮祠庙的记载。

卷十四《集文·坛庙类》载有《重修诸葛武侯庙记》。这篇记事文是为重修咸阳谷口武侯庙而作，文章前半部分系颂扬诸葛亮丰功伟绩之言，后半部分为修建过程之语，通篇没有一字涉及诸葛亮的出生地，更没有“天兴村”三字。

卷十六《集诗·祠庙类》载有以“武侯庙”为题的五首诗。第一首为唐代杜甫游览夔州武侯庙所作；第二首为金朝平州（今辽东一带）人王元粹所作。清人范大士《历代诗发》卷三十一评王元粹《武侯庙》云：“丞相祠堂诗已为千秋绝唱，而缅怀企慕，凭吊低回，则人人所自有也，故只谈言情，亦不为浣花所压。”[②]由此可知王元粹所吟是成都武侯庙。第三首为明初江苏无锡人王绂所作，所吟何处武侯庙无考。第四、五两首诗的作者薛瑄是明代河津（今属山西万荣县）人，明永乐十九年（1421）进士，他有诗作《诸葛武侯庙（十首）》，吟诵的全是成都武侯祠，通志所载是其中的两首。因此可以认定，《集文·祠庙类》所载以“武侯庙”为题的诗作，所吟诵的无一是山西境内的武侯祠。

（2）清雍正十二年（1734）《山西通志》[③]

卷一百六十四《祠庙》记载了五个县中有诸葛亮的祠庙，分别是：

太谷县“诸葛武侯庙，在南十余里咸阳谷口”。

徐沟县“卧龙庙，在东贾村”。

襄陵县“卧龙祠，祀诸葛忠武侯”。还记载：“卧龙神祠，在东南四十里崇山上，相传隋时有巨蛇卧其上，故名。旧志云：元延祐三年重修，祈雨辄

①《四库全书存目丛书·史部一七四》。

②《历代诗发》，清康熙三十八年，虚白山房刻本。

③《四库全书》录《山西通志》影印本。

应，张思敬记。至正己亥，监邑仲威公祷雨灵应，教谕陈敏记。二十四年重修，刘中记。一云祀诸葛忠武侯。”

凤台县“三忠庙在城南关，祀汉诸葛亮、唐李靖、宋文天祥”。

荣河县“武侯庙，在南三十里天兴村。庙中有砖塔高丈余，居人议毁之，有驹儿者首持器坏其一隅，内有石碣约二尺许，刻云：若是塔儿破，定是驹儿来。字迹苍古，居民复整理如初。有墓”。这是天兴村武侯庙第一次出现在《山西通志》中。雍正十二年《山西通志》卷一百七十三《陵墓》记载：荣河县“汉丞相诸葛亮墓，相传在县南三十里天兴村。当以汉中定军山为正”。这是诸葛亮墓之名第一次出现在《山西通志》。

沁州“诸葛武侯祠，旧祔武安王庙。郡守俞汝为于庙左建祠三楹，有记”。

（3）清乾隆四十六年（1781）《山西通志》①

卷一百六十四至一百六十七《祠庙》记载了五处诸葛亮祠庙，分别是：

太谷县“诸葛武侯庙，在南十余里咸阳谷口”。

襄陵县“卧龙祠，祀诸葛忠武侯，元刘中记”。其他文字与雍正十二年《山西通志》所载“临汾县卧龙祠”基本相同。

凤台县“三忠庙在城南关，祀汉诸葛亮、唐李靖、宋文天祥”。

榆社县“诸葛武侯祠”文字与雍正十二年《山西通志》所载“猗氏县诸葛武侯祠”基本相同。

荣河县“武侯庙，在南三十里天兴村”。其他文字与雍正十二年《山西通志》所载“猗氏县武侯庙”文字完全相同。

卷一百七十三《陵墓》记载了“荣河县诸葛亮墓”，文字与雍正十二年《山西通志》所载“荣河县诸葛亮墓”文字完全相同。

（4）清光绪《山西通志》②

光绪《山西通志》没有武侯祠墓和诸葛亮生于天兴村的记载，仅卷九十五《金石记·碑碣》记载了太谷县咸阳谷武侯庙碑。

2.《蒲州府志》

今临猗县系1954年由原临晋、猗氏县两县合并而成。临晋县和猗氏县，明属蒲州，清雍正六年（1728）属蒲州府。

①《四库全书》录《山西通志》影印本。
②影印件，无镌刻时间。

（1）嘉靖三十八年（1559）《蒲州志》[①]

卷一《地理·陵墓》中，临晋、猗氏、荣河三县均未有诸葛亮墓的记载。

卷三《杂述·祠庙》记载：“（荣河）诸葛武侯庙，在县东南三十里天兴村东北。”

（2）乾隆十九年（1754）《蒲州府志》[②]

卷三《古迹·陵墓》记载了女娲、风后等66座陵墓，其中没有诸葛亮墓。

卷四《坛庙》篇也没有诸葛亮祠庙的记载。

3.《荣河县志》

（1）明朝《荣河县志》

嘉靖十七年（1538），由康镕编修、宋纲编纂的《荣河县志》是现存最早的荣河县志版本，也是山西最早记载天兴村有诸葛亮墓的志书。雍正十二年（1734）和乾隆四十六年（1781）《山西通志》所记“诸葛亮墓”皆本于此。

该县志分为两卷。第一卷中有关诸葛亮的记载有两处。

《祠祀志》记载：“诸葛武侯庙，在县城东南三十里天兴村。世传武侯生于天兴，长在寺底，即今庙址。在寺底村亦谓有武侯墓之庙。（宋）纲按：亮生于天兴，长于天兴。及考通鉴，琅邪人。亮寓居襄阳隆中，谓之日寓居，则生斯长斯或可信也。一说天兴村古亦称琅邪。称琅邪，荣耆宦所述者。”[③]

《古迹志》记载：“诸葛武侯墓，在城南三十里天兴村。岁久，尽被乡人平作耕地种植。止遗看墓。寺底庙在焉，今名寺底村。”[④]

（2）清朝《荣河县志》

乾隆三十四年（1769）《荣河县志》[⑤]有关诸葛亮的记载仅有二处。卷一《山川附陵墓》记载：“诸葛武侯墓，在城南三十里天兴村。事无可考。”卷二《坛庙》记载：“武侯庙，在县东三十里天兴村。”

光绪七年（1881）《荣河县志》[⑥]有关诸葛亮的记载仅有一处。卷二《坛庙》记载：“诸葛武侯墓，在城南三十里天兴村。事无所考。”

① 影印件，未名镌刻时间。
② 蒲州府署藏版。
③ 转引自王泽庆：《明代<荣河县志>中的诸葛武侯祠墓》，《运城学院学报》，2009年第04期。
④ 转引自王泽庆：《明代<荣河县志>中的诸葛武侯祠墓》，《运城学院学报》，2009年第04期。
⑤ 故宫珍本丛刊。
⑥《中国方志丛书》之《华北地方》，（台北）成文出版社，1976年版。

通观史书及两省志书的结论

（一）“诸葛亮是山西人”之说没有史书和方志支持

诸葛亮的籍贯，历朝史书都记载为“琅邪阳都人”，天顺《大明一统志》和乾隆《大清一统志》、嘉庆《重修一统志》、山东历代省府县志书中也都明确记载为“琅邪阳都人”，而山西历代省府县志书中都没有把诸葛亮列为“河东人”或“山西人”。

（二）“诸葛亮生在天兴村窑洞里”无有史料及考古依据

“诸葛亮是山西人”之说，最主要的依据是“诸葛亮生在天兴村窑洞里”。诸葛亮的父亲是琅邪阳都人，先任梁父县尉，后升任为太山郡丞，诸葛亮生于一个仕宦之家；诸葛亮的哥哥诸葛瑾，少时在家读经书，青年时到京师游学，诸葛亮生于一个殷实之家；诸葛亮出生时，阳都及琅琊一带还没有战乱，社会比较稳定；诸葛亮上有哥哥诸葛瑾和两个姐姐（史无载名），下有弟弟诸葛均。由仕宦之家、殷实之家、社会稳定及养育子女任务繁重这四点基本情况可知，诸葛亮的母亲既没有逃难的缘由，也没有逃难的时间。说诸葛亮的母亲身怀诸葛亮逃难到了千里之外的天兴村并在窑洞里生了诸葛亮，没有史料及考古依据支持，无异于天方夜谭。

（三）“四朝八代十八本志书里面都有记载”是以偏概全之说

山西省府县三级两朝志书中，的确有多处记载了诸葛亮的祠庙（有的还是由“巨蛇卧其上”而演绎成“卧龙神祠”的），但除了天兴村所在县以外，他地记载都与“诸葛亮生在天兴村”之说没有任何关系。明嘉靖十七年（1538）《荣河县志》中记载的“世传武侯生于天兴”一事也是孤证，此前的明成化《山西通志》、此后的清乾隆《山西通志》和乾隆年《蒲州志》《蒲州府志》以及《荣河县志》都没有记载。将一志所录之“传说”扩大成“四朝八代十八本志书里面都有记载”，既是偷换概念，也是以偏概全。

（四）“天兴村武侯墓”有传说之嫌

最早记载天兴村有武侯墓的志书是明嘉靖十七年《荣河县志》。尽管当时的“武侯墓”已“尽被乡人平作耕地种植”，但这么重要的历史遗迹，此前的明成化年《山西通志》没有记载，此后嘉靖三十八年《蒲州志》也没有记载。虽然清雍正和乾隆两朝《山西通志》都根据嘉靖《荣河县志》的记载，将诸葛亮墓录入志书，但都明确记载为“相传”，明确认定为“当以汉中定军山为正”。

在山东，上到帝王下到地方官员以及文人名流，有关赞颂诸葛亮、凭吊武侯的诗篇不胜枚举，志书中记载清晰。而在山西省府县三级志书中，为什么没留下文人墨客对山西境内武侯文化遗址颂咏诗文的只言片语？为什么传说中的天兴村武侯墓在嘉靖年间已"尽被乡人平作耕地种植"？所谓天兴村有诸葛亮墓，是否为诸葛瞻的衣冠冢？"景耀六年，亮子瞻，嗣爵武乡侯"，是否因此将诸葛瞻的衣冠冢附会成了"武侯墓"？这些都值得研究。

（五）天兴村武侯祠"快两千年了""首屈一指"之说，是信口开河之言

最早记载天兴村武侯祠（庙）的是明嘉靖十七年《荣河县志》。此前的明成化版《山西通志》记载了元至大二年（1309）始建的太谷县咸阳谷口武侯祠，还记载了始建于明永乐五年（1407）的徐沟县东贾村卧龙庙，而没有记载天兴村武侯祠（庙）。既然明成化《山西通志》没有记载天兴村武侯祠（庙），要么说明成化年间天兴村武侯祠（庙）还没出现，要么说明天兴村武侯祠（庙）规模太小而没有载入。到清光绪年间，《荣河县志》已没有天兴村诸葛亮祠庙的记载了，而清乾隆和民国年间《太谷县志》的记载表明，太谷县咸阳村"诸葛武侯庙"依然存在，而且至光绪年间尚有《诸葛武侯庙碑记》存世。这说明，太谷县咸阳村"诸葛武侯庙"是山西省境域内记载最早、延续时间最长的诸葛亮祠庙。

由此可知，天兴村武侯祠（庙）"一千多年快两千年了"的说法，是没有证据的。一家地市级官方报纸，将占地面积仅150平方米的天兴村武侯祠（庙）说成"规模之宏伟、建筑之精美，在全国武侯祠中首屈一指"，是极不负责任的。

（六）"诸葛亮是琅琊人源自天兴村琅邪"是因果颠倒之论

"天兴村古称琅邪"的说法仅见嘉靖十七年《荣河县志》，而且出自志书编纂者宋纲的按语，没有文献所本。除《荣河县志》外，其他志书都没有记载。诸葛亮"琅邪阳都人"之琅邪是郡名，阳都是县名，这是基本常识。即便是"天兴村古称琅邪"，也改变不了诸葛亮是"琅邪阳都人"的史实。临猗县诸葛亮研究会某会员说"天兴村古称琅邪，山东也有个琅邪郡，人们就把诸葛亮当成琅邪郡人了"，不仅是因果颠倒，而且是不懂历史，无须辨析。

（七）"诸葛亮与河东的历史渊源"引文是断章取义无中生有

前文已明述，乾隆年《蒲州府志》各卷都没有诸葛亮墓或祠庙的记载。而2019年4月26日《运城网新闻》载"诸葛亮与河东的历史渊源"却有这样的引文：

《蒲州府志》卷三古迹篇："荣河塚墓之有诸葛武侯、张仪……"

其实，乾隆版《蒲州府志》的记载是这样的：卷三《古迹·陵墓》篇在记载"汤陵"时，既记载了"在荣河县北四十里百祥村"，又阐述了"不足信"的四条理由，文中有"荣河县""张仪"等字样，但通篇没有"诸葛"或"武侯"之字，更非"荣河塚墓之有诸葛武侯、张仪……"

卷四《坛庙篇》通篇没有诸葛亮祠庙的记载，仅《坛庙》最后一段（相当于后记）有"诸葛武乡侯""武侯"等文字。全文如下：

夫庙祀之设，所以崇德、报功、显忠、褒烈而已，是唯捍灾御患、泽施生民、树植明教者，宜血祀焉。后世教化不明，法制不立，昧于祭法，业思日兴，渎俎豆以乱人鬼之序者甚矣。昔诸葛武乡侯即卒，蜀人家祀之，后主禁不许。夫以武侯之贤与功，人亦有祀，后主犹不许者，彼于武侯宁有所恡（注："恡"同"吝"）特以制在而礼不可也。予寻诸志，淫祀颇存。二郎之属既以非经，猗顿之徒，复何足论？知夫俗之多惑而作者之妄也。今所志祠庙条而区之其迹之古而不戾于正者录之。

显然，此段文字无有一处表达出了"荣河县有武侯墓"的意思。

"诸葛亮与河东的历史渊源"之说的作者纯属断章取义、无中生有，明矣。

（八）"山东什么都没有"是孤陋寡闻之言

阳都城毁灭后，诸葛族人便顺着沂河往下游平原迁移了。阳都故城所在地的确没有建过武侯祠庙，现在的诸葛亮纪念馆也的确是20世纪80年代新建的。历史上阳都城没有武侯祠庙，并不等于山东境内没有武侯祠庙。

万历《兖州府志》之《祠庙志·沂州》记载：

武侯祠在州北三十里即故中丘城也……后人称中丘为诸葛城，立武侯祠。

又记载：

忠孝祠在城某方，祀诸葛武侯、王太保祥。嘉靖十三年（1534），兵备李士允建，自为之记。

还记载：

景贤祠在州南关南五里，合祀汉诸葛亮、晋王祥王览、唐颜杲卿颜真卿，嘉靖三十年知州何格建，格自为记。

明代沂州，不仅有武侯祠，还有“诸葛书院”。《兖州府志》之《学校志·沂州》记载：

诸葛书院，在州北二十里。

乾隆《大清一统志》记载：

诸葛武侯祠，在兰山县东北诸葛城。

乾隆《沂州府志》卷十四《秩祀》记载：

（兰山县）五贤祠，旧在南关五里，嘉靖间知州何格建。乾隆十六年更定五贤名目，作诗记之。于是，知县王坛移建城内府治西里许。诗载卷首。

卷首《巡幸》记载：

乾隆十六年皇上南巡……二月初一，驻跸兰山县黄梅岩，定五贤名目，增王览、颜杲卿，御制诗一首：“孝能竭力王祥览，忠以捐躯颜杲真。所遇由来殊出处，端推诸葛是全人。”有御碑亭在五贤祠内。

乾隆皇帝回京后，对《题琅琊五贤祠》进行了润色并增添了序言，定诗名为《五贤祠并序》，并收入《御制诗集》：

沂州古琅琊郡，汉诸葛亮故里，晋王祥、王览，唐颜杲卿、颜真卿皆产其地，旧有景贤祠合祀之，嘉其纯忠至孝，节烈彪炳，足表范人伦，纪之以诗。

王祥王览能全孝，真卿杲卿均致身。
所遇由来殊出处，要推诸葛是全人。[①]

嘉庆《重修一统志》之《沂州府·祠庙》记载了主祀诸葛亮的“五贤祠”：

①《四库全书》之《御制诗集·二集》卷二十七。

五贤祠，在兰山县南五里。府志旧名“景贤祠”，祀汉诸葛亮、晋王祥王览、唐颜杲卿颜真卿。明嘉靖三十年建。本朝乾隆十六年，高宗纯皇帝南巡江浙，经过山东，易为“五贤祠”，御制《五贤祠诗》。

嘉庆《重修一统志》之《沂州府·祠庙》还记载：

武侯祠，在兰山县东北诸葛城。

民国六年（1917）《临沂县志》记载：

忠孝祠，旧在南关内，明崇祯十二年移建右军祠西北，祀曾子、诸葛亮、王祥、颜真卿，祔祀宋鸣梧。旧制春秋二仲上戊日祭。

还记载：

武侯祠，在城北三十五里诸葛城。

临沂不仅有“景贤祠”“武侯祠”“五贤祠”“忠孝祠”，还有明代“汉诸葛武侯故里”标志碑。民国时期，此标志碑还与“晋孝子王祥故里”碑、“晋右军王羲之故里”碑并立在临沂城北关。

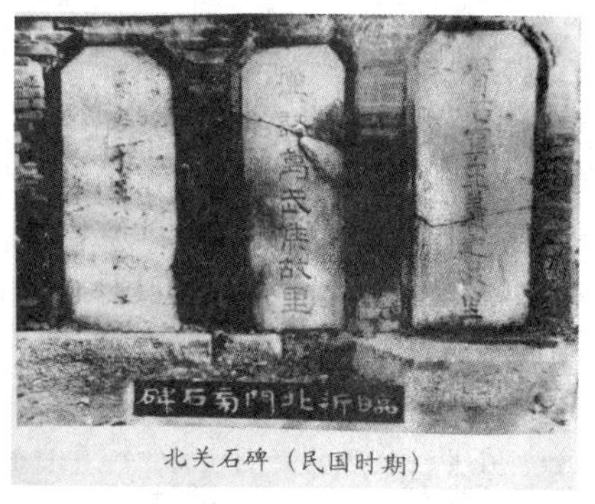
北关石碑（民国时期）

“汉诸葛武侯故里”碑

明清时期还有许多凭吊诸葛亮故里和祠庙的诗作。如：

明万历十四年（1586）进士、沂州道员戴燝诗作《琅琊四望》之《琅琊北望》有“卧龙卧鲤皆祠庙”句；明万历二十九年（1601）进士公鼐有七言诗《琅邪阳都过诸葛武侯王休徵故里》；明万历四十年（1612）进士周京有七言诗《诸葛城》；清雍正五年（1727）进士高淑曾有五言诗《阳都道上问诸葛武侯故里》；清乾隆初沂州知府李希贤有诗作《过诸葛城》；清嘉道年间东北地区诗坛盟主缪公恩有诗《诸葛武侯故里》，且自注“沂州府北门外有碑刻曰汉丞相诸葛武侯故里”；清道光九年（1829）状元李振钧有诗《过诸葛武侯故里》，并自注“今沂郡兰山古琅琊也”。不顾历史事实而妄言“山东什么都没有”，显然是既武断又无知且不负责任的。

至于临猗一带那些脍炙人口的故事或令人喜爱的戏曲，是否能作为“诸葛亮生于天兴村”的证据，有识之士自有见解，本文不再赘言。

诸葛亮后裔与河东郡的关系

诸葛亮早年无子，过继了哥哥诸葛瑾的次子诸葛乔为嗣子。诸葛乔有子诸葛攀，诸葛攀有子诸葛显。诸葛瑾长子诸葛恪被诛杀时株连族人，诸葛瑾在吴国后裔无一幸免。为此，诸葛亮将诸葛显还嗣诸葛瑾。还嗣是名义上的，诸葛显仍然留在蜀国。诸葛亮亲子诸葛瞻，诸葛瞻长子诸葛尚，父子二人在绵竹之战中阵亡。诸葛瞻次子诸葛京，字行宗，因未参战而幸存下来。蜀国灭亡的第二年（264），诸葛京与诸葛显被遣迁到魏国河东郡（今山西运城市一带）。

《三国志》对诸葛京与诸葛显遣迁到河东郡后的情况没有详述。《三国志·霍峻传》裴松之“注”引《襄阳记》曰：泰始四年（268）三月，已入晋为官的蜀国旧臣罗宪等人“从帝宴于华林园”，当晋帝司马炎及皇后询问蜀大臣子弟谁可任用时，罗宪推荐了诸葛京等人。诸葛京被司马炎起用后的情况，裴松之又在《诸葛亮传》载“京及攀子显等，咸熙元年内移河东”后注曰：诸葛亮“其孙京，随才署吏，后为郿令。尚书仆射山涛启事曰：‘郿令诸葛京，祖父亮，遇汉乱分隔，父子在蜀，虽不达天命，要为尽心所事。京治郿自复有称，臣以为宜以补东宫舍人，以明事人之理，副梁、益之论。’京位至江州刺史”。

除裴松之注《三国志》记载了诸葛京“位至江州刺史”外，乾隆年间《钦定四库全书·史部》收录明万历二十九年（1601）郭裴编著《广州通志》卷三十七记载：“诸葛京字行宗，琅琊人，汉相亮之孙……惠帝时位至平越中郎将、广州刺史假节。推诚待物，有祖风烈，吏民称之。”

综上所述可以认定：诸葛京出生于246年左后，按虚岁计，19岁左右（264）内移河东郡；23岁（268）出仕为吏，后任郿县令；35岁（280）时被右仆射山涛推荐为东宫舍人；46岁以后（291—306）先任江州刺史，再转任广州刺史。

诸葛京在晋朝出仕时年龄在23岁左右，应是娶妻生子之人了。诸葛京与诸葛显迁往河东郡是被动的，是没有选择权的。诸葛京在这里居住了五个年头（264—268）并在这里出仕。诸葛显没有出仕的文献记载，可推知他在这里落地生根，繁衍生息了。这个居住地，可能就是天兴村一带。既然故里琅琊阳都回不去了，不论是诸葛京为爷爷或为父亲，还是诸葛显为祖爷爷建一座衣冠冢，甚至建一座家庙奉祀先祖，都是可能的。但是认定诸葛京与诸葛显被遣迁“到他的祖籍地天兴村”，肯定是与理不合，与史不符。民间附会出此地是诸葛亮出生地，也只是美好的故事罢了。至于武侯祠，不仅诸葛亮足迹所到之处历史上都有过武侯祠，而且诸葛亮没有到过的地方如广东省和台湾地区也都有武侯祠，韩国首尔南山还有武侯庙。山西省内历史上的武侯祠（庙）规模都比较小，其形成的原因是复杂的。诸葛京出仕后，必定全家随行赴任，因此在河东郡留下后裔的可能性不大。

在这里值得一提的是，山东省临沂市河东区坊坞村的《全裔堂诸葛氏宗谱》，最早谱本是南宋宝祐四年（1256）由国子监祭酒诸葛延官创修，明崇祯八年（1635）续修，清康熙五十五年（1716）再续修。现存《全裔堂诸葛氏宗谱》（河东区西北坊坞村诸葛荣文藏版）序言记载：“京仕至广州刺史，居广，未还，复归故里。”“未还”指未还出仕地点河东郡，“复归故里”是说回到了祖居地琅邪（临沂）。“未还”河东郡当是实情，“复归故里”也在情理之中，但都缺乏旁证。虽然如此，但毕竟临沂市境内54个村庄有诸葛族人聚居，人口达数万人，苏北还有大量诸葛族人认“全裔堂”为迁出原点，他们都尊诸葛亮为始祖。因此，可备一说，有待研究。

研究诸葛亮的面很宽，切入点很多，只要有研究成果，都是对诸葛亮研究的贡献。临猗县诸葛亮研究会研究的切入点应该有很多，如：挖掘诸葛京内移河东后的去向及事迹，以衔接诸葛亮后裔的研究；挖掘当地诸葛亮的故事，以丰富诸葛亮传说的内容；研究地方戏曲、文学中诸葛亮的形象，为诸葛亮形象发展史提供新的实证资料；挖掘山西境内武侯祠的来龙去脉，以研究诸葛亮在当地的影响。

（2021年4月山西运城“全国诸葛亮研究联会‘诸葛京内移河东’考察座谈会”书面发言稿。收录时有增删。）

临猗县诸葛亮文化现象考察

山西临猗县诸葛亮文化现象不仅很丰富，而且源头很远，最有生命力最有价值的是已经沉淀为民俗的地方文化。本文拟从形、根、魂三个层次进行考察。

形：具象性和文学性纪念形态

据地方志书记载，临猗县历史上曾有冠以诸葛亮之名的具象性和文学性纪念形态。

（一）具象性形态

1.祠庙

临猗县冠以诸葛亮之名的祠庙，首见于明嘉靖十七年（1538）宋纲纂《荣河县志》。《荣河县志》第一卷之《祠祀志》记载：

> 诸葛武侯庙，在县城东南三十里天兴村。世传武侯生于天兴，长在寺底，即今庙址。纲按：亮生于天兴，长在寺底。及考通鉴琅邪人。亮寓居襄阳隆中。谓之曰寓居，则生斯长斯或可信也。一说天兴村古亦称琅邪。称琅邪，荣耆宦所述者。

次见于嘉靖三十八年（1559）《蒲州志》卷三《杂述・祠庙》：

> （荣河）诸葛武侯庙，在县东南三十里天兴村东北。

再见于清雍正十二年（1734）《山西通志》卷一六六《祠庙三》：

> （荣河县）武侯庙在南三十里天兴村，庙中有砖塔，高丈余，居人议毁之。有驹儿者首持器，坏其一隅，内有石碣约二尺许，刻云：

若是塔儿破，定是驹儿来。字迹苍古，居民复整理如初。有墓。

汉丞相诸葛亮墓，相传在县南三十里天兴村。当以汉中定军山为正。

清康熙四十七年《平阳府志》卷十《祠祀》记载；

（荣河县）武侯庙在县东南三十里天兴村。

清乾隆《荣河县志》记载：

武侯庙，在县东南三十里天兴村。

光绪《荣河县志》记载：

武侯庙，在县东南三十里天兴村。

中华民国《万泉荣河县志》记载：

武侯祠，在县南四十五里天兴村。庙中有砖塔，居人议毁之。有驹儿者，手持器坏其一隅。内有石碣云："若是塔儿破，定是驹儿来。"居民复整理如初。

2.墓冢

天兴村武侯墓的记载，首见于明嘉靖十七年宋纲纂《荣河县志·陵墓》：

诸葛武侯墓，在城南三十里天兴村。岁久，尽被乡人平作耕地种植，止遗看墓。寺底庙在焉，今名寺底村（详见祠祀）。

此后，历代方志的记载都本于此。

清雍正版《山西通志·陵墓》记载：

（荣河县）汉丞相诸葛亮墓，相传在县南三十里天兴村。当以汉中定军山为正。

清乾隆版《蒲州府志·古迹》记载：

荣河冢墓之有诸葛武侯、张仪，犹猗氏之八士、万泉之钱铿，徒自惑耳，不书为俞也。

清乾隆版《荣河县志》记载：

诸葛武侯墓，在城南三十里天兴村。事无所考。

光绪版《荣河县志》记载：

诸葛武侯墓，在城南三十里天兴村。事无所考。

中华民国版《万泉荣河县志》记载：

武侯墓，在县南四十五里之天兴村。

……

《府志》曰：荣河冢墓之有诸葛武侯及张仪，犹猗氏之八士，万泉之籛铿，徒自惑耳！但当日或有姓名相似为俗所讹传，亦可留为他日之辨证，此亦应过而存之之意也。

（二）文学性形态

临猗县诸葛亮文化现象的一个特点，就是某些方面已沉淀为民间文学。

1.故事

如：1984年《山西民间文学》第四期登载的天兴村流传已久的诸葛亮“打柴遇妖”“纵火惹祸”“乘龙逃脱”“龙卧南阳”和《天书与红丹》的故事。1986年《临猗县地名志》之《民间故事》刊登了的诸葛亮“打柴遇妖”“渔人得利”“纵火惹祸”“乘龙逃脱”“龙卧南阳”五个故事，及浪池村村名的来历是“诸葛亮浪池斩怪兽”的故事。[①]这些故事，虽然在讲述中可能某些细节因人而异，但总体上具有情节的稳定性、流传的广泛性、传续的连续性。

2.戏曲

蒲剧《讨荆州·甘露寺》中乔玄有一句唱词：“我皇叔说起他的孔明先生，本是荣河天庆村人氏，复姓诸葛名亮字孔明。”[②]蒲剧南路戏八本《火攻计》之“舌战群儒”，诸葛亮上场唱：“家住荣河在天兴，幸遇先主识卧龙。孙刘破曹三分定，全凭舌辩立奇功。”这些唱词，不是某人临时兴致所为，而是具有一定稳定性的剧本文字。

3.吟诵文学

《山西平阳府古论快歌》中有“荣河县里出汤王，后出一人诸葛亮，善里

① 孙晋怀、宁新杰：《临猗县地名志》，内部编辑发行，1986年版。

② 临汾地区三晋文化研究会：《蒲州梆子传统剧本汇编》第三集，1993年版。

八卦火烧曹”。吟诵文学之《山西夸讲圣人歌》有：“荣河县内出汤王，后出一人诸葛亮，万里八卦晓阴阳。”这些歌词来自民间，被有心人记录成文，辑录成篇，更有利于流传。

临猗县一带有关诸葛亮的民间文学的特点是地方化和大众化。地方化，就是具有地域性、独创性的特点。地域性是说故事内容在其他区域没有，独创性是说故事内容为史书和《三国演义》及裴注所未载。大众化，就是民众喜闻乐见，既有区域的广度，又有时间的长度。

（三）生活习俗形态

临猗县诸葛亮文化现象的另一个特点是沉淀成了生活习俗，这就是“天兴古会”。

临猗县武侯庙在天兴村，以此为载体形成了庙会，当地俗称天兴古会或诸葛亮庙会。传说天兴古会始于唐朝[①]，曾是晋南著名的大庙会。该庙会一年两度，分别是二月二十一和十月初一，兴盛时持续七天。春季庙会的最后一天，往往安排压轴性的娱乐活动，如赛马会。赛马时，祭拜台上诸葛亮威严高坐，姜维和杨仪站立两旁，行完虔诚的仪式后，赛马正式开始。赛马活动一是为古会招商引客，二是求孔明周旋个好收成，三是晓谕后人不忘先贤。天兴村诸葛亮庙初毁于日本人之手，彻底毁于20世纪50年代。现在仅存旧址场地和数米残垣，但古老的庙会并未中断，只是一年两次的庙会缩短成各一天。

近几年，民众又在原天兴村武侯庙附近新建了一间供奉诸葛亮的祠堂，并且香火很旺。这也证明了天兴村一带民间对诸葛亮信仰的真诚在华中和华北一地区是绝无仅有的。

诚然，天兴村冠以武侯之名的祠庙和墓冢方志有载，诸葛亮的故事经久流传，大庙会古今延续，善男信女对诸葛亮顶礼膜拜，但这些都不能作为诸葛亮生于天兴村的证据，也不能作为否定诸葛亮祖居琅琊阳都、生于阳都、长于阳都的史实。但是，这些纯美厚重的诸葛亮文化现象，足以证明诸葛亮在这方土地上有着强大的影响力。

根：诸葛京内移河东

诸葛亮祖籍琅邪阳都即今山东沂南县，一生足迹未涉及山西省。为什么临

①2018年《运城市志》卷二十《商贸服务业》记载：“唐代，著名的庙会有猗氏县的马王庙会和孙吉天兴村的武侯祠庙会等。”按：没见始于唐的具体证据。

猗县天兴村的诸葛亮文化现象如此持久而丰厚？直接根源是诸葛京内移河东。

（一）诸葛京内移河东的原因

诸葛亮的亲子诸葛瞻、长孙诸葛尚战死在魏国灭蜀的绵竹之战中。蜀国灭亡后，诸葛亮次孙诸葛京被魏国“内移河东”。此事，《三国志·诸葛瞻传》有明确记载：

> 景耀六年冬，魏征西将军邓艾伐蜀，瞻督诸军至涪停住，前锋破，退还住绵竹。艾遣书诱瞻曰：若降者，必表为琅邪王。瞻怒斩艾使。遂战，大败，临阵死，时年三十七，众皆离散，艾长驱至成都，瞻长子尚与瞻俱没。次子京及攀子显等，咸熙元年内移河东。

这一记载，向我们传达了许多重要的历史信息。

1.迁移到河东的诸葛家族成员主要是诸葛京和诸葛显

与诸葛京一起“内移河东”的主要人员是诸葛显（诸葛亮嗣子诸葛乔之子诸葛攀的儿子），除此之外还有“等”。显然，“等”在这里是作助词用的。但助词“等”用在列举之后时，可以是表示列举未尽，也可以表列举煞尾。本文认为，这里“等”所表示的是“列举未尽”，因为一定还有其他家人。其他家人还有谁？已无法考证清楚了。根据史料考察，诸葛亮去世后的男性后裔，也就仅存裔孙诸葛京和嗣重孙诸葛显了，或许还有诸葛均的后裔。

2.迁移的时间是咸熙元年

景耀六年冬即公元263年冬，在绵竹之战中，诸葛瞻誓死不降，与长子诸葛尚战死疆场，邓艾率军入成都，蜀汉灭亡。咸熙是三国时期魏国元帝曹奂的第二个年号，咸熙元年即公元264年。这个时间段说明，蜀国灭亡之前，诸葛亮的后人及家人一定是在国都成都的。某地《诸葛氏族谱》有诸葛京“由南阳内移河东”之说，这难以作为证据认定。

3.迁移时诸葛京的年龄约为19岁

文献资料没有诸葛尚和诸葛京生卒年份的记载，所谓绵竹之战时“尚时年一十九岁”之说出自《三国演义》。尽管如此，根据《三国志·诸葛亮传》所记诸葛尚“年十七，尚公主”一事推断，《三国演义》对诸葛尚年龄的表述应当不会有大的误差。如果据此认定诸葛尚生于延熙七年（244）推论，诸葛京生于246年左右，被遣迁时应该是19岁（虚岁，下同）左右。

4.迁移的方式是强制执行

依据历史惯例，大凡灭掉一个国家或政权后，往往都要把那里的政治人物、豪强权要、有影响的家族强行迁移到外地，以彻底铲除被灭国的政治基础，防止他们死灰复燃。因此，既不会听任诸葛京等自愿选择到某地，也不会把诸葛京等迁移到祖源地琅琊阳都，迁移地一定是远离故土而且便于监控的地方。

5.迁移到河东郡的目的是便于监控

三国时期，曹魏的司州辖属黄河以北的河东郡、河内郡和黄河以南的弘农郡及河南尹，郡治设在安邑县（今山西省夏县西）。如果当时就迁移到猗氏县一带（今临猗县三国魏时在猗氏县范围内），那就不仅有利于诸葛京的生活（面子上过得去），而且还十分有利于河东郡的监控，也有利于魏国随时了解监控的信息。

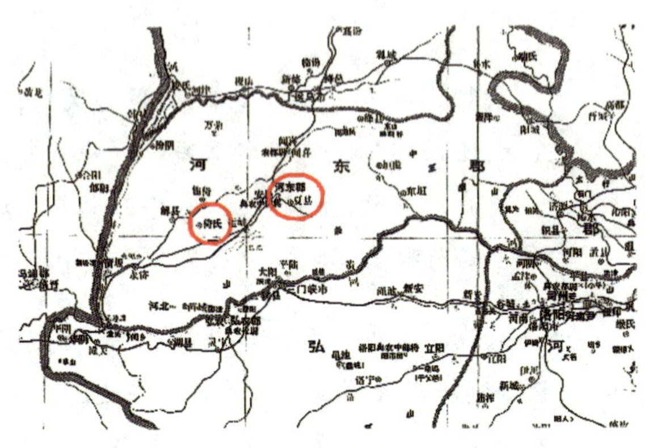

谭其骧《中国历史地图集·三国魏·河东郡》

（二）诸葛京内移河东后的行踪

诸葛京内移河东后的行踪轨迹，《三国志》没有记载，仅见《三国志·罗宪传》裴松之“注”引《襄阳记》曰：

> （泰始）四年三月，从帝宴于华林园，诏问蜀大臣子弟，后问先辈宜时叙用者，宪荐蜀郡常忌、杜轸、寿良，巴西陈寿，南郡高轨，南阳吕雅、许国，江夏费恭，琅邪诸葛京，汝南陈裕，即皆叙用，咸显于世。

这时，虽然蜀国灭亡才三年，但关心“蜀大臣子弟”的是司马氏的晋朝了。晋朝泰始四年（268）三月，已在晋为冠军将军、假节的原蜀国将领罗宪，随从晋朝开国皇帝司马炎在华林园就餐。期间，司马炎询问原蜀国大臣子弟的情况，皇后又询问可以任用的旧臣，罗宪推荐了包括诸葛京在内的一部分人。这部分人都得到了任用。

诸葛京被司马炎起用后的情况，裴松之在《诸葛亮传》载“京及攀子显等，咸熙元年内移河东”后注曰：

> （亮）其孙京，随才署吏，后为郿令。尚书仆射山涛启事曰：

“鄗令诸葛京，祖父亮，遇汉乱分隔，父子在蜀，虽不达天命，要为尽心所事。京治鄗自复有称，臣以为宜以补东宫舍人，以明事人之理，副梁、益之论。”京位至江州刺史。

《晋书·武帝纪》记载：

五年……二月……辛巳……壬寅……己未，诏蜀相诸葛亮孙京随才署吏。

诸葛京出任江州刺史后的行踪，正史没有记载，现仅见三处方志有记。乾隆《钦定四库全书·史部》收录明万历二十九年（1601）郭棐编著《广州通志》卷三十七记载：

诸葛京字行宗，琅邪人，汉相亮之孙……惠帝时位至平越中郎将、广州刺史假节。推诚待物，有祖风烈，吏民称之。

清雍正十二年《山西通志》记载：

诸葛京字行宗，琅邪阳都人，都护卫将军瞻子。蜀平后，咸熙元年内移河东。晋泰始中为鄗令，尚书仆射山涛启示，位置广东刺史。

清康熙四十七年《平阳府志》卷二十五《流寓》记载：

诸葛京，亮孙，瞻次子。咸熙中内移河东，入晋为鄗令。山涛荐为太子舍人，为广州刺史，有祖父风烈。

综合这些记载，可得到如下信息：

（1）司马炎询问蜀国旧臣子弟的时间是泰始四年（268）三月。是年，诸葛京约23岁。

（2）“随才署吏”的时间是泰始五年（269）春。对于《晋书·武帝纪》的记载，出版者在文后《勘校记》“己未”条认为：“二月所见干支有辛巳、壬寅、丁亥、未巳。按：二月壬戌朔，辛巳为二十日，丁亥为二十六日。三月壬辰朔，壬寅为十一日，己未为二十八日。此处不见‘三月’，且日序错乱。”勘校者因慎言，未明言“己未”应在“三月”，但可知“诏蜀相诸葛亮孙京随才署吏”是在泰始五年（269）春。是年，诸葛京约24岁。

（3）诸葛京被起用后，先“随才署吏”。所谓“随才署吏”，即是“根据他的才能任用他做吏员”。“吏”的本义为从事打猎，后引申为做事的人。汉代以后又特指官府中小官或差役。诸葛京没有从政的经历，先起用为“吏”是符合用人常理的。“郿令”是县级长官。晋朝官制，千户以上县长官为令，低于千户的县为长。若根据清雍正《山西通志》所记“泰始中（265—274）为郿令”，是年，诸葛京约为25岁。

（4）诸葛京做郿县令后，才干颖出。尚书仆射山涛认为，为了彰显朝廷的用人原则，应该采纳汉中、成都等蜀汉人士的意见，予以重用，推荐诸葛京出任东宫舍人。东宫是中国古代宫殿指称，因方位得名，后借指居住东宫的储君，亦即太子。东宫舍人即是太子的属官，是皇帝高度认可的人。

山涛什么时间推荐诸葛京为东宫舍人？虽然史书没有直接记载，但从史籍的有关记载中可以窥见一个时间轮廓。《全晋文》记载：咸宁（275—280）初，以山涛为右仆射。清顾炎武《日知录》考证：咸宁四年（278）三月辛酉，以尚书右仆射山涛为尚书左仆射。《全晋文》记载：太康三年（282）山涛为司空。从这三个时间坐标限定的时间范围可以认定，尚书仆射山涛推荐诸葛京为东宫舍人的时间在275—282年之间，也就是说诸葛京为东宫舍人时的岁数在30岁至37岁之间。

（5）诸葛京由东宫舍人升任江州刺史。东晋以前的江州有两处。一处是县名江州，秦朝置，为巴郡治所，位置在今四川重庆市。西晋时，巴郡辖江州等四县。另一处是州名，治所在南昌县（今江西南昌市），西晋元康元年（291），分荆、扬二州所置，因临江水而名江州，下辖豫章郡、鄱阳郡、庐陵郡、临川郡、南康郡、晋安郡、武昌郡、桂阳郡、安城郡、寻阳郡、建安郡等十一郡。由此可知，诸葛京所任江州刺史，是西晋元康元年（291）所置江州，而非巴郡辖属的县级江州。既然西晋新置江州是在元康元年（291），那么诸葛京任江州刺史时的年龄一定是在46岁以后。

（6）晋惠帝（290—307年在位）时期，诸葛京转任平越中郎将、广州刺史假节。吴黄武五年（226），孙权建立交、广二州，广州辖地大体为今广东一带。

综上所述可以认为：

（1）诸葛京在晋朝出仕。出仕后为父亲建一座衣冠冢，甚至建一座家庙奉祀先祖，都是可能的。

（2）因为诸葛京的父亲诸葛瞻袭封了诸葛亮的“武乡侯”（《三国志·诸葛亮传》记载：“亮子瞻，嗣爵。”），因此，有可能诸葛京为“武乡侯”诸葛瞻建的衣冠冢和家庙，先是逐步讹化成了“武乡侯”诸葛亮的墓与庙，又以此为基础，逐步演化出了“诸葛亮出生在天兴村窑洞”等故事。

（3）因为这一墓冢冠以“武侯”，而民间就认定是诸葛亮的墓冢有情可原。但将民间的传闻作为史实记入志书就不应该了。这一点，清乾隆版《蒲州府志·古迹》编纂者已认识到：“荣河冢墓之有诸葛武侯、张仪，犹猗氏之八士、万泉之镬铿，徒自惑耳，不书为俞也。”民国二十五年（1936）《万泉荣河县志》编撰者也意识到了。因此，《万泉荣河县志》既记载说：“（武侯庙）在县南四十五里天兴村”“诸葛武侯墓在县南四十五里之天兴村”，同时又在卷十二记载说：“府志曰：荣河县冢墓有诸葛武侯及张仪，犹猗氏之八士、万泉之镬铿，徒自惑尔！但当日或有姓名相似为俗所讹传，亦可留为他日之辩证，此亦应过而存之之意也。”1986年《临猗县志》的态度更为明确：“相传：原名天庆，为三国蜀相诸葛亮故里。因有亮‘生于天庆，长在南阳’之说。考史载：亮为山东沂水县[①]人，并非天庆人。但在晋代，亮之后裔曾在河东为官，遂有此说。”

魂：诸葛亮文化现象

临猗县及周边区域内冠以诸葛亮之名的祠庙、文学、民俗等，虽然根在诸葛京，但魂在诸葛亮，是诸葛亮文化现象在这一区域的具体形态。

（一）诸葛亮文化与诸葛亮文化现象

诸葛亮文化和诸葛亮文化现象，是两个内涵不同但又有着内在联系的概念。

诸葛亮文化包括制度文化、精神文化。诸葛亮在政治、经济、军事、民族关系等方面的指导思想、原则和政策建树属于制度文化。《三国志》及裴注和《诸葛亮集》等书集中展现了诸葛亮的治国理念、军事理论、外交思想、战略战术和韬略计谋。此外，诸葛亮组织兴修水利、桥梁、道路、驿舍、栈道，亲自视察盐井、织锦、养蚕、冶铁，指导制作木牛流马、连弩等器械以及在设计制作方面的成就也都属于“制度文化”。诸葛亮在伦理道德、社会心理、民间风俗等方面产生的直接影响属于精神文化。

诸葛亮文化现象，是以史籍所记载的诸葛亮的生平、业绩、道德、情操等方面的史实为依据而衍生出来的文化，如早期的诸葛亮传奇故事、历代形成的

① 沂南县原为沂水县境域，遂有诸葛亮为沂水县人之说。自1987年“诸葛亮研究联合会”在山东临沂召开了“第四次学术联会”并出版了论文集《诸葛亮研究三编》后，权威工具书和教材逐步统一规范说诸葛亮系“今山东沂南人”。

诸葛亮祠庙等。依据《三国志》及裴注和《诸葛亮集》等书中的历史事件改编的戏曲、电影、电视剧以及动画、磁卡、邮票、游戏卡等等，更是新时代发展出来的文化现象。概言之，所谓诸葛亮文化现象，是以历史上诸葛亮的生平事迹为源，以诸葛亮故事的传播演变为流，以《三国演义》及其诸多衍生现象为主要内容的综合性文化。

本文认为，临猗县冠以诸葛亮或武侯的祠庙、墓冢及地方戏曲、民间故事、民间习俗等，虽然直接根源是"内移河东"的诸葛京，但渊源还是诸葛亮。临猗县的"诸葛亮文化现象"，实际上是诸葛亮足迹所到之地文化现象在临猗的进一步衍化。"在河东地区的运城、临汾地区流传的原始民谣是中国吟诵文化的源头所在。"[①]吟诵形态的诸葛亮文化现象，就是吟诵文化源头地对诸葛亮的必然反映。这些衍化出来的内容和表象，都不属于诸葛亮文化，而属于诸葛亮文化现象的范畴。

（二）诸葛亮文化现象的意义及出路

诸葛亮文化现象是诸葛亮文化的衍生，也是对诸葛亮文化的丰富、发展和补充。诸葛亮文化是固有但可以不断深入挖掘的文化，是对诸葛亮认识的结果。诸葛亮文化现象是与诸葛亮有关但可游离的文化，是民众心理的结晶。诸葛亮是三国时期的政治家、军事家，经过代代相传的以民间传说为核心的诸葛亮文化现象的演绎，使他逐渐由一个治国安邦、富国强军的良相，演变成了一个忠贞楷模、智慧化身及无所不能的神人。

历史上，诸葛亮文化现象的正能量功能，主要表现在四个方面。一是祭祀功能，这方面既有虔诚的神灵崇拜意识，也有祈福禳灾的实用目的。二是道德教化功能，即通过口口相传的故事，潜移默化地倡导惩恶扬善的传统道德。三是娱乐功能，即通过广泛参与、引人入胜的形式，在祭拜的过程中达到身心愉悦。四是兴办社会公益事业功能，即利用祭祀活动，社会名流倡捐和带头捐献，带动众人自愿奉捐，兴办社会公益事业。

现在，临猗县的诸葛亮文化现象，仅存在一座简易的祠庙、借诸葛亮大庙之名而延续存在的物资交流会、流传已久但似已断流的地方戏曲、老年人口中津津乐道的诸葛亮父子的故事。虽然如此，这些文化现象还有丰富民众精神生活的作用，也有潜移默化的正能量功能。

由于历史的发展、社会的进步，诸葛亮文化在社会物质生产方面的成果，在今天看来显然是落后了。所以，这些方面并不是我们继承和弘扬的主要之

① 柴海军、侯玲：《河东：吟诵文化的发源地、成熟地和传播中心》，《文学与文化》，2016 年第 2 期。

处。而诸葛亮文化精神方面的成果及诸葛亮文化现象中具有正能量的形态，则是一座取之不尽用之不竭的丰富宝库。例如，诸葛亮本身和诸葛亮故事所体现的人文精神，其人格、道德、官德，其智慧谋略，其治政、治军、理民、外交、抚夷政策等方面的文化精粹，则是我们应当重点加以研究和弘扬的。诸葛亮历史文化是诸葛亮真实的历史，而不是夸张、溢美、渲染、附加、虚拟、附会、神话传说等等。诸葛亮文化现象则不必拘泥于诸葛亮本身的历史真实，它可以七分真实、三分虚构，也可以三分真实、七分虚构，也可以全部虚构，进行全新的创作。

历史上出现的事物，必然会在历史上消失，但历史上出现的事物又往往以转化或异化的方式再现，原形态消失而新形态出现。随着社会的进步和文化的丰富，要保留有益于社会的文化现象，而不至于由遗产到消失。要因势利导、政策扶持、注入新的因子，以期由遗产发展为新的文化形态。

［为“全国第26次诸葛亮学术研讨会”（山西临猗县）准备的论文］

晋中南冠以诸葛亮之名的祠庙略考

山西省明清两朝通志、府志、县志记载了一些冠以诸葛亮、武侯或卧龙的祠庙。考之于史籍可知，志书记载的这些隶属县份不同的祠庙，有几个是因区划变动造成的隶属关系的变化而形成的不同名称。据笔者统计，明清时期记入志书及其他史料记载的有关诸葛亮的祠庙共有十二处。按照乾隆版《山西通志》所载县名考察，其所处范围涉及今太原市、晋中市、长治市、临汾市、晋城市、运城市和吕梁市。也就是说，涉及范围都在晋中和晋南地区。

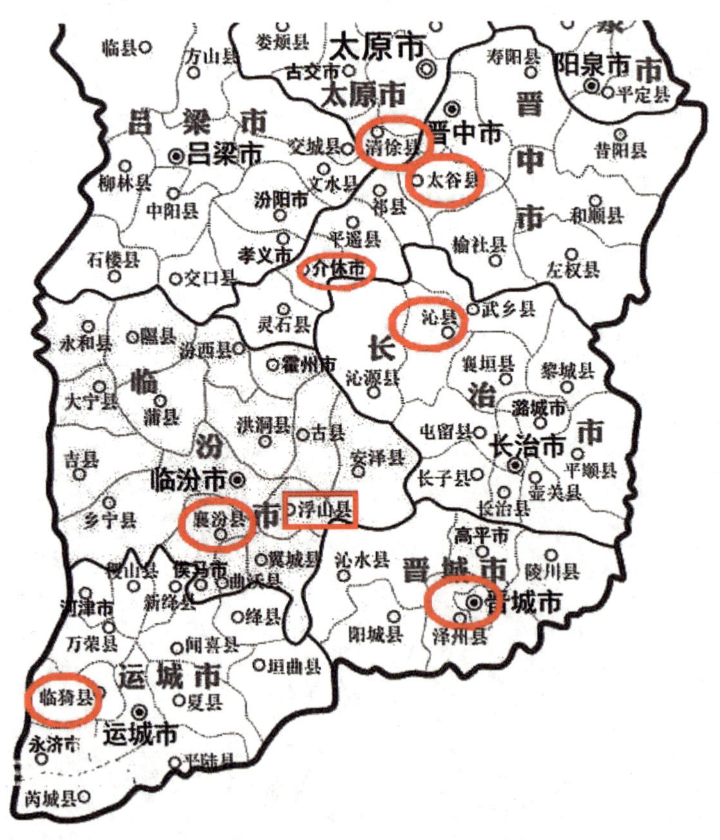

其中的临猗县武侯庙，肯定与诸葛京“内移河东”有关（具体论述见专文《临猗县诸葛亮文化现象考察》），但晋中及晋南一带冠以诸葛亮之名的祠庙，各自又有什么来历？为什么又相对集中呢？本文拟从三个方面进行考察。

部分个案简介

1.太谷县武侯祠

明天顺（1457—1464）《一统志》之《山西布政司·祠庙》记载：“诸葛武侯庙。在太谷县咸阳谷，祀汉诸葛亮。”

明成化（1465—1487）《山西通志·祠庙》记载了两处诸葛武侯祠：“一在徐沟县东贾村，永乐五年（1407）建。又名卧龙庙。”“一在太谷县南十里咸阳谷口，元至大二年（1309）建，国朝洪武四年（1371）修。”卷十四《集文·坛庙类》载有《重修诸葛武侯庙记》。

乾隆《山西通志·祠庙》记载：“诸葛武侯庙，在南十余里咸阳谷口，元至大中乡人弓德福重修，子仲礼补绘神像，太原府教授程易撰记。”

乾隆六十年（1795）《太谷县志》记载了咸阳城的来历：“咸阳城在县西南十里，周四百五十步。旧传秦伐赵所筑，戍以咸阳之兵，即今咸阳村也。城废。”同时记载：“诸葛武侯庙。一在县南十里咸阳谷口，元至大二年（1309）建，明洪武十四年（1381）重修，今废。有碑记，见艺文志。一在县西南十里曹庄村。”

2.徐沟县卧龙庙

明成化《山西通志·祠庙》记载：“诸葛武侯祠。徐沟县东贾村，永乐五年（1407）建。又名卧龙庙。”

乾隆《山西通志》仅记载：“（徐沟县）卧龙庙，在东贾村。”

康熙五十一年（1712）《徐沟县志·寺观》也仅记载：“诸葛武侯庙在县东贾村。”

3.襄陵县卧龙神祠和卧龙祠

清康熙《山西通志·祠庙》记载：“（临汾县）卧龙神祠在县东南崇山西峤。元延祐三年重修，旱祷辄应。”

清雍正十二年（1734）《山西通志·祠庙》记载：“（临汾县）卧龙神祠在东南四十里崇山上。相传隋时有巨蛇卧其上，故名。旧志云：元延祐三年重修，祈雨辄应，张思敬记。至正己亥，监邑仲威公祷雨灵应，教谕陈敏记。

二十四年重修，刘中记。一云祀诸葛忠武侯。”

乾隆《山西通志》仅记载：“（襄陵县）卧龙神祠，祀诸葛忠武侯。元刘中记。”

明清时期，襄陵县、襄汾县、临汾县虽然区划范围不重合，但不同时期记载的三县之内的“卧龙神祠”，实际上都是同一个。

4.沁州武侯祠

雍正《山西通志·祠庙》记载：沁州“诸葛武侯祠，旧祔武安王庙。郡守俞汝为于庙左建祠三楹，有记”。

乾隆《山西通志·祠庙》对沁州“诸葛武侯祠”的记载与雍正《山西通志》完全相同。

5.凤台县三忠庙

“三忠庙”是合祀诸葛亮、李靖、文天祥的庙宇。

明成化《山西通志》记载了2处“诸葛武侯祠”和专祀李靖的5处“李卫公祠”，没有记载合祀诸葛亮、李靖、文天祥的“三忠庙”，可证明成化年间这一“三忠庙”还未出现。

雍正《山西通志·祠庙》记载：“（凤台县）三忠庙，在城南关，祀汉诸葛亮、唐李靖、宋文天祥。”

乾隆《凤台县志》记载：“三忠庙，城南关，祀诸葛武侯亮、唐李卫公靖、宋文丞相天祥。旧为宋神锐营天王堂，有宋元祐碑，今改建三忠庙。”

6.太原市阳曲县傅家窑村武侯祠

傅家窑村武侯祠未见志书记载，但有资料记述。

《太原名胜录》记载：武侯祠始建年代无考，但据碑文记载，重修于嘉庆十三年（1808）。现存建筑有正殿、钟鼓楼、二房和戏台。虽然破败式微，但这是山西境内唯一保存比较完整的武侯祠。祠内现存一通道光十九年（1839）“万古流芳”碑（重修记事碑）和2008年新立《复修武侯祠记》碑。碑文记载：傅家窑村处奇山高冈环抱之中，南有金龙卧冈，如昔日诸葛亮隐居之卧龙岗。宋元之交，始建武侯祠，四时供奉，保佑村人。20世纪60年代，庙废神毁。2008年再次重修，“诸葛先圣端坐神台，姜维马岱威武依立”。

7.太原市小店区黑驼村卧龙庙

道光《太原县志》未记载卧龙庙的来历，仅记载有卧龙庙碑铭。

卧龙庙供祀诸葛亮，陪祀关羽、张飞、赵云、黄忠、马超五虎上将，因此也称“五虎庙”。卧龙庙毁于20世纪40年代前，现遗存卧龙碑一通，立于下黑驼村西五百米处。碑由碑身、碑首、趺座组成，其中碑身高2.1米、宽1.3米，碑首书“蜀汉南阳忠武侯卧龙庙碑铭”。碑文叙诸葛亮功绩，间颂晋王朱㭎功勋。碑无年月，亦无撰文者。据道光《太原县志》记载：“蜀汉南阳忠武侯卧龙庙碑铭，在黑驼村，晋王济熺撰。”朱济熺为第一代晋王朱㭎之子。此碑现为区重点保护文物。

8.太原万柏林区诸葛庙（今名隆盛寺）

据清《阳曲县志》记载，诸葛庙始建于明正德三年（1508），始名卧龙庙，供奉镇水神龙。因被汾水冲毁，道光元年移址重建后改名诸葛庙。据说改名诸葛庙的原因，一是对那条天上派来佑护汾河两岸百姓的神龙信任感降低，二是想让子孙后代都能像诸葛亮那样智慧无穷，能文能武，出人头地。庙内除塑有观音、诸葛、关公等像外，还保留了龙王像。1938年，汾河洪水再次摧毁了诸葛庙，虔诚的信徒与村民再次选址重建，后遭破坏，殿宇塑像被毁。2007年，村民、信众捐资重修古寺。鉴于诸葛庙规模相对宏大，所奉诸圣像以佛家居多，诸葛庙的称呼已不合时宜，故特请五台山高僧重新命名，从此更名隆盛寺。

9.太原阳曲县侯村乡四道阁

太原市阳曲县侯村乡青龙镇村，存有四座类似城门楼的建筑，当地人称之为阁。头道阁供奉观音、文殊两位菩萨和五百罗汉。二道阁供奉真武大帝。三道阁供奉玉皇大帝和魁皇爷。四道阁也叫双忠阁，供奉诸葛亮和岳飞。

时代导向

这些冠以诸葛亮之名的祠庙，为什么基本上都是明朝形成的？为什么集中在晋中、晋南地区呢？本文认为与时代导向和社会环境有关。

（一）朝廷导向是主要成因

明朝初立，明太祖不仅下令整顿不合法的祭祀活动，而且倡导崇祀历史忠贞名臣。这一毁淫祠崇正神（忠臣）的导向一直延续到清朝。

《明史》卷五十《志第二十六》记载：“洪武元年，命中书省下郡县，访求应祀神祇。名山大川、圣帝明王、忠臣烈士，凡有功于国家及惠爱在民者，著于祀典，令有司岁时致祭。二年，又诏天下神祇，常有功德于民，事迹昭著者，虽不致祭，禁人毁撤祠宇。三年，定诸神封号，凡后世溢美之称皆革去。天下神祠不应祀典者，即淫祠也，有司毋得致祭。”

开始于洪武三年的“毁淫祠”的运动，弘治到万历前期达到了高峰时期，以后历代未绝。明代所认定的“淫祠”包括三种类型。第一种为不属于国家祭祀制度规定的神灵系统的神祠；第二种是民众私自建立和祭祀的、与其社会地位不相称的神祠；第三，不在额设的寺观。各地方官吏毁淫祠的做法分为两类：一类是毁掉后改建为社学，立师设教；另一类是毁掉后供奉乡贤名宦或供奉正神如文昌、关帝等。

山西“毁淫祠”的结果虽没见数字统计，但散见于史料之中。如：王阳明《高平县志·序》对高平知县杨子器的评价语：“学博而才优，其为政廉，毁淫祠，兴社学，敦伦厚俗，扶弱锄强，实皆可书之于志，以为后法。”

毁淫祠的同时是崇忠臣。

洪武六年（1373），朝廷下令在都城南京设立历代帝王庙，祭祀明前十七位帝王。洪武二十一年（1388），朱元璋诏谕以历代名臣从祀。经过礼官选择，朱元璋有所剔除、增补，确定了从祀的37名历代名臣，其中诸葛亮被列入汉代名臣。从此，诸葛亮以从祀名臣的身份登上了帝王庙的殿堂。朱元璋为捍卫皇权，维系儒家忠君报国思想的楷模，把历代忠臣载入了国家礼典。此后，宣宗朱瞻基（1425—1435在位）曾作《武侯高卧图》，赐忠贞老臣平江伯陈瑄，以谕群臣效法诸葛亮。明宪宗朱见深（1464—1487在位）在《诸葛武侯》赞诗序中曰：“诸葛孔明真俊杰也。”嘉靖九年（1530），朝廷在京城（北京）建历代帝王庙，祀十五帝王。两庑设四坛从祀名臣32人，诸葛亮位列其中，享用少牢祭祀。嘉靖十八年（1539），驸马都尉邬景和奉嘉靖皇帝圣谕到南阳武侯祠祭拜诸葛亮，把明朝祭祀诸葛亮的祀典推向了前所未有的高峰。

由于诸葛亮本身具有显著的德才智和成就，加上明朝历代帝王的推崇，所以明代百姓心目中的诸葛亮，已是一位识天象、通地理、晓阴阳、知奇门、能掐会算、无事不晓的神人。一个具有超人智慧胆略的诸葛亮已经深入人心，形成历史上极其罕见的诸葛亮文化现象。

（二）刘关张崇拜是基础条件

经过元末明初人罗贯中《三国演义》的渲染，刘备、关羽、张飞成为同心创业的楷模。山西是关羽故里，境内人崇拜关羽自不待说。但刘备和张飞都是河北涿州人，又是怎样赢得了山西人的崇拜呢？本文认为这与晋商有关。

晋商萌芽于隋唐时期，明清达到鼎盛。明初至清朝中期，晋商的活动范围主要在华北、东北与西北边塞地区。而晋商输出的主要地方特产是晋南盐湖的食盐，因而晋商主要的群体大部分位于山西中南部。晋商在长期的商业经营管理实践中，逐渐形成了以“笃守信用”“信用最著”“诚信相符”为精髓的商业伦理文化。

晋中南一带，“关帝庙”的主神关羽是山西人，而“三义庙”“张桓侯庙”的主神刘备与张飞，是河北涿州人。涿州在隋代就建起了“三义庙”，唐、辽、元、明均有修葺。明正德三年（1508），武宗皇帝朱厚照又亲赐玺书，在涿州“敕建三义宫”。涿州还有“张桓侯庙”，虽始建年代不详，但明代就有重修碑。“三义”文化的核心是刘备的“仁义”、关羽的“忠义”、张飞的“仗义”。晋商商业伦理文化与刘关张的“三义”文化是高度契合的。笔者虽未见到晋商将“三义”文化引进晋中南的史料，但从“三义”文化的形成时间早于商业伦理文化，而且两地又有着便捷的商业通道和紧密的商业关系来看，有理由认定晋中南一带的“三义”文化是晋商传入的。明代晋中南一带的“三义”文化祠庙已难确考，但仅据清雍正《山西通志》记载，山西较大型的祭祀刘备的“昭烈庙”1座，刘、关、张的“三结义”或“三义庙”庙5座，“张桓侯庙”4座。因为晋中南一带有着相对集中的“关帝庙”“张桓侯庙”“三义庙”，也就有了诸葛亮崇拜落地的基础。

具体祠庙成因初探

山西有关诸葛亮的祠庙，没有一处是家族纪念型祠堂，也都不是地方政府主导始建的纪念庙宇，而都是地方民间神灵崇拜的小型祠庙。因而，规模都比较小，并具有一定的随意性。

（一）毁淫祠崇忠臣型

北宋时，介休籍宰相文彦博在家乡介休兴建了祆神庙。祆教，诞生在古老的波斯，南北朝时期传入中国。明嘉靖十一年（1532），介休“毁淫祠”时，祆神庙首当其冲。但介休知县出于对文彦博的景仰，只是象征性地撤掉了过去的神像，保留了建筑物。此事，《重修三结义庙记》记载：“邑侯王公奋然曰：‘除邪神，必须崇正神，而后可以弹压魅魅，抑人谙渎之心，作人刚大之气。因思天地间忠廉节义耿耿不磨，熟（孰）有如桃园兄弟，千古为昭者哉？’”于是，将“汉昭烈帝、关圣帝君、英烈王像”供奉于正殿，武侯诸贤配享东西两廊中。自此，祆神庙正名为“三结义庙”。

（二）旧祠庙增加主神型

咸阳谷口祠庙的始建时间，至迟可追溯到元朝。但从志书载录的元代《重修诸葛武侯庙记》可知，重修前并非“武侯祠”，而是专祀“关张”的神庙。《重修诸葛武侯庙记》开篇即记述诸葛武侯的丰功伟绩，然后感慨：“立纲常，扶皇极，使炎运几灰而复然，神器几绝而复续，伯仲伊吕，远过萧曹，宜其血食万世矣。”而后记述重修前的状况、重修经过：“太谷县南十余里曰咸阳谷口，旧神祠以关张二神并列左右。岁久日深，庙宇摧朽，门墙倾覆，神像暴露。里人弓德福自前己酉岁，纠工聚财，补葺增广，檐宇翚飞，惟神像损坏，未及绘画而卒。其子仲理于丙午岁，割己财，召工匠，补其塑像，金壁生辉，可谓能继先人之志矣。”最后记述撰文缘由及感言：“一日求记于余，余谓侯之名与天地日月同其大，有不待祠而显；侯之功与岷峨剑阁争其高，有不待记而名。古者以劳定国则祀之，以死勤事则记之，有功于民则记之，侯丰功伟绩传于世者，显遗风余泽入于人者深。仲理以一念之情，使庙貌轮奂如是，不惟知所趋向，亦抑使后之观感者有所敬仰而归慕焉，不为无补也。”

记事碑文虽未明言旧祠有无武侯神位，也未明言新祠是否增塑武侯神像，但透过“旧神祠以关张二神并列左右”的语句可知，旧神祠是以“关张二神”为主神的。通过弓仲理“补其塑像”，记事作者感叹“侯之名与天地日月同其大，有不待祠而显；侯之功与岷峨剑阁争其高，有不待记录而名”的语句可知，弓德福维修时保持了旧祠格局但“未及绘画”，是弓仲理“补”上了武侯塑像，“使后之观感者有所敬仰而归慕焉，不为无补也”。

《重修诸葛武侯庙记》文中的“至大”是元武宗的年号，“己酉”是至大二年即1309年，“丙午”是至正六年即1346年。由此可知，弓德福重修旧祠在1309年，弓仲理完成父亲未竟事业是在1346年。可以认定是弓仲理创建了咸阳谷口武侯祠。明洪武四年（1371）对咸阳谷口武侯祠的重修，距离弓仲理创立武侯祠仅25年。其创立时间，显然与洪武年开始的“忠臣烈士，凡有功于国家及惠爱在民者，著于祀典”的导向是相吻合的。

（三）旧祠堂改建型

据乾隆《凤台县志》记载，城南关“三忠庙”旧为宋神锐营天王堂，以此为基础“改建三忠庙”，但没有记载改建时间。据明成化《山西通志》没有记载凤台县三忠祠推断，三忠庙的形成时间最早是在明后期。所祀三位忠臣，诸葛亮是汉末琅邪阳都（今山东临沂市沂南县）人，文天祥是南宋末江南西路吉州庐陵县（今江西省吉安）人，二人都与山西没有直接联系。李靖是隋末唐初雍州三原（今陕西三原县）人，武德八年（625）起在北疆抵御东突厥入侵，贞观三年（629）以定襄道行军总管总统诸将北征，以精骑三千夜袭定襄，威震东突厥，因此在山西影响极大。仅据光绪十八年（1892）《山西通志》记载，境内14个州县中李靖的庙宇有19处。[①]三位忠臣同祀一堂，不是一般的神灵崇祀，只能是明末崇祀忠臣，树立精忠报国楷模的原因。

（四）由祔祀到专祀型

沁州武安王庙主祀武安王关羽。各朝皇帝都以关羽为忠义的代表，其封号"侯而王，王而帝，帝而圣，圣而天"。自北宋徽宗大观二年（1108）封武安王后，历代又在此基础上加封，封号演变顺序是："义勇武安王""壮缪义勇武安王""壮缪义勇武安英济王""显灵义勇武安英济王"，到明万历四十二年（1614）封号晋升为"帝"，即"单刀伏魔神威远镇天尊关圣帝君"，崇祯三年（1630）封为"真元显应昭明翼汉天尊"。封号为"王"时，祭祀祠庙称为"武安王庙"，晋升为"帝"时，祭祀祠庙称为"关帝庙"。根据封号的演变轨迹可以认定，沁州武安王庙始于宋朝。在当时情况下，诸葛亮以良将身份祔祀是正常的。

在武安王庙左"建祠三楹"专祀诸葛亮的是俞汝为。俞汝为是明朝隆庆五年（1571）进士，万历年间曾任沁州知州。由此可知，明万历年前诸葛亮附祀于武安王庙。洪武年期间，诸葛亮就已经以忠贞文臣的身份从祀于历代帝王庙了，到了万历年间还在武安王庙中祔祀着，已有违于朝廷正典。因此，沁州知州在庙左侧曾建三楹祠堂，专祀诸葛亮，从此专祀诸葛亮的祠堂成为武侯祠。

（五）主祀神衍化型

襄陵县卧龙神祠，元代祭祀的"卧龙"相传是隋代卧于此处巨石之上的"巨蛇"。清康熙《山西通志》也记载"卧龙神祠在县东南崇山西峤。元延祐三年重修，旱祷辄应"。雍正十二年（1734），《山西通志·祠庙》在复载了旧志文字后，就增加了一句："一云祀诸葛忠武侯。"乾隆年间，《山西通志·祠庙》就直接记载为："（襄陵县）卧龙神祠，祀诸葛忠武侯。"也就是说，到乾隆年间，祭祀巨蛇的卧龙神祠就完全衍化为"祀诸葛忠武侯"的庙宇了。

"巨蛇卧龙神"衍化为"诸葛卧龙"的原因，不仅因为对"卧龙"含义的衍化，更有可能是相邻的浮山县有诸葛村的关系。

汉之前诸葛村叫柿树村，后更名诸葛村，据说是为了纪念三国时期魏国大将诸葛诞（字公休，诸葛亮族弟）在此练兵寓防而得名。村中清微观（始建于唐）所存明万历石碑记载："以诸葛世居于此故名焉。"清康熙四十七年（1708）《平阳府志》卷十《祠祀》记载："诸葛诞，孔明族弟。显名于魏，

① 侯峰峰：《晋东南李卫公信仰初探》，《地方文化研究》，2016年第5期。

游于浮山县北七里，爱其山水明秀，栖身不返，子孙占籍，代有名士，其地名诸葛村。”乾隆《浮山县志·流寓》载：“诞之仕魏也，其家寓浮山，今其地名诸葛村，后人颇繁盛。”明清时期，浮山县在襄陵县东偏南方向，直线距离约50公里。卧龙神祠在襄汾县“东南四十里崇山上”，距离浮山县诸葛村约40公里。是否因为诸葛诞的影响，而使“卧龙神祠”的衍化成了与诸葛亮有关呢？本文认为有这种可能。

始建于明永乐五年（1407）的徐沟县东贾村武侯祠（又名卧龙庙），也属于这一类型。

（六）名人集合型

除了《山西通志》记载的这几处冠以诸葛亮或武侯、卧龙的祠庙以外，介休市史公塔后边还有一座诸葛亮庙。史公名记事，明万历二十四年（1596）以进士身份任介休知县。嘉庆《介休县志》记载：“在任五年，无立不兴，无弊不除，教养兼至，民戴之如父母。”“在任时，谓邑之乾位宜建塔以状形势，规制未就以忧解任，留图而去。越百余年，邑人思公之德，醵金建之，名为史公塔。”诸葛亮庙祀殿后面是孔明楼，建于乾隆三十八年（1773）。塔庙组合，寓意在何？志书虽未载，但乡人对史记事和诸葛亮的崇敬之情不言而喻。遗憾的是，废弃后的诸葛亮庙已于2005年改成供奉观音菩萨的“胜因寺”了。

阳曲县侯村乡四道阁合祀诸葛亮与岳飞，也属于此类。

衰微原因

晋中、晋南一带冠以诸葛亮之名的庙宇比较多，这是诸葛亮本人的巨大影响和朝廷导向合力的结果。但因为这里不是诸葛亮的祖籍地和出生地，也不是足迹所到之处，没有根源、根基，所以元明清时期出现的有关诸葛亮的庙宇，不仅规模都比较小，而且都是“神灵崇拜”，因而很难存留下来。即便是因为诸葛亮之孙诸葛京的关系而产生的“武侯祠”“武侯墓”，也没有留存下来。如此说来，临猗县仅存的天兴村民众对诸葛亮崇拜的文化现象，就弥足珍贵了。

[为“全国第26届诸葛亮学术研讨会”（山西临猗县）准备的论文]

阳都城外曹嵩冢

在阳都故城西北一公里处有一座古墓，历代传说叫“曹嵩冢”，即曹操父亲曹嵩的坟墓。

墓冢旁原来立着一方两面有浮雕画的石碑。石碑高116厘米，宽50厘米，厚24厘米，顶部呈圆弧状，扁平面中上部有通透圆孔，孔径16厘米。墓冢门朝西北，墓室三间，用条石砌成，中室墓顶石板刻有花纹。墓室里有一块画像石，长160厘米，宽90厘米，厚20厘米。墓前原有旗杆石，20世纪50年代农业合作化时，墓冢被平掉了，旗杆石也被挪作他用。现在，两面有浮雕画的石碑存竖在诸葛亮故里纪念馆院内，画像石收藏在沂南博物馆。经专家确认，这两件石刻是汉代遗物。

曹嵩冢在阳都城附近的说法，并非现代人为了拉名人以扩大家乡名声，而是史籍中早就有记载的。

北宋《太平环宇记》记载：“魏曹嵩墓，在县南一百二十五里。《魏志》曰：‘太祖父嵩避地琅邪，为徐州刺史陶谦所杀，遂葬于此。’”这里的“县”指的是当时的沂水县。沂水县是隋朝开皇十六年（596）所置县，县名沿用至今。

元代于钦《齐乘》卷四“古迹”记载：“曹嵩墓，沂水县南百二十里。嵩，操之父也。避难琅邪，操使迎之，辎重百余两。陶谦别将张闿袭杀嵩于华费间，取其财物因奔淮南。”

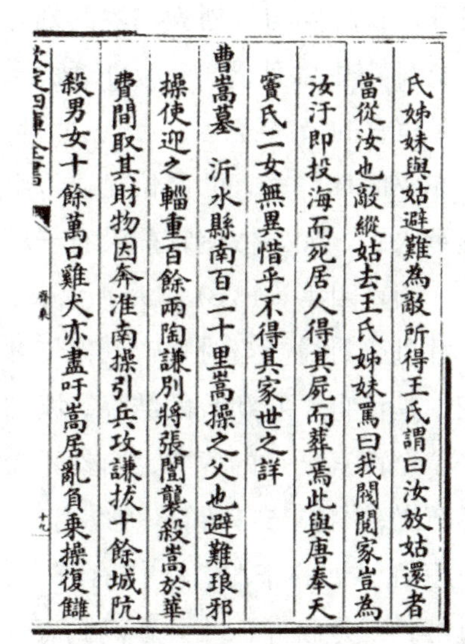
氏姊妹與姑避難為敵所得王氏謂曰汝放姑還者當從汝也敵縱姑去王氏姊妹罵曰我閥閱家豈為汝汙即投海而死居人得其屍而葬焉此與唐奉天竇氏二女無異惜乎不得其家世之詳

曹嵩墓　沂水縣南百二十里嵩操之父也避難琅邪操使迎之輜重百餘兩陶謙別將張闓襲殺嵩於華費間取其財物因奔淮南操引兵攻謙拔十餘城阬殺男女十餘萬口雞犬亦盡吁嵩居亂負乘操復讎

《齐乘》截图

明嘉靖四十四年（1565）版《青

州府志》卷十一《陵墓·沂水》记载："汉曹嵩墓，在县南百里。嵩，操之父。"

乾隆《大清一统志·沂州府》记载："曹嵩冢。曹操之父。太平寰宇记：在沂水县南一百二十五里。"

清末杨守敬和弟子熊会贞所著《水经注疏》引用了《魏志》和《寰宇记》中曹嵩被杀后葬于阳都的记载，并对亳州曹嵩墓提出疑问："谯城南之冢，盖后改葬乎？"但是，《魏书·地形志》记述："陈留郡领县……小黄，刘裕置，魏因之。有曹腾墓、曹嵩墓、邓艾祠。"陈留郡小黄县，就是今安徽谯县，属亳州市区。北魏郦道元《水经注》也记载："（谯）城南有曹嵩冢，冢北有碑。"

哪种说法为真？阳都为什么有曹嵩冢？两地曹嵩冢有什么关系？

这需要从曹嵩的身世说起。

曹嵩的身世

曹嵩是东汉末年人，字巨高，他的父亲是宦官曹腾。

宦官是中国古代专供皇帝、君主及其家族役使的官员。曹腾从小当太监，因为曾陪伴当时还是皇太子的刘保读书，刘保登基后曹腾就官运亨通了，由黄门从官升迁为小黄门，又升迁中常侍。公元146年，9岁的皇帝刘缵被外戚梁冀毒死，曹腾参与策划立15岁的刘志继皇帝位。刘志当皇帝，曹腾自然官运亨通，立即由中常侍晋升为大长秋，封费亭侯。大长秋仅定员一人，年俸二千石，是宦官的最高官位。

东汉时期，宦官的爵位是可以继承的。如果在做宦官前已有子嗣，自然就有继承人了。如果做宦官前没有子嗣，谁来继承爵位呢？《后汉书·顺帝纪》记载：阳嘉四年（135）二月十六日，顺帝刘保开始让宦官可以收养男孩作为后人，并世袭封爵。当时顺帝刘保年才21岁，这一政策的出台，显然出自宦官的意图，是宦官左右朝政的结果。既然前朝已有允许宦官收养孩子为嗣的政策，已经位至宦官极点的曹腾，自然不会放弃这一政策红利的，他收养了一个儿子起名曹嵩，期望与自己的"腾"字一样，能飞黄腾达，高耸独秀。

宦官养子的来源，大体有三个：一是从同宗族中过继，二是从异姓姻族中过继，三是收养孤儿。曹嵩到底是什么身世？袁绍在《讨司空曹操檄》中，骂曹操的父亲曹嵩是"乞丐携养"，分明说曹嵩是曹腾收养的乞儿。此后，关于曹操身世的传闻在其政敌中流传，东吴人写的《阿瞒传》中，又称曹操之父曹嵩为“夏侯氏之子，夏侯惇之叔父”。到了晋朝，郭颁《魏晋世语》也沿袭这一说法。因为当时没留下资料，导致众说纷纭，难以定论，所以陈寿《三国志》说：曹腾的养子曹嵩，官做到太尉，他出生前后的情况搞不清楚。

曹嵩是不是夏侯氏之后？这个谜底已被现代科学技术揭开了，这就是复旦大学历史学和人类学联合课题组对曹操家族DNA研究最新成果：通过现代基因反推和古DNA检测双重验证，100%确定曹操家族DNA的Y染色体SNP突变类型为O2*—M268，目前可确定，曹操并非汉代丞相曹参的后人，也并非从夏侯氏抱养，曹操之父应来自家族内部过继。这个结论及其相关论文已于2013年上半年在国际著名学术杂志《人类遗传学报》上发表，并得到国际认可。

曹腾行事谨慎，在宫廷里面供职三十多年，经历了四位皇帝都未曾有过失。他为人胸怀宽广，所推荐的人才也都成为天下知名的人士，为后人创造了良好的生存和为官环境。

封建社会时期为弥补财政困难，允许士民向国家捐纳钱物以取得爵位，叫“捐纳”，俗称“捐官”。“捐纳”制度始于秦朝，延续到汉朝之后，买卖官位的市场就变得更加成熟。到了汉灵帝时期，因国家财政枯竭，灵帝还公布了卖官价格，买官时既收现钱，还可以赊欠，并且不同的买官人也有不同的价格。由于所得金钱贮存于西园，史称“西园卖官”。曹腾死后，曹嵩不仅继承了曹腾的遗产，还承袭了曹腾的费亭侯爵位。他在宦官集团的政治卵翼下青云直上，官历司隶校尉、大鸿胪、大司农。但他并不像养父那样是个清廉之人，他不仅权力欲望极高，而且善于因权导利。官至大司农后，他认为这个职位并没有什么实权，还想谋取太尉之位。太尉位列三公，掌管军事，为三公之首，官位和权力仅次于大将军。当时，这个职位的“捐纳”价位在1000万钱以上，价格算是很高的了。但就是这样一个成本颇高的职位，想“捐纳”的人也并不在少数。曹嵩长袖善舞，力挫群雄，最终如愿以偿。据《后汉书·曹腾传》记载，为得到这个职位，他通过货赂中官的手段，向“西园”捐纳了“一亿万钱”，买到了太尉这个职位。由此，曹嵩家财之巨可窥一斑。

东汉后期，宦官集团与外戚集团争夺权势，相互倾轧，异常激烈。这时，皇后的异母兄弟何进任大将军，外戚势力膨胀，政治斗争的形势不利于宦官集团。中平五年（188），曹嵩被罢免了太尉之职，继任太尉的樊陵，不到一个月也被排挤下来。宦官集团与外戚集团明争暗斗，势如水火。

对于曹嵩的去向，《三国志·曹操传》记载：“太祖父嵩，去官后还谯，董卓之乱，避难琅邪。”曹嵩被罢免了太尉职务后回到了老家谯县，董卓叛乱的时候，到琅邪避难。

曹嵩为什么离开京都？为何没有去他的封地费亭而回到了家乡谯县？为什么到琅邪避难？《三国志》没有明确的记载。但通过综合分析这段时间内发生的大事件，还是可以厘清他离京原因和大体行踪脉络的。

公元189年，灵帝刘宏病死，17岁的皇子刘辩继承皇帝位，何太后临朝听政，政治风云骤起。先是宦官集团为攫夺兵权组建了京城八大禁卫军，太监出身的蹇硕当上了八大禁卫军的首领。外戚集团感到了危机，外戚何进便派遣心腹四出各州郡招募兵马，并邀董卓进京钳制宦官势力，又联络京城的武职官吏，监察宦官及其党羽的不法行为，明着微恶严惩，暗地密谋诛杀宦官。宦官见大事不妙，便再三拜见何进，有意缓和对立气氛。何进见各州郡招募的兵马还未完全汇集到京城，对宦官的势力还有所顾忌，又考虑到下一步还要与朝廷显贵进行角逐，便对宦官说：“天下动乱，就是因为憎恶你们。如今董卓马上要到了，各位何不早点各自回乡躲避一阵子？”劝宦官放弃权力，离开京城。时任司隶校尉的袁绍，本来与何进合谋诛杀宦官，见何进瞻前顾后，就假传何进的命令，号令各州郡捕杀宦官亲属及其党羽。接着，宦官集团诛杀了何进，袁绍又尽杀宦官。当年，董卓进京，把皇帝刘辩废为弘农王，另立刘辩的弟弟陈留王刘协为帝，又派人把弘农王母子毒死。董卓自称太师，专擅朝政。

灵帝中平五年（188），曹嵩被罢免了太尉，但他没有立即离开京城，还在观望，以图东山再起。当何进要求宦官离开京城时，曹嵩才意识到宦官集团大势已去，决计离开京城这一政治旋涡。费亭（在今河南永城市）虽是自己的封地，但离京城较近，到费亭去也难以安生。为远离政治漩涡，曹嵩直接回到了老家谯县（今安徽亳州）。

董卓进京后的专横行径激起了东汉朝野的一致反对，各州牧守纷纷割据自立。董卓为扩大自己的势力，拉拢曹操，任命他做骁骑校尉。曹操不愿为董卓效劳，逃出洛阳，投奔了好友陈留郡（治所位于今河南开封市陈留镇）郡守张邈。陈留郡原是刘协当皇帝前的封国，这里的官民对刘协有一定的感情，董卓进京后把刘协当成了他的傀儡，也引起了陈留郡官民的愤恨。陈留郡属兖州，兖州刺史刘岱是反董卓的。因此，曹操在陈留招兵买马，号召天下英雄讨伐董卓的计划，得到了兖州刺史刘岱和陈留郡守的默许。

曹操在陈留郡招得了大约五千人马，于中平六年（189）十二月在陈留郡己吾县打出了讨伐董卓的大旗，曹操的好多族亲也都加入了曹操的队伍。但曹操的父亲曹嵩却不肯相随，因为他不仅有家财万贯，而且视财如命，既怕曹操起兵累及家财，又怕兵乱祸及性命。谯县虽然隶属于沛国，与己吾县不相干，但曹操起兵后家乡必然不安全了。因此，曹嵩便与少子曹德离开谯县到琅邪避乱。

曹嵩为什么到琅邪避乱？到琅邪的哪里避乱？《三国志》没有交代，其他史籍也未见明确记载。除了琅邪远离京城，董卓之乱时还相对比较安定这条原因以外，曹嵩在琅邪阳都有豪宅也是一个重要的原因。

汉末宦官专权，穷奢极欲。《后汉书·宦官列传》序言说：戴高冠、挂长剑、佩朱绶、怀金印的宦官，布满宫中；封列侯、拜郡守、掌权统治他人的宦官，大抵数以十计；他们的府署馆第星罗棋布，不仅京城里有，边鄙之城也有；子弟宗族及其依附人口，超过了州国的一半；南方的黄金、西方的和氏璧、细薄透明的绢纱之类，装满了宝库；姬妾侍女、歌童、舞女一类的玩物，充斥着华丽的房室。

曹嵩的养父曹腾官至大长秋，是宦官的最高官位，后来“捐纳”到了太尉，位列三公，掌管军事，权力炙手可热。他虽然不在拜郡守掌权统治他人的宦官之列，但也是封列侯、戴高冠、挂长剑、佩朱绶、怀金印的宦官之类。既然当时宦官们纷纷在繁华之城或边远之邑建府署馆第，曹腾构建自己的豪宅也是必然的。在远离京城的琅邪阳都建造自己的豪宅，也符合他谨慎的性格。如此一来，视财如命的曹嵩怕祸及自己，带着万贯家财千里迢迢地到琅邪避难也就顺理成章了。

阳都古城附近有一通清嘉庆十年（1805）《重修观音殿记》碑，碑文记载：“沂邑之南，距城百里，旧有白玉庵，乃魏王城旧址也。”对于魏王城名称的来历，旧《沂水县志》认定：北魏拓跋氏曾在阳都故城旧址上置发干县，因为北魏在这里重修了已废毁的县城，因此俗称魏王城。其实，认定北魏曾在此置发干县是错误的（详细论证见笔者《阳都古史钩沉》之《阳都城与发干城魏王城》）。

老百姓所说的魏王城与发干县无关，而与曹操的父亲魏太王曹嵩有关。公元216年，汉献帝刘协敕封曹操为魏王时追封曹嵩为魏太王。曹嵩敕封魏太王虽然是在被杀以后，因为魏太王曾在这里居住过，魏太王死后又埋葬在这里，当地老百姓以曹嵩的“魏太王”来称呼该城堡为“魏王城”，实际是“魏王城”名称的真正来源。

因财起祸端

曹操起兵后，虽然经历了一些曲折顿挫，但他的势力还是不断地壮大，逐渐积聚了可以争夺天下的资本。初平三年（192），青州黄巾军攻入兖州杀了刺史刘岱，兖州的官吏请曹操担任兖州刺史。曹操收降了黄巾军30万兵众，选择精壮强勇编队，号称“青州兵”。从此，曹操在兖州建立了比较强固的根据地。

当时兖州的治所设在济阴郡鄄城（今山东鄄城县北）。曹操时刻挂念着在琅邪避难的老父亲，便筹划把父亲接到他的府邸来随他生活。兴平元年（194），当曹嵩一家老小行至蒙山前华县与费县之间时，突遭灭门之灾，财物也被抢劫一空。

这场灭门惨案，也许因为不是军事大事件，所以正史都记载得非常简略。《三国志·曹操传》仅记载：曹操的父亲曹嵩，离职后回到家乡谯县。董卓作乱时，到琅邪避难，被陶谦杀害了。《后汉书·曹腾传》也仅记载：曹操起兵，曹嵩不肯相随，乃与少子到琅邪避乱，结果被徐州刺史陶谦杀了。《后汉书·应劭传》记载得稍详细一点：曹嵩及幼子曹德，从琅邪进入太山郡境，太山郡太守应劭派兵迎接。徐州牧陶谦因为怨恨曹嵩的儿子曹操数次进犯徐州，得到曹嵩投奔曹操的消息，就派轻骑追赶曹嵩父子。曹嵩父子进入太山郡后，应劭的迎接的兵马还没有赶到，陶谦的追兵就把曹嵩父子杀死在古华县和费国之间了。

对于这件事，晋朝人郭颁《世语》描述得更有戏剧性：曹嵩住在太山郡华县，应劭还没有赶到，徐州牧陶谦怨恨曹嵩的儿子曹操曾多次攻打徐州，就派数千轻骑去拦截曹嵩。曹嵩和曹德听见马蹄声，以为是曹操派人来迎接他们了，当即打开大门放他们进来。不料这些人见人就杀，曹德见情形不妙，立刻带着家里的侍卫挡在前面，一边杀敌一边劝曹嵩快逃。曹德被杀死在住所门口，曹嵩逃往后院，见后墙有一个小洞，让小妾先出去。小妾体肥，卡在了洞里。追兵呐喊着寻来，曹嵩躲入茅厕。追兵先杀死了小妾，又在茅厕里找到了曹嵩一并杀死了。应劭遣来迎接的兵马赶到时，陶谦的追兵早已劫持着辎重车辆不知去向。应劭害怕被曹操追责，也弃官逃奔袁绍去了。

尽管史籍记载的时间、地点、因果关系及情节不尽相同，但曹嵩被杀的基本事实是相同的：阳都在东，鄄城在西。曹嵩父子出阳都西行，过蒙河，然后

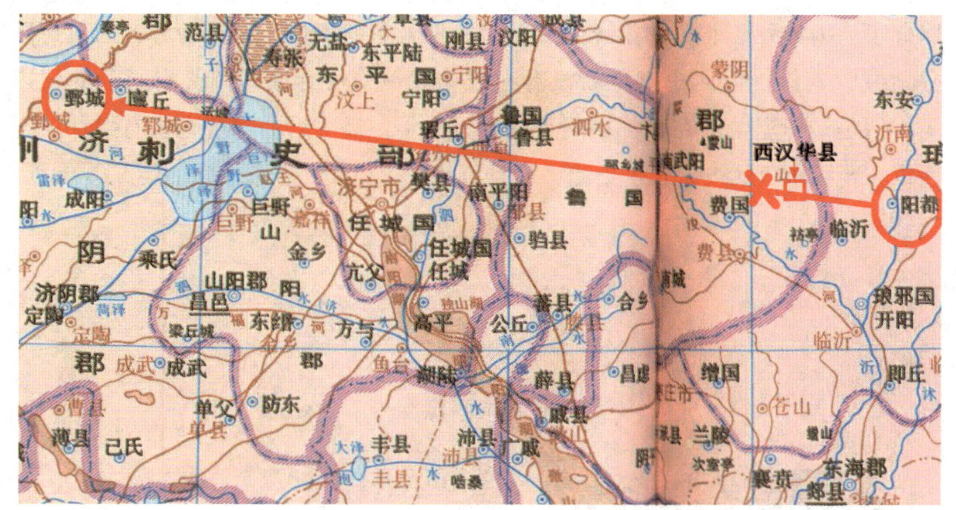

曹嵩投奔曹操路线及被杀地点示意图

（谭其骧《中国历史地图集·东汉》）

奔蒙山前的东西大道。路途中虽然没有高山险径，但也需要过河越岭。曹嵩辎重车百余辆，搬家队伍浩浩荡荡，行动非常缓慢，结果在蒙山前华县与费县之间被杀了。无论是谁杀的，都与陶谦有一定关系。

曹嵩的坟茔

从势力上看，曹嵩被杀时，曹操的势力范围还没有达到他的家乡豫州沛国谯县，还难以在家乡厚葬父亲；从时间上看，曹嵩被杀后，曹操接连两次讨伐陶谦，没有充裕的时间将父亲棺葬故里。阳都城本是曹嵩的避难之地，曹嵩被杀地点离阳都城尚不远（直线距离约30公里），曹操便顺势将曹嵩葬在了阳都城附近。

杀父之仇，不共戴天。况且，天下大乱，牧守割据，相互吞并已经开始，以报杀父之仇的名义讨伐陶谦更是堂而皇之的理由。于是，曹操开启了攻打徐州讨伐陶谦的战役。曹操于冬春两次讨伐陶谦，所到之处，一律屠城，可谓鸡犬不留。经过两次攻打徐州，陶谦的地盘被曹操尽收囊中。

建安元年（196），曹操把汉献帝迁到许县（今河南许昌），取得了挟天子以令天下的优势。公元213年，曹操位晋魏公，开始步入了他权势的鼎盛时期。他不仅模拟开国帝王的礼制，营建曹魏王朝的社稷宗庙，而且按传统礼制，大规模地整修先人的坟茔。就是这个时候，曹操将父亲曹嵩的遗骨迁回家乡谯县厚葬了。因为死于非命葬于异乡并不是一件光彩的事情，曹操为尊者讳，对原葬地缄默其口，因而史书也就没有记载初葬地，仅有谯县“曹嵩冢”的记述了。但是，毕竟曹嵩在阳都城附近埋葬了多年，迁葬后的空墓也没有毁坏掉，所以“曹嵩冢”就被记入了史籍，而且流传在了民间。

附图1：

曹嵩冢画像穿

高116厘米，宽50厘米，厚24厘米，顶部呈圆弧状，扁平面中上部有通透圆孔，孔径16厘米，它的正确名称叫“穿”。“穿”是用作举行葬礼的葬具。古代，贵族官僚墓穴都很深，为了方便将棺木顺利地下到墓穴底，往往在墓穴的四角设竖石，用来辅助下葬。《礼记·檀弓下》记载：“公室视丰碑。”汉代郑玄注曰：“丰碑，斫大木为之，形如石碑，于椁前后四角树之，穿中，于间为鹿卢，下棺以缕绕，天子六缕四碑。”用今天的话来说，“丰碑”是砍大木头做成的，停棺下葬时，在墓穴四角各设置一个，碑上有圆形穿孔，绳子一头系在棺椁上，一头绕在轱辘上，将棺椁平稳地放入墓穴之中。用“穿”下葬，不仅是为了顺利方便，更是一种仪式。东汉时期，重视厚葬。这一时期的“穿”，已由木质发展到石质，而且刻有图案，成为高贵身份的标志。随着时光的推移，石质的“穿”上不仅刻有图案，而且铭有文字褒扬死者。这种有文字的石质“穿”，已经从下葬用的功能逐渐转变为记述死者事迹的功能，成为墓碑。

附图2：

曹嵩冢画像石

原石照片

拓片图片

长160厘米，宽90厘米，厚20厘米。画像内容分为三层：上层是仙树、楼阁、青龙、白虎和手持弓箭的人物等；中间是男女主人男左女右端坐于楼阁内，两侧是抚琴、执便面的侍者及排队等候前来拜谒的官员；下层左侧是抛长袖跳鼓舞的艺人，右侧为10人组成的乐队，既有吹笙、埙、排箫者，也有弹琴、击打小鼓的女子。现藏沂南县博物馆。

诸葛亮形象的由来与定型

——历代诸葛亮造像辑梳

现代人心目中诸葛亮的相貌，大都来自各地武侯祠的塑像、文学著作的形象描述、影视剧的人物造型和画师的绘像作品。诸葛亮究竟是什么样子？因没有留下当时的绘图可以参考，也没有考古发掘材料可以证明，后人无从得知。但是，从史籍记载和后世造像的源流中，可以梳理出大致的形象轮廓来。

诸葛亮形象最早记载在陈寿《三国志》中

陈寿出生第二年，诸葛亮就去世了。陈寿的父亲是蜀国将领马谡的参军，陈寿本人曾任蜀汉卫将军主簿、东观秘书郎、观阁令史、散骑黄门侍郎等职。他在《三国志·诸葛亮传》中对诸葛亮形象做了如下表述：

亮少有逸群之才，英霸之气，身长八尺，容貌甚伟，时人异焉。

这是最早对诸葛亮相貌的描述，较为抽象简略。“身高八尺，容貌甚伟”，肯定不纯粹是艺术渲染，也一定有着来自父辈的述说。

关于三国时期一尺的长度，邱光明《中国历代度量衡考》认定，三国时期的一尺约相当于现在的24厘米[①]。按照这个数据计算，八尺就是1.92米。实际上“身长八尺”的表述，意在夸张诸葛亮身材高大而已，并非精确的身高。但即便是不精确，怎么也得是 1.85米以上的身高了。陈寿是蜀人，与诸葛亮相去不远，他记载的身高及容貌概况可信度是很高的。

东晋时期，裴启“志人小说”《语林》对诸葛亮的装束做了最早的描述：

---

① 邱光明著《中国历代度量衡考》第三章《三国至南北朝的尺度》称：“近年来收集到 1940 年以后出土的三国时尺共6支……平均长度平均为24厘米……据文献记载结合实测，这一时期的尺度比东汉略有增长，故厘定每尺长为 24 厘米。”

乘素舆，著葛巾，持白羽扇，指麾三军，众军皆随其进止。宣王闻而叹曰：可谓名士矣！

此后南朝梁时，《殷云小说》也有诸葛亮形象的描述：

武侯与宣王治兵，将战，宣王戎服位事，使人密见武侯，乃乘素舆葛巾，自持白羽扇指麾，三军随其进止。宣王叹曰：真名士也。

殷芸的记载虽然沿袭了裴启的描述，但也再次强化了诸葛亮的名士形象。从此以后，素舆（没有装饰的车）、葛巾、毛扇三种具有象征性的服饰道具，成为后世塑造诸葛亮形象的标志。

诸葛亮最早造像出现在后主刘禅诏令设立的武侯庙中

陈寿《三国志·诸葛亮传》记载：“景耀六年春，诏为亮立庙于沔[①]阳。”

按照汉代礼仪，臣子不能立庙祭祀，有功之臣只能袝祀于皇帝的祠庙中。关于“诏为亮立庙于沔阳”的起因与过程，晋人《襄阳记》有详细记述，裴松之为《三国志》作注时引用了这一说法。大体意思是：

诸葛亮去世后，许多大臣奏请为诸葛亮立庙，后主刘禅认为不合“礼秩”未予批准。因为没有祠庙，蜀国百姓便按时节在道陌之上进行私祭，这种局面一直延续着。诸葛亮去世二十多年后，蜀汉政权摇摇欲坠，百姓为求平安，私祭更加普遍。在这一背景下，大臣习隆、向充等人奏疏说：周人怀念召伯、越王思念范蠡，“均铸金以存其像”；汉兴以来，小善小德而“图形立庙者”也很多；诸葛丞相德范遐迩，勋盖季世，王室不坏，实赖斯人；因为没有为他立祠庙，才出现了“百姓巷祭，戎夷野祀”的局面；如果顺民心而建祠庙，则没有“礼”的依据，况且在京城为诸葛亮建祠庙，离皇帝的庙太近，也不合适；可以在他的墓地附近建祠庙，使“亲属以时赐祭”，“其臣故吏欲奉祠者，皆限至庙。断其私祀，以崇正礼”。于是，刘禅便于景耀六年（263）春诏令为诸葛亮立庙。

习隆、向充奏疏所说的“铸金以存其像”“图形”，就是指在祠庙里塑像或画像。虽然《襄阳记》没有表述诸葛亮庙的规制，但结合奏疏所言和当时蜀

① 沔，水名，汉水的上游，在陕西，古代也指整个汉水。按：沔水流经地汉置沔县。1964 年 9 月，因“沔”字生僻难认，经国务院批准改“沔县”为“勉县”。

国面临的危机形势及社会舆论分析，后主刘禅下诏令所立诸葛亮庙，庙堂内一定有塑像或画像。当时，诸葛亮去世才30年，熟知他形象的官员还很多，无论是塑像或画像，应该是尽其所能符合本人相貌的。

这一始建祠庙的存续情况，今见最早记载是郦道元《水经注》：

诸葛亮之死也，遗令葬于其山，因即地势，不起坟垄，惟深松茂柏，攒蔚川阜，莫知墓茔所在。山东名高平，是亮宿营处，有亮庙。①

诸葛亮去世前留下遗愿，葬汉中定军山，因山为坟，冢足容棺，敛以时服，不须器物。二百多年后，墓茔已隐入密林之中莫知所在，但祠庙尚存，可知存续期间沔人是不断修葺的。也可知，祠庙中诸葛亮塑像或画像一定是深入人心，世代相传的。

可考的诸葛亮最早画像出现在唐代

从诸葛亮第一座祠堂有了塑像或画像开始，又有多少人为之造像，已无从考究。依据文献资料可知，唐朝大画家阎立本曾经画过诸葛亮像，到南宋时朱熹还见过。此事，朱熹《跋武侯像赞》②记载：

乾道丁亥岁予游长沙，见张敬夫书室有武侯画像甚古，云是刘丈子驹家藏，唐阎立本笔。因谓敬夫："盍为之赞？"敬夫欣然，口占立就，语简意到，闻者叹服，以为非深知武侯心事者不能道也。王兄齐贤因摹本，而属敬夫手题其上。后二十九年，齐贤诸子出以视予。俯仰畴昔，如昨日事，而三君子皆不可见矣，为之太息！记其下方。

这段话译为现代汉语是：

乾道三年（1167）我游长沙，见好友张敬夫（张栻，字敬夫，后避讳改字钦夫，又字乐斋，号南轩，学者称南轩先生）书斋诸葛武侯画像已经很有年岁了。张敬夫说是好友刘子驹（刘芮字子驹，丈是对老年男子尊称）的珍藏，是唐朝阎立本的手笔。我问张敬夫：何不为该画题赞呢？张敬夫欣然应允，即时口占赞语。张敬夫的赞语言简

①《水经注》卷二十七《沔水》。
②《四库全书》之《晦庵集》卷八十三。

意明，在场的人都赞叹称好，认为不深知武侯心事的人是表达不出来的。后来，张敬夫请王齐贤（王师愈字齐贤，南宋学者，精书画，朱熹好友）临摹了阎立本所画武侯像，王齐贤又请张敬夫将口占赞语题写在画面上。过了二十九年，王齐贤的儿子将这幅临摹画拿给我看。往昔之景，宛在眼前，而三位好友（刘子驹、张敬夫、王齐贤）都已作古了。不禁叹息，特记之。

到了清中期，王齐贤临摹阎立本诸葛武侯像还以石刻画像的形式存在着。关于流传情况，乾隆时期学者赵翼《石刻诸葛忠武侯像歌》记载：

像为阎立本画，后有王齐贤摹本，张南轩赞，朱考亭书。印君鸿纬于畴城俞氏见之，借摹上石，以广其传。爰为作歌。

诸葛大名垂宇宙，岂须丝把平原绣。谁摹遗像入贞珉，墨本新翻唐画旧…… 右相丹青追仿佛,妙手重橅稿频易。南轩作赞考亭书，爱其人者宝其迹。清高既素宗臣容，题拂兼增大儒笔。印君遇之倍珍惜，更仿残缣寿诸石。遂使纶巾羽扇人，一身化作百千亿。我昔南游缅节度，七星关上拜公祠。宰相威仪儒者气，至今回忆俨须眉。老来访古倦行脚，得此庄严供斋阁。风貌宁烦粉本临，典型幸获瓣香托。愧无长策效驰驱，惟有清襟师淡泊。①

大意是：唐朝右相阎立本作诸葛亮画像后，绘画高手纷纷临摹。南宋人王齐贤有摹本，张南轩（张栻）为此画作“诸葛武侯像赞”，朱考亭（朱熹）记录了亲见阎立本所画之像的经过。热爱诸葛亮的人都非常喜欢此画此诗此文。诸葛武侯画像的样子清高肃雅，品评褒扬的诗词与文字均出自大儒之手。清代昆山县畴城人印鸿纬得到此画倍加珍惜，用双丝细绢临摹后刻于石上使之长久流传。于是，诸葛武侯画像被人们从石碑上拓印下成千上万张来。我昔年出任遥远南方的地方官，在七星关瞻拜了诸葛公的祠庙。丞相威严的儒者气象，至今历历在目。我年龄大了难以远行，便在书房内焚香恭拜诸葛武侯像。这一珍贵的诸葛武侯像，使我有了心灵的寄托。惭愧没有长策大略像诸葛丞相那样为皇帝效力，唯有以高洁的胸怀师法先生淡泊的心态。

赵翼是乾隆二十六年(1761）探花，三十六年(1771)四月升贵州分巡贵西兵备道，十月份自滇赴蜀进剿金川，途经贵西威宁、毕节等处。据乾隆《毕节县

① 潘时彤纂辑，吴洪泽校点：《昭烈忠武陵庙志》（清雍正刻本）。按：本文载录时，未录入歌颂武侯伟业的诗句，以“……”代之。

志》记载："武侯庙，在（毕节）城西九十里七星关旁。"赵翼"七星关上拜公祠"就在途经毕节时。由《石刻诸葛忠武侯像歌》可知，赵翼是在七星关"得此庄严"（拓本像）的。也就是说，到乾隆年间，阎立本所画诸葛亮像的摹本，还在毕节以石刻像的形式存于世。

赵翼《石刻诸葛忠武侯像歌》序说："像为阎立本画，后有王齐贤摹本，张南轩赞，朱考亭书。"这一记述与朱熹《跋武侯像赞》所记一致，可互为佐证。

《石刻诸葛忠武侯像歌》序中所提及的"张南轩赞"，即张栻所作的《诸葛武侯像赞》。其赞语曰：

> 惟忠武侯，识其大者，仗义履正，卓然不舍。方卧南阳，若将终身，三顾而起，时哉屈伸。难平者事，不昧者机，大纲既得，万目乃随。我奉天讨，不震不竦，维其一心，而以时动。噫侯此心，万世不泯。遗像有严，瞻者起敬。①

综合朱熹和赵翼的记述可知：唐朝阎立本所画诸葛亮肖像，流传到南宋时，王齐贤进行了一次临摹；流传到清朝中期时已成为"残缣"，印鸿纬再次进行了临摹，并刻于石；赵翼得到的应是印鸿纬摹本的刻石拓片。

阎立本人物画是线描着色，虽经接续临摹和上石刻绘，但人物形态应是忠于原作的。

有记载的诸葛亮故事图像出现在五代蜀国

五代前蜀翰林待诏房从真，曾作以诸葛亮为主题人物的场景绘像《诸葛引兵渡泸》。对此，北宋《宣和画谱》卷八《宫室》记载：

> （房从真）成都人，工书画、番骑。尝于蜀宫屏壁间作《诸葛引兵渡泸》，布置甲马，恍若生动。

《宣和画谱》是宋代宫廷所藏绘画品目的记录著作，在记述"今御府所藏"房从真八帧画作名称时，已没有《诸葛亮引兵渡泸图》了。虽画作无存，但亦可知自唐开始，诸葛亮故事已成为人物画的一个热门题材。

---

① 潘时彤纂辑，吴洪泽校点：《昭烈忠武陵庙志》（清雍正刻本）。

宋代尚有诸葛亮图像流传

宋代，阎立本所绘诸葛亮图像（原作或摹本）的流传及摹本，虽已见诸文字记载，但未见其图。明代人项元汴所辑《天籁阁旧藏宋人画册》[①]收录了宋人所作15幅画，其中有“三顾草庐”图。（见下图）

该画未见题款，收藏者名之为“三顾草庐”。从画面看，刘备居中心位置，端坐于座椅上，随身带来的一队人马，列队整齐，旌旗招展，正在隆重迎接诸葛亮出山。诸葛亮稳坐草庐中，仅露多半个身子，服饰难以辨析。本图虽是以刘备为核心的画作，但已证明宋代诸葛亮的故事就已成为文人绘画的重要题材了。

项元汴，浙江嘉兴人，明万历年间著名收藏家、鉴赏家。因得到一副铁琴，琴上有印有“天籁”二字，遂将其藏书楼命名为“天籁阁”。《天籁阁旧藏宋人画册》后归明末清初画家王时敏所得，民国时易为商务印书馆经理、发行所所长李宣龚珍藏。因藏本传承有序，宋人画作真实可信，商务印书馆于1922年初版影印发行。《天籁阁旧藏宋人画册》之“三顾草庐”图，虽然不是诸葛亮肖像画，但确是迄今所知最早的诸葛亮可视形象。

除此诸葛亮故事图像外，苏轼、王柏、陈淳等大家的“画像赞”，也证明宋代是有诸葛亮肖像流传的。

赞，旧时称颂人物的一种文体，多用韵文写成。苏轼《诸葛武侯画像赞》[②]曰：

① 项元汴辑：《大籁阁旧藏宋人画册》，商务印书馆，1955 年版 。
② 潘时彤纂辑，吴洪泽校点：《昭烈忠武陵庙志》（清雍正刻本）。

密如神鬼，疾若风雷。进不可挡，退不可追。昼不可攻，夜不可袭。多不可敌，少不可欺。前后应会，左右指挥。移五行之性，变四时之令。人也？神也？仙也？吾不知之。真卧龙也！

苏轼是北宋中期的政治家、文坛领袖。从《诸葛武侯画像赞》中，不仅看出他对诸葛亮由衷的赞美，也可从中得到一个信息：宋代是有诸葛亮画像的。至于苏轼看到的这幅像是阎立本的传世之作，还是名家摹本？抑或北宋人的创作？这一切已难以考证了。

王柏，字会之，南宋时人，以教授为业，曾受聘主丽泽、上蔡等书院。王柏著述丰富，有《诗疑》《书疑》等刊行。其《题诸葛武侯画像》[①]曰：

隆中高卧匪无情，鼎峙规模岂素心。
自是将军三顾晚，坐看世变转移深。

王柏少慕诸葛亮，自号长啸。三十岁后觉“长啸非圣门持敬之道”，遂改号鲁斋。从《题诸葛武侯画像》可知，他见到了诸葛亮画像后，才发出了“坐看世变转移深”的感慨。

陈淳，字安卿，朱熹晚年得意门生，南宋理学家。其《题像》[②]诗曰：

国劳三分阵碛空，却将轻素写遗容。
汉中晏驾英雄老，世上何人识卧龙。

可以断言：清代乾隆年间尚有阎立本所绘诸葛亮的石刻本；宋人创作的诸葛亮画像，也一定是以阎立本所创诸葛亮形象为母本的。

元《至治新刊·新全相三国志平话》插图是诸葛亮故事画册的滥觞

元代至治（1321–1323)年间，建安虞氏《至治新刊·新全相三国志平话》（以下简称《全相平话》）刊行。所谓“全相”，就是上图下文。这个刊本已不纯是供艺人讲史时参考本，也是供人们阅读的一个读本。《全相平话》封页的图像是《三顾孔明》，场景是：最左侧草庐中有一人双腿盘坐，束发挽髻，发巾两角左右下垂；交领右衽，褒衣广袖，腰间系带打结，衿领、袖口、下摆

① 潘时彤：《昭烈忠武陵墓志》。
② 同上。

皆有修饰；左手执书，神态自若。这是诸葛亮第一次出场的形象，也是书中诸葛亮最常见的穿戴。

《全相平话》封面《三顾孔明》

《全相平话》文中还有一幅名为《三顾孔明》的插图，诸葛亮端坐茅庐中，头戴葛巾，右手持扇，完全是一幅深山修行的道家形象。文中插图《赤壁鏖兵》中的诸葛亮，是“祭风”时的道人形象。这三帧有关诸葛亮的插图，是故事情节瞬间凝固的形象，人物形象虽古拙简略，但标志明显，有别于他人。

《全相平话》插图《三顾孔明》

《全相平话》插图《赤壁鏖兵》

《全相平话》有插图69幅（不包括封页），其中有诸葛亮出场的17幅。这种图文“上下”结合的阅读模式、插图“连环”相扣的展现模式、上图下文几乎一一对应的“图文”模式，成为中国连环画的滥觞。以插图的形式表现诸葛亮，遂成为诸葛亮绘画的一个重要分支。

值得一提的是，诸葛亮形象由“葛巾”到“纶巾”的演变。

东晋裴启《语林》中诸葛亮的形象是“著葛巾”，到元《至治新刊·全新相三国志平话》中诸葛亮还是“著葛巾”。但在明朝罗贯中《三国志通俗演义》中，诸葛亮就“头戴纶巾”了。葛巾是用葛布制作的头巾。因为用麻类纤维织成的葛布粗疏而柴硬，所以葛巾就既透气又容易定型，是魏晋时期名士的最爱。纶巾是幅巾的一种，以丝带编成，一般为青色，从材料的角度讲应更为名贵。明嘉靖二十七年（1548）刊行的《新刊通俗演义三国志传》十卷本，是现存最早的《三国志演义》小说插图本，这时不仅“葛巾”易名为“纶巾”，而且插图中诸葛亮的“纶巾”也区别于其他人的“纶巾”，即两巾角很长，几乎垂过肩膀。诸葛亮除了正式冠服和散发祭祀时，其他时候都以束“纶巾”的形象出现。因而有些插图中只出现了他的背影或侧影，依旧能够分辨出来。

《新刊通俗演义三国志传》插图

“纶巾”的造型也是逐步演变的。刊于万历十九年（1591）的金陵万卷楼本“通俗演义”，所绘“纶巾”的五个卷褶在头部之上，更高一些，耳后纶巾垂角也卷于头上，把头发都包裹起来。清代咸丰三年（1853）善成堂刻本《四大奇书第一种》中的诸葛亮，“纶巾”已不是发巾，而是无簪的梁冠了。

万卷楼本插图《刘玄德败走江陵》 《四大奇书第一种》插图

明以前的文本和绘画中，出现了“羽扇”“葛巾”“氅衣”等几种具体的对于诸葛亮服饰的表述，但只是文人谋士一类人物形象的标志，还没有作为辨别诸葛亮形象的特征或者标准。直到明代《三国志演义》小说文本生成，诸葛亮的形象才逐渐固定，特别是“羽扇”“纶巾”和“氅衣”成了诸葛亮的标配和专属，并且“纶巾”的造型逐步演化，越来越符合当代人的审美意识。

元明时期诸葛亮形象表现形式呈现多元化

元代以降，不仅话本插图中有了丰富的诸葛亮可视形象，肖像画、人物画、山水画中也出现了诸葛亮的身影。有人统计，海内外现存的明清绘画作品中，关涉诸葛亮形象的画作有数十件之多。这些绘画大体可分为崇祀肖像、观赏艺术像、雅趣山水画三大类。崇祀肖像是以一个人为主体且不表现特定故事情节的画像，大多为职业画工所为，往往不具名。观赏艺术像大多是文人画家所为，而且有画龙点睛的题款。雅趣山水画必定是文人画家所作，山水与人物互相衬托，完美地融为一体。传世的诸葛亮画像，影响最大的是崇祀肖像。

以下辑录的元明清三代诸葛亮画像，按照分类和成像时间顺序简要分述如下：

1.崇祀类肖像

吴镇《诸葛武侯遗像》

纸本、设色，纵59厘米，横38厘米。民间收藏，见于中鼎国际拍卖有限公司“2009典藏民间艺术品四季拍卖会”。

吴镇，浙江嘉善县人，与黄公望、王蒙、倪瓒合称为“元四家”。这四人都与道教有关系。吴镇号梅花道人，又号梅道人、梅沙弥、梅花庵主。吴镇在《诸葛武侯遗像》左下方竖题“梅花道人吴镇恭绘”的单款。这是迄今见到的最早有明确落款的诸葛亮肖像。显然，吴镇是以道家“平和清逸”的审美心理去创作的，其作品也显然是“平和清逸”的道人形象。

南薰殿藏明代无款《汉诸葛武侯立轴像》

清乾隆十四年（1749），高宗检阅库中积储，发现所藏画像多斑驳脱落，乃命工部将内府所藏的历代帝王后妃、圣贤名臣肖像重新装裱，改贮于南薰殿中。因此，这批图像也被称作“南薰殿图像”。

南薰殿所藏画像中，有两帧诸葛亮画像。其一是明代无款《汉诸葛武侯立轴像》，绢本设色，纵192厘米、横95.6厘米。诸葛亮有须，纶巾，缁衣，系裳。上方题字，钤印五。

《汉诸葛武侯立轴像》省略了带有隐者意味的白羽扇这一符号，着力于表现诸葛亮作为贤相的一面。画心上部左右两侧分别有朱棡和吴从敬题写的像赞。

朱棡像赞：

> 炎刘失驭，汉辙倾东。遗世躬耕，草庐隆中。昭烈三顾，幡然景从。跨荆益以保岩阻，走曹瞒司马而角逐群雄。鱼复之石，八阵不移，赤壁之戈，一麾懋功。拜表出师，神行电迈。诚动天地，气凌云风。旷百世，贯古今，而不可度思。夫是为南阳之卧龙。

题字后落款“敬德堂书”。题字前后分别钤“敬德堂章”“晋府图书”和“冰清玉洁”三方印章。

吴从敬像赞：

> 南阳卧龙，炎刘倾否。三顾草庐，幡然而起。义正君臣，恩犹鱼水。肆七纵以征蛮，麾八阵于颐指。气吞吴魏，岿然鼎峙。据五丈原，走生仲达。呜呼！天不慭遗，长星坠矣。

题字后落款“吴镇敬”。题字前后钤印五方，其中四方分别为“豫章££”“琴寓图书”“吴氏从敬”“正肃公裔”，另有一印不可辨。

朱棡（1358年—1398），朱元璋第三子，封晋王。吴从敬，字允钦，江西贵溪人，洪武初年荐为授晋府长史。其钤印中“豫章”意即“江西”，“正肃公”即吴从敬先祖宋代参政执事吴育。根据该画无作者题款和两题赞人在世时间可知，成画时间至晚与朱棡和吴从敬同代，甚至在此二人之前，而且出于专业画师之手。

唐代阎立本所绘诸葛亮肖像一直流传，南宋时朱熹尚亲见原作真容，还记载好友王齐贤有摹本传世，朱棡所题佚名《汉诸葛武侯立轴像》也许就是以阎立本原作或王

齐贤摹本为母本而创作的。因为佚名《汉诸葛武侯立轴像》神形兼备，无论身材、服饰还是神态都成为后世创造诸葛亮形象的母本。

王瑞功主编《诸葛亮志》刊有一张石刻《葛武侯造像》，其造型与南薰殿所藏画轴相类似，应是南薰殿所藏诸葛亮立轴像的摹刻图。

南薰殿藏诸葛亮半身像

南薰殿藏《历代圣贤像册》，绘62名圣贤像，纸本，32三对幅，每幅纵44.55厘米，横39.6厘米，设色冠服半身像，各像题识。该像脸型上宽下窄，纶巾两折角修长而下垂。

南薰殿藏诸葛亮头像

南薰殿还有一帧诸葛亮画像为册页，与周公、姜太公、扬雄、欧阳修、苏洵、王安石、黄庭坚等45位周秦以降至两宋的名贤合为一册。每页纵41厘米，横33厘米，为半身像，设色。画像右上侧题“蜀汉丞相忠武侯诸葛亮”。每帧画像附有一页人物传记。现藏中国台湾故宫博物馆。

两件作品虽然一件是整身一件是半身，但所绘诸葛亮一为左侧像，一为右侧像，所戴纶巾的斜垂部分也略有不同。由于文献记载的缺失，现在已无法考证两件画像是否为同一人所绘，或者孰是母本孰为临本，抑或都是临摹前代的作品。但不管怎样，明代以来的诸葛亮肖像画几乎都和南薰殿所藏两画接近，反映出他们均来自同一源流。

诸葛亮半身肖像

明万历三十七年（1609）王圻与其子王思义编《三才图会》，明代天启元年（1621）进士诸葛羲与诸葛倬辑《诸葛孔明全集》，今人钟年仁编《明刻历代帝贤像》，都收录有诸葛亮半身画像。这三帧画像，虽然有的脸型方向相反，每帧细节有异，但造型与南薰殿本半身像基本一致。其中《诸葛孔明全集》之《忠武侯像》更接近明初佚名《汉诸葛武侯立轴像》。

选自《三才图会》

选自《明刻历代帝贤像》

选自《诸葛孔明全集》

清人端秀临南薰殿藏本《汉诸葛武侯像》

端秀，全名那木都鲁端秀，字午君、思端秀，生于清道光二十三年（1843）。吉林珲春县人，满族。

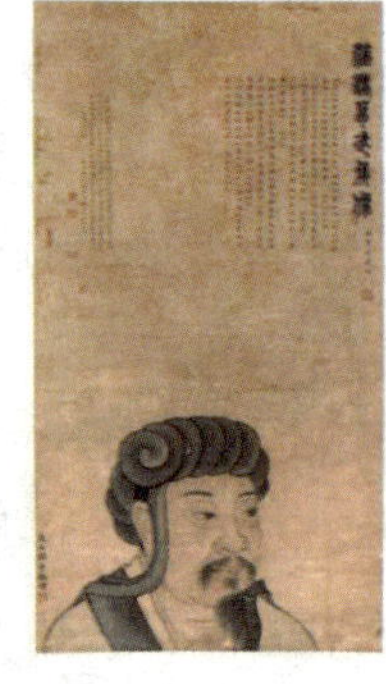

端秀《汉诸葛武侯像》，立轴，纸本，墨笔，纵 105 厘米、横 54 厘米，作于1897年。引首自题：“汉诸葛武侯像”“南熏殿藏本”。款下钤“富甲珍框”篆书朱文印。卷尾题“长白端秀敬绘”。款下钤篆书朱文“端秀印”。

右上题款文字为署名梧门法式善、全椒吴鼎、陈嗣龙、月郈图明阿、翼斋恭阿拉的赞语。

左上侧文字为沈修贤跋语：

> 光绪丙申冬，话端午君于鄞江，款留小住，衔杯读画，极得翕羽之欢，以所临武侯遗像见示。原本为法梧门祭酒所藏，后归恭翼齐通侯，传其孙桂亭都护、维庆都护，以拓本赠午君，遂得瞻仰。因丐重摹，名流题赞，悉并录于上。
>
> 丁酉夏六月下澣 古皖鹤子沈修贤谨识于古长江山中

根据沈修贤题款可知，此画母本曾经法式善等人递藏。端秀因故得拓本，遂临之，并尽录原本上名流题款。

端秀所临《蜀汉丞相忠武侯诸葛亮》，少了一些散淡、飘逸，多了一点深邃。面容略显疲惫，更突显了诸葛亮鞠躬尽瘁死而后已的忠贞。

《历代名人绣像选》诸葛武侯遗像

此像见于刘建超高家瑞主编《历代名人绣像选》（天津人民图书馆供稿，天津杨柳青画社1999年出版）。该画诸葛亮为道士装束，出处不详。人物服饰、装束虽然与南薰殿本不同，但其形象与南薰殿本相近。

这些崇祀性的肖像画，因其实用性功能居于第一位，所以特别要求是有所本，而且尽可能与前朝所绘的相貌接近。“相似性”是其最重要的特征。这类画像一般都不具作者姓名，大多为画工所为。

2.观赏性全身像

元朝不仅存续时间短，而且不同文化之间、不同民族之间、知识分子与权贵之间的矛盾突出，这些因素反映到文人身上，其作品便出现了“隐逸”化的倾向。一些文人画家所描绘的诸葛亮，不再是一种忠贞贤相的模式，而是带有仙道意味的隐士形象。这类人物画的功能主要在于观赏性。

诸葛亮坐榻像

绢本设色，纵60.5厘米，横45.2厘米。现藏北京故宫博物院。

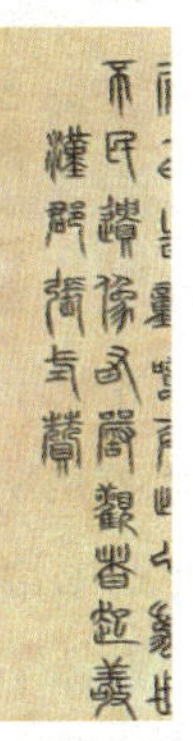

该画像绘诸葛亮手持如意，凭隐囊而坐。隐囊源于印度，系上流社会日常生活中的习用之具，汉译佛经中名作丹枕或倚枕。图左中有“赵氏子□”朱文印。

该画未见作者题笺。若“子□”为“子昂”，则是赵孟頫的表字。赵孟頫是南宋末期至元朝初期官员、书法家、画家，故有人认定为该画为赵孟頫所绘。国家文物鉴定委员会委员专家鉴定认为，该画是元代作品，但不是赵孟頫所作。

该画上有鉴藏印章多方。诗塘有篆书像赞，落款为“汉郡张式赞”，赞文与南宋张栻赞文一致。栻，古代占卜用的器具，形状像罗盘，后来叫星盘。式，本义为法度。书写赞文者将张栻像赞抄录于诗塘，且将张栻之“栻”易为“式”，似乎既有作伪以鱼目混珠之情，又刻意留有活口以供后人辨析之意。有人将此画作认定为清人赵翼所记阎立本画作，有人认定为赵孟頫作品，就是“张式”赞文的效果。

该图所画诸葛亮，盘腿坐几案之上，右手持扇，悠游自在，既表明了是未出茅庐之前的形象，又凸显其隐居优雅的情趣，是一幅典型的观赏性全身像，也明显地表现出了作者追求隐逸的思想倾向。

朱有燉《孔明读书图》

绢本设色，长134厘米，横54.4厘米。首都博物馆藏。

朱有燉，明太祖朱元璋之孙，永乐皇帝朱棣之侄，周定王朱橚嫡长子。袭封周王，藩地开封。

朱有燉是明初杂剧大家，亦有绘画方面的天赋。所绘《孔明读书》图，画卷上部题书诸葛亮前后《出师表》，落款为“永乐十四年秋九月成斋道人书并画于兰雪轩”。钤印“皇明宗室”。“永乐十四年”即1418年。朱有燉生于1379年，时年40岁。

诸葛亮是蜀国的丞相，也是皇帝的忠诚谋士。朱有燉以诸葛亮的形象，象征性地表达了自己作为帝王侄子与永乐皇帝之间最理想的关系。

朱瞻基绘《武侯高卧图 》

朱瞻基，朱元璋曾孙，明朝第五位皇帝，年号宣德。

《武侯高卧图》为纸本墨笔，纵27.7厘米，横40.5厘米。款署：“宣德戊申御笔戏写 赐平江伯陈瑄”，钤“广运之宝”印。从款中“宣德戊申”可知，此幅作于明宣德三年（1428），是朱瞻基赐予陈瑄的画作。

《武侯高卧图》描绘的是诸葛亮隐居待时的形象。修竹丛下，袒胸露怀，头枕书匣，躺卧于草地上，神态安逸。全图采用“钉头鼠尾”的描法，素雅清淡，不施色彩，表达了诸葛亮清闲的田园生涯。

朱瞻基以皇帝身份作《武侯高卧图》，这一审美倾向开启了中国画追求“宁丑毋媚”“宁拙毋巧”的审美风尚。这一倾向在文人画家的大量参与后成为一种主流。

张飌《诸葛亮像》

纸本，墨笔，纵228.4厘米，横59厘米。台北故宫博物院藏。

张飌，字大风，号升州道士，又号上元老人，或署“真香佛空”“真香佛空四海”，明朝末崇祯时生员，明亡后不为官。他擅画山水、人物、花卉，也精于画肖像。早年风格较为恬静闲适，神韵悠然。晚年曾佩剑北游，笔墨风格瘦挺豪纵。传世作品《诸葛亮像》辑入（台）《故宫名画三百种》。

画面绘诸葛亮坐在一矮榻上，宽袍大袖神态安然，头戴葛冠，面前放着一把接近圆形的羽扇。人物头部饰物和面部形状，与南熏殿诸葛亮像有很多相似之处。诗塘右侧自题：“画为兰雪居士作 上元衲身真香佛 空酒后醉笔 甲午正月廿乙”。钤“张大风”和“愧我癫狂老画师”两印。诗塘左上为张飌自题跋语，跋后钤“珠光庵主”“风道人”和“真香佛空”三印 。画作上端正中钤乾隆及嘉庆、宣统等朝鉴藏印鉴。

画面左下，张飌自题：

> 或见道人书画，谓颇有狂意。道人笑曰：当繇近朱者赤耳！或曰道人交游，率礼法谨饬士居多，安在尔尔？道人徐曰：风□敢与狂，相去不甚远不。

跋文后钤“报恩衲子真香佛空”印。

张飌所作《诸葛亮像》，无论是诸葛亮形态，还是自题跋语，都将作者逃避现实追求自由的心态表露无遗。可以说，张飌所作《诸葛亮像》是清初文人心态的代表作。

清代佚名《孔明读书图》

纸本，设色， 长47厘米，横45厘米。江苏昆仑堂美术馆藏。该图作者佚名，无题款。《孔明读书图》为后人称名。

《孔明读书图》的纶巾与朱有燉《孔明读书图》的纶巾十分相似，但佚名作品所绘脸型明显清瘦，神态略显稚嫩。

3.雅趣山水画

观赏性的诸葛亮绘画形象，以人物为主，一般是出现在具有政治追求的文人的笔下，人物形象有着作者的精神寄托。以诸葛亮故事为原型创作的山水画，多为宴堂书斋雅赏之图，展现的是文人画家追求的人生志趣。

元青花“三顾茅庐”图

元青花瓷(又称元青花)即元代生产的青花瓷器。元青花瓷“三顾茅庐”罐是全球仅存的八件元青花人物故事瓷之一，国家一级文物，现藏于北京故宫博物院。

器高27.6厘米，直径34.5厘

米，上口径21.5厘米，底座直径20.6厘米，纹饰为三顾茅庐图，共7个人物。诸葛亮头戴纶巾，身着鹤氅，坐在苍松下的山石之上。左侧头梳双髻的童子手捧书匣恭敬侍立，右前方一双髻童子正倾身禀告。枝繁叶茂的垂柳树下，刘备正躬身等候，关羽和张飞在一边窃窃私语。诸葛亮的高逸潇洒，刘备的求贤若渴，以及关、张二人的焦急烦躁刻画得淋漓尽致。画面上以青松、梧桐、杨柳、竹子、石山、花草、篱笆以及小桥流水和草堂构成了一幅恬静的世外桃源风光。

元青花“三顾茅庐”中诸葛亮身着鹤氅，头戴折角修长而下垂的纶巾，脸型饱满安然，其形象与后世的诸葛亮肖像如出一辙，应有着共同的母本。

戴进《三顾茅庐图》

绢本设色，纵172.2厘米，横107厘米。款署“静庵”，钤印“静庵”。北京故宫博物院藏。

戴进，字文进，又字文节，号静庵，又号玉泉山人，浙江钱塘（今杭州）人，曾在明宣德年间供奉内廷，官直仁殿待诏, 后因受人排挤回到故里，以卖画为生。

画作背景是万仞高山，山势峻峭。山上布满挺拔的树木，山下修竹丛中掩映着几间草庐，幽静与险峻的山景形成了鲜明的对比。草庐内诸葛亮端然静坐，神态悠闲，一派儒雅飘逸的风度。庐外柴扉开启，一名书童模样的少年正在与一长者相互揖手行礼。长者神情庄重而恭敬，他就是求贤若渴的刘备。他身后的二位壮士一是关羽，一是张飞。二人昂首而立，气宇轩昂，大有不屑一顾之势。距他们不远处一块山石嶙峋的小丘山，两株古松遒劲有力，象征着诸葛亮如古松俯阅人间风云。

画面从俯视的角度，画出诸葛亮端坐于草庐中，淡定的神态一览无遗。其形态，可看出与南薰殿藏明佚名《汉诸葛武侯立轴像》一脉相承。作者以极少的篇幅刻画数人，大量的笔墨用来渲染崇山峻岭和深山野林，以反衬出诸葛亮远离尘嚣、隐居山林的氛围。

谢时臣《诸葛亮隐居图》

该画为纸本设色，纵292厘米，横100.4厘米。作者自题：“草庐三顾，潜龙奋作。赤心辅汉，要机运握。前后出师，忠言谔谔。两朝开际，不逾重托。”款署“樗仙”。钤收藏印“怡亲王宝”（康熙第十三子胤祥之印）。现藏北京故宫博物院。

谢时臣，字思忠，号樗仙，是活跃于明代中期的山水画家。所绘画面虽然是以诸葛亮为主题，但从绘画的本体来讲，实际上还是一幅典型风格的山水画。画面所绘诸葛亮头戴纶巾，身着鹤氅，坐于古树之下的山石上，手持羽扇，与书童娓娓而谈，过着淡泊宁静的隐居生活。这里描写的诸葛亮，显然是刘备三顾茅庐之前的形象：幽静山居，身隐心不隐，期遇明主，一展宏图的心态跃然纸上。

明无名氏《孔明出山图》

绢本设色，纵192.7厘米、横142.1厘米。无款印。鉴定专家们根据时代风格判断，其定为明人所作。现藏上海博物馆。

画面内容是刘关张三顾茅庐，诸葛亮随刘备出山的场景。画面显示：两个士兵在前方引路，关羽、张飞骑马行走于前，刘备与诸葛亮骑马并行，后面有士兵护驾。诸葛亮身着长袍，纶巾飘逸，未持羽扇。作者将人物置于广阔而古树参天的深山中，以近乎夸张的山水描写来烘托人物，折射出诸葛亮隐居时世外桃源般的环境。

陈洪绶《出处图》

绢本设色卷，横长195厘米，宽26厘米。

陈洪绶，字章侯，号老莲，晚号老迟、悔迟。崇祯年间召入内廷供奉。明亡入云门寺为僧，后还俗，以卖画为生。一生以画见长，尤工人物画。

图卷中，两位隐士皆褒衣博带，席地而坐。陶渊明一手抚琴，一手似乎在召唤诸葛亮。在案头作画的诸葛亮突然停笔，侧耳聆听，双手呈现出一个掷笔的瞬间动作。两人之间有着强烈的精神连接。人物衣袖由一根根行云流水般的线条绘就，线条与线条的排列则构成了陈洪绶特有的韵味。

陈洪绶与周亮工是莫逆之交，至死不渝。《出处图》是陈洪绶在去世前一年为周亮工所作，这一年陈洪绶相继为周亮工创作了42件作品，《出处图》是其中的精品。诸葛亮与陶渊明分别生活在不同朝代，诸葛亮的形象代表了古代儒家出仕为官的理想典范，而陶渊明则象征着古代文人墨客的一种隐逸情节。陈洪绶创作这幅画时，周亮工已从明朝御史变成了清朝的降臣，这对于宁死都不降清的陈洪绶来说是不能够认同的。陈洪绶以时空穿越的方式把二人安排到同一个画面上，是有良苦用心的：以陶渊明呼唤着诸葛亮的手势，表达出了劝其归隐的规劝之情；诸葛亮撒手掉笔寓意着有心动之意。

明代，有关诸葛亮绘画形象的画作还有很多，如：仇英扇面《三顾茅庐图》、尤求《孔明事迹图》等，都属于宴赏雅趣类山水画。这些画作虽以山水画的形式展现故事，但其间的寓意及作者心态不言自明。

清代，有关诸葛亮的绘画极少，罕见有绘画大家的力作。清中后期舞台艺术空前繁荣，历史故事与民间故事成为戏剧舞台的主题，三国故事的剧目尤其突出。京剧人物造型成为画师的一个重要创作题材。

《升平署脸谱》诸葛亮

清同治年间宫廷画师的彩绘本《升平署脸谱》，收集了中国京剧人物扮相写真图97 幅，每幅规格纵48厘米，横33.1厘米，展现了9种不同剧目演出的妆容，其中有京剧诸葛亮的扮相及脸谱。《升平署脸谱》现藏于中国国家图书馆。

该图诸葛亮穿八卦衣，佩朝珠， 戴丞相帽，戴黪色三绺长髯。最明显的标志是手持羽毛扇。髯即胡须，黪色的胡须以40多岁到50多岁的人物为主。三绺长髯适于表现文雅、清俊的人物。这是中年诸葛亮的舞台形象。

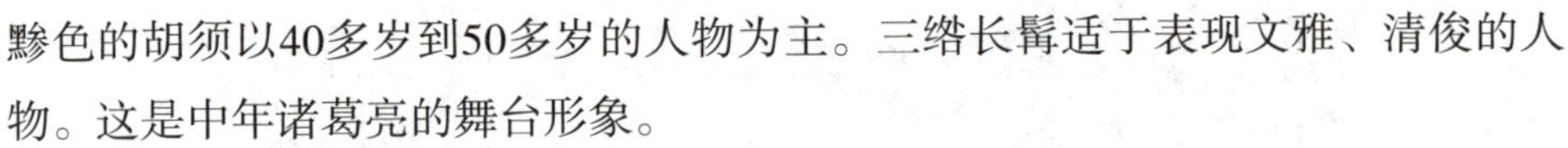

《百幅京剧人物图》诸葛亮

《百幅京剧人物图》是清末设色绢本，包含一百幅京剧人物造型装扮图，其中有诸葛亮京剧舞台造型。该图册现藏于美国大都会艺术博物馆。

本图中的诸葛亮右手持羽毛扇，着装与上图一致，唯一不同的是三绺长髯为青黑色。表现的应是青年诸葛亮的形象。

近现代人绘诸葛亮像

进入近代以来，绘画不仅成为一门专业，而且成为一部分人终生的职业。在他们的探索努力下，较为圆满地解决了困扰传统中国画家的人物造型写实性问题，再次把中国人物画推向了一个新高度。

张大千《出则为孔明图》

该图为纸本设色，纵107厘米，横64厘米。张大千与其弟子何海霞及友人溥心畬合作绘制。张大千绘成人物并题“出则为诸葛孔明”，何海霞绘几席，溥心畬草书《出师表》。1944年作。现藏吉林博物馆。

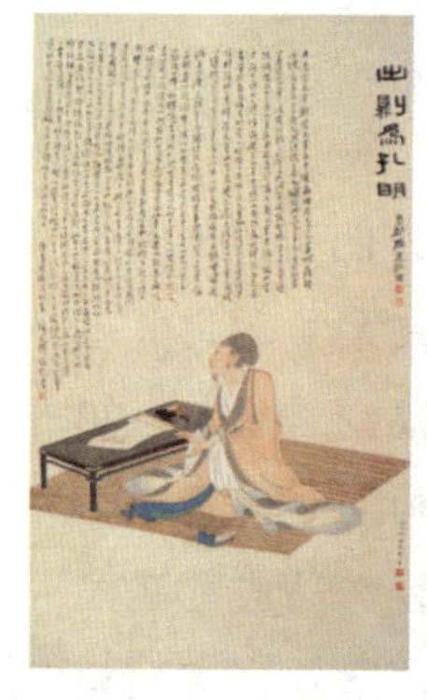

张大千另有对屏《出处图》，左为陶渊明，右为诸葛亮。（见下图）其中的诸葛亮造型与《出则为孔明图》基本相同，两图孰先孰后未见详考。

该图作于1944年。诸葛亮图左上题：“先帝知臣谨慎”，右下题：“出则为孔明 仿吾家上元老人本 大千张爰”。钤印:“张爰”“三千大千”“张爰字大千书画之印”“大风堂”。

此对屏立轴仿写陈洪绶《出处图》。画中两位隐士皆褒衣博带，席地而坐。陶渊明的竹席、草鞋意味着生活的简朴，膝上之无弦琴又意味着生活的高雅，其背后有一个盛米的斗和簸箩，大概是“不为五斗米折腰”的象征。陶渊明一手抚琴，一手似乎在召唤诸葛亮；而诸葛亮则是现出消瘦、孱弱，但又兢兢业业、鞠躬尽瘁的形象。他的案头上纸张已展开，墨已磨好，准备书写。似乎听到了对面的呼唤，突然停笔，侧耳聆听，双手呈现出一个掷笔的瞬间动作，可见两幅画之间有强烈的精神连接。

张大千(1899—1983），四川内江人，1919年开始以卖画为生。他所绘诸葛亮，虽然其人物服饰依然脱胎于南薰殿本的造型，但头戴之纶巾及装束已与明代作品迥异，无论衣纹及线条还是赋色，都与此前纯粹的肖像画家有天壤之别。

蒋兆和《诸葛亮》

纸本设色，纵117厘米，横68厘米。成都武侯祠博物馆收藏。

蒋兆和(1904—1986)，四川泸州人，先后任教于南京国立中央大学、北平艺专，后任中央美术学院教授，被誉为20世纪中国现代水墨人物画之一代宗师。此画为蒋兆和1981年初夏造访成都武侯祠时应邀所作。蒋兆和自题：“三顾频频(烦)天下计，两朝开济老臣心。出师未捷身先死，长使英雄泪满襟。杜甫蜀相诗句，辛酉年初夏谨为诸葛亮诞生一千八百周年纪念而作 兆和”。款下钤“七十有余”篆书白文印。

此画构图简略，诸葛武侯独坐于青石之上，愁眉深锁，静静凝视眼前书卷。人物头部以传统线描法绘成，须发纤毫毕现。面部运用了西画光影技法描绘人物鼻梁、脸颊，并以高光突出立体感。背景中人物身后幽幽翠柏以笔直的干墨线条兼飞白之法写就，简笔勾勒出树荫丛丛深密繁茂。

蒋兆和所作诸葛亮形象，已完全跳出了南薰殿本的窠臼，创造出了一个全新的形象。

程十发《诸葛武侯造像》

诸葛亮侧身像。作者自题“诸葛武侯造像”“辛酉夏日程十发敬制于上海”。款下钤朱文“程潼十发玺”印。

程十发(1921—2007)，名潼。老师李仲乾为其取字“十发”，以古代计量“十发为一程之意”，从此以程十发为名沿用至今。

图中诸葛亮头戴冠冕，下颚微微抬起，表情庄重，庄重中带着几许坚定，侧身缓步前行，衣带轻拂，手持呕心沥血之作《出师表》，欲上献后主刘禅，以上报先主刘备知遇之恩，下表匡复汉室之志。

范曾绘诸葛亮

范曾，字十翼，别署抱冲斋主，绘有多幅诸葛亮像。

诸葛亮半身像。镜心，纸本设色。左下端款署“一九七八年范曾于北京”，下钤白文篆书“范曾”方印，侧钤朱文篆书“宝华珍藏”方印。现收藏于成都武侯祠博物馆。

诸葛亮坐像。镜心，纸本设色。画面绘诸葛亮开导幼主刘禅场景。右上自题七言律诗一首：“白帝城头古庙存，英雄遗意仅残存。托孤未保刘公业，灭魏空劳宰相身。胜负何妨夔下水，节操恰似柏之根。群山万壑今犹在，雪浪时闻梁父吟。”“甲子年游三峡作 乙丑仲夏抱冲斋主十翼范曾”。钤白文“范曾之印”与朱文“抱冲斋主”方印。① 有人将该图名之为《诸葛教诲图》。

范曾所画诸葛亮，其服饰仍本南薰殿佚名诸葛亮像轴。本帧表现托孤的诸葛亮造型，脸型已显清癯，胡须趋于写实，表达出了接受托孤后的良苦用心。画作笔意恣肆，并融合书法运笔之奇纵雄畅，具有个性鲜明的艺术风格。

张旺《诸葛亮》

张旺所绘诸葛亮形象，继承了南薰殿藏明人绘本羽扇、纶巾、鹤氅的外在形象符号，但在深层的精神形象方面已由“贤者”向“智者”转变，重点表现了诸葛亮成竹在胸、雄才伟略的气度。作者在人物面部处理上，结合了传统工笔与写意的多种技法，并融合数字艺术的精微笔致，使其清癯睿智之态跃然纸上。借鉴德国文艺复兴肖像画技法，增加纵深感并丰富表情，呈现出了济世安民的英雄情怀和鞠躬尽瘁的沧桑气韵。

张旺，1976生。现任南开大学文学院东方艺术系副教授，南开大学数字中国画创作研究中心主任。有数字国画家之誉。2014年8月28日，中国邮政发行的《诸葛亮》特种邮小型张选用了该画。

① 见于“中国嘉德 2018 春季拍卖会——中国当代书画”推介网。

现代广场诸葛亮雕像

广场雕塑是雕塑的一种形式。近三十年来，在与诸葛亮有关的地方，出现了许多诸葛亮雕塑。这些雕塑的外在形象，大多数摈弃了纶巾的头饰而采用丞相冠，也就是摒弃了传统的名士形象而塑造为名相形象；人物深层的精神形象，已由敦厚贤仁、鞠躬尽瘁的丞相，向志向高远、睿智自信的政治家转型；大都保留了羽扇这一标志物，使人物形象具有了一以贯之的标志性。

据不完全统计，全国具有广场雕塑性质的诸葛亮雕像有近20 尊。现择其有代表性的几尊简述如下。

沂南县城的“睿智少年”和“忠贞丞相”诸葛亮像

“睿智少年”像，位于沂南县城“诸葛亮城”进口处。铸铜雕塑，由中国美术学院教授、中国雕塑学会常务理事潘锡柔设计。基座高1.35米，总高5.4米，表现了诸葛亮头戴葛巾、手握书卷、眼界高远、阔步前行的英俊少年形象。沂南县是诸葛姓氏的发源地，诸葛家族的发祥地，诸葛亮的出生地和少年生活地。在诸葛亮故里竖立他青少年时段的雕塑像，具有地标性意义。

“忠贞丞相”像，位于沂南县城区西部卧龙山公园广场，紫铜锻造，山东艺术学院教授池清泉设计，山东艺术学院制作，1993年落成。雕像塑造了诸葛亮头戴丞相帽、手持羽毛扇、身坐四轮车奔波操劳的丞相形象。在此矗立老年诸葛丞相雕塑，有回归故里、叶落归根的寓意。

南阳卧龙岗广场“壮志青年”诸葛亮像

锻铜制作。雕像塑造了诸葛亮“躬耕南阳”时头戴葛巾、手持羽扇、待时而动的壮志青年形象。

襄阳市文化广场“卧龙腾飞”诸葛亮像

位于湖北省襄阳市文化广场。紫铜锻造，人物高度14米，连同基座高约18米，塑造了诸葛亮“隐居隆中”时胸怀大志、高瞻远瞩的成熟青年形象。中央美术学院孙伟教授设计，中央美术学院制作，2001年落成。

奉节市白帝城忠义广场“承托报国”丞相像

青铜铸造，像高5米，立于磐石之上，总高7.9米，2012年落成。中国美术学院教授赵树同设计，以衣襟飘拂、岿然不动、坚如磐石的形象，展现出诸葛亮受命危难、忠贞坚定、沉着智慧、鞠躬尽瘁死而后已的伟大精神。

勉县三国文化广场“尽瘁丞相”诸葛亮像

石质雕像，中央美术学院教授、雕塑家钱绍武设计，2004年落成，表现了诸葛亮忧国忧民、矢志北伐、鞠躬尽瘁的中年丞相形象。

秦岭“三国之魂”诸葛亮

秦岭是一道横亘在关中平原和汉中盆地之间的天然屏障，也是三国时期魏与蜀的天然隔界。诸葛亮北伐曹魏曾率大军数次穿越秦岭，演绎出了生命的绝唱。西汉高速公路横穿秦岭，天堑变通途。在秦岭最高处两条超长隧道之间的高速公路南侧，有一面向广场的260米长卷浮雕。这一长卷浮雕以秦岭蜀道的历史为主线，向人们展示了盘古开天地以来数千年波澜壮阔的历史典故，将100多个叱咤汉代的风云人物再现于世。雕塑群浮雕部分高为5.5米，圆雕高为7米，最高点为8.5米，2007年9月落成。诸葛亮是“三国历史”段的代表人物，群雕中的诸葛亮也是全国体量最大的石雕形象。由于诸葛亮形象标志已沉淀为文化符号，人们在上百个历史人物中，一眼就能认出哪个人物是诸葛亮。

除以上广场雕塑外，室外竖立大型诸葛亮雕塑的地方还有：湖北赤壁市、四川都江堰市、四川剑门县、甘肃天水市、云南普洱市、浙江兰溪市诸葛村、广西阳朔县葡萄镇、浙江温州市贾岙村等。

赤壁广场

四川都江堰市都江堰公园

剑阁县剑门关

天水市诸葛军垒公园

云南思茅市

浙江兰溪市诸葛村

广西阳朔县葡萄镇

浙江温州市贾岙村

其中，浙江诸葛村、云南葡萄镇和浙江贾岙村是诸葛族人聚居地，他们都尊诸葛亮为始祖。云南普洱市茶区哈尼、基诺、壮、佤族都尊诸葛亮为“茶祖”，并以七月二十三日为诸葛亮诞辰日祭拜“茶祖”。这些地方的诸葛亮雕塑，都是胸怀大略、鞠躬尽瘁的丞相形象。

诸葛亮是三国时期蜀汉丞相，杰出的政治家、军事家，毛宗岗评价他是“古今来贤相中第一奇人”。他“淡泊明志宁静致远”的品德操守、“鞠躬尽瘁死而后已”的献身精神，已沉淀为中国优秀传统文化的一部分，而且后人为他设计的“羽扇”“纶巾”和“鹤氅”的装束，也已沉淀为他独特的标志。历经风云变化馨香依然而不衰，历经朝代更迭装束依旧而常新，这一现象也是中国历史上的唯一。

后 记

沂南县这一境域，秦汉三国及两晋时期属于阳都县。阳都县是诸葛姓氏的发源地、诸葛家族的发祥地、诸葛亮的出生地和少年生活地。

沂南县是我出生的地方，也是我终生工作的地方。

由于地理原因，我和一千八百多年前的先贤诸葛亮结下了不解之缘。初次结缘是读小学五年级的时候，父亲买了一套（三册）少年儿童出版社出版的《诸葛亮》让我读。记得读到诸葛亮在五丈原军中去世时，我好长时间接受不了这一历史现实：这么有智慧的人怎么会死了呢？正是小时候听故事和读书的经历，为我中年以后深入了解沂南的古史埋下了热爱的种子。第二次结缘是受命筹备第八次诸葛亮研讨会，从此，我接触了诸葛亮研究，并开始了近三十年的诸葛亮研究工作。

因为经常参加国内各地的诸葛亮研究活动，我陆陆续续写了一部分有关诸葛亮的论文，这些论文都被收入各地诸葛亮研究会出版的论文集中。2007年，我将收集到的资料整理成我的第一本专著——《武侯祠楹联匾额集注》，填补了对武侯祠楹联匾额集成研究的空白。2016年，我出版了《沂南古史钩沉》，其中上编《钟灵毓秀》专写诸葛亮及其族人。可以说，这一编的许多内容也是大家专著很少涉及的。

因为《沂南古史钩沉》的下编《流光溢彩》主要写沂南县境明清以来的名门望族和人文遗迹，上、下两编合为一著虽然厚重，但总感到重点不突出，因此将《流光溢彩》部分单独拿出来再做增删，又增加上为参加各地会议而撰写的部分论文，合成了专著《阳都诸葛》。也许，这样做更有利于读者了解诸葛亮与沂南县的渊源，也有利于读者了解文中有关结论形成的理由。

汇集成册的目的不仅是保存资料，也为便于爱好者集中览阅。为保证史料性与可读性的统一，本书在谋篇布局上，尽量采取大开大合的方式，以通过开阔视野和旁涉史料来增强可读性；在叙述结论方面，则力求以信史为据，多方位论证，以达到言人未言、言之有据、言之成理、言之可信的目标。至于是否能实现这一初衷，那就由读者来认定了。

挖掘历史，介绍沂南，是我的爱好，也是我的乐趣。我多年前就学会了使用电脑，这不仅将爬格子变成了敲键盘而减轻了工作量，而且具有强大储存功能的互联网，转化成了我取之不尽用之不竭的资料库，减少了奔波图书馆之苦。更欣喜的是，我借此机会建立起了一个属于自己的虚拟图书馆，储存了曾经查阅过的几百部古籍资料。经过本次修订重编，资料库又充盈了许多。佛经说："须弥藏芥子，芥子纳须弥。"有感于此，小小书房也随之有了"芥子书屋"的名字。

中国社会科学院古代史研究所研究员，中国魏晋南北朝史学会九届、十届学会副会长，十一届、十二届学会荣誉副会长梁满仓先生，曾多次应邀来沂南县出席诸葛亮研究活动。梁先生是史学大家，是我尊敬的老师。梁先生长我一岁，是我尊敬的兄长。在二十多年的交往中，我与他有了亦师亦兄亦友的感情。《阳都诸葛》付梓前，他又热情地以《故乡人写诸葛亮》为题为之序，对拙作予以肯定和鼓励。特借《后记》表达谢意。

拙作参考或采用的有关方家的观点及论述，文中均已以脚注的形式加以标注，特此说明，顺致谢忱。

由于本人学识有限，难免有舛误之处，敬请读者指正。

李遵刚

记于芥子书屋

2021年10月